Marken- und Immaterialgüterrecht

- Patent- und Markenschutzgesetz-Novelle 2014
- UrhG-Novelle 2013
- Änderungen: MuSchG, VerwGesG, PatG, PatentamtsgebührenG
- Neu: PatentamtsgebührenV, PatentamtsV, TeilrechtsfähigkeitsV
- EU-Produktpiraterie-Verordnung 2014 samt DVO
- VO (EU) Nr 386/2012 Europäische Beobachtungsstelle
- VO (EU) Nr 1257/2012 Einheitlicher Patentschutz
- Neueste Rsp mit zahlreichen illustrativen Beispielen

4., aktualisierte und erweiterte Auflage
Stand: Juli 2014

von
ao. Univ.-Prof. DDr. Gerwin Haybäck

 LexisNexis

LexisNexis® Österreich vereint das Erbe der österreichischen Traditionsverlage Orac und ARD mit der internationalen Technologiekompetenz eines der weltweit größten Medienkonzerne, Reed Elsevier. Als führender juristischer Fachverlag deckt LexisNexis® mit einer vielfältigen Produktpalette die Bedürfnisse der Rechts-, Steuer- und Wirtschaftspraxis ebenso ab wie die der Lehre.

Bücher, Zeitschriften, Loseblattwerke, Skripten, die Kodex-Gesetzestexte und die Datenbank LexisNexis® *Online* garantieren nicht nur die rasche Information über neueste Rechtsentwicklungen, sondern eröffnen den Kunden auch die Möglichkeit der eingehenden Vertiefung in ein gewünschtes Rechtsgebiet. Nähere Informationen unter www.lexisnexis.at

Bibliografische Information der Deutschen Bibliothek

Die Deutsche Bibliothek verzeichnet diese Publikation in der Deutschen Nationalbibliografie; detaillierte bibliografische Daten sind im Internet über http://dnb.ddb.de abrufbar.

ISBN 978-3-7007-5598-2

LexisNexis Verlag ARD Orac GmbH & Co KG, Wien
http://www.lexisnexis.at
Wien 2014
Best.-Nr. 84.37.04

Foto Haybäck: privat

Druckerei: Prime Rate GmbH, Budapest

Inhaltsverzeichnis

Abkürzungsverzeichnis

Abk	Abkommen
ABl	Amtsblatt
Abs	Absatz
aE	am Ende
aF	alte Fassung
AG	Antragsgegner; Arbeitgeber
AGB	Allgemeine Geschäftsbedingungen
AKM	Gesellschaft der Autoren, Komponisten und Musikverleger
AN	Arbeitnehmer
Anh	Anhang
Anm	Anmerkung
Art	Artikel
ASt	Antragsteller
bekl	beklagt, -e, -er
Bekl	Beklagte, -r
bes	besonders/besondere, -r, -s
betr	betreffend, -e, er, -es
BG	Bundesgesetz
BGBl	Bundesgesetzblatt
BGH	(deutscher) Bundesgerichtshof
BlgNR	Beilage, -n zu den stenografischen Protokollen des Nationalrates
CP	Computerprogramm, -e
DG	Dienstgeber
DN	Dienstnehmer
dRGBl	deutsches Reichsgesetzblatt
ds	das sind
DV	Durchführungsverordnung, -en, Dienstvertrag
E	Entscheidung
EFTA	European Free Trade Association
EG	Europäische Gemeinschaft, -en; EG-Vertrag (Amsterdamer Fassung)
EG-V	EG-Vertrag (vor Amsterdamer Fassung)
endg	endgültige Fassung
Entw	Entwurf
entspr	entsprechend, -e, -er, -es
EO	Exekutionsordnung
EP	Europäisches Parlament
EPA	Europäisches Patentamt
EPÜ	Europäisches Patentübereinkommen
erg	ergänzend, -e, -es
EuG	Europäisches Gericht I. Instanz
EuGH	Europäischer Gerichtshof
ev	eventuell
EWG	Europäische Wirtschaftsgemeinschaft

EWR	Europäischer Wirtschaftsraum
f	und der/die folgende
Fa	Firma
ff	und die folgenden
GATT	General Agreement on Tariffs and Trade
GG	Gesetzgeber
g.g.A.	geschützte geografische Angabe
GGM	Gemeinschaftsgeschmacksmuster
GH	Gerichtshof
GM	Gemeinschaftsmarke, -n
GMG	Gebrauchsmustergesetz
GebrM	Gebrauchsmuster
GMV	VO (EG) 207/2009 des Rates vom 26. 2. 2009 über die Gemeinschaftsmarke
grds	grundsätzlich
g.t.S.	garantiert traditionelle Spezialität, -en
GTT	Genfer Tonträger-Abkommen aus 1971, BGBl 1982/294
g.U.	geschützte Ursprungsbezeichnung
hA	herrschende Ansicht
HABM	Harmonisierungsamt für den Binnenmarkt (Marken, Muster und Modelle)
HG	Handelsgericht
hL	herrschende Lehre
HlSchG	Halbleiterschutzgesetz
HlSchRL	Halbleiterschutz-Richtlinie
hM	herrschende Meinung
HptSt	Hauptstück
hRsp	herrschende Rechtsprechung
id(g)F	in der (geltenden) Fassung
idHv	in der Höhe von
idR	in der Regel
iE	im Ergebnis
ieS	im engeren Sinne
INID	Internationally agreed Numbers for Identification of (bibliographic) Data-Code
Info-RL	RL 2001/29/EG des EP und des Rates vom 22. 5. 2001 zur Harmonisierung bestimmter Aspekte des UrhR und verwandter Schutzrechte in der Info-Gesellschaft
IPC	International Patent Classification
IR	international registrierte (Marke, -n)
iS(d)	im Sinne (der, des)
iSv	im Sinne von
iVm	in Verbindung mit
iwS	im weiteren Sinne
iZw	im Zweifel
iZm	im Zusammenhang mit
Jh	Jahrhundert
JN	Jurisdiktionsnorm
jP	juristische Person

kl, Kl	klagend, -e, -er, Kläger, -in
KOM	(Dokumente der) Kommission (der Europäischen Gemeinschaften)
leg cit	legis citatae (der zitierten Vorschrift)
lit	litera (Buchstabe)
Lit	Literatur
LG	Landesgericht, Lizenzgeber
LN	Lizenznehmer
LSG	Wahrnehmung von Leistungsschutzrechten GmbH
LVG	Staatlich genehmigte Literarische Verwertungsgesellschaft
Marken-RL	RL 2008/95/EG des EP und des Rates vom 22. 10. 2008 zur Angleichung der Rechtsvorschriften über Marken
mE	meines Erachtens
mHa	mit Hinweis auf
Mio	Million, -en
MMA	Madrider Abkommen über die internationale Registrierung von Marken
MS	Mitgliedsstaat, -en
MaSchG	Markenschutzgesetz
Muster-RL	RL 98/71/EG des EP und des Rates vom 13. 10. 1998 über den rechtlichen Schutz von Mustern und Modellen
MuSchG	Musterschutzgesetz
NA	Nichtigkeitsabteilung des Patentamts
nF	neueste Fassung
nGGM	nicht registriertes Gemeinschaftsgeschmacksmuster
NizzKlass	Nizzaer Klassifikationsabkommen
Nov	Novelle
nP	natürliche Person
Nr	Nummer
oÄ,	oder Ähnliche, -s
oe, og	oben erwähnt, oben genannt
OGH	Oberster Gerichtshof
OLG	Oberlandesgericht
ÖPA	(Österreichisches) Patentamt
OPM	Oberster Patent- und Markensenat
Ö/österr	Ö/österreichisch, -e, -er, -es
PAK	Patentanwaltskammer
PAnwG	Patentanwaltsgesetz BGBl 1967/214 idF BGBl I 2013/126
PatG	Patentgesetz
PatV-EG	Patentverträge-Einführungsgesetz
PAV	Patentamtsverordnung
PBl	Patentblatt
PCT	Patent Cooperation Treaty
PLT	Patent Law Treaty
PMMA	Protokoll zum MMA
PPG	Produktpirateriegesetz BGBl I 2001/56 idF BGBl I 2007/17

PPVO	EU-Produktpiraterieverordnung 2014 = VO (EU) 608/2013 des EP und des Rates vom 12. 6. 2013 zur Durchsetzung der Rechte des geistigen Eigentums durch die Zollbehörden und zur Aufhebung der VO (EG) 1383/2003
PPDV	Produktpiraterie-DV = Durchführungs-VO (EU) 1352/2013 der Kommission vom 4. 12. 2013
Präs	Präsident (des Patentamtes)
PSchM-V	VO des EP und des Rates (EG) 1610/96 über die Schaffung eines erg SchZ für Pflanzenschutzmittel
PVÜ	Pariser Verbandsübereinkunft zum Schutz des gewerblichen Eigentums
RA	Rechtsabteilung des Patentamts
RBÜ	Revidierte Berner Übereinkunft
RGBl	Reichsgesetzblatt
rGGM	registriertes Gemeinschaftsgeschmacksmuster
rGebrM	registriertes Gebrauchsmuster
RL	Richtlinie
RL-Entw	Richtlinien-Entwurf
Rsp	Rechtsprechung
s	siehe
S	Satz
SchZG	Schutzzertifikatsgesetz
SchZVO	VO (EG) 469/2009 des EP und des Rates vom 6. 5. 2009 über das ergänzende Schutzzertifikat für Arzneimittel; früher: VO des Rates (EWG) 1768/92 über die Schaffung eines erg Schutzzertifikats für Arzneimittel
SKV	Schiedskommissionen im (alten) VerwGesG 1936
Slg	Sammlung
sog	sogenannt, -e, -er, -es
stRsp	ständige Rechtsprechung
TA	Technische Abteilung (Patentamt)
TLT	Trademark Law Treaty
TRFV	Teilrechtsfähigkeitsverordnung
TRIPS	Abk über handelsbezogene Aspekte der Rechte des geistigen Eigentums
ua	unter anderem
Übk	Übereinkommen
udgl	und dergleichen
UGB	Unternehmensgesetzbuch dRGBl 1897 S 219 idF BGBl I 2013/50
UmsV	Umsetzungsverordnung
UN	United Nations – Vereinte Nationen
UrhG	Urheberrechtsgesetz
UrhR	Urheberrecht, -e
UrhRSGV	Urheberrechtssenatsgebührenverordnung BGBl II 2006/247
usw	und so weiter
uU	unter Umständen
uzw	und zwar
v	vom/von
va	vor allem

VAJu	Verwaltungsgerichtsbarkeits-Anpassungsgesetz – Justiz BGBl I 2013/190
VerfO	VO (EG) 216/96 vom 5.2.1996 über die HABM-Verfahrensordnung
VerwGesG	Verwertungsgesellschaftengesetz BGBl I 2006/9 idF BGBl I 2013/190
VfGH	Verfassungsgerichtshof
vgl	vergleiche
V	Verordnung (national)
VO	Verordnung (EWG/EG/EU)
vs	versus
VwGH	Verwaltungsgerichtshof
WCT	WIPO Copyright Treaty
WIPO	World Intellectual Property Organization
WPPT	WIPO Performances and Phonograms Treaty
WTO	World Trade Organization
z	zu, zum, zur
Z	Ziffer
zZ	zur Zeit
zB	zum Beispiel
Zl	Zahl
zT	zum Teil

Literaturverzeichnis

I. Monografien, Fach- und Praxishandbücher

Bogendorfer/Ciresa, Urheberrecht. Werbung – Telekommunikation – Internet (2009)

Dreier/Ohly (Hrsg), Plagiate. Wissenschaftsethik und Recht (2013)

Graf-Wintersberger, Kollidierende Wort- und Wort-Bild-Marken (2014)

Koppensteiner, Markenrecht. Österreichisches und Europäisches Wettbewerbsrecht[4] (2012)

Walter, Österreichisches Urheberrecht. Handbuch Bd 1 (2008)

II. Studienbücher/Rechtsskripten

Beurskens, Geistiges Eigentum und Gewerblicher Rechtsschutz (2013)

Gamerith, Wettbewerbsrecht I. UWG Unlauterer Wettbewerb[7] (ORAC-Rechtsskriptum 2011)

Gamerith/Winner, Wettbewerbsrecht II. Kartellrecht KartG[8] (ORAC-Rechtsskriptum 2014)

Haybäck, Das Recht am geistigen Eigentum[2] (LexisNexis-Praxis-Rechtsskriptum 2009)

Janisch/Mader, E-Business[4] (LexisNexis-Praxis-Rechtsskriptum 2011)

Schuhmacher/Haybäck, Schuldverträge[7] (ORAC-Rechtsskriptum 2012)

Wiebe (Hrsg), Wettbewerbs- und Immaterialgüterrecht[2] (2012)

III. Gesetzesausgaben/Kommentare

Burgstaller, Österreichisches Patentrecht, Kommentar (2012)

Dittrich, Österreichisches und internationales Urheberrecht[6] (2012)

Engin-Deniz, Markenschutzgesetz, Kommentar[2] (2010)

Fezer, Markenrecht: Kommentar zum (deutschen) Markengesetz[4] (2009)

Kucsko (Hrsg), marken.schutz – systematischer kommentar zum markenschutzgesetz (2006)

Kucsko (Hrsg), urheber.recht – systematischer kommentar zum urheberrechtsgesetz (2008)

Schack, Urheber- und Urhebervertragsrecht[6] (2013)

Schulte (Hrsg), Patentgesetz mit EPÜ, Kommentar[9] (2014)

Schwimann (Hrsg), ABGB Taschenkommentar[2] (2013)

Walter, Urheberrechtsgesetz 2006, Kurzkommentar (2007)

Weilinger (Hrsg), KODEX Unternehmensrecht[48] (LexisNexis 2014)

Wiltschek, Patentrecht[3] (2013)

IV. Aufsätze/Jahrbuchbeiträge (Auswahl)

Donath, Die neue Produktpiraterie-Verordnung, ÖBl 2014/15

Gamerith, Wann ist eine Markenanmeldung bösgläubig?, ÖBl 2009, 97

Götting, Der Begriff des Geistigen Eigentums, GRUR 2006, 353

Handig, UrhG-Nov 2013 – ein Fragment. „Der Rest ist Schweigen!?", ecolex 2013, 807

Haybäck, Bedeutung und Grenzen der freien Bearbeitung nach § 5 Abs 2 UrhG, wbl 2010, 549

Haybäck, Judikatur-Highlights im österreichischen Markenrecht, in *Staudegger/Thiele* (Hrsg), Geistiges Eigentum. Jahrbuch 2013 (2013) 115

Haybäck/Glanzer, Neues zum Recht am geistigen Eigentum, in *Herzig* (Hrsg), Europarecht. Jahrbuch 2013 (2013) 325

Noll, Aufnehmen verboten?, ÖBl 2013/47

Pfleghar, Neues zum Gemeinschaftsgeschmacksmuster in der europäischen Rechtsprechung, in *Staudegger/Thiele* (Hrsg), Geistiges Eigentum. Jahrbuch 2013 (2013) 107

Schuhmacher/Haybäck, Zur Aktualität des patentrechtlichen Stoffschutzverbotes bei Verwendungsansprüchen für Arzneimittel, wbl 2005, 101

Schuhmacher/Haybäck, Rechtsprobleme der Erteilung eines ergänzenden Schutzzertifikats (SPC) für Arzneimittel, in *Schenk/Lovrek/Musger/Neumayr* (Hrsg), Festschrift für Irmgard Griss (2011) 587

Schumacher, Patent- und Markenrechts-Novelle 2014. Rechtszug vom Österreichischen Patentamt zum OLG Wien und OGH, ecolex 2013, 718

Thiele, Von Unken nach Schladming und zurück – Streifzug durch die Domainjudikatur 2013, MR 2014, 89

Walter, Die Vergütungspflicht von Computer-Festplatten und anderen multifunktionalen Speichermedien nach österreichischem Recht, GRUR Int 2014, 437

Einleitung

Immer weiter nimmt die Bedeutung des *Marken-, Muster-, Gebrauchsmuster-, Patent- und Urheberrechts* für die unternehmerische Tätigkeit zu, der Rechtsstoff weitet sich aufgrund zahlreicher Übereinkünfte und Gesetzgebungsakte auf (inter)nationaler Ebene sowie einer stark beschäftigten Praxis erheblich aus. Dass bei dieser geradezu exponentiellen Fortentwicklung des **Immaterialgüterrechts** in Gesetzgebung und Rechtsprechung eine gemäßigte quantitative Ausweitung des Rechtsskriptums im Interesse von Aktualität und Qualität unverzichtbar ist, leuchtet ein.

Inhaltlich umfasst diese weit gespannte Rechtsmaterie den Schutz der (Kennzeichnungsfunktion ausübenden) Marke durch das **Markenrecht**, des Designs durch das **Musterschutzrecht**, des „kleinen Patents" durch das **Gebrauchsmusterrecht**, der Erfindung durch das **Patentrecht** und nicht zuletzt den Schutz der Werke der Literatur, der Tonkunst, der bildenden Künste und der Filmkunst sowie bestimmter Leistungen (wie die des ausübenden Künstlers) durch Leistungsschutzrechte (vor dem Zugriff und der Nutzung durch Fremde) durch das **Urheberrecht**. Im Mittelpunkt stehen geistige Güter, die im Vergleich zu körperlichen Sachen besonderer **rechtlicher** Schutzmechanismen bedürfen. „Immaterialgüter" sind so gesehen (durch spezielle Gesetze) zu schützende „geistige Güter". Dieses „geistige Eigentum" wurde mit dem Schutz absoluter Rechte ausgestattet, wie er etwa im Markenschutz-, Musterschutz-, Patent-, Gebrauchsmuster-, Halbleiterschutz-, Schutzzertifikats- oder Urheberrechtsgesetz usw niedergelegt ist.

An Neuentwicklungen sind zahlreiche (inter)nationale und EU-rechtliche Rechtsquellen, zudem nationale Novellierungsakte hervorzuheben. So umfasst die Palette (seit der dritten Auflage 2009) vier Novellierungen des UrhG, drei des **PatG**, zwei des **MaSchG** und **GMG** und eine des **MuSchG**. Diese Reformen betreffen insgesamt nicht bloß marginale, sondern **zentrale** Gesetze des österr Rechts am geistigen Eigentum. Dazu wurden zahlreiche **Verordnungen** und **Richtlinien** auf Gemeinschaftsebene erlassen, novelliert und/oder neu kodifiziert sowie etliche internationale **Abkommen** geändert und/oder ergänzt. Hervorzuheben ist die von der KOM seit März 2013 geplante Gesamtreform des Gemeinschaftsmarkensystems (GMV) und der nationalen Markenrechtsordnungen (Marken-RL).

Wie dem (va studentischen) Leser bereits aus anderen ORAC-Rechtsskripten vertraut ist, wird auch in dieser (vierten) Auflage Augenmerk auf eine übersichtliche und didaktischen Leitlinien folgende Darstellung dieser stark zersprengten und schnelllebigen Materie gelegt. Um das Ziel eines raschen, zusammenhängenden Überblicks zu erreichen, sollen wie bisher die (bewährten) didaktischen Instrumente („Beispiel", „Beachte" und „Unterscheide") eingesetzt werden. Der Rechtsstoff wurde wiederum aktualisiert, schwierige Fragen werden vielfach exemplarisch beantwortet; der Leseflüssigkeit halber wurde auf Verweise verzichtet. Neu ist ein ebenso kompaktes wie aussagekräftiges Stichwortverzeichnis, welches die zügige Auffindung des Gesuchten nach Schlagworten erleichtern soll.

Dass das vorliegende ORAC-Rechtsskriptum, wie auch die für die anderen Rechtsgebiete, nur **Grundzüge** des Immaterialgüterrechts bieten kann, ist **evident**; dem trägt der neue (kürzere) **Titel** Rechnung. Für wissenschaftliche Streitfragen bleibt naturgemäß bei diesem Konzept wenig Raum. Die nunmehr vorliegende vierte Auflage legt bei der Darstellung und Aufbereitung der Rechtsprobleme besonderen Wert auf eine ebenso realitätsnahe wie „harmonische" Erklärung sowie auf leichte Verständlichkeit konkreter Einzelfragen, wie sie der Rsp immer wieder begegnen.

Die Beantwortung eher theoretischer Fragen muss somit weitestgehend, aber eben nicht immer (wie etwa bei den neu eingefügten „Arten der Verwechslungsgefahr" im Markenrecht) ausgespart werden. Auf knappe und anschauliche Weise werden aktuelle Entwicklungen der Rechtspraxis lebendig aufbereitet, um va die „eiligen Leser" zeitökonomisch effektiv zu bedienen, darüber hinaus aber auch neue Interessenten für diese komplexe Rechtsmaterie zu begeistern.

Erster Abschnitt
Markenrecht

(§§ ohne weitere Angabe sind solche des MaSchG)

A. Einführung ins Markenrecht

I. Markenrecht als Teil des Kennzeichenrechts

Marken üben Kennzeichnungsfunktion aus, indem sie Waren und Leistungen eines Unternehmers individualisieren und damit von anderen Waren und Leistungen unterscheiden. Die Marke ist ein **Signal**, das es dem Abnehmer ermöglicht, sich in der Unzahl der verschiedenen Waren und Dienstleistungen zu orientieren.

Markenrecht ist Bestandteil des **Kennzeichenrechts** (mit § 9 UWG als zentralem Tatbestand). In diesem gibt es aber nicht nur Zeichen, die funktionell Waren oder Dienstleistungen kennzeichnen, sondern auch solche, die Personen, Unternehmen oder Unternehmensteile individualisieren.

Zu diesen **Kennzeichen** zählen der **Name** (§ 43 ABGB), **Domain-Namen** (zB quehenberger.at), die **Firma** (§ 17 UGB), uU das Firmenschlagwort, die besondere Bezeichnung eines Unternehmens („**Geschäftsbezeichnung**", zB „Teppichland"), der **Titel** (§ 9 UWG schützt die besondere Bezeichnung eines Druckwerks, für das § 80 UrhG nicht gilt, wie zB den Zeitschriftentitel „Festspiel-Illustrierte") und die **Ausstattung** (§ 9 Abs 3 UWG, zB „MANZ-Rot" als – farbliche – Gestaltung). Nach § 9 Abs 3 UWG kann das nicht als Marke eingetragene Zeichen als „sonstige Einrichtung" geschützt sein, wenn es Verkehrsgeltung hat.

Die wirtschaftliche Bedeutung der Marke ist erheblich, ebenso ihr Wert, auch international. **Statistisch** betrachtet werden in Österreich, wie die im Patentblatt (PBl) jährlich veröffentlichte Übersicht über die Geschäftstätigkeit des ÖPA verdeutlicht, 6.000 bis 9.000 Markenanmeldungen und ca 1.000 Anträge auf internationale Registrierung eingebracht. Trend: Dienstleistungsmarken legen zu.

Anfang 2012 waren in Österreich ca **112.000 nationale** Marken registriert. Zusammen mit den ca **600.000 GM** und den ca **516.000 IR**-Marken befanden sich Ende 2011 in Österreich ca **1,23 Mio** Marken in Geltung.

Im Ranking der 10 wertvollsten Marken der **Welt** nach Markenwert im Jahr **2014** (Quelle: Millward Brown Statista) befindet sich auf dem ersten Platz [1] **google** (€ 114 Mrd). Es folgen [2] **apple** (€ 106 Mrd), [3] **IBM** (€ 77 Mrd), [4] **Microsoft** *Microsoft* (€ 65 Mrd), [5] **McDonald's** (€ 62 Mrd), [6] **Coca-Cola** *Coca-Cola* (€ 58 Mrd), [7] **Visa** **VISA** (€ 57 Mrd), [8] **AT&T** at&t (€ 56 Mrd), [9] **Marlboro** Marlboro (€ 48 Mrd) und [10] **Amazon** amazon (€ 46 Mrd).

Im Ranking der zehn wertvollsten **österreichischen** Marken nach Markenwert im Jahr **2013** (Quelle: European Brand Institute) ist Getränkehersteller [1] **Red Bull** Red Bull mit einen Markenwert von ca € 15,3 Mrd (auf der Welt Rang 92) weit vorne. Auf dem zweiten Rang befindet sich das Familienunternehmen [2] **Swarovski** SWAROVSKI (€ 3,8 Mrd), gefolgt vom Glücksspielkonzern [3] **Novomatic** NOVOMATIC (€ 2,4 Mrd), der [4] **Telekom Austria Group** TELEKOM AUSTRIA GROUP (€ 2,18 Mrd), [5] **Casinos Austria** CASINOS AUSTRIA (€ 2,18 Mrd), [6] **Raiffeisen** Raiffeisen X (€ 2,16 Mrd), dem Lebensmittelkonzern [7] **Spar** SPAR (€ 2,14 Mrd), [8] den **ÖBB** ÖBB (€ 1,7 Mrd), [9] der **Erste Group** ERSTE (€ 1,38 Mrd) und schließlich [10] der **OMV** OMV (€ 1,32 Mrd).

II. Geschichtlicher Überblick

Die Institution der Marke geht auf das altertümliche Hauszeichen (Handgemal) zurück. Im Mittelalter wurde sie von Zünften, Gilden und Städten fortgebildet (Gemerke, Stadtmarken) und im Verlaufe der Entwicklung zur Kennzeichnung von Produkten, va im landwirtschaftlichen Bereich, verwendet (**Haus-** und **Hofmarken** als **Eigentumszeichen** mit der Funktion von **Erzeugerzeichen**). Zur Kennzeichnung der von ihnen erzeugten Schmiedewaren wurden solche Zeichen von Rad- und Hammerwerken verwendet; es entwickelten sich die **Meisterzeichen**, mit denen Meister ihre Erzeugnisse bezeichneten. So dokumentiert die **Passauer Chronik** aus dem Jahre **1349** für **Österreich** das früheste Bestehen eines „Markenrechts" (Verleihung des berühmten *Wolfszeichens* an eine Schmiedezunft). Neben solchen Individualzeichen kamen bald **Stadt-** und **Zunftzeichen** mit Garantiefunktion (Hinweis auf Prüfung der Ware durch die Stadt oder Zunft) auf. Zum **Schutz** dieser Zeichen wurden durch den **Landesherrn** an eine Zunft oder an einen Meister **Privilegien** verliehen. Die **Nachahmung** eines Zeichens war bei **Strafe** verboten. Im 18. Jh entwickelten sich **Qualitätskontrolle** und **Markenzwang**: Der Meister durfte nur **ein** einziges **Zeichen** verwenden (Ratio: **Identifikation** des Herstellers). Waren zunächst die Erzeugerzeichen im Mittelpunkt, entwickelten sich später **Handelsmarken** (Marken für bloße Handelsware). Die Vorläufer heutiger Markenregister waren **Zeichenbücher**, in denen Meisterzeichen aufgelistet waren. Später kamen **amtliche Evidenzen** der Zeichen auf. Im 19. Jh wurde die Schutzfähigkeit der **Handelsmarke** mit dem (fortschrittlichen) „Kaiserlichen Patent" aus 1858, dem *„Gesetz zum Schutze der gewerblichen Marken und anderen Bezeichnungen"* begründet. Darin finden sich ua bereits eine **Legaldefinition** der Marke, die **Freiheit** der Markenwahl und des Markengebrauchs (anstelle des alten Markenzwanges), eine Regelung der **Priorität** und konkreter **Rechtsbehelfe**, um gegen Verletzer erfolgreich vorgehen zu können (Unterlassungs-, Beseitigungs- und Schadenersatzanspruch). 1890 wurde das **Markenschutzgesetz** (längere Schutzdauer, **Zentralmarkenregister** beim Handelsministerium, effektivere Sanktionen) erlassen. Dieses Gesetz wurde 1895 (Anerkennung von **Wortmarken**) novelliert, ebenso 1930 zwecks Installierung des Schutzes von **Verbandsmarken**. Das im Deutschen Reich 1936 erlassene **deutsche Warenzeichengesetz** wurde im Zuge der nationalsozialistischen Herrschaft auch in Österreich in Kraft gesetzt.

Durch das Markenschutz-Überleitungsgesetz aus 1947 wurde in Österreich das aus der Monarchie stammende Markenrecht (MaSchG 1935) wieder eingeführt, mehrmals novelliert und 1953 sowie **1970** wiederverlautbart. Seither ergingen zahlreiche Nov (wichtig zB **MarkenR-Nov 1999**), zuletzt die UrhG-Novelle 2013 BGBl I **2013/126**.

III. Rechtsquellen

1. Nationale Rechtsquellen

a) Markenschutzgesetz – MaSchG

Die bedeutendste Rechtsquelle ist das **Markenschutzgesetz** (= MaSchG) 1970 BGBl 1970/260 idF **BGBl I 2013/126**.

> *Beachte: § 9 UWG regelt zivilrechtliche Sanktionen zum Schutz anderer Kennzeichen. Der Schutz eines Zeichens, das **keine** registrierte Marke ist, kann auch **regional begrenzt** sein. In einem solchen Fall kommt es bei einem Kennzeichenstreit auf die **Priorität** in diesem räumlich begrenzten Bereich an. Bei Kollision eines Markenrechts mit einem nicht registrierten Zeichen für die gleiche Ware hat Letzteres dann Priorität, wenn es **vor** der Eintragung der Marke **Verkehrsgeltung** erlangt hat. Der Schutz ist dann aber **örtlich** auf jenes Gebiet **beschränkt**, in dem das nicht registrierte Zeichen Verkehrsgeltung genießt, (zB Egger Bier) (Näheres s ORAC-Rechtsskriptum Wettbewerbsrecht I UWG[7] (2011), Zweiter Abschnitt VI).*

b) PPG – LMSVG – PAG – PAGV

Das BG, mit dem ergänzende Regelungen über das Vorgehen der Zollbehörden im Verkehr mit Waren, die ein Recht am geistigen Eigentum verletzen, erlassen wurden (**Produktpirateriegesetz** 2004 – **PPG 2004** BGBl I 2004/56 idF **BGBl I 2007/17**), enthält spezifische Regelungen zur (gemeinschaftsrechtlichen) PPV.

Das **Lebensmittelsicherheits-** und **Verbraucherschutzgesetz** (**LMSVG** BGBl I 2006/13 idF **BGBl I 2013/171**) regelt (so § 1 Abs 1) die Anforderungen an Lebensmittel, Wasser für den menschlichen Gebrauch, Gebrauchsgegenstände und kosmetische Mittel sowie die damit verbundene Verantwortung der Unternehmer. Es gilt für alle Produktions-, Verarbeitungs- und Vertriebsstufen. § 45 LMSVG ist für die Kontrolle der Einhaltung der **Produktspezifikation** bei g.U., g.g.A. und g.t.S. (Näheres s unter 2.a) relevant.

Die Gebühren für (inter)nationale Markenanmeldungen, g.U und g.g.A., Inlands-, Antrags- und Einspruchsgebühr etc wurden in einem eigens geschaffenen BG über die im Bereich des ÖPA zu zahlenden Gebühren und Entgelte (**Patentamtsgebührengesetz** – **PAG** BGBl I 2004/149 idF **BGBl I 2013/126**) niedergelegt. Dazu kommt die Verordnung des BM für Verkehr, Innovation und Technologie für im Bereich des ÖPA zu zahlende Gebühren: **Patentamtsgebührenverordnung** – **PAGV** BGBl II 2005/469 idF **BGBl II 2010/198**.

c) Nationale Verordnungsentwicklung: PAV, TRFV

Neu gefasst: **Patentamtsverordnung** (PAV 2006 PBl 2005/12, Anh 4 idF **PBl 2011/2** S 34) sowie **Teilrechtsfähigkeitsverordnung** (Verordnung des Präs des ÖPA, mit der die im Rahmen der Teilrechtsfähigkeit des ÖPA zu erbringenden Service- und Informationsleistungen festgesetzt werden – **TRFV 2010**).

2. Rechtsquellen aus EU-Recht

a) EG-Verordnungen

VO (EG) 207/2009 des Rates vom 26. 2. 2009 über die **Gemeinschaftsmarke** (kodifizierte Fassung), ABl L 2009/78, 1, in Kraft seit 13. 4. 2009. VO (EG) 2869/95 der Kommission vom 13. 12. 1995 über die an das **HABM** (Marken, Muster und Modelle) zu entrichtenden Gebühren, GMGebV, zuletzt geändert mit VO (EG) 355/2009. Durch die geplante Novelle dieser VO (Vorschlag für eine VO des EP und des Rates zur Änderung der VO [EG] 207/2009 des Rates über die Gemeinschaftsmarke vom 27. 3. 2013, KOM[2013] 161 endg, Überarbeitung der Verordnung der Kommission von 1995 über die an das HABM zu entrichtenden Gebühren, Verordnung [EG] 2869/95) soll das Verfahren zur Registrierung einer GM (soll künftig **Europäische Marke** heißen!) günstiger, zügiger und effizienter werden.

Die **VO** (EU) **1151/2012** des EP und des Rates vom 21. 11. 2012 über **Qualitätsregelungen** für **Agrarerzeugnisse** und **Lebensmittel** ist seit 1. 1. 2014 in Kraft (vgl die Änderungen der nationalen §§ 68–68j MaSchG durch **BGBl I 2013/26**).

Neu ist ferner die **EU-Produktpiraterie-VO 2014**, dh die **VO** (EU) **608/2013** des EP und des Rates vom 12. 6. 2013 zur Durchsetzung der Rechte des geistigen Eigentums durch die Zollbehörden und zur **Aufhebung** der VO (EG) 1383/2003 des Rates vom 22. 7. 2003. Um der Durchsetzung von Rechten geistigen Eigentums eine bessere und breitere Basis zu verschaffen, legt diese VO mit Gültigkeit vom **1. 1. 2014** die durch die Zollverwaltung zu ergreifenden Maßnahmen fest. Schöpft eine Zollbehörde bei einer Kontrolle den Verdacht, bei der kontrollierten Ware könne es sich um rechtsverletzende Ware handeln, hat sie diese zurückzubehalten. Im Jahre 2012 wurden so fast 40 Mio Artikel mit einem Marktwert von ca € 900 Mio identifiziert. Das neue Verfahren verpflichtet zur Vernichtung dieser einbehaltenen

Ware auch ohne gerichtliche Feststellung der Rechtsverletzung. Galten bisher Länder wie Finnland oder Polen aufgrund ihrer geografisch exponierten Lage als Einfallsländer für Piraterieware, so erhofft man sich durch die verpflichtenden Maßnahmen in Zukunft deutlich erhöhte Aufgriffe.

Das damit geschaffene Instrumentarium erlaubt den nach WTO-TRIPS zur Bekämpfung der Produktpiraterie verpflichteten **Zollbehörden**, Waren, die ein Recht **geistigen Eigentums** (zB Marke, GM, IR-Marke, Muster, Gemeinschaftsgeschmacksmuster, g.U., g.g.A, g.t.S. iSd VO [EU] 1151/2012, Patent, SPC für Arzneimittel und Pflanzenschutzmittel, Sortenschutzrecht uam) **verletzen**, möglichst frühzeitig aus dem Verkehr zu ziehen. Dadurch soll verhindert werden, dass Produktfälschungen aus Drittländern eingeführt und in der EU in Verkehr gebracht werden. Die **Durchführungs-VO** (EU) **1352/2013** der Kommission vom 4. 12. 2013 zur Festlegung der in der EU-Produktpiraterie-VO 2014 durch die Zollbehörden vorgesehenen **Formblätter** legt **einheitliche Vordrucke** fest, mit denen ein Antrag auf Tätigwerden der Zollbehörden gestellt werden kann. Grund für diese Reform: Marken- und Produktpiraterie verursachen jährlich Kosten von ca **€ 250 Mrd**. Daher setzt(e) die Kommission laufend, auch durch ihre **Binnenmarktakte** (**Mitteilung** an EP, Rat, europäischen Wirtschafts- und Sozialausschuss und Ausschuss der Regionen, **KOM[2011] 0206** endg; Näheres s unter c) weitere Maßnahmen der Verbesserung der Bekämpfung von Marken- und Produktpiraterie. Dabei ging es auch um die Stärkung der **Europäischen Beobachtungsstelle** für **Marken-** und **Produktpiraterie**, die Verbesserung der Verwaltungszusammenarbeit sowie den Ausbau bestehender Rechtsvorschriften betreffend die Aufgaben der Zollbehörden zum Schutz der Rechte des geistigen Eigentums.

Die diesbezügliche **VO (EU) 386/2012** des EP und des Rates vom 19. 4. 2012 zur Übertragung von Aufgaben, die die Durchsetzung von Rechten des **geistigen Eigentums** betreffen, einschließlich der Zusammenführung von Vertretern des öffentlichen und des privaten Sektors im Rahmen einer **Europäischen Beobachtungsstelle** für Verletzungen von Rechten des geistigen Eigentums, auf das HABM (Marken, Muster und Modelle), trat am 5. 6. 2012 in Kraft.

b) EG-Richtlinien

RL 2008/95/EG des EP und des Rates vom **22. 10. 2008** zur Angleichung der Rechtsvorschriften der MS über die Marken, **Marken-RL** (früher: RL 89/104/EWG des Rates vom 21. 12. 1988 zur Angleichung der Rechtsvorschriften der MS über die Marken, Fassung 1992). Aktuell: Vorschlag für eine RL des EP und des Rates zur Angleichung der Rechtsvorschriften der MS über die Marken (Neufassung) vom 27. 3. 2013, KOM(2013) 162 endg.

Die **RL 2004/48/EG** des EP und des Rates vom 29. 4. 2004 zur Durchsetzung der Rechte des **geistigen Eigentums** (Schutz- oder **Rechtsdurchsetzungs-RL**) beinhaltet Maßnahmen zur Durchsetzung der Rechte aus dem geistigen Eigentum. Damit wurden die Schutzmaßnahmen bei Verletzung geistiger Eigentumsrechte in den EU-MS verpflichtend normiert und **vereinheitlicht**. Letzteres betrifft insb den Bereich der **Sanktionen**, Unterlassungsansprüche, einstweilige Verfügungen, Rückruf der verletzenden Ware, Schadenersatz in Höhe der doppelten Lizenzgebühr, Gewinnherausgabe, Auskunfterteilung, Beschlagnahme uam.

c) Andere unionsrechtliche Aktivitäten

In der Einleitung ihrer sog **Binnenmarktakte** betont die Kommission, es gäbe Unzulänglichkeiten zu beheben. Die vorgesehenen „Zwölf Hebel zur Förderung von Wachstum und Vertrauen ‚Gemeinsam für neues Wachstum'" betreffen in Pkt 2.3. auch die (kreativwirtschaftlich als bedeutend eingestuften) „Rechte des geistigen Eigentums" (**Mitteilung** der **Kommission** an das EP, den Rat, den europäischen Wirtschafts- und Sozialausschuss und den Ausschuss der Regionen, KOM[2011] 0206 endg). Beabsichtigt ist eine Vielzahl an Maßnahmen, so etwa die Einführung eines Instruments zur Nutzung der Rechte des geistigen Eigentums, aber auch die nachhaltige Bekämpfung der Produktpiraterie (s schon oben a). Besonders etwa iZm **Online-Marktplätzen** ergeben sich in der Praxis heikle Rechtsfragen im Hinblick auf deren markenrechtliche Verantwortlichkeit gegenüber Rechtsverletzungen durch Dritte:

> *Beispiel: L'Oréal, Inhaber zahlreicher Marken mit Produktvertrieb über ein geschlossenes Vertriebs-system, verklagte eBay wegen Beteiligung, weil über dessen Plattform Fälschungen und nicht zum Verkauf im EWR bestimmte Erzeugnisse angeboten wurden. eBay kaufe zB „**AdWords**" von **Google**. Schlüsselwörter seien mit den **Wort**bestandteilen der **L'Oréal**-Marken identisch. So würden Nutzer zu rechtsverletzenden Angeboten geleitet, ohne dass eBay etwas dagegen unternehme.*

> *EuGH: Grds könnten sich Betreiber eines Online-Marktplatzes auf das Haftungsprivileg für Host-Pro-vider gem Art 14 Abs 1 ECRL berufen (**keine allgemeine** Überwachungspflicht). Dennoch müssen Betreiber uU Rechtsverletzer **ausschließen** und **angemessene**, abschreckende und verhältnismäßige Maßnahmen zur Erleichterung der **Identifizierung** seines als Verkäufer auftretenden Kunden ergreifen.*

Ferner scheint eine grundlegende **Modernisierung** des Markensystems in Europa geboten, um für grö-ßere Kohärenz zwischen dem europäischen und den nationalen Systemen zu sorgen. Schließlich will man Kosten senken und es dem System zu ermöglichen, neue Technologien, die Recherchen erleich-tern, in vollem Umfang zu nutzen.

3. Internationale Rechtsquellen

a) PVÜ, Madrider Union, TRIPS, NizzKlass, Wiener Übk, WIPO

Die 1967 geschaffene **Weltorganisation für geistiges Eigentum** (= **WIPO**), eine Völkerrechtssubjektivi-tät genießende UN-Sonderorganisation, verwaltet und koordiniert (von Genf aus) derzeit 24 Verträge, darunter etwa PVÜ, Madrider Union, NizzKlass, TLT, RBÜ, WTC. Streitfälle werden durch Mediation und Schiedsgericht geschlichtet.

Pariser Verbandsübereinkunft zum Schutz des gewerblichen Eigentums (**PVÜ**): 1883 unterzeichnet, mehrfach revidiert. **2013** gehörten ihr **175** Staaten an. Österreich trat der PVÜ 1909 bei und hat auch alle Fassungen, einschließlich der Stockholmer vom 14. 7. 1967 (in Kraft seit 1973 durch BGBl 1973/399 idF BGBl 1984/384) ratifiziert.

Madrider Abk über die internationale Registrierung von Marken (= **MMA**) aus 1891 BGBl 1973/400 idF **BGBl I 2008/2**: Sonder-Abk zur **PVÜ** mit derzeit **56** Staaten (zuletzt revidiert in Stockholm am 14. 7. 1967). Seit 1909 ist Österreich dabei (wird von der WIPO in Genf verwaltet). Durch **eine** Anmeldung einer international registrierten (**IR-**)Marke und gegen Bezahlung einer einmaligen Gebühr können gleichzeitig Markenrechte in vielen Ländern erworben werden. **Prot** zum **MMA: MMP**, angenommen in Madrid am 27. 6. 1989, mit Österreich (BGBl III 1999/32 idF **BGBl III 2008/88**): **Erweiterung** des Sys-tems um den Beitritt weiterer Staaten, Einbeziehung des **Gemeinschaftsmarkenrechts** in das System der internationalen Markenregistrierung. **Madrider Union**: Gesamtheit der Staaten, die beiden Abk (MMA und MMP) beigetreten sind (**2013: 92** MS); Reform des Verfahrens zur internationalen Marken-registrierung (mit Wirksamkeit 1. 9. 2008). Änderung auch der **Gemeinsamen Ausführungsordnung** zu MMA und MMP (GAusfO 1996 BGBl III 1997/109 idF **BGBl III 2008/90**) sowie der Gebührenordnung.

Das Abk über handelsbezogene Aspekte der Rechte des geistigen Eigentums (Trade Related Aspects of Intellectual Property Rights – TRIPS) BGBl 1995/1 idF BGBl 1995/379 bildet Anh 1C des WTO (World Trade Organization = Welthandelsorganisation)-Abk, das 1993 im Rahmen der GATT-Verhandlungen geschaffen wurde. Die Mitglieder des WTO/TRIPS (**159**, Stand: **2013**), darunter EU plus EU-MS, ver-pflichten sich darin zur Befolgung der PVÜ in ihrer Stockholmer Fassung, sodass diese auch für Nicht-mitglieder dieses Verbandes gilt. TRIPS wird auch als „Paris-Plus-Ansatz" bezeichnet, weil es über die

PVÜ hinausreichende Vorschriften enthält. Durch die MarkenR-Nov 1999 wurde Art 16 TRIPS („Rechte aus der Marke") Rechnung getragen und im novellierten § 10 Abs 2 MaSchG der Schutz der bekannten Marke im österr Markenrechtssystem institutionalisiert.

NizzKlass: Abk von Nizza über die internationale **Klassifikation** von Waren und Dienstleistungen für **Fabrik- und Handelsmarken** vom 15. 6. 1957 (BGBl 1969/388 idF BGBl 1975/119) sowie zwei **Abk von Nizza** über die internationale **Klassifikation** von Waren oder Dienstleistungen für **die Eintragung von Marken** vom 15. 6. 1957 (BGBl 1973/401 idF BGBl 1984/124, rev in Stockholm; BGBl 1982/340 idF BGBl 1984/124, rev in Stockholm und Genf).

Wiener Übk über die Errichtung einer **internationalen Klassifikation** der **Bildbestandteile** von **Marken** (BGBl III 1999/178), für Österreich in Kraft seit 27. 10. 1999 (dem NizzKlass ähnlich). Es errichtet eine Klassifikation für Marken, die aus Bildbestandteilen bestehen. Sinn: **Erleichterung** der **Recherche** nach **entgegenstehenden älteren** Zeichen.

b) Madrider und Lissabonner Abk, TLT, Singapure Treaty

1994 wurde der **Markenrechtsvertrag (Trademark Law Treaty – TLT) (2012: 46** Verbandsstaaten) samt Ausführungsordnung verabschiedet, den Österreich zwar unterfertigt, aber noch nicht ratifiziert hat. Zweck: Harmonisierung gewisser **Verfahrensbestimmungen** bzw Vereinheitlichung des nationalen **Anmelde-** und **Eintragungsverfahrens**. Weiterentwicklung: **Singapure Treaty** on the **Law** of **Trademarks** (in Kraft seit 16. 3. 2009). Zweck: Leichterer Zugang zum Markenschutz, effizientere, anmeldefreundlichere Verfahren, mittelfristig: Kostenminimierung.

Dem **Madrider Abk** aus 1891 über die Unterdrückung falscher/**irreführender Herkunftsangaben** auf Waren (nicht mit MMA zu verwechseln!) gehörten 2013 **27** MS an, nicht aber Österreich, doch können irreführende Herkunftsangaben auch nach dem – durch die UWG-Nov 2007 BGBl I 2007/79 neu gefassten – **§ 2 UWG** (Irreführende Geschäftspraktiken) iVm Anh UWG verfolgt werden. Unter der Schirmherrschaft der **WIPO** steht auch das **Lissabonner Abk** über den Schutz von Ursprungsbezeichnungen und ihre internationale Registrierung aus 1958 (revidiert in Stockholm 1967, Änderungen aus 1979). Im Jahre **2013** gehörten diesem Abk **28** MS an (Österreich nicht).

B. Was ist eine Marke?

I. Legaldefinition

Der Begriff der Marke wird im neuen **§ 1 MaSchG** (seit MarkenR-Nov 1999) wie folgt definiert:

„Marken können alle Zeichen sein, die sich graphisch darstellen lassen, insbesondere Wörter einschließlich Personennamen, Abbildungen, Buchstaben, Zahlen und die Form oder Aufmachung der Ware, soweit solche Zeichen geeignet sind, Waren oder Dienstleistungen eines Unternehmens von denjenigen anderer Unternehmen zu unterscheiden."

II. Auslegung

§ 1: Nur solche Zeichen werden als Marken geschützt, die sich **grafisch darstellen** lassen und zur Unterscheidung von anderen Zeichen geeignet sind (Unterscheidungs- bzw Kennzeichenfunktion). Zuerst ist zu fragen, **welche** Zeichen als Marke registriert werden können. § 1 nennt als Beispiele für grafisch darstellbare Zeichen: Wörter einschließlich Personennamen, Abbildungen, Buchstaben, Zahlen, aber auch die Form und die Aufmachung der Ware.

Auch (weit) verbreiteten **Vor**namen (zB „MAX" für Baumaterialien) kommt Unterscheidungskraft zu, sofern sie, was in casu aber nicht vorlag, nicht zugleich als Sachangabe (etwa iSv „maximal") für die damit bezeichnete Ware oder Dienstleistung fungieren. **Eigen**namen können durch häufige Benutzung „abgegriffen" werden und damit Unterscheidungskraft verlieren (zB Mozart-Schinken, Amadeus-Parfüm, Oscar-Filmpreis, EVA-Brot etc).

Aus § 1 ergibt sich, dass auch **Buchstaben-** und **Zahlen(kombinationen)** bei Vorliegen von Unterscheidungskraft grds (dh, außer es ist in casu und im Hinblick auf bestehende Verkehrsgewohnheiten keine Unterscheidungskraft gegeben oder ein Freihaltebedürfnis anzunehmen, wie zB für ANTIKALK als Mittel zur Entkalkung) **unabhängig** von einer **Verkehrsgeltung** registriert werden können. Als Marken registrierbar sind, da grafisch darstellbar, **Hologramme** und **Klangmarken**. Bei einem Minimum an Interpretationsaufwand sind auch **Werbeslogans** schützbar.

> *Beispiele: Geschützt wurde „Don't Just Cover it – Protect it!" für Verpackungsmaterial aus Kunststoff, **nicht** aber „Wärme ist unser Element" für Heizungsgeräte oder „Menschen gewinnen" für optoelektronische Verzeichnisse. Schutzfähig sind auch banale Werbesprüche und bloße Anpreisungen, zB „Vorsprung durch Technik" (Audi) oder „Das Prinzip der Bequemlichkeit" (Erpo Möbelwerk).*

> *Der Slogan „Doc around the clock" (für Krankenpflege-Dienstleistungen) ist als Marke eintragungsfähig, da relevante Verkehrskreise die Marke als **Herkunftshinweis** wahrnehmen. Aber: **Keine** Eintragung von „Wir machen das Besondere einfach" als GM (Smart Technologies) **mangels** Unterscheidungskraft, da maßgebliche Verkehrskreise über die Werbeaussage hinaus (derartige Waren machten die Ausführung einer komplizierten Aufgabe einfach) keinen Hinweis auf eine besondere betriebliche Herkunft wahrnehmen.*

Nicht schutzfähig sind **Geruchsmarken**, sofern die Geruchsprobe nicht dauerhaft und grafisch nicht darstellbar ist. Auch andere Kennzeichen (soweit grafisch darstellbar) wie der Name, die Firma, eine Unternehmensbezeichnung oder eine Ausstattung, aber auch ein Muster nach dem MuSchG (Titel, Form, Aufmachung der Ware) können als Marken registriert werden. Sie genießen dann nicht nur Markenschutz, sondern auch den Schutz als Name, Firma etc (§ 43 ABGB, § 37 UGB, § 9 UWG, §§ 1 und 80 UrhG). Das gilt auch für dreidimensionale Zeichen als **Aufmachung** der Ware. Diese kann eine Marke sein, wenn sie sich grafisch darstellen lässt und geeignet ist, die Ware als von einem bestimmten Unternehmen stammend zu kennzeichnen (zB „Smarties"). Für die **Benutzung** des Namens, der Firma oder der besonderen Bezeichnung des Unternehmens eines anderen als Marke ist jedoch die Zustimmung des Kennzeicheninhabers notwendig (§ 12 MaSchG); bei einem fremden Titel oder Muster ist das genauso.

> *Beispiel: Die Bezeichnung „Philips" ist sowohl Name, Firma als auch Marke.*

Kennzeichen können als Marke registriert werden, wenn sie sich auf eine Ware/Dienstleistung beziehen. **Keinen** Schutz genießen Marken für **Gutscheinmünzen** (Einkaufs-, Geschenk- oder Wertmünzen: weder Ware noch Dienstleistung, sondern Legitimationszeichen, die nur ein Forderungsrecht verkörpern). Seit der Aufhebung des § 3 MaSchG aF durch die MarkenR-Nov 1999 ist es **nicht** mehr erforderlich, dass derjenige, der ein Markenrecht erwerben will, über ein **Unternehmen** verfügt, aus dem die mit der Marke zu kennzeichnenden Waren/Dienstleistungen hervorgehen können. Prinzipiell steht jedem (auch Nichtunternehmern) der Markenerwerb offen.

> *Beachte: Die Freiheit des Markenhandels/-erwerbs ist durch den in § 33a niedergelegten **Benutzungszwang** („Löschung wegen Nichtbenutzung") begrenzt. Danach kann bei Nichtbenutzung einer registrierten Marke, idR nach fünf Jahren, jeder die Löschung aus dem Markenregister begehren.*

III. Funktion der Marke

Üblicherweise werden aus verschiedenen markenrechtlichen Einzelbestimmungen (induktiv) verallgemeinerte Aussagen über die Funktion(en) der Marke gewonnen, aus welchen in der Folge (deduktiv) auf die Beantwortung markenrechtlicher Einzelfragen geschlossen wird. Der Schluss dieser „**Funktionenlehre**" von Einzelbestimmungen auf abstrakte Aussagen ist zwar logisch problematisch, weshalb diese Lehre methodischen Einwänden ausgesetzt ist. Dennoch dürfte ihre Heranziehung, mit gebotener Relativierung, aus pragmatischen Erwägungen zur Erarbeitung dogmatisch sinnvoller und zusammenhängender markenrechtlicher Schlussfolgerungen beitragen.

1. Herkunftsfunktion

Nach ihrer Hauptfunktion weist die **Marke** auf die **Herkunft** der damit gekennzeichneten Ware aus einem **bestimmten** Unternehmen hin (unterscheidet eigene Waren/Dienstleistungen von gleichen/gleichartigen anderer Unternehmen). Sie leistet im schwer überblickbaren Waren- und Dienstleistungsangebot selbst dann **Orientierungshilfe**, wenn dem Abnehmer die Herkunftsquelle/Firma des Unternehmensinhabers nicht (genau) bekannt ist. Die Vorstellung einer bestimmten Herkunftsquelle reicht aus. Da früher die Marke „am Unternehmen klebte", durfte der Verbraucher annehmen, dass ein mit der Marke versehenes Produkt immer aus ein- und demselben Unternehmen stammte.

Dass die Marke ohne zugehöriges Unternehmen auf einen Dritten übertragen werden kann, relativiert die Herkunftsfunktion. Das Produkt kann von einem ganz **anderen** Unternehmer hergestellt oder in Verkehr gesetzt werden, ohne dass dies für den Verbraucher erkennbar ist. Die Marke, die die Vermutung aufstellt, dass das Produkt aus dem Unternehmen des jeweiligen Kennzeichnungsberechtigten stammt, kann auch an einen Dritten lizenziert werden.

Bei der (in der Marken-RL erwähnten) **Herkunftsfunktion** handelt es sich eher um ein **empirisch** zu beobachtendes als ein **rechtlich** geschütztes Phänomen, da nur bedingt konkrete Rechtsfolgen (zB iZm der Fälschung) abgeleitet werden. An ihrem Beispiel zeigt sich in verschiedenen Einzelfragen (Unterscheidungskraft, Verkehrsgeltung, Verwechslungsgefahr, Erschöpfung des Markenrechts etc) der Wandel der Funktionenlehre. Dennoch knüpft auch die neuere Rsp an die **Herkunftsfunktion** der Marke an und erblickt den **Schutzgegenstand** des Markenrechts darin, dem Endabnehmer die **Ursprungsidentität** der mit der Marke versehenen Ware zu garantieren, indem ihm die Unterscheidungsmöglichkeit dieser Ware/Dienstleistung von denen anderer Herkunft eröffnet wird.

> *Beispiele: Kein geschütztes Interesse wird beeinträchtigt, wenn die Benutzung (hier der Marke „PRIMAGAZ" des Tankeigentümers, angebracht an der Innenseite des Tankdeckels, wovon Dritte bei bestimmungsgemäßer Nutzung des Gases gar nicht Kenntnis erlangen) keine Außenwirkung hat und die Marke deshalb nicht als Herkunftshinweis für das im Tank gelagerte Gas wahrgenommen wird. Keine Markenbenutzung iSd Ursprungsfunktion liegt vor, wenn eine Marke (hier „WELLNESS") nicht nur für Textilien, sondern daneben auch für einen (den Textilkäufern kostenlos beigegebenen alkoholfreien) Drink verwendet wird (kein entgeltlicher Vertrieb; Löschung wegen Nichtgebrauchs).*

> *Merchandising-Rsp: Auch nunmehr ausgegliederte, selbständige Institutionen wie Museen etc müssen sich um zusätzliche Merchandising-Einnahmen bemühen. Anders als früher sieht der durchschnittlich aufmerksame, verständige Verbraucher in der Aufschrift „Spanische Hofreitschule" (auf einem Souvenirteller aus Porzellan mit Lipizzaner) einen unterscheidungskräftigen Hinweis auf die Herkunft eines so bezeichneten Souvenirtellers, weshalb die unautorisierte Markenverwendung untersagt wurde.*

Der Unternehmer soll demnach seine Kunden durch die Qualität der Waren/Dienstleistungen an sich binden können. Dies setzt **Kennzeichen** voraus, mit denen sich diese **identifizieren** lassen. Das Vorhandensein zahlreicher mit ähnlichen Zeichen versehener Waren auf dem Markt kann die Marke verletzen, ihre Unterscheidungskraft vermindern und ihre **Hauptfunktion**, gegenüber den Verbrauchern die **Herkunft** der Waren zu gewährleisten, gefährden.

2. Unterscheidungs-/Kennzeichnungsfunktion

Diese Funktion ergibt sich aus § 1, der die unbestrittene Aufgabe der Marke enthält, Waren und Dienstleistungen zu **kennzeichnen**, dh von anderen Waren und Dienstleistungen zu **unterscheiden**. Diese Funktion ist in enger Verbindung mit der Hauptfunktion der Marke, der Herkunftsfunktion (s oben 1.), zu erblicken.

3. Qualitäts-, Garantie- oder Vertrauensfunktion

Dem Publikum kommt es weniger auf eine bestimmte Herkunft als auf eine mit ihr verbundene *Zusatzerwartung* an: gleichbleibende Qualität gleich gekennzeichneter Ware. Es existiert zwar kein unmittelbarer Anspruch auf gleichbleibende Qualität von Markenartikeln, aber immerhin solche Bestimmungen im MaSchG, die auf die Vorstellung einer Qualitäts-, Garantie- oder Vertrauensfunktion hindeuten. § 10b Abs 1 enthält das Prinzip der EWR-weiten Erschöpfung des Markenrechts. Doch kann sich (Abs 2) ein Markeninhaber dem weiteren Vertrieb widersetzen, wenn die Qualität der Waren nach ihrem ersten Inverkehrbringen verändert/verschlechtert wurde (ausnahmsweiser Vorrang der Qualitätskontrolle gegenüber freiem Warenverkehr).

Der Markeninhaber kann gem § 14 Abs 2 die Rechte aus der Marke gegen einen **Lizenznehmer** geltend machen, der durch mangelhafte Qualität gegen den Lizenzvertrag verstößt. Markeninhaber werden deshalb (Produktverantwortung iwS!) schon im Interesse eigener Absatzchancen bemüht sein, die Produktqualität zu sichern und die Gütevorstellungen des Publikums nicht zu enttäuschen. Auch aus **wettbewerbsrechtlichen** Gründen sollten Markeninhaber keine Reduktion des Standards vornehmen. Denn das wäre uU eine **irreführende Geschäftspraktik** wegen Qualitätsverschlechterung, entspricht doch die Qualität der Ware einem in § 2 Abs 1 Z 2 UWG erwähnten „wesentlichen Merkmal des Produkts"). Die kennzeichenmäßige Verwendung einer Marke ist eine **Angabe** über eine bestimmte Beschaffenheit der markierten Ware (**signifikante** Abweichung: **Beschaffenheitstäuschung!**).

4. Identifizierungsfunktion

Nach der Lehre von der **Identifizierungsfunktion** sehen die angesprochenen Verkehrskreise in der Marke keinen Hinweis (mehr) auf ein bestimmtes Unternehmen, sondern auf ein bestimmtes **Erzeugnis** und dessen Beschaffenheit. Darüber hinaus verweist diese Funktion auf die Marke als **Informationsquelle**, mit deren Hilfe der Verbraucher die von ihm gesuchte Ware auffinden/identifizieren kann. Der Unternehmer sieht Chancen für den Schutz gegen Nachahmung, differenzierte Marktbearbeitung, preispolitischen Spielraum und eine Wertsteigerung des Unternehmens.

5. Kommunikations-, Suggestiv- oder Werbefunktion

Die **Marke** dient der Förderung des Absatzes. Sie ist ein Medium der Werbung, durch das mit dem Verbraucher „kommuniziert" werden kann und ihm (symbolisch) Information über den „Markenartikel" vermittelt (uU schlicht „suggeriert") werden soll. **Rechtlich** geschützt ist die Kommunikations-, Suggestiv- oder Werbefunktion der Marke im Grunde schon seit der Änderung des § 11 durch die MarkenR-Nov 1977, wonach die Marke ohne das zugehörige Unternehmen auf einen Dritten übertragen werden kann. Verstärkt wurde diese Tendenz der **Verselbständigung** der Marke vom Unternehmen durch den Wegfall des § 3 MaSchG aF aufgrund der MarkenR-Nov 1999.

Beispiel: Die Benutzung eines mit einer Marke eines anderen **identischen** Zeichens im Rahmen eines Referenzierungsdienstes (Google-AdWords) durch einen Werbenden, wenn unter „Anzeigen" bei ungewisser Reihenfolge neben der Originalmarke („Louis Vuitton") auch andere Marken (zB Louis Vuitton-Imitat) durch die Werbesuchmaschine aufgeworfen werden, ist **keine** Beeinträchtigung der **Werbefunktion** der Marke (EuGH).

Deutlich wird die Werbefunktion im erweiterten Rechtsschutz der **bekannten** Marke nach § 10 Abs 2, der über den Bereich der gleichen oder ähnlichen Waren oder Dienstleistungen hinausgeht, sofern die Benutzung des Zeichens die Unterscheidungskraft oder die Wertschätzung der bekannten Marke ohne rechtfertigenden Grund in unlauterer Weise ausnutzt oder beeinträchtigt (vgl Art 5 Abs 2 der Marken-RL, Art 9 Abs 1 lit c GMV sowie Art 16 Abs 3 TRIPS).

IV. Markenarten

Vorbemerkung: Wurden beim ÖPA zwischen 2000 und 2009 ca 70.000 Marken eingetragen, unter ihnen 32.000 Wortmarken, 35.000 Wortbildmarken und knapp 2.000 Bildmarken, an „sonstigen" Marken aber nur 145 (0,2 %), so befinden sich unter Letzteren sieben Klangmarken, 126 Formmarken und (lediglich) zwölf (abstrakte) Farbmarken.

1. Buchstaben-, Ziffern-, Wort-, Bild- und kombinierte Marken

Buchstabenmarken bestehen aus Buchstaben, die keine (im gewohnten Sinne „flüssig") aussprechbare Einheit bilden – zB OMV, IBM, XTC, MTV, TCM. **Ziffernmarken** bestehen aus einzelnen Ziffern/Zahlen. Bisher fehlte Buchstaben- und Ziffernzeichen samt **Kombinationen** aus diesen die ursprüngliche Unterscheidungskraft, sodass sie nur bei Verkehrsgeltung als Marken eingetragen wurden – zB 4711, 007 oder die Kombi K2r. Seit der **Neudefinition** der **Marken** in § 1 sind Buchstaben und Zahlen als registrierfähige Zeichen anerkannt. Sie können **nicht** mehr nur bei Nachweis ihrer **Verkehrsgeltung** als **Marke** registriert werden.

Wortmarken bestehen aus einer aussprechbaren Buchstabenkombination (in Österreich zulässig seit 1895). Es kann sich dabei um ein Wort (zB Heumilch, Benetton, Lego, Mercedes), um mehrere Wörter (zB Flachgauer Heumilch, United Colors of Benetton, Lego System, Mercedes Benz) oder um ganze Sätze („Nichts ist unmöglich – Toyota", „Tupperware – die Marke mit der Frische") handeln. Markenfähig ist ein Wort, wenn es für **irgendeine** Ware/Dienstleistung abstrakte Unterscheidungseignung hat (was zB auf *super, euro, med, prima* oder *international* nicht zutrifft). Es kann sich auch um Fantasienamen handeln.

> *Beispiele:* PERSIL, OMO (Fantasienamen), Coca-Cola (generische Bezeichnung), 4711, „immer dabei" (Slogan), KREMSER SCHMIDT (für bestimmte Weine), „Volke Consulting Engineers" (für technische Planungen und Konstruktionen), Personennamen wie zB ANTON BRUCKNER oder MAX; dagegen ist „Flugbörse", obgleich aussprechbar, als Wortmarke für Reisebüro-Dienstleistungen etc nicht schutzfähig (keine Unterscheidungskraft).

Bildmarken bestehen ausschließlich aus einer grafischen Darstellung, die nicht als Wort wirkt.

> *Beispiele:* Muschel als Zeichen für SHELL, Mercedesstern oder das aufgerichtete Pferd für Ferrari.

Auch **Hologramme** sind als Marken registrierbar, weil grafisch darstellbar. Vorzulegen ist dabei die Wiedergabe der einzelnen „changierenden" Ansichten des Hologramms auf einer 8 x 8 cm großen Darstellung (20 Mal) samt „Legende" – etwa, wonach die Marke im Wechsel der dargestellten Bilder (oÄ) besteht.

Wortbildmarken (kombinierte Marken, Mischmarken) bestehen sowohl aus Wort- als auch aus Bildbestandteilen.

> *Beispiele: Meinl-Mohr, Audi-Ringe, Red Bull, Tanne in der Spar-Marke, Bayer-Kreuz, nicht aber Cats Milk bei Unterstreichung des Wortes „Cats" ab dem Buchstaben C (nicht originell/fantasiehaft).*

2. Riech-, Klang-, Farb-, Positions-, Tast- und Formmarken

Hinsichtlich Riech(Geruchs- oder Duft-)marken wird nach den ErläutRV zur MarkenR-Nov 1999 **kein** Schutz gewährt. Dagegen sieht sie der **EuGH** grds als markenfähig an, sofern ihre Darstellung klar, eindeutig, in sich abgeschlossen, leicht zugänglich, verständlich, dauerhaft und objektivierbar ist (diese Voraussetzungen sind bei einer chemischen Formel nicht erfüllt, wird lediglich eine nicht stabile, nicht dauerhafte Geruchsprobe für eine Riechmarke hinterlegt).

Nach dem neuen § 1 sind auch **Klang-** oder **Hörmarken** schutzfähig. Bei der Anmeldung ist die Klangmarke in einer Darstellung in Notenschrift/in Form eines Sonagramms und zusätzlich in Form einer akustischen Wiedergabe auf einem Datenträger vorzulegen. Grafische und akustische Wiedergabe müssen übereinstimmen. Unterscheidungskraft und Verwechslungsgefahr bestimmen sich nach dem klanglichen Eindruck; es kann sich auch um ein unterscheidungskräftiges Geräusch handeln, zB Klangmarken von Bacardi, Microsoft oder „Wetten, dass…?".

Unternehmen werben neuerdings mit Sound-Logos und **Jingles** (ds akustische Markenelemente, die zur Unterstützung der Wirkung von Werbeslogans durch Melodien, Rhythmen und Klänge verwendet werden; zB „Milka, die zarteste Versuchung, seit es Schokolade gibt"). Jingles („Corporate Sound") bestehen aus einer kurzen, einprägsamen Tonfolge (zB das „DingDingDing di-Ding"-Klingelzeichen der Deutschen Telekom). Oft findet sich darin selbst ein Markenname (zB „HARIBO macht Kinder froh" oder „Waschmaschinen leben länger mit Calgoooooon").

Farbmarken bestehen aus konturlosen Farben (zB die **Lila** für Milka-Produkte, Magenta-Grau für deutsche Telekom AG). Eine Farbe kann **als solche** ohne räumliche Begrenzung für bestimmte Dienstleistungen (zB einer Telekommunikationsgesellschaft) Unterscheidungskraft iSd Art 3 Abs 1 lit b und 3 **Marken-RL** haben, wenn sie Gegenstand einer **grafischen Darstellung** ist, die klar, eindeutig, in sich abgeschlossen, leicht zugänglich, verständlich, dauerhaft etc ist. Dazu muss die **Marke** in der Wahrnehmung des maßgeblichen Publikums **geeignet** sein, die Ware oder Dienstleistungen, für die die Eintragung beantragt wird, als von einem bestimmten Unternehmen stammend zu **kennzeichnen** und diese Ware oder Dienstleistungen von denjenigen anderer Unternehmen zu **unterscheiden**.

Grds ist bei **Farben** das Freihaltebedürfnis groß und die Kennzeichnungskraft gering. So schließt nach der EuGH-E *Libertel* der Verbraucher gewöhnlich nicht von der Farbe der Ware oder Verpackung auf ihre Herkunft. Dieses erhebliche Freihaltebedürfnis gilt aber nicht für alle Farben im gleichen Maße: Je unüblicher der verwendete Farbton ist (seine Einordnung in den RAL-Code ist nicht entscheidend), desto geringer ist das Freihaltebedürfnis und desto größer ist seine Kennzeichnungskraft. Es kommt darauf an, ob der Farbton für die **konkreten** Waren **häufig verwendet** wird. Da (die Farbe) „**Verkehrspurpur**" für Rohrendkappen aus Kunststoff **nicht** als gewöhnlich bzw üblich angesehen werden kann, ließ der OPM ihre Eintragung als **abstrakte Farbmarke** zu.

In Deutschland wurde die Farbmarke „**Sonnengelb**" für Steuerfachzeitschriften, die Farbkombination „**Magenta/Grau**" für Telekommunikations-Dienstleistungen (der Deutschen Telekom) registriert. Der (**unabhängig** von den Konturen der Farbverwendung zustehende) Markenschutz **abstrakter Farbmarken** wird zurückhaltend, dh nur bei bereits langer Verwendung als Kennzeichen innerhalb der Markenfamilie (bei Verkehrsgeltungsnachweis), gewährt, um eine wahllose Monopolisierung von Farben zu verhindern.

*Beispiel: Farbmarke Blau-Silber von Red Bull. – **Positionsmarke**: adidas-Streifen auf Textilien/Turn-schuhen. – **Tastmarke** (Deutschland): Das Wort „Underberg" in Blindenschrift.*

Zum Schutz von Zeichen, die aus der Wiedergabe der typischen Form der Ware bestehen (**Form**marken), beachte das Eintragungshindernis des Art 3 Abs 1 lit e Marken-RL: **Nicht** eintragungsfähig sind Zeichen, die ausschließlich aus der Form bestehen, die durch die Art der Ware selbst bedingt ist, oder aus der Form der Ware, die zur Herstellung einer technischen Wirkung erforderlich ist, oder aus der Form, die der Ware einen wesentlichen Wert verleiht. Formmarken (körperliche, dreidimensionale Marken) können selbständige Figuren (zB „Michelin-Männchen"), die Gestaltung der Warenverpackung (zB Odol-Mundwasserflasche) oder die Form der Ware selbst (zB Konfekt) sein.

EuGH: Kein Schutz für den durchsichtigen Auffangbehälter des bekannten Staubsaugerherstellers „Dyson" als Formmarke (3D-Marke), sofern er sich auf alle denkbaren Formen eines Auffangbehälters als Teil der äußeren Oberfläche eines Staubsaugers bezieht (**kein** eintragungsfähiges „**Zeichen**", **keine Marke** iSd Art 2 Marken-RL). Die **Form** der Ware, für die das Zeichen eingetragen wurde, darf **keine** willkürliche Ergänzung (zB Verzierung) aufweisen, um **unterscheidungsfähig** zu sein. Die **Form** der **Ware** (zB ein Philips-Rasierapparat mit drei rotierenden Scherköpfen in Form eines gleichseitigen Dreiecks) kann dadurch Unterscheidungskraft erlangen, dass sie von einem einzigen Lieferanten (im großen Umfang) auf den Markt gebracht wird. In Deutschland sind zB der Porsche Boxter, die papierumwickelte Underberg-Flasche, die Maggi-Flasche, Schoko-Pralinen uva als **Formmarken** eingetragen. Weitere **Beispiele**: Käse in **Blütenform**, (weiß-grüner) **Zahnpasta**-Strang oder die berühmte **Jeanshosentasche**.

3. Sammel-, Verbands-, Waren-, Dienstleistungsmarken

Sammelmarken sind mehrteilige/zusammengesetzte Marken bestehend aus mehreren Einzelteilen, die als Einheit zu betrachten sind (zB Hals- oder Bauchetikette einer Flasche). § 62 Abs 1: Verbände mit Rechtspersönlichkeit können Marken anmelden, die der Kennzeichnung der Waren oder Dienstleistungen ihrer Mitglieder dienen und zur Unterscheidung dieser Waren oder Dienstleistungen von denen anderer Unternehmen geeignet sind (zB die **Verbandsmarken** „Fleurop", „Bio-ERNTE-Austria" oder „Österreichischer Raiffeisenverband").

Warenmarken dienen der Kennzeichnung beweglicher körperlicher Sachen des Handelsverkehrs. Es wird zwischen Marken für selbst hergestellte Fabrikwaren und (Handelsmarken für) Handelswaren, zB TCM (Tchibo), McNEAL (Peek & Cloppenburg), unterschieden. Firmen- oder Hausmarken werden für alle von ihrem Inhaber hergestellten/vertriebenen Waren verwendet, zB Meinl, BIC, Philips, TCM. **Dienstleistungsmarken** zur Unterscheidung von Dienstleistungen gibt es in Österreich erst seit 1969, zB Habsburg-Wäscherei, Euro-Trans, gomez (Online Marketing), BabyCenter (alles für Ihr Kind) oder MSCI Russia (Börsen-Dienstleistungen).

4. Vorrats-, Defensiv-, Positions- und begleitende Marken

Vorratsmarken werden in der Absicht angemeldet, sie später selbst zu benutzen.

Defensivmarken (zB zahlreiche Marken aus dem Red-Bull-Imperium) werden angemeldet, um zu verhindern, dass andere dem tatsächlich benutzten Hauptzeichen ähnliche Zeichen benutzen (kann unlauterer Behinderungswettbewerb sein, zB bei Anmeldung von Sperr- oder Hinterhaltsmarken; Näheres s unten C.II.3.e).

Bei **Positionsmarken** wird der Markenschutz für die Position eines Elements auf einem Produkt in Anspruch genommen. Sie werden gerne von Textilunternehmen oder Schuhherstellern angemeldet, uzw für die Stelle (zB auf der Hose oder dem T-Shirt), an der das Etikett angebracht wird (zB roter Streifen im Schuhabsatz, adidas-Streifen auf Textilien).

Begleitende Marken dienen ursprünglich der Kennzeichnung eines Rohstoffs. Sie „begleiten" diesen auf den verschiedenen Verarbeitungsstufen, indem sie auch beim Zwischen- oder Endprodukt verwendet werden; zB DIOLEN, PERLON, SympaTex uam.

5. Bekannte und Gemeinschaftsmarken

Zur bekannten Marke s ausführlich unten D.II., zur Gemeinschaftsmarke s ausführlich unten I.

C. Erwerb und Verlust des Markenrechts

I. Eintragung der Marke

1. Allgemeine Grundlagen

a) Eintragungsprinzip

Gem § 2 Abs 1 gilt für den Erwerb des Markenrechts das **Eintragungsprinzip**. (Dagegen werden nicht registrierte Zeichen unter den Voraussetzungen des § 9 Abs 3 UWG geschützt.) Gem § 16 Abs 1 wird das Markenregister vom **ÖPA** geführt, wo die Marke zur Registrierung schriftlich anzumelden ist. Es ist anzugeben, **für welche** Waren oder Dienstleistungen die Marke bestimmt ist. Mit dem Tag der ordnungsgemäßen Anmeldung wird das Recht auf **Priorität** (dh der Vorrang gegenüber später angemeldeten Marken) erlangt (§ 23 Abs 1).

Mit der Eintragung erwirbt der Begünstigte ein **ausschließliches Recht** für das gesamte **Bundesgebiet**.

b) Online-Markenanmeldung

Seit Juli 2013 bietet auch das ÖPA die international bereits weit verbreitete Möglichkeit der elektronischen Anmeldung von Marken (**Online-Markenanmeldung** oder **E-Filing**). Davon wird bereits reichlich Gebrauch gemacht: Ein Drittel der Anmeldungen wurden in den ersten drei Monaten online eingebracht, 25 % der Anmeldungen erfolgten außerhalb der Normalarbeitszeit. Langfristig soll das gesamte Verfahren elektronisch durchgeführt werden.

Für die Praxis ergeben sich daraus zahlreiche **Vorteile**, sodass etwa auch **farbige** Marken aus **digitalen** Vorlagen ohne Umweg über persönliche oder postalische Übermittlung von farbechten Ausdrucken eingereicht werden können. Dadurch wird die weitere Bearbeitung und Zuordnung von Schriftstücken für den User deutlich erleichtert.

2. Gesetzmäßigkeitsprüfung

Gem § 20 Abs 1 ist jede Markenanmeldung auf ihre **Gesetzmäßigkeit** (durch die RA/ÖPA, § 31 Abs 1) zu prüfen.

a) Absolute (unbedingte) Eintragungshindernisse

Zu diesen Hindernissen zählen gem **§ 4 Abs 1** Zeichen **amtlichen Charakters**, also solche, die ausschließlich aus staatlichen/gebietskörperschaftseigenen Hoheitszeichen (Staatsfahnen, Staats-, Landes-

oder Gemeindewappen) bestehen; ferner amtliche Prüfungs- oder Gewährzeichen (zB Eichstempel für Maße und Gewichte, Punzen für Edelmetallgegenstände) und Zeichen **internationaler Organisationen**, denen ein MS der PVÜ angehört (sofern im **BGBl** kundgemacht, zB Zeichen des Genfer Roten Kreuzes). Die §§ 6 f enthalten dazu das unter Verwaltungsstrafe stehende Verbot der unbefugten kennzeichenmäßigen **Benutzung** dieser Zeichen amtlichen Charakters.

> *Beispiele: So ist etwa das **Salzburger Landeswappen** nicht nur (landes)gesetzlich geschützt sondern kann auch **nicht** als **Marke** eingetragen werden. Auch das Zeichen der **Interpol** (eine elliptische Abbildung der Weltkugel mit den Abkürzungen „OIPC" und „ICPO" am oberen Bogen und dem Wort „INTERPOL" am unteren Ellipsenbogen) steht **nicht** als Marke zur Verfügung.*

§ 4 Abs 1 Z 2 erwähnt als von der Eintragung ausgeschlossene Zeichen solche, die nicht als Marke gem § 1 eintragungsfähig (dh insb grafisch nicht darstellbar) sind. Z 6 regelt die (Un-)Zulässigkeit der Eintragung **körperlicher** Marken und umfasst, wie die entspr Regelungen in der Marken-RL sowie der GMV, Zeichen, die ausschließlich aus der **Form** bestehen, die durch die Art der Ware selbst bedingt ist, oder aus der Form der Ware, die zur Herstellung einer technischen Wirkung erforderlich ist, oder aus der Form, die der Ware einen wesentlichen Wert verleiht.

> *Beispiele: Keine Eintragungsfähigkeit von Verpackungen mangels Unterscheidungskraft bei einer Bonbonverpackung (Storck) in goldfarbener zusammengedrehter Verpackung wegen typischer, traditioneller Verpackungsform. Der EuGH sieht die Verpackung als Form der Ware an, wenn ihr erst die Verpackung die Form **gibt** bzw wenn die Ware selbst **nur verpackt** Gegenstand des Wirtschaftsverkehrs ist. Daher gibt es etwa für flüssige Wollwaschmittel (Henkel) **keinen** dreidimensionalen Markenschutz.*
>
> *Dieses Erfordernis der Z 6, wonach erst die Verpackung die Form gibt, trifft nach der Rsp des OGH zB auf die Sechser-Blisterverpackungen von Schwedenbomben **nicht** zu, da deren **durchsichtige** Verpackung von vornherein **nicht ausschließlich** aus der **Form als solcher** besteht.*

§ 4 Abs 1 Z 7 nennt als von der Eintragung (absolut) ausgeschlossene Zeichen ua solche, die gegen die öffentliche Ordnung verstoßen, zB die Abbildung einer Banknote, „Opium" für Kosmetika oder „Bin Laden" zu verschiedenen Zwecken. Unter „öffentlicher Ordnung" sind die „tragenden Grundsätze der Rechtsordnung" zu verstehen, nicht aber etwa Kennzeichnungsvorschriften in Herkunftsabkommen. Von der Eintragung ausgeschlossen sind auch gegen die guten Sitten verstoßende Zeichen (zB „Jesus" als Wortmarke, pornografische Zeichen).

> *Zu § 4 Abs 1 Z 7 weitere **Beispiele**:*
>
> *Zulässig: Kennzeichnung von Kräuterweinen mit dem Bild der **Hl Hildegard von Bingen,** nach deren Rezeptur sie auch heute noch hergestellt werden. **Erntedank:** Nicht ärgerniserregend für „Mehle und Getreidepräparate für Nahrungszwecke". H.I.V. – DER „POSITIVE" ENERGY DRINK (für Kondome, nicht-alkoholische Getränke und alkoholische Getränke, ausgenommen Bier) ist nicht **sittenwidrig**, sehr wohl **sittenwidrig** wäre aber etwa „MESSIAS" für Bekleidungsstücke, Schuhwaren etc.*
>
> *ISd fortschreitenden Liberalisierung der Anschauungen über Sitte und Moral verstößt die derbe Bezeichnung für den Vollzug des Geschlechtsverkehrs „Ficken" **nicht** gegen die guten Sitten, ist somit als Wortmarke für Bier **schutzfähig**. Eintragungsfähig ist auch „Fick Shui" für Bekleidung. Sittenwidrig wäre eine sexuelle Aussage dann, wenn sie **massiv** geschlechtsspezifisch **diskriminierend** verstanden werden könnte: So stellt nach einer BGH-E die Wortbildmarke „Busengrapscher" (für alkoholische Getränke) eine Verletzung der **Menschenwürde** dar und indiziert einen Verstoß gegen die öffentliche Ordnung.*

§ 4 Abs 1 Z 8 betrifft Zeichen, die das Publikum zB über Art, Beschaffenheit oder geografische Herkunft der Ware oder Dienstleistung täuschen können (irreführende Zeichen/**Dezeptivzeichen**). Dabei kommt es auf die **subjektive** Täuschungskomponente an, da nach der Rsp auch wahre, sachlich an sich richtige Angaben zur Irreführung geeignet sein können. Ob ein Zeichen zur Täuschung des Publikums geeignete Angaben enthält, ist nicht nach der Gutgläubigkeit des Anmelders, sondern **allein** danach zu beurteilen, wie die **angesprochenen Verkehrskreise** die Angabe auffassen. Täuscht eine Marke über Eigenschaften der Ware (Herkunft, Beschaffenheit, Qualität), kann sie nicht oder nur eingeschränkt eingetragen werden (**keine** Eintragung zB der Marke „GoldArt" für vergoldete Waren/Goldimitationen).

Rsp-**Beispiele** für irreführende Zeichen:

1. Auch wenn das Zeichen „**Egger Bier**" aus dem Familiennamen des ursprünglichen Markeninhabers gebildet wurde, ist es für ein in NÖ gebrautes Bier insofern **irreführend**, als dieses Bier nicht aus der Gemeinde Egg (im Bregenzer Wald, Vorarlberg), sondern aus dem Ort Unterradlberg (NÖ) stammt.

2. „**Karadeniz**" (bedeutet „Schwarzes Meer") mit Abbildung eines türkischen Samowars ist – selbst iVm dem Zusatz „Hakiki Ceylon" – als Wortbildmarke für Tee aus Ceylon **irreführend**.

3. Die Beifügung der Ortsangabe „**Wien**" im Zeichen „**Sachers**" für einen Kaffee, der tatsächlich nicht in Wien, sondern in Oeynhausen (südlich von Wien) hergestellt wird, ist **irreführend**.

4. Die von einer **OHG** angemeldete Marke „**Immobilienring**" erweckt (auch beim verständigen Verbraucher) den **irreführenden** Anschein eines Dienstleistungsangebotes einer Unternehmensvereinigung.

5. Die Wortbildmarke „Old Bourbon Street" für US-Whisky (existiert dort nicht) enthält zur Täuschung des Publikums geeignete Angaben, weil sie fälschlich suggeriert, der Whisky stamme aus den USA.

6. **Irreführend** ist der Name „**Diesel Energy**" (für einen **alkoholfreien** Energy Drink), weil das angesprochene Publikum unter „Diesel" ein Bier-Cola-Mischgetränk versteht.

Rsp-**Beispiele** für **nicht** irreführende Zeichen:

1. „**Thermoski**" ist für Skier **nicht** irreführend.

2. „**Eau de Vienne**" (bzw „**Wiener Wasser**") ist für Parfümeriewaren **nicht** irreführend.

3. „**Mc.Clean**" (in Wortbildmarke) ist für ein Reinigungsmittel **nicht** irreführend, da der englische Marken-Bestandteil **nicht** auf die Herkunft der Ware aus einem englischsprachigen Land hindeutet.

4. Die Zigarettenmarke „**KARELIA Royal**" ist **nicht** irreführend. Denn das Zeichen wird nicht als Ortsangabe aufgefasst: „Karelien" ist keine deutsche geografische Bezeichnung (sondern ist finnisch-russisches Grenzgebiet) und auch nicht für Tabakanbau bekannt.

5. Die deutsche Schuhmarke „**Reno**" ist jedenfalls überwiegend eine **Fantasiebezeichnung** und legt **keine** Verbindung zur Stadt gleichen Namens in Nevada (USA) nahe (**nicht** irreführend).

§ 4 Abs 1 Z 9 (vgl Art 23 Abs 2 TRIPS) stellt für g.g.A., die zur Kennzeichnung von Waren (Spirituosen) dienen, im Gegensatz zur Z 8 auf das Vorliegen einer **objektiv unrichtigen** Bezeichnung (zB „Art", „Typ", „Stil", „Imitation") ab. **Eintragungsfähig** ist hingegen die regionale österr Herkunftsmarke „**Weinviertel dac**" (Districtus Austriae Controllatus), um klare **gebietstypische** Geschmacksprofile zu schaffen. Damit schließt Österreich an die erfolgreichen Vermarktungssysteme großer Weinbauländer wie Italien (DOC) oder Frankreich (AOC) an.

b) Relative (bedingte) Eintragungshindernisse

Gem § 4 Abs 2 wird die Registrierung gem § 4 Abs 1 Z 3 **bis 5** zugelassen, wenn das Zeichen vor Anmeldung innerhalb beteiligter Verkehrskreise infolge Benutzung **Unterscheidungskraft** („Verkehrsgeltung" ist „durch Benutzung erworbene Unterscheidungskraft") im Inland erworben hat.

Seit Übernahme der negativen Formulierung des Art 3 Abs 1 lit b Marken-RL in § 4 Abs 1 Z 3 reicht für die Eintragungsfähigkeit **geringe** Unterscheidungskraft aus. Zeichen **ohne** Unterscheidungskraft sind **nicht** einzutragen. Kann eine unmittelbar beschreibende Bedeutung verneint werden, ist zu prüfen, ob die beteiligten Verkehrskreise das Zeichen als individuelles Kennzeichen auffassen. Weist der Anmelder (§ 4 Abs 2) nach, dass das Zeichen (obgleich *a priori* nicht unterscheidungskräftig) durch Benutzung spätestens vor dem Anmelde-/Prioritätstag innerhalb der beteiligten Verkehrskreise **Verkehrsgeltung** (*„erworbene* Unterscheidungskraft") erlangt hat, kann er (wie bei Z 4 und 5) die Eintragungsfähigkeit dennoch erreichen.

Rsp-**Beispiele** für unterscheidungskräftige Zeichen:

1. „**Tiere mit Herz**" ist für Spielzeugtiere unterscheidungskräftig.
2. „**Mozart**" ist für Getränke unterscheidungskräftig.
3. „**TÜV**" ist als Marke für die Prüfung technischer Vorrichtungen unterscheidungskräftig.
4. Der **Slogan** „Beauty isn't about looking young but looking good" ist unterscheidungskräftig für Seifen.
5. „**ASP**" (= Arbeits-Sicherheits-Produkte) ist unterscheidungskräftig für Arbeitsschuhe/-kleidung.
6. „**Haarmonie**" (in einer Wortbildmarke) ist für Friseurleistungen unterscheidungskräftig.
7. „**EUROCOOL**" für die Ein-/Lagerung tiefgekühlter Waren ist für die angesprochenen Verkehrskreise unterscheidungskräftig (dennoch Ablehnung der Eintragung als Marke wegen Freihaltebedürfnis).
8. Bei „**OPUS ONE**" (für Wein registrierte Marke) ist bereits „OPUS" unterscheidungskräftig.
9. „**MEGA**" („groß", „alles andere übertreffend") ist iVm der Ziffer „**5**" unterscheidungskräftig.
10. „**UltraPlus**" ist für feuerfestes Küchengeschirr unüblich, leicht einprägsam: unterscheidungskräftig.
11. Das Firmenschlagwort „**powerfoods**" (Kraftnahrung) ist eine sprachliche Neuschöpfung, nicht eine Gattungsbezeichnung für „Sportnahrung". Im Englischen gibt es weder das Mehrzahlwort „foods" noch den Begriff „powerfood". Powerfoods ist daher für Energy Drinks, Wellnessgetränke etc unterscheidungskräftig.
12. Das Zeichen „**MyTaxi**" ist für Anwender-Software (eine App für Mobiltelefone, um als wartender Kunde per Handy ein Taxi zu bestellen) unterscheidungskräftig, da es nur eine Andeutung einer bestimmten Beschaffenheit enthält, **ohne** die Ware/Dienstleistung konkret oder umfassend zu beschreiben.
13. Unterscheidungskräftig ist die Wortverbindung „**Der Computer Doktor**" für EDV-Dienstleistungen (Wartung von Hard- und Software), weil sie ungewöhnlich, originell und eigentümlich ist.
14. Die Wortmarke „**JUKEBOX**" ist für eine Musikband (bzw für einen Discjockey mit Licht- und Tonausrüstung, der Geräte zur Musikwiedergabe verwendet) nicht beschreibend, sondern ausreichend fantasievoll und daher unterscheidungskräftig.
15. Im Anschluss an die *Vorsprung durch Technik*-E (Audi) gilt das auch für die Wortmarke „**EINFACH LEBEN**" für Waren und Dienstleistungen betreffend Druckereierzeugnisse, Glaswaren, Bekleidung, Spielkarten, Biere, Telekommunikation und Unterhaltung.
16. Das Zeichen „**ATELIER PRIVE**" für Leder(imitationen) wie Akten- und Brieftaschen etc ist **fantasiehaft** und damit unterscheidungskräftig, da beim Durchschnittsverbraucher keine eindeutigen Vorstellungen über die Art der Herstellung der damit bezeichneten (hier: Leder-)Waren entstehen.
17. Das Wortzeichen „**PRIMERA**" ist für Kfz, Güterwagen, Lastkraft- und Lieferwagen, Gabelstapler ua Nutzfahrzeuge **unterscheidungskräftig**, weil es bloße Andeutungen enthält, die fantasiehaft auf Eigenschaften der Ware hinweisen, ohne dieselbe in verkehrsüblicher Form unmittelbar zu bezeichnen.

Rsp-**Beispiele** für **nicht** unterscheidungskräftige Zeichen:

1. „**Beauty Farm**" ist **nicht** unterscheidungskräftig für Seifen und Parfümeriewaren.
2. **Allerweltsnamen** (zB Müller, Maier, Huber, Hofmann) sind als Marken **nicht** unterscheidungskräftig.
3. **Nicht** unterscheidungskräftig ist „**Kaufhof**" für Schuhe.
4. „**Fußball Stickeralbum**" ist **nicht** unterscheidungskräftig für ein Album mit Fußballer-Abziehbildern.
5. **Nicht** unterscheidungskräftig ist „**Companyline**" für Versicherungs- und Finanzwesen.
6. „**Options**" ist **nicht** unterscheidungskräftig für „insurance, warranty, financing".

7. „**Investorworld**" ist für „Versicherungs-, Finanz-, Immobilienwesen etc" **nicht** unterscheidungskräftig.

8. **€** = „**Euro**" mit einem goldfarbigen, dreidimensionalen Effekt als Marke für „Finanzwesen und Geldgeschäfte" 1998 angemeldet: **nicht** unterscheidungskräftig (wegen *künftigen* Freihaltebedürfnisses).

9. „**LITE**" für Lebensmittel, Getränke sowie Beherbergung von Gästen ist **nicht** unterscheidungskräftig.

10. Der Slogan „**Real people, real solutions**" wird als solcher oder in ähnlichen Varianten in der Telemarketing-Branche gewöhnlich verwendet und kann daher **nicht** als unterscheidungskräftige Marke dienen.

11. Die Wortbildmarken **Lumina** und Luminos sind auch bei unterschiedlicher Farbausstattung nicht unterscheidungskräftig, da idR der **Wortbestandteil** maßgebend ist.

12. Rein beschreibend (**nich**t unterscheidungskräftig) ist die (nicht englische) Wortfolge „**car care**" für der Autopflege dienende Waren und Dienstleistungen, wie zB Autopflegemittel, Parkhäuser, Autowäsche etc.

13. **Nicht** unterscheidungskräftig ist ein **grün geflammtes** Dekor für Keramikwaren, wenn es in einer Region (Gmunden und Umgebung) verwendet wird, daher gerade nicht als Kennzeichen eines bestimmten Unternehmens, das aber Verkehrsgeltung durch Benutzung dieses Dekors erlangte, verstanden wird.

14. Die Wortmarke „**MOMENTE DER RUHE**" ist für Tee(getränke) **nicht** unterscheidungskräftig (hat keinen selbständig schutzfähigen Bestandteil, weist keinen besonders fantasievollen Überschuss auf).

15. Übliche Slogans/Werbesprüche – „billig, billiger, am billigsten", „Die coolsten Klamotten der Welt", „good4U" – haben ebenso wenig Unterscheidungskraft wie einfachste grafische Elemente (zB *NEWS*).

16. „**EUROHYPO**" für Dienstleistungen aus dem Finanz- und Immobilienwesen, Geldgeschäfte etc ist **nicht** unterscheidungskräftig.

17. **Nicht** unterscheidungskräftig ist die **dreidimensionale Form** des goldfarbenen, sitzenden Schoko-Osterhasen (ohne das Firmenlogo „Lindt"), da sie ohne besondere Ausstattungsmerkmale oder eigenwillige oder auffällige Gestaltungsmerkmale ist. Die Form des Hasen ist ebenso gängig wie die als Verzierung übliche rote Schleife. Schützbar wäre dagegen zB ein Hase mit Schlapphut, Clowns-Nase etc.

18. Das von **Storck** verwendete, auf dem Formteil angebrachte Relief in Tierform weicht nicht vom vorhandenen Formenschatz ab. Verbraucher sehen in der eine braune **Schokoladenmaus** darstellenden dreidimensionalen Marke bloß eine **dekorative** Ausgestaltung der Oberseite. Das Bildelement besteht nicht aus einem vom Erscheinungsbild der Waren unabhängigen Zeichen. Es fehlt das nötige Mindestmaß an Originalität, das eine Abgrenzung zum üblichen Formenschatz erlaubt.

19. **Nicht** unterscheidungskräftig ist die Wortkombination im Fall „**Comforthotel**" bzw „**Europa Comforthotel**" für die Beherbergung von Gästen.

20. Gleiches gilt für das fremdsprachige Wortzeichen „**FineLine**" für Fenster, Türen Baumaterialien uam (beschreibende Sachangabe ohne schutzbegründende Mehrdeutigkeit).

21. **Nicht** unterscheidungskräftig ist die (bloß allgemeine) Sachaussage der Wortfolge „**Willkommen im Leben**" für Waren und Dienstleistungen betreffend Bild- und Tonträger, Druckerzeugnisse sowie Anbieten und Mitteilen von auf einer Datenbank gespeicherten Informationen.

22. Die Wortmarke „**Echte Berge**" (nur beschreibende Aussage ohne nachdenklich oder wie immer stimmende Andeutung) ist für Beherbergungsdienstleistungen, Reiseveranstaltungen, Sport- und Kulturaktivitäten sowie für Gesundheits- und Schönheitspflege **nicht** unterscheidungskräftig.

Das (bedingte) Eintragungshindernis der Z 4 des § 4 Abs 1 betrifft Zeichen, die ausschließlich aus Zeichen/Angaben bestehen, welche im Verkehr zur Bezeichnung der Art, Beschaffenheit, Menge, Bestimmung des Wertes, der geografischen Herkunft oder der Zeit der Herstellung der Ware/Erbringung der Dienstleistung oder zur Bezeichnung sonstiger Merkmale der Ware/Dienstleistung dienen können (**beschreibende**, insb **Beschaffenheitsangaben**).

Rsp-**Beispiele** für **beschreibende** Zeichen

1. „**Radio Tirol**" ist beschreibend für Hörfunk- und TV-Sendungen.
2. Das Wort „**Disco-Queen**" in der Wortmarke „Springer Disco-Queen" ist für „Unterhaltung von Gästen durch Veranstaltung von Miss-Wahlen, va in Diskotheken" beschreibend.
3. „**Flugbörse**" ist beschreibend für „Dienstleistungen von Reisebüros".
4. „**Miss Austria**" ist beschreibend für die Veranstaltung von Schönheitskonkurrenzen.
5. „**Manpower**" ist beschreibend für Dienstleistungen der Personalbereitstellung.
6. „**Steuerprofi**" ist für ein EDV-Programm zur Arbeitnehmerveranlagung (CDROM) ein rein beschreibender Titel.
7. „**Dermanet**" („Derma" = Haut; „net" = verweist auf eine Domaingruppe) ist beschreibend für ein Kommunikations- und Verwaltungssystem für Hautärzte.
8. „**SAT.1**" ist für „Verbreitung von Hörfunk- und TV-Sendungen" (**nicht** aber für „Dienstleistungen einer Informationsbank, Verwertung von Rechten an Filmen, entspr technische Beratung etc") beschreibend.
9. „**Mobile Office**" ist beschreibend iZm dem Angebot von Mobilfunkunternehmen.
10. „**Music-Channel.cc**" ist rein beschreibend, da „Channel" (bzw „Web-Channel") iZm Internet-Angeboten gebräuchlich ist und „Zugang zu bestimmten Informationen" bedeutet.
11. **Firekiller** für Feuerlöscher ist eine sprachliche Neuschöpfung (richtiger englischer Begriff wäre *fire extinguisher*). Es ist jedoch ein rein **beschreibendes Zeichen**, weil der Hinweis auf Herstellung und Beschaffenheit der Ware innerhalb der Verkehrskreise ohne besondere Denkarbeit erfasst werden kann.
12. „Steirer Honig", „Kärntner Kartoffel", „Salzburger Bier".
13. „**Aufwind**" ist für vertikale Luftbewegungen rein beschreibend (nicht aber zB für Dienstleistungen einer Werbeagentur, da das Wort „**Aufwind**" keine beschreibende Angabe für diese Dienstleistungen enthält). Dagegen ist das Wort „**Telekom**" für den Sektor der Telekommunikation **rein beschreibend**; die Marke kann jedoch für diesen Bereich aufgrund ihrer **Bekanntheit** Schutz beanspruchen.
14. „MOZART" wird bei **Likören** als Hinweis auf den Geschmack verstanden (Schokolade, Nougat, Marzipan). Dieser Begriff hat daher **beschreibenden** Charakter, weshalb eine Registrierung nur unter der Voraussetzung des § 4 Abs 2, also bei nachgewiesener Verkehrsgeltung, infrage kommt.

Rsp-**Beispiele** für **nicht** beschreibende Zeichen

1. „**Miss Broadway**" ist für Kosmetika als Fantasiebezeichung **nicht** beschreibend.
2. „**Almrausch**" (= *Rhododendron ferrugineum*) als Marke für alkoholfreie Getränke ist **nicht** beschreibend.
3. „**Charly**" ist als Marke für Spirituosen **nicht** beschreibend.
4. „**Leumin**" ist für Farben **keine** beschreibende Angabe.
5. „**GEO**" ist als Marke für Reisefilme **nicht** beschreibend, sondern ein Fantasiewort iwS.
6. „**The Drive Company**" als Bestandteil einer Wortbildmarke in Bezug auf Dienstleistungen einer Fahrschule **nicht** beschreibend (man könnte auch an die eines Taxi-/Mietwagenunternehmens denken).
7. „**Dermacure**" ist **nicht** beschreibend für „Mittel zur Körper- und Schönheitspflege, Schwämme etc".
8. „**Cornetto**" (ital: „kleines Horn") ist wegen der geringen Verbreitung der italienischen Sprache in Österreich für eine Eistüte **nicht** beschreibend.
9. „**Castello**" ist für Bausteine aller Art (insb für Boden- und Pflasterbausteine) **nicht** beschreibend.
10. „**Vienna Delights**" ist für Schokoladewaren **nicht** beschreibend.

11. Die für Fahrzeuge und Fahrzeugteile, Räder und Felgen geschützte Wortmarke „**Feeling**" ist für diese Warengattung ausreichend fantasievoll, **keineswegs beschreibend** und daher schutzfähig.

12. „**Omega**" ist als Firmenbestandteil von EDV-Unternehmen **nicht** glatt beschreibend.

13. Das Zeichen „**Wein & Co**" nennt mit „Wein" beschreibend den Gegenstand des Vertriebs; der Zusatz „**& Co**" ist fantasievoll (Gesellschaftsverhältnis!) und iZm einer Warenbezeichnung nur in einem **anderen Sinn** aussagekräftig. Der Wortbestandteil der Wortbildmarke „Wein & Co" ist daher schutzfähig (**nicht** rein beschreibend).

14. Für eine Musikband ist die Wortmarke „**JUKEBOX**" fantasievoll (nicht beschreibend). Sie beschreibt einen **Musikautomaten, nicht** einen Discjockey mit Licht-/Tonausrüstung zur Musikwiedergabe oder eine live vor Publikum spielende **Band**, die auf Wunsch Musikstücke spielt.

16. „**Malzmeister**" ist für Diätbrot/Backwaren nicht beschreibend (enthält nur **Andeutungen,** ohne die damit bezeichnete Ware umfassend zu beschreiben). Denn: „Malzmeister" ist (im Gegensatz zu „Mälzmeister") überhaupt **ungebräuchlich**; zudem weiß kaum ein Verbraucher, dass Malz, abgesehen von Bier, Whisky oder Malzkaffee, auch als **Triebmittel** zur (bräunlichen) Einfärbung von Gebäck verwendet wird.

17. „**Gute Laune**" ist für **Tee** (Kaffee, Kakao etc) unterscheidungskräftig und weder allgemein gebräuchlich noch beschreibend, da durch diese Wortfolge Tee lediglich mit einem bestimmten **Gemütszustand** in Verbindung gebracht wird und weder Beschaffenheit noch Bestimmung des Tees so beschrieben werden, dass **unmittelbar** auf eine(n) bestimmte(n) Wirkung/Inhalt des Tees geschlossen werden kann.

Das dritte relative Eintragungshindernis (§ 4 Abs 1 Z 5) betrifft Zeichen, die ausschließlich aus Zeichen oder Angaben bestehen, die im allgemeinen Sprachgebrauch oder in den redlichen und ständigen Verkehrsgepflogenheiten zur Bezeichnung der Ware oder Dienstleistung üblich sind (**Gattungsbezeichnungen**). Auch Werbeschlagworte, Qualitätshinweise oder Aufforderungen zum Kauf (zB „Bravo" für Schreibgeräte in Deutschland) sind vom Schutz nicht generell ausgeschlossen. So stellt das englische Wort „news" **keine** im Inland sprachübliche Gattungsbezeichnung für Printmedien dar: daher k**ennzeichnungskräftig** für das damit bezeichnete Produkte (hier: illustriertes Nachrichtenmagazin).

Rsp-**Beispiele** für **nicht** eintragungsfähige Gattungsbezeichnungen:

1. „**Kombucha**" ist eine **Gattungsbezeichnung** für eine Substanz aus bestimmten Bakterienstämmen, aus denen ein apfelweinähnliches Getränk bereitet wird.

2. „**Transzendentale Meditation**" ist als **Gattungsbezeichnung** für Dienstleistungen, die auf die Entwicklung der geistigen Fähigkeiten von Menschen gerichtet sind, **nicht** eintragungsfähig.

3. „**Tabasco**" ist eine **Gattungsbezeichnung** für zwei ähnliche Gewürzpflanzen (dh für Tabasco-Pfeffer und für Tabasco-Piment), daher: **keine** Eintragung als Marke.

4. „**BSS**" ist der bei Augenärzten (maßgeblicher Verkehrskreis) bekannte **Gattungsbegriff** für „Balanced Salt Solution"; daher **keine** Eintragung als Marke für „sterile Lösungen für die Augenchirurgie".

5. „**SPA**" ist eine **nicht** eintragungsfähige **Gattungsbezeichnung** für den Wellnessbereich.

6. Die Bezeichnung „**Münchner Weißwurst**" ist eine als geographische Herkunftsangabe nicht eintragungsfähige Gattungsbezeichnung.

7. Das Zeichen „hotel.de" ist eine **nicht** eintragungsfähige **Gattungsbezeichnung**, da „Hotel" und die Top-Level-Domain „de" rein beschreibend und damit für Internetdienstleistungen schutzunfähig sind.

Fraglich ist, ob die Marke „**Kornspitz**" nicht mittlerweile vom Herkunftshinweis zur **gebräuchlichen Bezeichnung** einer Ware geworden ist (zur EuGH-Vorlage s unten II.4.c, Löschung wegen Gattungsbezeichnung, § 33b). Der Anmelder kann die Eintragung als Marke durch den Nachweis erreichen, dass das Zeichen durch Benutzung spätestens vor dem Anmelde-/Prioritätstag innerhalb der beteiligten Verkehrskreise Verkehrsgeltung („erworbene Unterscheidungskraft") erlangt hat (Rsp: Gesamtwürdigung aller relevanten Gesichtspunkte).

*Beachte: Die **Verkehrsgeltung** muss für ganz Österreich (alle Bundesländer) nachgewiesen werden. Ab welchem Grad der Zuordnung Verkehrsgeltung anzunehmen ist, hängt davon ab, wie unterscheidungskräftig das Zeichen an sich ist und in welchem Umfang ein **Freihaltebedürfnis** besteht.*

Der Nachweis der Verkehrsgeltung hat durch **geeignete Unterlagen** zu erfolgen, zB durch **Werbematerialien** aller Art, Inseratenkopien mit Angabe von Medium, Auflage, Erscheinungsdatum, Bestätigungen über Plakatwerbeaktionen, Messe- und Ausstellungsbeteiligungen, TV-Spots, Kundenbestätigungen, Kammergutachten usw.

c) Entsagung aufgrund der Gesetzmäßigkeitsprüfung

Ergibt die Gesetzmäßigkeitsprüfung Bedenken gegen die Zulässigkeit der Registrierung der Marke, ist der Anmelder gem § 20 Abs 2 aufzufordern, sich binnen bestimmter Frist zu äußern. Wird die Unzulässigkeit der Registrierung festgestellt, ist die Markenanmeldung mit Beschluss abzuweisen. Bei Bedenken gegen die Eintragung ist festzustellen, dass das angemeldete Zeichen nur unter den Voraussetzungen des § 4 Abs 2 (Verkehrsgeltung) registrierbar ist.

*Beispiel: Ob ein Zeichen **Identifizierungsfunktion** und damit **Kennzeichnungsfähigkeit** hat, hängt davon ab, ob es mit einer bestimmten Ware oder Dienstleistung und damit mit einer **bestimmten Person** in Beziehung gebracht wird. Wird das Zeichen MANPOWER von Lizenznehmern in einer Weise benutzt, die darauf schließen lässt, dass sie als Unternehmen eines „MANPOWER-Konzerns" tätig werden, wäre eine durch ihren Markengebrauch **erworbene Verkehrsgeltung** der Markeninhaberin zuzurechnen.*

3. Ähnlichkeitsprüfung

a) Gesetzliche Regelung

Nach der Gesetzmäßigkeitsprüfung (§ 20 Abs 2) erfolgt durch das ÖPA gem § 21 die **Ähnlichkeitsprüfung**. Die Marke ist daraufhin zu prüfen, ob sie prioritätsälteren Marken gleich/ähnlich ist: **Ähnlichkeitsrecherche**. Gem § 22 hat das **ÖPA** jedermann schriftlich **Auskunft** darüber zu geben, ob ein Zeichen jenen Marken, deren Waren oder Dienstleistungen in die im Antrag bezeichneten Klassen fallen, gleich oder möglicherweise ähnlich ist. Dies ist dem Anmelder mit dem Hinweis mitzuteilen, dass **das angemeldete Zeichen** im Fall der Zulässigkeit (§ 20 Abs 2) registriert wird, sofern die Anmeldung nicht innerhalb der vom ÖPA gesetzten Frist zurückgenommen wird. Im Ähnlichkeitsvergleich **nicht** zu berücksichtigen sind der Wortsinn oder die „Überkreuzverwechslung", wie zB im Fall des Bildes eines Krokodils gegenüber dem Wort „Crocodile". Im Übrigen gilt wiederum § 36.

*Beachte: Die **Ähnlichkeit** (früher: Gleichartigkeit) einer angemeldeten Marke mit einer prioritätsälteren eingetragenen Marke ist **kein Eintragungshindernis.** Die Inhaber älterer ähnlicher Marken werden vom ÖPA nicht verständigt. Die Überwachung des Registers obliegt den Inhabern der älteren Marken: Kein Widerspruchsverfahren, nur Löschungsverfahren (§ 30) möglich. In diesem ist die Warenähnlichkeit aufgrund der **Warenverzeichnisse** (Registerstand), **nicht** nach deren tatsächlicher Verwendung zu beurteilen.*

b) Rsp zur Ähnlichkeit

Ob Waren ähnlich sind oder verschiedenen Branchen angehören, richtet sich nach der Verkehrsauffassung. **Warenähnlichkeit** ist anzunehmen, wenn der regelmäßige **Geschäftsverkehr** die Waren als **zusammengehörig** betrachtet und daher der Meinung sein kann, dass beide Waren aus demselben Geschäftsbetrieb stammen.

Rsp-**Beispiele** für das Vorliegen von **Ähnlichkeit**:

1. „**Milchprodukte**" sind „Margarine, Speisefetten, Speiseölen" ähnlich.
2. „**Möbel**" sind „Bildschirm- und Druckertischen" ähnlich.
3. „**Traubenzucker**" ist „Kaffee, Tee, Reis, Schokolade" ähnlich.
4. „**Düngemittel**" sind Insektiziden ähnlich (dienen verwandten Zwecken, haben dieselben Vertriebs-schienen).
5. Ähnlich sind „**Speisefette**" einerseits und „Essig, Saucen" andererseits.
6. Nach dRsp sind **Wein, Schaumwein** einerseits, Magenbitter andererseits ebenso ähnlich wie **Ziga-retten** einerseits und Rauchartikel andererseits (welche sich zudem gegenseitig ergänzen).
7. (Geringe) Ähnlichkeit besteht bei **Puppen, -häusern, -zubehör** und dem **Marionettenspiel**.

Rsp-**Beispiele** für das **Nichtvorliegen** von Ähnlichkeit:

1. Keine Ähnlichkeit blauer mit grünen Gutscheinmünzen von Unterwäsche vertreibenden Unterneh-men.
2. Keine Ähnlichkeit besteht zwischen „**Energy Drink**" und Speiseeis (*verschiedene Verwendungs-zwecke*): Ersterer ist Durstlöscher (trinkt man), Speiseeis dagegen ist „Näscherei" (schleckt man).
3. Keine Ähnlichkeit bersteht zwischen „**PUMA**" für „Uhren und Kosmetika" und „**Red Puma**" für einen Energy Drink.
4. Keine Warenähnlichkeit besteht zwischen „**Gewinn**" für eine Zeitschrift und „**gewinn.at**" für ein Gewinnspiel.
5. Keine Ähnlichkeit besteht zwischen („**CYTA**" für) „Werbung, Geschäftsführung, Unternehmensver-waltung, Bürokratie" und (der Domain „Cyta.at" für die Dienstleistungen) EDV-Beratung und Soft-waremanagement.
6. Keine Ähnlichkeit besteht zwischen Computern und Datenträgern *einerseits* und Recherchen auf dem Gebiet des gewerblichen Rechtsschutzes *andererseits*.

4. Eintragung, Gebühren, Schutzdauer

Für die **Gebühren** wichtig sind das **Patentamtsgebührengesetz (PAG)** BGBl I 2004/149 idF **BGBl I 2013/126** bzw die Patentamtsgebührenverordnung (PAGV) BGBl II 2005/469 idF **BGBl II 2010/198** (s oben III.1.b). Gem § 22 Abs 1 Z 1 PAG ist bereits bei der Anmeldung die **Anmeldegebühr** idHv € 300,–, darin enthalten ein Entgelt idHv € 40,– für die Recherche, zu bezahlen (für eine Verbandsmarke € 1.140,–, darin € 40,– für die Recherche). Nach § 22 Abs 1 Z 2 PAG beträgt die Klassengebühr für jede Klasse ab der 4. Klasse € 72,–. Für den **Widerspruch** gegen die Markenregistrierung sind € 150,– zu zahlen (§ 23 PAG). Die Erneuerungsgebühr für eine **Marke** (§ 24 PAG) beträgt € 650,– (die zweite Er-neuerungsgebühr beträgt € 750,–, ab der dritten € 850,–), für eine **Verbandsmarke** beträgt die Erneu-erungsgebühr € 2.600,– (die zweite beträgt € 3.000,–, ab der dritten € 3.400,–).

Bei der Registrierung sind gem § 17 Abs 1 ins Markenregister einzutragen: Marke, Register-Nr, Anmel-dungstag, uU die beanspruchte Priorität, Markeninhaber (Vertreter), Waren und Dienstleistungen, für welche die Marke bestimmt ist, Beginn der Schutzdauer sowie gegebenenfalls der Hinweis, dass die Marke aufgrund eines Verkehrsgeltungsnachweises registriert worden ist. Die Eintragung der inländi-schen Marke ist im **Österr Markenregister** zu veröffentlichen; der Anmelder erhält als Bestätigung die **Markenurkunde**. Das Markenrecht entsteht mit dem Tag der Eintragung in das Markenregister (Regist-rierung). Der Rechtsschutz endet **zehn Jahre** nach dem Ende des Monats, in dem die Marke registriert worden ist. Er kann durch rechtzeitige Zahlung der Erneuerungsgebühr (s oben § 24 PAG) immer wieder um zehn Jahre verlängert werden (§ 19).

Einzutragen sind gem § 17 Abs 1 Marke, Registernummer, Tag der Anmeldung (uva). Die Eintragung ist im **Österr Markenregister** zu veröffentlichen (Bestätigung: **Markenurkunde**). Das Markenrecht entsteht (§ 19 Abs 1) mit dem Tag der Eintragung (Registrierung). Zehn Jahre später endet der Rechtsschutz. Dieser kann (unter der Voraussetzung, dass die Erneuerungsgebühr entrichtet worden ist) durch rechtzeitige **Erneuerung** der Registrierung (§ 19 Abs 2, 3) immer wieder um zehn Jahre verlängert werden. Die Marke ist nach ihrer Registrierung (im Österreichischen Markenanzeiger) zu veröffentlichen (§ 17 Abs 5).

II. Löschung der Marke

1. Grundlagen

Gem **§ 29 Abs 1** ist die Marke zu löschen: **(Z 1)** auf **Antrag** des **Inhabers** (verzichtet unwiderruflich) – ie **Verzichtserklärung** (wirkt ex nunc) ist gegenüber dem ÖPA abzugeben (zulässiger **Teilverzicht** durch Einschränkung des Waren- oder Dienstleistungsverzeichnisses) –; **(Z 2)** wenn die Registrierung **nicht** rechtzeitig erneuert wurde; **(Z 3)** wenn das Markenrecht aus anderen als den unter Z 1, 2 angeführten Gründen erloschen ist; **(Z 4)** aufgrund einer rechtskräftigen E, mit der eine Registrierung wegen eines **Widerspruchs** aufgehoben wurde; **(Z 5)** aufgrund einer rechtskräftigen E in Stattgebung eines Löschungsantrages nach Durchführung eines kontradiktorischen Verfahrens (wichtig). Gem § 29 Abs 2 ist die Löschung im Markenregister (§ 17) einzutragen und zu veröffentlichen.

Eine **Teillöschung** der Marke (zB nur Wort- oder Bildteil) ist **unzulässig**, weil anderenfalls eine neue Marke mit Priorität der alten entstünde. Zulässig ist die Einschränkung des Warenverzeichnisses (dh des Schutzbereichs).

> *Beachte: Das Waren- und Dienstleistungsverzeichnis bestimmt den Schutzumfang der Marke. Die Klasseneinteilung muss nach dem Abk von Nizza über die internationale Klassifikation von Waren und Dienstleistungen für die Eintragung von Marken (**NizzKlass**, s oben A.III.3.a) erfolgen. Das einmal angemeldete bzw eingetragene Waren- und Dienstleistungsverzeichnis darf nach Vergabe eines Anmeldetags grds nicht erweiternd verändert werden.*

Die Löschung ist im Markenregister (§ 17) einzutragen und zu veröffentlichen. Entsprechend der Antragsberechtigung erfolgt die Unterscheidung in relative und absolute Löschungsgründe.

2. Widerspruchsverfahren

Seit 1. 7. 2010 kann gegen prioritätsjüngere Marken, die die Rechte einer bestehenden Marke (wegen Identität oder Verwechselbarkeit) verletzen, mit Widerspruch vorgegangen werden. Bisher hatte der Inhaber älterer Rechte nur die Möglichkeit, ein (idR langwieriges) Löschungsverfahren gegen die jüngere Marke einzuleiten. Um Rechte aus prioritätsälteren Marken effektiver und kostengünstiger durchzusetzen, wurde in den §§ 29a–29c ein **nach**geschaltetes **Widerspruchsverfahren** nach dem Vorbild der **GMV** eingeführt (BGBl I **2009/126** mit Nachschärfungen seit BGBl I **2013/126**). Das Widerspruchsverfahren soll bereits die Eintragung GM verhindern und damit rascher als das Löschungsverfahren die Richtigkeit des Markenregisters herstellen. Nach **§ 29a** kann binnen **drei Monaten** ab dem Tag der Veröffentlichung der Registrierung der Marke gegen die Registrierung begründeter **Widerspruch** erhoben werden (Voraussetzungen: § 30 Abs 1). Wird die Entrichtung der Widerspruchsgebühr nicht innerhalb der Widerspruchsfrist **veranlasst** (früher: entrichtet), gilt der Widerspruch als nicht eingebracht (§ 29a Abs 4, BGBl I **2013/126**). Damit gilt der Widerspruch, anders als zuvor, bereits bei pünktlicher **Einzahlung** der Gebühr als **rechtzeitig**.

Die jüngere Marke muss ein gleiches Zeichen, registriert für gleiche Waren oder Dienstleistungen (Doppelidentität), oder ein gleiches oder ähnliches Zeichen, registriert für gleiche oder ähnliche Waren oder Dienstleistungen (Verwechslungsgefahr) sein. Folge: **Kein** Schutz der **bekannten** Marke (§ 30 Abs 2) im **Widerspruchsverfahren** (Unterschied zur GMV)! Im Widerspruchsverfahren kann nicht der Einwand erhoben werden, die registrierte Marke sei eine Agentenmarke (§ 30a) oder dem Anmelder sei Bösgläubigkeit bei der Anmeldung vorzuwerfen (§ 34). Gem § 29a Abs 6 bleibt die Möglichkeit einer Antragstellung an die NA unberührt.

Um den Bedürfnissen der Praxis nach Zügigkeit des Verfahrens Rechnung zu tragen, muss der Markeninhaber nach dem neuen § 29b Abs 1 (BGBl I **2013/126**) innerhalb der ihm gesetzten Frist für die Äußerung **auch** die Einrede der **mangelnden Benutzung** der widerspruchsbegründenden Marke erheben. Mit der genannten Novelle wurden Instanzenzug und Behördenstruktur grundlegend novelliert (Abschaffung des OPM etc), was auch auf das **Widerspruch**sverfahren Auswirkungen zeitigt (Näheres s unten F. beim Kapitel „Behörden- und Gerichtszuständigkeit").

3. Relative Löschungsgründe

Relative Löschungsgründe (§§ 30 bis 32): Verlust des Markenrechts wegen **Kollision** mit **älteren** Rechten. Dabei muss das Recht des ASt *erstens* älter sein (bessere Priorität haben: Tag der Anmeldung entscheidet) als das des AG. Der Schutzbeginn nicht eingetragener Warenbezeichnungen (Marken, Ausstattungen) hängt davon ab, wann dieses Zeichen Verkehrsgeltung erlangt hat. *Zweitens* ist in allen (vier nachstehenden) Fällen erforderlich, dass beide Zeichen **gleich** oder **ähnlich** sind und dadurch für das Publikum die Gefahr von Verwechslungen besteht.

a) Löschung aufgrund älterer eingetragener Marke (§ 30)

§ 30: Möglichkeit zur Löschung von Marken, deren Benutzung eine Verletzung iSd § 10 (Rechte aus der Marke) darstellen würde. Der Inhaber einer früher angemeldeten, noch zu Recht bestehenden Marke kann gem § 30 Abs 1 die Löschung einer Marke begehren, sofern (Z 1) die beiden Marken und die Waren oder Dienstleistungen, für die die Marken eingetragen sind, **gleich** sind oder (Z 2) die beiden Marken und die Waren oder Dienstleistungen, für die die Marken eingetragen sind, **gleich oder ähnlich** sind und dadurch für das Publikum die Gefahr von Verwechslungen besteht, die die Gefahr einschließt, dass die Marke mit der älteren Marke *gedanklich in Verbindung gebracht* würde. Hingegen bildet gem § 30 Abs 2 die **Bekanntheit** der Marke, die für nicht ähnliche Waren oder Dienstleistungen eingetragen sind, die Grundlage für einen Löschungsantrag.

Gem § 30 Abs 3 (**Verwirkung** der Ansprüche durch **Duldung** der **Markenverletzung**) sind Anträge gem Abs 1, 2 abzuweisen, wenn der ASt die Benutzung der jüngeren eingetragenen Marke fünf Jahre lang in Kenntnis der Benutzung geduldet hat. Dies gilt nur für die Waren oder Dienstleistungen, für die die jüngere Marke benutzt worden ist, wenn die Anmeldung der jüngeren Marke nicht **bösgläubig** vorgenommen wurde. Wird ein Löschungsantrag gem § 30 Abs 2 auf eine ältere **GM** gestützt, ist anstelle der Bekanntheit im Inland die Bekanntheit in der EU nachzuweisen (§ 30 Abs 4).

b) Löschung aufgrund nicht eingetragener Zeichen (§ 31)

§ 31 regelt die Kollision mit älteren Geschäftszeichen. Gem Abs 1 kann die Löschung einer Marke begehren, wer nachweist, dass das von ihm für dieselben oder für **ähnliche** Waren oder Dienstleistungen geführte nichtregistrierte Zeichen bereits zZ der Anmeldung der angefochtenen, seinem nichtregistrierten Zeichen gleichen/ähnlichen Marke innerhalb beteiligter Verkehrskreise als Kennzeichen der Waren oder Dienstleistungen gegolten hat, es sei denn, die Marke wurde vom **Markeninhaber** mindestens ebenso lange unregistriert geführt wie vom Unternehmen des ASt. Der Antrag ist (Abs 2) **abzuweisen**, wenn der ASt die **Benutzung** der eingetragenen Marke während fünf aufeinanderfolgender Jahre in Kenntnis dieser Benutzung geduldet hat. Dies gilt nur für die Waren oder Dienstleistungen, für die die eingetragene Marke benutzt worden ist, wenn die **Anmeldung** der eingetragenen Marke **nicht** bösgläubig vorgenommen worden ist. Ein ASt **verwirkt** sein Recht auf Löschung, wenn er die Benutzung der eingetragenen Marke durch fünf Jahre geduldet hat, wenn die Anmeldung der eingetragenen Marke nicht bösgläubig vorgenommen wurde. Nach § 31 Abs 3 wirkt das **Löschungserkenntnis** auf den Beginn der Schutzdauer (§ 19 Abs 1) zurück.

> *Beispiel: Der ASt verwendete die Bezeichnung „Gut Schwarzenegg" seit 31 Jahren im Geschäftsverkehr, ohne nachzuweisen, dass Erzeugnisse oder Dienstleistungen des land- und forstwirtschaftlichen Betriebs unter diesem Zeichen vertrieben wurden (schlichte Bezeichnung des Besitzes als „Gut Schwarzenegg"). OPM: Das ist kein Zeichengebrauch, der geeignet ist, das Zeichen zu einem Kennzeichen der Waren oder Dienstleistungen eines bestimmten Unternehmens zur Unterscheidung gegenüber Waren oder Dienstleistungen anderer Unternehmen zu machen, wie dies der Schutz eines nicht registrierten Zeichens voraussetzt. Der Löschungsantrag nach § 31 wurde daher abgewiesen.*

c) Löschung aufgrund von Name, Firma, Unternehmensbezeichnung (§ 32)

Gem § 32 kann ein Unternehmer die Löschung einer Marke begehren, wenn sein Name, seine Firma oder die besondere Bezeichnung seines Unternehmens ohne seine Zustimmung als Marke oder als Bestandteil einer Marke registriert worden ist (§ 12) und wenn die **Benutzung** der Marke geeignet wäre, im geschäftlichen Verkehr die Gefahr von Verwechslungen mit einem der vorerwähnten Unternehmenskennzeichen des ASt hervorzurufen.

d) Löschung/Übertragung einer Agentenmarke (§ 30a)

§ 30a ist eine Sondernorm, welche sich gegen sittenwidriges bzw **unlauteres** Vorgehen beim Markenerwerb durch Missbrauch eines Vertrauensverhältnisses richtet. Wer nach Abs 1 im Ausland durch Registrierung oder **Benutzung** Rechte an einem Zeichen erworben hat, kann begehren, dass eine gleiche/ähnliche, für dieselben/ähnliche Waren oder Dienstleistungen später angemeldete Marke gelöscht wird, wenn deren Inhaber zur Wahrung der geschäftlichen Interessen des ASt verpflichtet ist/war und die Marke ohne dessen Zustimmung und ohne tauglichen Rechtfertigungsgrund registrieren ließ. Der ASt hat demnach Zeichenrechte im Ausland erworben, der AG war zur Wahrung der Interessen des ASt verpflichtet, etwa weil er ohne formellen Vertragsabschluss als Generalvertreter des ASt in Erscheinung getreten war. Das ist nach der Rsp häufig iZm Alleinvertriebs- und Handelsvertreterverträgen der Fall.

> *Beispiele: Die (deutsche) ASt vertrieb Waschmittel in Österreich unter der nicht registrierten Bezeichnung „Dr. Schnell". Die AG lieferte das Waschmittel und verwendete auf den Verpackungen auftragsgemäß die Bezeichnung der ASt. Die AG ließ ohne Wissen der ASt die Wortmarke „Dr. Schnell's" registrieren. Dazu der OPM: § 30a richtet sich gegen sittenwidriges Vorgehen beim Markenerwerb durch Missbrauch eines Vertrauensverhältnisses, zumal wenn eine Interessenwahrungspflicht des Markeninhabers vorliegt. Geschäftspartner treten schon mit Aufnahme des Kontakts zu rechtsgeschäftlichen Zwecken in ein beiderseitiges Schuldverhältnis, das sie zu gegenseitiger Rücksichtnahme bei Vorbereitung und Abschluss des Geschäfts verpflichtet (Aufklärungs-, Schutz- und Sorgfaltspflichten).*
>
> *Anders die E ProMarkt. Die Vorbenutzerin (ASt) hatte mit der AG einen **Lizenzvertrag** betr die Benutzung der Marke „ProMarkt" für Deutschland geschlossen. Die AG hat diese Marke in Österreich registrieren lassen. Die Interessenwahrungspflicht wurde **verneint**, weil die AG für die ASt in Österreich nie Geschäfte besorgen oder sonst mit ihr zusammenarbeiten sollte.*
>
> *Abgewiesen wurde der Antrag nach § 30a im Fall Mc Sun: Die ASt hatte aus der Konkursmasse der S-GmbH die deutsche Marke „Mc Sun" (für Bräunungsstudios) erworben. Die AG, frühere Vertriebspartnerin der S-GmbH, hatte mit deren Zustimmung die österr Marke „Mc Sun Sonnenstudio" angemeldet. Die Übertragungserklärung reichte nicht als Nachweis dafür, dass die ASt auch den seinerzeitigen Vertriebsvertrag übernommen hatte. Damit bestand tatbestandsmäßig kein relevantes Vertrauensverhältnisses zwischen ASt und AG, das diese zur Wahrung der geschäftlichen Interessen des ASt verpflichtet hätte.*

4. Absolute Löschungsgründe

Bei den **absoluten** Löschungsgründen der §§ 33 bis 33c (Verlust im **öffentlichen Interesse**) ist jedermann befugt, ohne Darlegung eines besonderen rechtlichen Interesses einen Löschungsantrag zu stellen.

a) Löschung aus von Amts wegen wahrzunehmendem Grund (§ 33)

§ 33 Abs 1: Löschung der Marke aus einem **von Amts wegen** wahrzunehmenden Grund (kann jedermann begehren). Gründe dürfen von der Markenbehörde wegen § 29 nur auf **Antrag** aufgegriffen werden. Es muss sich um Umstände handeln, aufgrund deren die Eintragung nicht hätte erfolgen dürfen (zB Fehlen eines unterscheidungskräftigen Zeichens oder der erforderlichen Verkehrsgeltung). Wird die Marke gelöscht, weil sie nicht hätte registriert werden dürfen, wirkt das Löschungserkenntnis auf den Beginn der Schutzdauer (§ 19 Abs 2) zurück (§ 33 Abs 2).

> **Beispiel:** Der Antragsteller hatte die **Löschung** der Wortbildmarke „*Steirisches Kürbiskernöl*" gem § 33, § 4 Abs 1 Z 1 lit a begehrt, da diese ohne Berechtigung die Bundesfarben und das steirische Landeswappen enthielten. Markeninhaber/Antragsgegner waren für die Vermarktung von steirischem Kürbiskernöl tätige Unternehmer. Gem § 1 StmkWappenG trägt der Wappenschild den historischen (Herzogs-)Hut.

> **OPM:** Das trifft auf die streitverfangene Wortbildmarke (**ohne** historischen Hut) **nicht** zu. Eine Inanspruchnahme der Bundesfarben Rot-Weiß-Rot als Hoheitszeichen iSd § 4 Abs 1 Z 1 lit a MaSchG erfolge nur dann, wenn sie in der typischen Flaggenform (§ 3 Abs 2 WappenG) angeordnet sind. Auch das traf auf die Wortbildmarke „*Steirisches Kürbiskernöl*" nicht zu. Sie enthielt zwar eine Darstellung rot-weiß-roter Farben. Diese erfolgte wegen der erkennbaren Anpassung an die Krümmung des Wappenschilds aber in Form einer Banderole – und **nicht** flaggenartig. Der Verkehr nehme dies als dekoratives Element wahr, nicht als Hinweis auf eine Inanspruchnahme staatlicher Hoheitsgewalt (**keine** Löschung).

b) Löschung wegen Nichtbenutzung (§ 33a)

Nach § 33a Abs 1 kann jedermann (natürliche/juristische Person: Popularklage!) die Löschung einer (im Inland registrierten inter/nationalen, § 2 Abs 2) Marke beantragen, soweit diese für die Waren/Dienstleistungen, **für die sie eingetragen** ist, innerhalb der letzten fünf Jahre vor dem Tag der Antragstellung im Inland weder vom Markeninhaber noch mit dessen Zustimmung von einem Dritten (Lizenznehmer) **ernsthaft** kennzeichenmäßig (nicht zum Schein) **benutzt** (§ 10a) wurde, es sei denn, dass der Markeninhaber die Nichtbenutzung **rechtfertigen** kann.

> **Beispiele:** Der Umstand, dass ein Lieferant (Markeninhaber) aufgrund des „Diktats" einer marktmächtigen inländischen Lebensmittelkette seine Marke (ohne eigenständige Markenstrategie) im Rahmen einer Mehrfachkennzeichnung des erzeugten Produkts nur unauffällig im fortlaufenden Text der Etiketten verwenden kann, **rechtfertigt** den nicht ausreichenden kennzeichenmäßigen Gebrauch (iSd § 33a Abs 1).

> Der Markeninhaber verwendete das Zeichen „*GOUDINA*" anstatt der eingetragenen Marke „*GAUDINA*". Dies wurde als **ernsthafte Markenbenutzung** angesehen, da der Verkehr dem von „*A*" in „*O*" geänderten Bestandteil **keine** maßgebende Wirkung beimisst. Die damit assoziativ angesprochene Käsesorte **Gouda** wird vom Publikum in beiden Zeichen bedeutungsstiftend erkannt. Die Benutzung des Zeichens GOUDINA ist **daher als kennzeichenmäßige** Benutzung der eingetragenen Marke anzusehen.

> Die Veranstaltung je eines „*NUKE Barbecue-Festivals*" in den Jahren 2007 und 2008 sowie einer „*DJ-Night*" (mit ca 150 Besuchern) reicht für eine wirtschaftlich gerechtfertigte **ernsthafte Markenbenutzung** wegen der besonderen Marktverhältnisse bei Musik-Events aus. Begründung: Die Anfor-

*derungen an eine funktionsgerechte Benutzung sind bei einer **Dienstleistungs**marke **großzügiger** anzusetzen, weil bei ihr eine körperliche Verbindung mit dem Produkt (anders als bei Warenmarken) nicht möglich ist.*

*In einem anderen Fall beantragte die ASt die **Löschung** der Marke „**Urgestein-Tauern-Quelle**" für alpines Tafel-Quellwasser wegen **Nichtgebrauchs** zwischen 11. 8. 2005 und 11. 8. 2010. Die beweispflichtigen AG hatten **keinen** Nachweis der Marken**benutzung** (Flaschenabfüllung) und keine stichhaltigen **Rechtfertigungsgründe** für den **Nichtgebrauch** erbracht. Als Rechtfertigungsgründe gelten solche, die einen unmittelbaren Zusammenhang mit der Marke aufweisen, die ihre Benutzung **unmöglich** oder **unzumutbar** machen und vom **Willen der Markeninhaber unabhängig** sind. Insb die Behauptung der Verwicklung der AG in zahlreiche (ca 50) Verfahren blieb unsubstantiiert, weshalb die Marke gem § 33a wegen Nichtgebrauchs zu löschen war.*

Innerhalb der Fünf-Jahres-Frist des § 33a genießen Marken ungeachtet ihrer Verwendung vollen Markenschutz. Mangels tatsächlichen Vertriebs gleicher Waren/Dienstleistungen ist die verwechselbare Ähnlichkeit der Zeichen „Lumina" und „Luminos" **abstrakt**, dh nach dem aus dem Markenregister ersichtlichen Schutzumfang der eingetragenen Marke (Registerstand!) zu beurteilen. Die Rsp stellt an die **Benutzung** der Marke **keine** allzu hohen Anforderungen (wirtschaftliche Potenz des Markeninhabers, Branche, Art der Ware etc sind von Fall zu Fall zu beurteilen).

*Beispiel: Die Markeninhaberin hatte sich die Marke „**BUD**" für Bier registrieren lassen. Das von ihr in Verkehr gebrachte Bier trug jedoch regelmäßig die Kennzeichen „Budweiser Buderbräu" und „Budweiser Budvar". Die Abkürzung „BUD" verwendete die Markeninhaberin nur auf Lieferscheinen, Ladelisten und Aufklebern (Folge: **kein** funktionsgerechter Gebrauch des Zeichens „BUD", daher Löschung der Marke).*

c) Löschung wegen Gattungsbezeichnung (§ 33b)

Nach § 33b Abs 1 kann jedermann die Löschung einer Marke begehren, wenn sie nach dem Zeitpunkt ihrer Eintragung infolge des Verhaltens/der Untätigkeit ihres Inhabers im geschäftlichen Verkehr zur **gebräuchlichen Bezeichnung** einer Ware/Dienstleistung, für die sie eingetragen ist, geworden ist (vgl auch § 4 Abs 1 Z 5). Gem § 33b Abs 2 wirkt das Löschungserkenntnis auf den Zeitpunkt zurück, für den die abgeschlossene Entwicklung der Marke zur gebräuchlichen Bezeichnung (Freizeichen) nachgewiesen wurde. Nach der Rsp besteht idS die Möglichkeit des **Rechtsverlusts** einer **eingetragenen** Marke infolge Wandlung zu einem **Freizeichen**. Entscheidend ist **nicht**, ob ein Löschungsverfahren gem **§ 33b** zur Löschung einer solchen Marke geführt hat, sondern ob in den beteiligten Verkehrskreisen **materiell** ein Wandel in der Einschätzung des Zeichens eingetreten ist.

*Beispiele: Der Weltkonzern Sony hatte die Wortmarke „**Sony Walkman**" als Bezeichnung für tragbare Kassettenabspielgeräte seit 1981 geschützt und über die Jahre (mit Erfolg) zahlreiche Händler verklagt, die Produkte mit der Bezeichnung „Walkman" (zB „Walkman-Set mit Boxen" etc) anboten. Dagegen wurde später auf Basis der **Umwandlung** der Marke in eine verkehrsübliche Bezeichnung mHa die **Verkehrsauffassung** entschieden, dass ein **Verlust** des **Markenrechts** infolge Entwicklung der Marke zur **Gattungsbezeichnung** eingetreten war. Es stehe kein Alternativbegriff (zu „Walkman" für tragbare Kassettenabspielgeräte) zur Verfügung, um damit Konkurrenzprodukte zu den Waren des Markeninhabers zu benennen. Eine Privilegierung dieses Zeichens (monopolartige Wirkung) sei nicht mehr gerechtfertigt (**Verlust** des **Markenrechts**).*

*Dagegen ist die ua für Spielzeug registrierte Gemeinschaftsmarke „Memory" **keine** Gattungsbezeichnung, für die kein gleichwertiger Alternativbegriff zur Verfügung steht.*

*Aktueller Fall: Die AG hatte ihre Wortmarke „**KORNSPITZ**" für Mehle/Backwaren registriert, aus der eine Backmischung entsteht, aus welcher Bäcker das Gebäck in der typischen Form erzeugen. Unter **Händlern** gilt dieses Zeichen als Marke, die Bäcker und der Lebensmittelhandel mit Zustimmung der*

*Markeninhaberin verwenden. Dagegen hält der Endverbraucher „KORNSPITZ" für eine bestimmte **Gattung** von Backwaren. Der OPM fragte den **EuGH** ua, ob diese Marke vom Herkunftshinweis „zur **gebräuchlichen Bezeichnung** einer Ware oder Dienstleistung" iSv Art 12 Abs 2 lit a Marken-RL (entspricht § 33b) geworden ist. Man darf gespannt sein, welcher der Verkehrskreise (Hersteller/Handel oder Endverbraucher) für die **Löschung** aufgrund Entwicklung zur Gattungsbezeichnung nun maßgebend ist.*

d) Löschung wegen Täuschungseignung (§ 33c)

Nach § 33c Abs 1 (nachgebildet: Art 12 Abs 2 lit b Marken-RL!) kann die Löschung der Marke (durch jedermann: natürliche/juristische Person, daher: Popularklage!) beantragt werden, wenn sie **nach** dem Zeitpunkt ihrer Eintragung infolge ihrer **Benutzung** durch den Inhaber oder mit seiner Zustimmung für Waren oder Dienstleitungen, für die sie eingetragen ist, geeignet ist, das Publikum insb über die Art, die Beschaffenheit oder die geografische Herkunft dieser Waren oder Dienstleistungen **irrezuführen** (vgl auch § 4 Abs 1 Z 8). Das Löschungserkenntnis wirkt gem § 33c Abs 2 auf den Zeitpunkt zurück, für den die irreführende Benutzung der Marke nachgewiesen wurde.

e) Löschung wegen Bösgläubigkeit (§ 34)

Nach § 34 Abs 1 (vgl Art 3 Abs 2 lit d Marken-RL) kann jedermann (natürliche/juristische Person: Popularklage!) die Löschung einer Marke begehren, wenn der Anmelder **bei der Anmeldung** (nicht später!) **bösgläubig** war. Dem Begriff der **Bösgläubigkeit** wird eine Auffangfunktion für die Fälle des rechtsmissbräuchlichen/unlauteren Markenerwerbs beigemessen. Die bösgläubige Anmeldung einer Marke (zB Anmeldung von „Sperr- und Hinterhaltsmarken") stellt eine Behinderung des Kennzeichenwettbewerbs (unlauteren Behinderungswettbewerb iSd § 1 UWG) dar, bei dessen Beurteilung auf die Grundsätze zum unlauteren Markenerwerb zurückgegriffen werden kann.

Die neuere Rsp beschränkt § 34 nicht auf den absichtlichen Behinderungswettbewerb ieS, sondern erfasst auch die Anmeldung unter Verletzung von Loyalitätspflichten. Solche werden auch durch eine über den bloßen Güteraustausch hinaus gehende Geschäftsbeziehung, insb aufgrund des faktischen Alleinvertriebs (hier: von Handfeuerlöschern der Marke „**Firekiller**") in einem MS und der Zusammenarbeit auch auf technischem Gebiet begründet.

In Deutschland hatte die ASt (Red Bull) den Slogan „**GIVES YOU WINGS**" bereits vor der Anmeldung iZm Herstellung von Getränken der Marke Red Bull verwendet (große Bekanntheit). 1997 meldete eben diesen Slogan der Anmelder für gleiche Waren und Dienstleistungen an. Dieser hatte bereits in der Vergangenheit zahlreiche (mit bekannten Marken identische) Markenanmeldungen vorgenommen. Die Anmeldung wurde als bösgläubig (unredlich) beurteilt, weil der Anmelder zu diesem Zeitpunkt keinen Geschäftsbetrieb/Benutzungswillen hatte und die Rechtsposition in wettbewerbsfremder Art und Weise für seinen finanziellen Vorteil auf Kosten der ASt ausnützen wollte.

> *Beispiele: V war AG und Pächterin des „Cafe Museum" in Wien, Verpächterin war die ASt, in deren Familienbesitz das „Cafe Museum" seit 1906 war. Die ASt beantragte die Löschung der Wortbildmarke der AG „Cafe Museum" wegen bösgläubiger Markenanmeldung (§ 34 MaSchG). Die AG habe die Markenanmeldung (für Museum-Torten, Verpflegung von Gästen in Cafés) ohne ihre Zustimmung in sittenwidriger Verletzung der aus dem Pachtvertrag resultierenden Treue- und Interessenwahrungspflichten noch während der Kündigungsfrist des von ihr selbst aufgekündigten Pachtverhältnisses vorgenommen. OPM: Die Markenrechtsanmeldung ist **bösgläubig**, weil unter Verletzung von **Loyalitätspflichten** erfolgt (Löschungsgrund:§ 34).*

> *Weiterer Fall: Der im Weinhandel tätige AG, der seine Weine mit historischen Begriffen wie Kaisergarten, Kaiserhymne etc bezeichnete, hatte die Wortmarke „**Der Winzerkönig**" (Priorität 12. 4. 2006)*

ua für Waschmittel, Schönheitspflege und alkoholische Getränke angemeldet. Der ORF (ASt), Inhaber der gleichlautenden Wortmarke (mit Priorität vom 6. 6. 2006) für ähnliche Waren/Dienstleistungen, beantragte die Löschung der Wortmarke des AG, da dieser die Marke böswillig habe registrieren lassen, um Lizenzentgelte zu lukrieren. Dagegen wandte der AG ein, er habe auf einen Vorteil für die Vermarktung des Weines „Der Winzerkönig" durch die gleichnamige TV-Serie gehofft und eine außergerichtliche Einigung mit 10 Cent pro verkaufter Flasche als Gegenleistung an die ASt angeboten, die dieses jedoch ablehnte.

Der OPM wies das Löschungsbegehren ab. Für den Benutzungswillen des AG spreche, dass er die Werbewirksamkeit des Titels der TV-Serie gerade dafür ausnützen wollte, eigene Waren (den Wein „Der Winzerkönig") unter der gleichnamigen Wortmarke zu vertreiben. Zudem lag keine Behinderungsabsicht des AG vor.

Eine Befristung für den Löschungsantrag gem § 34 ist **nicht** vorgesehen. Die Verwirkung wird grds abgelehnt. Das Löschungserkenntnis wirkt auf den Beginn der Schutzdauer (§ 19 Abs 1) zurück (§ 34 Abs 2).

Exkurs: Sittenwidriger Markenrechtserwerb

1. Zum Begriff der sittenwidrigen/unlauteren Markenanmeldung

Der OGH hat den Begriff der sittenwidrigen (seit UWG-Nov 2007: **unlauteren**) **Markenanmeldung** schrittweise **ausgedehnt**. Ursprünglich wurde ein Markenrechtserwerb nur in den Fällen als sittenwidrig beurteilt, in denen der Erwerber zur **Wahrung** der **geschäftlichen Interessen** eines **anderen**, der das Zeichen schon gebraucht hatte, **verpflichtet** war und dessen ungeachtet das Markenrecht **ohne** Zustimmung des bisherigen Benutzers erworben hatte.

Später wurde auf den schutzwürdigen Besitzstand des **Vorbenutzers** abgestellt. Auch der Versuch, den Hersteller durch Registrierung der Marke beim Vertrieb gleichartiger Erzeugnisse im Inland auszuschalten, wurde als sittenwidriges Erschleichen des Markenrechts beurteilt. Tenor: Unzulässiger kann der Markenerwerb sein, wenn der Anmelder beabsichtigt, eine **Waffe** in die Hand zu bekommen, um ein von einem Mitbewerber aufgebautes System zu stören, ausländische Konkurrenz zu verhindern, oder wenn der Anmelder die mit der Eintragung der Marke entstehende (wettbewerbsrechtlich an sich unbedenkliche) Sperrwirkung zweckfremd als Mittel des Wettbewerbs einsetzt.

IZm dem **unlauteren Markenrechtserwerb** setzte sich der **OGH** ua mit dem Verhältnis der beiden Löschungstatbestände der §§ 30a und 34 MaSchG (**Agentenmarke** beziehungsweise **bösgläubige Anmeldung**) auseinander: Beide Tatbestände umschreiben Umstände beim Markenerwerb, die den Schutz des Kennzeichens als ungerechtfertigt (sittenwidrig oder unlauter) erscheinen lassen. § 34 MaSchG enthält eine Generalklausel, die sowohl inhaltlich als auch in Bezug auf die Antragslegitimation weiter reicht als der ältere Spezialtatbestand des § 30a MaSchG. Dieser geht (nur) insofern über § 34 MaSchG hinaus, als er auch einen Übertragungsanspruch vorsieht. Eine neuere Causa betrifft die internationale Domainregistrierung via **bösgläubige** Markenanmeldung:

Beispiel: Beim schwedischen Markenamt wurde die Domain R & E & I & F & E & N für Sicherheitsgurte in der vorgezogenen Sunrise Periode registriert, um die (Gattungs-)Domain (oberster Stufe) „reifen. eu" zu registrieren (da „&" immer bei Markenanmeldung wegfällt). Der OGH beurteilte dieses Vorgehen als missbräuchliche, sprachlich widersinnige Gestaltung bzw bösgläubige Markenanmeldung.

2. Domain-Grabbing und andere Domain-Streitigkeiten

Domain-Namen sind Internet-Adressen, die durch Domain-Vergabestellen nach dem Prinzip der **Priorität** („first come, first served") vergeben werden. Die **Domain** darf **nicht** mit dem **Inhalt** (Content) einer Website **gleichgesetzt** werden, da sie bloß dazu dient, eine Webpräsenz (Website) aufzurufen. Diese Unterscheidung ist ua deshalb von Bedeutung, weil den bloßen Inhaber einer Domain keine Haftung für Rechtsverletzungen trifft, die durch den Inhalt der Website begangen werden. Die Haftung trifft denjenigen, der die Website inhaltlich gestaltet und deren Abrufbarkeit besorgt oder veranlasst. Eine kennzeichenrechtliche oder sonstige Zulässigkeit wird bei der Vergabe von Domains **nicht** geprüft. Der Domaininhaber hat lediglich einen schuldrechtlichen Anspruch gegen die Vergabestelle.

Da aber Domains weltweit einmalig sind, ergibt sich daraus eine allein auf **technischen** Gegebenheiten beruhende **Sperrwirkung** gegenüber Dritten. Dadurch erlangt jedoch der Domaininhaber **keinen** absoluten Drittschutz, dh keine etwa mit einem Patent-, Marken- oder Urheberrecht vergleichbare ausschließliche rechtliche Stellung; er ist vielmehr Ansprüchen anderer Rechtsinhaber ausgesetzt. Dieses Vergabesystem führte in der Praxis zum Domain-Grabbing **ieS**, dh zu dem Phänomen, dass vielfach fremde Kennzeichen als Domain registriert wurden, um sie in der Folge an den kennzeichenrechtlich Berechtigten teuer weiterzuveräußern (Domain-Vermarktung gegen „Lösegeld") oder unliebsame Konkurrenten zu blockieren (oft als Domain-Blockade bezeichnet). Domain-Streitigkeiten sind jedoch auch in **anderen** Konstellationen denkbar, wie etwa im Fall der Registrierung von Domains mit Verwechslungsgefahr gegenüber **Marken** konkurrierender Unternehmen. Dann sprechen wir von Domain-Grabbing **iwS**.

Die Registrierung oder Benutzung einer Domain stellt eine Verletzung des Markenrechts dar, wenn sie **im geschäftlichen Verkehr** für Waren oder Dienstleistungen verwendet wird und eine Beeinträchtigung der **Markenrechtsfunktion** möglich ist. Rsp: Die bloße Registrierung eines Zeichens als Internet Domain erfüllt für sich die Tatbestandsvoraussetzungen **nicht**. Maßgebend für die Beurteilung, ob eine Benutzung eines Zeichens iSd § 10a vorliegt, ist danach der Inhalt der Websites, die unter der Domain in das Internet gestellt werden.

OGH: Durch die Errichtung einer „Cobra-Couture-Homepage" liegt eine unmittelbar drohende Gefahr einer Markenrechtsverletzung vor (Unterlassungsverbot). Dem Erstbekl konnte aber die **Nutzung** der Domain *cobra-couture.at* für **andere Inhalte** als der Werbung für Cobra-Couture-Bekleidung **nicht** untersagt werden, weshalb, wie in der E *faschingprinz.at*, **kein** Anspruch auf **Löschung** der Domain bestand. Die neuere Rsp gewährt die **Löschung** von **Domains** daher **restriktiv**: Das bloße Halten der **Domain** muss **Gefahr** mit sich bringen (**Domain-Grabbing** iSv § 1 UWG). Keine **Gefahr** geht von der Domain-Innehabung aus, wenn der rechtsverletzende Inhalt von der Website **entfernt wurde** (amade. at III). **Keine Löschung** erfolgt ferner, wenn sie über den materiellrechtlichen Unterlassungsanspruch **hinausgeht** (5htp.at).

Bei **bekannten** Marken besteht gem **§ 10 Abs 2** ein **branchenübergreifender** Rechtsschutz gegen die Registrierung oder die Benutzung einer Domain. Wird durch die Benutzung eines Zeichens die Unterscheidungskraft oder Wertschätzung der Marke ohne rechtfertigenden Grund in unlauterer Weise ausgenützt oder beeinträchtigt, kann der Inhaber einer **bekannten** Marke (hier: der Marke FIRN) nach § 10 Abs 2 **anderen** (hier: den bekl „Firn Bar & Casting Cafe"-Betreibern) die Benutzung eines gleichen oder ähnlichen Zeichens (hier: der Domains „firn.at" und „firn.co.at", deren **Löschung** in casu verfügt wurde) verbieten.

Neben markenrechtlichen kann das Registrieren einer Domain auch nach anderen §§ unzulässig sein. Das betrifft etwa das unlautere **Abfangen** von **Kunden** bei der Verwendung von Domains mit Verwechslungsgefahr gegenüber Marken von Konkurrenten, bei dem Internet-Nutzer bei der Markeneingabe ungerechtfertigt „beim Konkurrenten landen". Domains besitzen als Adressen von Websites oder E-Mails **kennzeichnende** Funktion.

Die Benutzung eines Domain-Namens als E-Mail-Adresse (zB durch Zur-Verfügung-Stellen an Kunden für deren E-Mails) ist ein prioritätsbegründender kennzeichenmäßiger Gebrauch iSd § 10a Z 2 MaSchG. Domain-**Grabbing** kann nur geltend gemacht werden, wenn für das als Domain verwendete Zeichen kennzeichenrechtlicher Schutz besteht, **nicht** bei Verwendung beschreibender **Gattungsbezeichnungen**, zB der Firmenbestandteile „Autobelehnung" und „Pfandleihe".

Die Veröffentlichung von **Insiderwissen** aus der Sphäre des **Namensträgers** stellte bisher einen Eingriff in schutzwürdige Interessen des **Namensträgers** dar, wobei es auf den **Inhalt** der **Website** ankam. Nunmehr liegt eine unzulässige Ausbeutung des Namens vor, wenn dieser dazu benutzt wird, Internetnutzer auf eine **Website** zu **locken**. Danach wurde **nicht** mehr auf den **Inhalt** der Website **abgestellt**. In Bezug auf Ortsnamen nahm die Rsp wiederum auf den Inhalt der Website Bedacht, um das Vorliegen eines „Interessengleichklangs" beurteilen zu können. Nach jüngster Rsp wiederum tritt **Zuordnungsverwirrung** ein, wenn ein Name eines Dritten ohne weiteren Zusatz als Domain verwendet wird; das gilt (außer bei Gleichnamigkeit) grds als **unzulässige Namensanmaßung**:

> **Beispiel:** Ein Justizwachebeamter hatte sich die Domain justizwache.at registrieren lassen und in der Folge einen kritischen Internetauftritt betrieben. Da er dafür von der Namensinhaberin (Republik Österreich) keinerlei Genehmigung eingeholt hatte, wurde er von dieser wegen **Namensanmaßung** mit Erfolg auf Löschung der Domain geklagt. Geht aus der Website hervor, dass sie nicht (zwingend) vom Namensträger betrieben wird (zB im Falle von „justizwache-kritisch.at"), liegt keine (**unzulässige**) Namensanmaßung, sondern bloße **Namensnennung** vor, was jedenfalls **zulässig** ist.

Das Registrieren/Benutzen einer Domain kann, wie aus dem Domain-Grabbing ieS (Domain-Vermarktung gegen „Lösegeld" und/oder Domain-Blockade) hervorgeht, auch aus **wettbewerbs**rechtlicher Sicht unzulässig (**Behinderung**) sein. Kam es vor der UWG-Novelle 2007 nach der Rsp (noch) primär auf die subjektive Behinderungsabsicht des Domain-Anmelders an, wurde diese seither zugunsten des (**objektiven!**) Begriffs der **unlauteren Geschäftspraktiken** in den Hintergrund gedrängt.

So reichte etwa Absicht des Bekl, auf einer unter der umstrittenen Domain einzurichtenden Website Werbeeinnahmen zu erzielen, um sich der **Stadt Graz** als Kooperationspartner anzudienen, allein **nicht** aus, um ihm sittenwidriges Domain-Grabbing iSv § 1 UWG (aF) vorzuwerfen. An der geforderten Behinderungs- bzw Ausbeutungsabsicht fehlte es auch (hier: gelungener Entlastungsbeweis!), zumal der Anmelder die strittige Domain für das von ihm mitbegründete namensgleiche Unternehmen verwendete.

In einem **internationalen** Fall ließ sich der (deutsche) Bekl, zumal die Kl „zu spät dran war", die Domain **palettenbörse.com** über einen deutschen Registrar registrieren. **OGH:** Ist der Bekl nur gegen Zahlung eines Ablösebetrags zur Übertragung der Domain bereit, wird die Kl in ihrem **Wettbewerb behindert**. Die Behinderung bzw der durch die unlautere Handlung des Bekl drohende Schaden (Erfolgsort) tritt am Sitz der Kl (Österreich) ein. Bei der Beurteilung der Kennzeichenähnlichkeit ließ die Rsp die TLD (Top-Level-Domain) regelmäßig außer Acht.

> **Beispiele:** Die Salzburger Nachrichten betrieben landesweit unter **salzburg.com** einen Internet-Auftritt, was die bekl Vorarlberger Nachrichten unter **salzburg24.at** ebenfalls tun wollten. Der OGH prüfte nur die SLD (Sub Level Domain) „salzburg", wofür die Salzburger Nachrichten aber keinen Verkehrsgeltungsnachweis erbringen konnten (Abweisung).
>
> Die Kl betrieb unter „tirol.com" ein Freizeitmagazin, die Bekl eine Erotikplattform unter „tirolcom.at". Geprüft wurden nur die beiden **SLD** „tirol" und „tirol.com". Die Bekl unterlag, da sie beim Domainerwerb **sittenwidrig** gehandelt hatte, weil sie gleich die gesamte kl Domain in die eigene SLD übernommen und damit die Bekanntheit der kl Website für ihre Zwecke ausnutzen wollte.

D. Inhalt des Markenrechts

I. Ausschließlichkeitsrecht (§ 10 Abs 1)

1. Allgemeines und Legaldefinition

Gem § 10 Abs 1 gewährt die eingetragene Marke, vorbehaltlich der Wahrung älterer Rechte, ihrem Inhaber das **ausschließliche** Recht, Dritten zu verbieten, ohne seine Zustimmung im geschäftlichen Verkehr (Z 1) ein mit der Marke gleiches Zeichen für Waren/Dienstleistungen zu benutzen (§ 10a), die mit denjenigen gleich sind, für die die Marke eingetragen ist; (Z 2) ein mit der Marke gleiches oder ähnliches Zeichen für gleiche oder ähnliche Waren oder Dienstleistungen zu benutzen (§ 10a), wenn dadurch für das Publikum die Gefahr von Verwechslungen besteht, die die Gefahr einschließt, dass das Zeichen mit der Marke gedanklich in Verbindung gebracht wird. Bei der Prüfung der **Warenidentität** ist bei eingetragenen Marken das **Waren- und Dienstleistungsverzeichnis** maßgebend.

> **Beispiel: Nordic-Walking-Stöcke** *sind nach Verkehrsauffassung (Zweck, Funktion) nicht als Spazierstöcke (Klasse 18) zu betrachten; sie fallen daher unter (Klasse 28) „Geräte für verschiedene Sportarten".*

Z 1 enthält Verwechslungsgefahr **nicht** als anspruchsbegründendes Tatbestandsmerkmal (daher **keine** Prüfung!). Dagegen ist die in **Z 2** enthaltene Verwechslungsgefahr als **unionsrechtlicher Begriff** (vgl Erwägungsgrund 10 der Marken-RL) rein **objektiv** auszulegen. Art 4 Marken-RL bestimmt, dass eine Marke von der Eintragung ausgeschlossen ist oder im Falle der Eintragung der Ungültigerklärung unterliegt, (lit b) wenn wegen ihrer Identität oder Ähnlichkeit mit der älteren Marke und der Identität oder Ähnlichkeit der durch die beiden Marken erfassten Waren oder Dienstleistungen für das Publikum die **Gefahr von Verwechslungen** besteht, die die Gefahr einschließt, dass *die Marke mit der älteren Marke gedanklich in Verbindung gebracht wird* (vgl Art 5 Abs 1 Marken-RL).

2. Grundsätze zur Auslegung der Verwechslungsgefahr

a) Unionsrechtlicher Standard (objektive Auslegung)

Die Verwechslungsgefahr ist unter Berücksichtigung aller Umstände des **Einzelfalles umfassend** zu beurteilen. Auf die **Wechselwirkungen** zwischen den in Betracht kommenden Faktoren ist Bedacht zu nehmen. „**Schwache**" Kennzeichen besitzen nur einen **engen Schutzbereich**; schon geringe Abweichungen beseitigen daher die Verwechslungsgefahr. Dennoch genießen auch schwache Kennzeichen Schutz; die unveränderte, buchstabengetreue Übernahme ist auch bei einem solchen Zeichen **unzulässig**. Zu berücksichtigen ist ferner, dass der (*durchschnittlich informierte, verständige*) **Durchschnittsverbraucher** eine Marke idR als **Ganzes** wahrnimmt und nicht auf Einzelheiten achtet.

Abwägungsfaktoren (bewegliches System): Hinsichtlich der Verwechslungsgefahr sind die Kennzeichnungskraft der verletzten Marke, die Ähnlichkeit der Zeichen und der von diesen erfassten Waren oder Dienstleistungen zu berücksichtigen. **Warenidentität** erfordert einen wesentlich größeren Abstand der Zeichen selbst, um Verwechslungsgefahr auszuschließen. Wird eine Marke **vollständig** in ein anderes Zeichen aufgenommen (Feeling/Feel), ist bei Waren- oder Dienstleistungsähnlichkeit **Verwechslungsgefahr** anzunehmen.

Eine Markenverletzung nach § 10 kann auch beim sog **Keyword Advertising** (Schlüsselwortwerbung) vorliegen, einer Werbemethode, bei der eine **Anzeige** mit der Eingabe bestimmter, vorher vom Werbenden beim Suchmaschinenbetreiber (Google) „gebuchter" Suchbegriffe verknüpft wird. Offenkundig ist die **Verwechslungsgefahr**, soweit die Anzeige mit einem der Marke ähnlichen Zeichen überschrieben wird. Wenn bei der Suche nach **Gattungs-** und insb **Markenbegriffen** Werbeeinschaltungen von

Konkurrenzunternehmen eingeblendet werden, hat Keyword Advertising, um als **zulässig** zu gelten, klar gekennzeichnet, unaufdringlich und nicht irreführend zu sein. Der Werbende muss insb **klar erkennbar** machen, dass die Anzeige **nicht** vom Marken**inhaber** oder von einem mit ihm wirtschaftlich **verbundenen** Unternehmen stammt.

> *Beispiel: Nach der Rsp kommt es auf den konkreten Inhalt und die Gestaltung der Anzeige an. So wurde zB die Verwendung der Begriffe „**Bergspechte**" und „**Edi Koblmüller**" als Teile einer Wortbildmarke bei der Suchmaschinenwerbung als **Markenrechtsverletzung** beurteilt. Denn in den eingeblendeten Anzeigen wurde nicht klargestellt, dass keine wirtschaftliche Verbindung zwischen Werbendem und Markeninhaber bestand. Die bloße Angabe der Internet-Adresse des Markeninhabers (www.trekking.at) reicht nicht aus.*

Bei der Vermarktung von **Arzneimitteln** ist der Grad der **Aufmerksamkeit** der angesprochenen Verkehrskreise umso höher, je wertvoller/teurer und gefährlicher/komplexer eine Ware oder Dienstleistung ist. Das gilt insb für die **Verwechslungsgefahr** von Arzneimittelbezeichnungen.

Sonderproblem **gespaltene Verkehrsauffassung**:

> *Beispiele: Besteht zwischen zwei Vergleichsmarken Teilidentität der Waren, muss ausreichender Markenabstand bestehen. Dieser liegt zB vor bei „**Cialis**" vs „**Tadalis**" für medizinische Präparate.*
>
> *Dagegen besteht zwischen „**Sinupret**" und „**Sinuvex**" bei Warenidentität (zur Behandlung von Katarrhen der Atemhöhlen) **Verwechslungsgefahr**. Die Silbe „Sinu" deutet auf „sinus" (lat Nasennebenhöhlen). Dieser beschreibende Charakter ist dem medizinischen Fachmann, **nicht** dem Laienkäufer bewusst (unterschiedlicher Gesamteindruck beider Verkehrskreise). Bei dieser **gespaltenen Verkehrsauffassung** reicht es aus, wenn für einen der Verkehrskreise (Verbraucher) Verwechslungsgefahr besteht.*

b) Arten der Verwechslungsgefahr

Grds wird zwischen Verwechslungsgefahr im **engeren** Sinn (ieS) und der im **weiteren** Sinn (iwS) unterschieden. Erstere enthält die unmittelbare sowie die mittelbare Verwechslungsgefahr.

Bei der **unmittelbaren** Verwechslungsgefahr kommt es zu einer Verwechslung des Originalproduktes mit dem des Eingreifers. Das Publikum **verwechselt** die **Zeichen selbst** miteinander. Verwechslungsgefahr bei **Wortmarken** liegt vor, wenn sie bei einem der drei Ähnlichkeitskriterien (Wort**bild**, Wort**klang**, Wort**sinn**) gegeben ist, doch kann ein stark verschiedener **Begriffsinhalt** auch akustisch-optische Ähnlichkeiten in den Hintergrund drängen. Bei Wortbildmarken dominiert nach hA der **Wortbestandteil**, weil sich der Geschäftsverkehr an diesem orientiert.

> *Beispiele: Unmittelbare Verwechslungsgefahr liegt etwa vor zwischen „**Tiger-Balsam**" und „**Tigress**" (für medizinische Salben), da „Balsam" keine schutzfähige Beschaffenheitsangabe ist. Ferner ist „**Logo**" (für dieselben Spielsteine) verwechselbar ähnlich mit „**Lego**". Unmittelbare Verwechslungsgefahr besteht zwischen „**OPUS ONE**" und „**OPUS DORA**" (für ähnlich ausgebaute, aber qualitativ – und besonders im Preis [1:20] – stark differierende Rotweine).*

Mittelbare Verwechslungsgefahr: Hier hält das Publikum zwar die Zeichen auseinander, schreibt sie aber demselben Unternehmen zu. Das ist insb der Fall bei Serienzeichen (Markenfamilien).

> *Beispiele: Ein „Sexblatt" nannte eine neue Zeitschrift „sexnews". Weil das Printmedium „NEWS" bekannt war und nicht völlig unterschiedliche Verkehrskreise ansprach, besteht mittelbare Verwechslungsgefahr. Diese liegt aber auch vor, wenn mehrere Zeichen im kennzeichnungskräftigen Wortstamm übereinstimmen, zB bei „CASTELLO" (selbst mit Zusatz „antico") für Bausteine (Boden- und Pflasterbausteine) und „VIA CASTELLO". So auch, wenn mehrere Zeichen im kennzeichnungskräftigen*

4. Österreichische Rsp-Beispiele

a) Rsp-Beispiele für das Vorliegen von Verwechslungsgefahr:

1. Verwechselbar ähnlich sind „**Sunjet**" für Sportbekleidung und „**Sunset**".

2. Das Zeichen „**LADY-BOSS**" ist der Bekleidungsmarke „**BOSS**" **verwechselbar ähnlich** (nicht ganz zufällig trat die Bekl nach diesem Prozess am Markt unter „LADY B" in Erscheinung).

3. Verwechselbar ähnlich sind „**Charly**" als Marke für Spirituosen und „**Charly's Bar**" für halbfertige alkoholische und alkoholfreie Getränke zur Herstellung von Longdrinks.

4. „**SACHER**" als Teil der Marke „Hotel SACHER Wien" ist ein **starkes** Zeichen. Eine geringe Abweichung (hier: der Buchstabe „s") vermag daher die Verwechslungsgefahr nicht auszuschließen, selbst wenn dem Zeichen „SACHERS" (für Kaffee aus Wien) der Vorname „Helmut" vorangestellt wird.

5. „adidas" und „Adilia" (für Sportschuhe) sind verwechselbar ähnlich.

6. Verwechslungsgefahr zwischen Wortmarke und Wortbildzeichen: In diesem Fall hatte der Kl mit seiner Wortmarke „**LEUMIN**" Erfolg gegen den Bekl mit dessen Wortbildzeichen „Tiger LEIMIN" (wobei übrigens „LEIMIN" optisch deutlich gegenüber „Tiger" hervortrat).

7. In der Wortbildmarke „Fahrschule STIPEK" genießt der Markenbestandteil „**The Drive Company**" selbständigen Schutz: Verwechslungsgefahr, wenn er von einer anderen Fahrschule verwendet wird.

8. „**Opus One**" als Marke eines kalifornischen Spitzenweins (aus Cabernet Sauvignon- und Cabernet Franc-Traube, à Flasche Jg 1997 € 190,–) ist mit „Opus Dora" für einen burgenländischen Rotwein (gleiche Trauben und Ausbaumethode, à Flasche Jg 1997 € 6,–) **verwechselbar ähnlich**.

9. Zwischen „**CASTELLO**" für Bausteine aller Art und der für gleichartige Waren verwendeten Bezeichnung „VIA CASTELLO" besteht (mittelbare) **Verwechslungsgefahr**.

10. „Kleiner Frechdachs" für einen Feigenlikör mit Wodka mit „Kleiner Feigling" für das gleiche alkoholische Getränk sind **verwechselbar ähnlich** (bei Warenidentität: strenger Maßstab).

11. Zwischen der in transparentem Zartblau gehaltenen „Juvina-Pet-Flasche", in deren oberen Hälfte horizontal verlaufende Wellen eingekerbt sind, und der als **Formmarke** registrierten (ebenfalls in transparentem Zartblau gehaltenen) „Vöslauer-Pet-Flasche", in deren unteren Hälfte horizontal verlaufende dreidimensionale Wellen eingekerbt sind, besteht **Verwechslungsgefahr**.

12. Zwischen „Firn Bar & Casting Cafe" (für ein Lokal) bzw den Internet-Domains www.firn.at und www.firn.co.at und der markenrechtlich geschützten Bezeichnung „**Firn**" für Pfefferminzbonbons mit Schokofüllung, die eine sehr hohe Bekanntheit erlangt hat, besteht **Verwechslungsgefahr**.

13. Sprechen Zeitschriften (ein illustriertes Wochenmagazin und eine Pornozeitschrift) ihrem Charakter und Erscheinungsbild nach nicht völlig unterschiedliche **Verkehrskreise** an, besteht die Gefahr, dass das Publikum den Titel „sexnews" als abgeleitetes weiteres Kennzeichen der Verlagsgruppe NEWS und für eine nahe liegende Erweiterung ihrer Produktpalette auch für ihren Internetauftritt (unter den Domains „sexnews.at" bzw „6news.at") hält.

14. Zwischen dem Firmenschlagwort „**powerfoods**" (für Energy Drinks) und der Domain „powerfood.at" (für Nahrungsergänzungsmittel in Tablettenform) besteht fast Zeichenidentität, daher **Verwechslungsgefahr** (zu bejahen bei **starker Zeichenähnlichkeit** auch im Fall **größerer Branchenverschiedenheit**).

15. Zwischen der bekannten Marke „**ZORR**" für Gasfeuerzeuge „**Zorro**" besteht Verwechslungsgefahr, auch wenn dieser bekannte Name mit dem Reiterhelden Zorro assoziiert wird. Der **Wortsinn** ist nur ein relevantes Element, wichtiger ist die **Kennzeichnungskraft**: Je größer diese (betreffend „ZORR") ist, desto eher ist die Verwechslungsgefahr selbst dann zu bejahen, wenn das Kollisionszeichen („Zorro") ein allgemein bekannter Begriff ist.

16. Zwischen den Wortbildmarken „**American Bull**" (mit Zusätzen 1. „Power", 2. „Club", 3. „Fruit"; Priorität 1997) einerseits und „**BULL**" (Priorität 1995) sowie der Wortbildmarke „**Red Bull**" (Priorität

1989) andererseits besteht mittelbare **Verwechslungsgefahr**). Dem Löschungsantrag von Red Bull wurde wegen Warengleichheit, besserer Priorität sowie des **prägenden** Wortbestandteils „**Bull**", der „American" und die Zusätze „Power", „Club" und „Fruit" in den Hintergrund dränge, stattgegeben.

17. Zwischen der Wortbildmarke „**jomos**" (mobilitäts service gmbh) für die Vermittlung von persönlichen und sozialen (Gesundheits-)Dienstleistungen und dem Zeichen (des in der gleichen Branche unternehmerisch tätigen Vereins) „JOMA" besteht **Verwechslungsgefahr**, da primär der Wortbestandteil maßgebend ist und Ähnlichkeiten am Anfang besonderes Gewicht zukommt.

18. Ebenso ist „**MaxMö Maximaler Möbelmarkt**" der **bekannten** Wortbildmarke „**mömax – Sieht doch gleich besser aus**" verwechselbar ähnlich.

19. Die Wortbildmarke „**Arccos**" ist der Wortbildmarke „**ARCHOS**" verwechselbar ähnlich. Eine Wortbildmarke ist als **reine Wort**marke zu behandeln, sofern die bildhafte Ausgestaltung der Marke nicht so charakteristisch ist, dass sie als das Wesentliche aufgefasst wird, hinter dem die Wortelemente vollkommen zurücktreten.

20. Zwischen den (für gleichartige Waren eingetragenen) Wortbildmarken mit dem Wortbestandteil „**Neptun**" (römischer Meeresgott) und der **gleichlautenden Wortbildmarke**, bei der im Wort „NEPTUN" der Buchstabe „T" mit einem **Dreizack** versehen und das letzte „N" spiegel**verkehrt** geschrieben ist, besteht **Verwechslungsgefahr**. Denn: Die unterschiedliche grafische Gestaltung nimmt den **Sinngehalt** des Begriffs „NEPTUN" auf (daher keine eigenständige Kennzeichnungskraft!) und tritt gegenüber dem (identischen!) **Wortteil** in den Hintergrund.

21. Zwischen der prioritätsälteren Wortmarke „**EasyBank**" und dem (vom OPM als reine Wortmarke angesehenen) prioritätsjüngeren Zeichen „**e@syCredit**" besteht Verwechslungsgefahr, da „@" gegenüber „a" (entgegen einer **Vorentscheidung des OGH**, die das Zeichen „e@syCredit" als **unterscheidungskräftige** Wortbildmarke qualifizierte) keine eigenartige **bildliche** Ausgestaltung aufweise und daher keinen Schutz als selbständiger grafischer Bestandteil genieße. Auch sei der Abstand der beiden Zeichenteile „bank" und „Credit" nicht ausreichend groß, um Verwechslungsgefahr auszuschließen. Denn: Für das angesprochene Publikum sei es nahe liegend, dass ein als „easyCredit" bezeichneter Kredit von jenem Bankinstitut vergeben werde, das ihm als „easybank" bekannt sei.

22. Zwischen den Wortbildmarken „Zero" und „PeakZero" (für ähnliche, zT identische Waren) besteht **Verwechslungsgefahr**. Denn: Hier wurde bei Gleichrangigkeit der Worte „Peak" und „Zero" eine Marke **vollständig** in ein anderes Zeichen **aufgenommen**. Und: „Zero" tritt gegenüber „Peak" **nicht** in den Hintergrund, auch wenn sich in der Wortbildmarke „PeakZero" oberhalb von „Peak" und unterhalb von „Zero" je ein Dreieck befindet.

23. Zwischen der **Wortmarke** „**CRISTAL**" und den Wortbildmarken „**CristalCuvee**" (mit Zusatz „Stern vom Habachtal") und „**BarriqueCristal**" (mit Zusatz „Stern der Hohen Tauern") besteht bei Annahme von Waren- oder Dienstleistungsähnlichkeit **Verwechslungsgefahr**. Das gilt auch bei **vollständiger** Übernahme eines (wenn auch **schwachen**) Zeichens, wenn es innerhalb des **übernehmenden** Zeichens keine untergeordnete Rolle spielt. Der **Wortbestandteil** „CRISTAL" ist von maßgebender Bedeutung für die Beurteilung der Verwechslungsgefahr.

24. Zwischen den prioritätsjüngeren Zeichen „**NAVAX**" (Wortmarke) und der Wortbildmarke „**navax**" (in Kleinbuchstaben mit einer spiegelbildlichen grafischen Variation des Anfangsbuchstabens) *einerseits* und der **prioritätsälteren** (im Löschungsverfahren obsiegenden) IR-Marke „**XAVAX**" *andererseits*, alle eingetragen für Fotozubehör, Filter, optisches Gerät, Computerspiele, technische und EDV-Planung uam, besteht **Verwechslungsgefahr**. Diese resultiert auch für ein fachlich informiertes und interessiertes Publikum schon aus dem **Klangbild**, wohingegen den unterschiedlichen Anfangsbuchstaben **keine** erhebliche Bedeutung zukommt.

25. Obige OPM-E (24.) erging im Anschluss an die EuGH-E im Rechtsstreit zwischen „**TOFUKING**" und „**Curry King**" für jeweils identische Nahrungsmittel. Hier könnte nämlich der Verbraucher glauben,

dass die von den beiden Zeichen erfassten Waren von demselben (oder von wirtschaftlich verbundenen) Unternehmen stammten.

26. Zwischen der (prioritätsjüngeren) Wortbildmarke „**ISS FIT**" des AG und den (prioritätsälteren) Wortmarken „**ISS**" und „**ISS Facility Services**" sowie der Bildmarke „**iss**" der ASt für Büroarbeiten, Ausbildung, Beherbergung von Gästen etc besteht **Verwechslungsgefahr**. Prägend für alle streitverfangenen Marken ist der im Gedächtnis bleibende Wortbestandteil „ISS". Dessen unveränderte Übernahme in das jüngere Zeichen des AG behielt dort eine selbständig kennzeichnende Stellung, wohingegen „FIT" wegen seiner häufigen Verwendung als werbliche Anpreisung nur geringe Kennzeichnungskraft zukam (Löschung der Marke des AG).

27. Das Zeichen „**Sicherheit auf Schritt und Tritt – Slidex**" ist mit der (älteren) Wortmarke „**Slidex**" **verwechselbar ähnlich**, da diese **vollständig** in das jüngere Wortbildzeichen **aufgenommen** wurde und im jüngeren Wortbildzeichen im Vergleich zu den übrigen Zeichenbestandteilen keine untergeordnete Rolle spielt.

28. **Keine** Verwechslungsgefahr besteht trotz vollständiger Übernahme des Wortbestandteils „**Flügel**" aus den Markenslogans „**Red Bull verleiht Flügel**" und „**Red Bull verleiht Flüüügel**" für einen Energy Drink in die Wortbildmarke „**Flügel**" (samt Comic-Figur einer Ente mit weit aufgerissenem Schnabel) für ein **alkoholisches Mixgetränk**. OGH: Hier liegt nicht unerhebliche **Warenverschiedenheit** vor. Die selbständig kennzeichnende Funktion des Begriffs „Flügel" bzw „Flüüügel" verliert sich nach dem Gesamteindruck des zusammengesetzten Zeichens ua wegen der hohen Kennzeichnungskraft der anderen Bestandteile („Red Bull verleiht …"). Insb „**Red Bull**" gilt daher wegen seiner hohen Kennzeichnungskraft für das Publikum als eindeutiger **Herkunftshinweis**, wohingegen das **übernommene Zeichen** („Flügel") in den **Hintergrund** tritt.

29. Die prioritätsältere Wortmarke „**KASTNER**" und die Wortbildmarke „**Franz KASTNER**" (für Konditorwaren und Dienstleistungen der Beherbergung und Verpflegung) sind im Hinblick auf den Familiennamen „KASTNER" unterscheidungskräftig. Die jüngere Wortbildmarke „**KASTNER Konditorei Bad Leonfelden**" ist mit den älteren Marken verwechslungsfähig, weil der **Familienname** das die Unterscheidungskraft prägende Element bleibt.

30. Zwischen der **bekannten** kl Wortbildmarke mit dem Wortbestandteil „**easystaff**" und dem Firmenschlagwort „**EasyStaff**" *einerseits* und dem Logo der Bekl „**proStaff**" *andererseits*, beide für Dienstleistungen (Arbeitskräfteüberlassung), besteht bei grafisch-farblichen Ähnlichkeiten (dunkelorange/hellorange) **Verwechslungsgefahr**.

b) Rsp-Beispiele für das Nichtvorliegen von Verwechslungsgefahr:

1. **Nicht** verwechselbar ähnlich sind „**Alm Rausch**" und „**Almdudler-Limonade**".
2. **Nicht** verwechselbar ähnlich sind „**Easy Rider**" und „**Easy-Walker**" (für Sport- und Freizeitschuhe).
3. **Nicht** verwechselbar ähnlich sind die Biermarken „**SCHLOSSHERR**" und „**SCHLOSSPERLE**".
4. Die Wortzeichen „**QUATTRO**" und „**QUADRA**" (für Kfz mit Allradantrieb) sind **nicht** verwechselbar ähnlich. (Autokäufer sind sehr kritisch: Auch **kleinere** Unterschiede **fallen** ihnen **sofort** auf.)
5. **Keine** Verwechslungsgefahr besteht zwischen der Wortmarke „**WELLA**" und dem Wortbildzeichen „*natur well*" (mit Unterwellung dieses Wortes).
6. „**Miss Austria**" ist „**Miss Fitness Austria**" **nicht** verwechselbar ähnlich. – Ebenfalls **keine** Verwechslungsgefahr besteht zwischen „**Miss Austria**" und „**Miss Österreich**".
7. „**CLIN**" (für Reinigungsmittel) ist „**Mc.Clean**" **nicht** verwechselbar ähnlich.
8. „**RITZ**" und „**SPITZ**" für Backwaren sind **nicht** verwechselbar ähnlich.
9. „**LEXIS**" und „*lex net*" sind **nicht** verwechselbar ähnlich.
10. **Keine** Verwechslungsgefahr besteht zwischen „**OMEGA**" und der Marke „**MEGA 5**".
11. **Nicht** verwechselbar ähnlich sind **AWD** und **AVD**, weil Buchstabenfolgen (wie insb AWD) wegen des Aufeinanderfolgens zweier Konsonanten am Ende kaum aussprechbar sind.

12. **Nicht** verwechselbar ähnlich sind „**Lee**" und „**Lea**", weil bei Kurzbezeichnungen Buchstabenfolgen schon ein einziger verschiedener Laut die Verwechselbarkeit ausschließen kann.

13. **Nicht** verwechselbar ähnlich sind „**SEVEN UP**" (oder „**7 UP**") und „**UP**", da der gemeinsame Wortstamm „UP" nur sehr geringe Kennzeichnungskraft hat.

14. **Nicht** verwechselbar ähnlich sind die Wortmarken „**EASYBANK**" (für Bankgeschäfte) und die Wortbildmarke „**easyCredit**" (für Dienstleistungen einer Direktbank). Denn „easy" ist iZm einer Bankdienstleistung (Credit) nicht unterscheidungskräftig und kein Herkunftshinweis, weshalb keine Verwechslungsgefahr zwischen diesen Zeichen möglich ist.

15. **Nicht** verwechselbar ähnlich sind die Wortbildmarke „**PUMA**" und das Zeichen „**Jungle Man**" (beide für Parfüms). Die Zeichen bestanden aus den Worten „Jungle Man" bzw „PUMA" sowie je einer Raubkatze mit unterschiedlicher Sprungrichtung. Obwohl damit unterschiedliche Bildanteile vorlagen, war der **deutliche** Unterschied der **Wortanteile** entscheidend, da sich der Verkehr bei Wortbildzeichen eher am **Wort** als am Bild orientiert.

16. **Nicht** verwechselbar ähnlich sind die Wortbildmarke „**Pitbull**" mit Zusatz „get the power" und die Marke „**Red Bull**", je für einen Energy Drink, da sich schon im Vergleich dieser beiden Wortmarken für den Durchschnittsverbraucher Unterschiede in Klang, Sinngehalt und Schreibweise (zwei Wörter bzw ein Wort mit Zusatz) ergeben. Zudem kommt „Bull" in der Marke „Pitbull" keine eigene kennzeichenrechtliche Stellung zu (es liegt aber „Ausnutzen der Unterscheidungskraft" vor, weil „Pitbull" die Aufmerksamkeit auf „Red Bull" lenkt, um ohne eigene Anstrengungen den eigenen Wettbewerb zu fördern).

17. Die Produktbezeichnung „**S* Justierfuß Max**" ist **nicht** verwechslungsfähig mit der Wortmarke der Bekl „**MAX**". Diese ist zwar als Personenname grds schutzfähig; doch diente „Max" der Bekl nur als Größenangabe (im Gegensatz zu „Mini") und sie hat **als Sachangabe keine Unterscheidungskraft**, weshalb eine rechtsverletzende Benutzung dieses Zeichenteils entfiel.

18. **Bildbestandteilen** von Wortbildmarken (hier: eine springende Raubkatze, einmal in Schwarz nach links, dann in Weiß inversiv nach rechts) kommt dann **untergeordnete** Bedeutung zu, wenn sich die **Wort**bestandteile („**Jungle Man**" bzw „**Puma**", beide für Parfüms) deutlich voneinander **unterscheiden**. Denn der Geschäftsverkehr orientiert sich mehr am Wort als am Bild, weshalb in casu **keine** Verwechslungsgefahr vorlag.

II. Schutz der bekannten Marke (§ 10 Abs 2)

1. Allgemeines und Entwicklung

Traditionell ist der Schutzbereich der Marke auf die Waren und Dienstleistungen des Waren- und Dienstleistungsverzeichnisses beschränkt. Dh, wenn die Marke zur Kennzeichnung **anderer** (nicht gleicher oder ähnlicher) Waren oder Dienstleistungen verwendet wird, wäre – streng genommen – das Markenrecht **nicht** verletzt, was insb **vor** der MarkenR-Nov 1999 unbefriedigend war. Der Grund liegt ganz einfach darin, dass eine – (früher) rechtlich nicht ausreichend geschützte – **bekannte** Marke sehr leicht Opfer von **Trittbrettfahrern** werden kann, die sie ausbeuten. Über die Jahre hinweg entwickelte sich schrittweise in der Praxis ein entspr Rechtsschutz, der schließlich mit § 10 Abs 2 und § 30 Abs 2 eine spezialgesetzliche (nämlich: **markenrechtliche**) Regelung erfuhr.

> *Beispiele:*
> 1. *Der Bekl betrieb eine Diskothek unter dem Namen der (vom Markeninhaber für Kfz samt Zubehör, nicht aber für Discos eingetragenen) Luxus-Marke „**Rolls Royce**". OGH: Kein Schutz der **berühmten** Marke wegen sittenwidriger Rufausbeutung gem § 1 UWG (1995) mangels Wiederholungsgefahr.*
> 2. ***Football-Association**-E: Das Anbringen des Emblems eines bekannten Fußballvereins auf T-Shirts ist sittenwidrig, daher unzulässig iSd § 1 UWG (schmarotzerisches Ausbeuten fremder Kennzeichen).*

3. In der **Schürzenjäger**-E blieb zwar immer noch offen, ob „berühmte Marken" branchenübergreifenden Schutz genießen, dennoch wurde ein Verstoß gegen § 1 UWG (schmarotzerische Ausbeutung) judiziert, als Dritte das Werbesymbol „Schürzenjäger" (der Musikgruppe „Zillertaler Schürzenjäger") durch Vertrieb einer Hartwurst (genannt: „Der echte Nordtiroler **Schürzenjäger**") ausbeuteten.

4. Inhaber der Bekleidungsmarke „**BOSS**" wehrten sich – gestützt auf § 1 UWG (schmarotzerische Rufausbeutung) – erfolgreich gegen die Verwendung dieses Kennzeichens für einen Energy Drink.

5. Die Verwendung des Namens „**Rolling Stone**" als Etablissementbezeichnung für ein Kaffeehaus mit Musik (durch einen Wiener Beisl-Besitzer, der dieses Lokal als „Kleinstunternehmen in einer Seitengasse eines Wiener Vorstadtbezirks" führte) ist schmarotzerische Rufausbeutung iSd § 1 UWG.

6. Auch durch planmäßige Einbeziehung in die Werbung für das eigene (nach Einbau unsichtbare) Hauptprodukt kann – so der OGH – der gute Ruf eines anderen Produkts (hier: „**Geberit**"-Unterputz-Spülkasten) unlauter ausgenutzt werden (Zuordnungsverwirrung, kein „Wasserrauschen i.O.").

2. Gesetzliche Bestimmungen

Gesetzliche Vorgaben sind Art 6bis PVÜ für notorisch bekannte Marken, Art 16 TRIPS und Art 5 Abs 2 Marken-RL. Ähnlich normiert § 10 Abs 2 ein über den Bereich der gleichen oder ähnlichen Waren oder Dienstleistungen **hinausreichendes Verbotsrecht** des Inhabers einer im Inland bekannten Marke, sofern die Benutzung des dieser bekannten Marke entgegenstehenden gleichen oder ähnlichen Zeichens die **Unterscheidungskraft oder** die **Wertschätzung** der bekannten Marke ohne rechtfertigenden Grund in unlauterer Weise **ausnutzt** oder **beeinträchtigt**.

> **Beispiel**: Josef registriert die berühmte Marke „Volkswagen" als Domain und betreibt darunter eine Website zum Thema „Lesegewohnheiten". Wegen des erweiterten, dh **klassenübergreifenden** Schutzes der bekannten (erst recht der berühmten) Marke hat der Markeninhaber der Auto-Marke „Volkswagen" gegen Josef einen Unterlassungsanspruch.

3. Vier Fallgruppen

a) Ausnutzung der Wertschätzung

Bei der Ausnutzung der Wertschätzung geht es um **Rufausbeutung**. Diese muss **unlauter** sein. Bei Verwendung eines dem bekannten Zeichen ähnlichen Zeichens für eine **identische** Ware liegt es **nahe**, unlautere (schmarotzerische) Motive zu vermuten, außer der Verwender macht besondere Umstände geltend, die sein Verhalten ausnahmsweise rechtfertigen. Die hM fordert für Rufausbeutung **Rufübertragbarkeit** (Imagetransfer).

> **Beispiele**: So ist der Ruf der Marke BOSS etwa von Herrenbekleidung auf Getränke übertragbar, nicht jedoch auf Börsen-Software.
>
> Oder der (deutsche) Fall von (versuchtem) Imagetransfers (an der Grenze zur Aufmerksamkeitsausbeutung): Der Bekl meldet das mit der Whiskey-Marke **DIMPLE** identische Zeichen als Marke für Kosmetika an, um es für eine Herrenkosmetik-Serie zu benutzen.
>
> Das bekl Nachtcafe, in dem Events und Castings stattfanden und Go-go-Girls auftraten, verwendete die Etablissementbezeichnung „**Firn Bar & Casting Cafe**". Dagegen klagte die **bekannte** Marke „**Firn**" (für Pfefferminzbonbons) wegen **Rufausbeutung** und **obsiegte**, da der Ruf von „Firn" als positiver Begriff (Frischegeschmack!) auf einen Barbetrieb samt Events bei identischer Zeichenverwendung übertragbar ist.
>
> Das (Wort- und Wortbild-)Zeichen **Red Dragon** (mit einem roten Drachen) der Bekl ist der bekannten (Wort- und Wortbild-)Marke **Red Bull** (mit dem Stier-Motiv) ähnlich (beide für einen Energy Drink). In casu wurde bei **Warenidentität** und mangels Rechtfertigungsgrund der Bekl **Rufausbeutung** bejaht.

b) Beeinträchtigung der Wertschätzung

Eine Beeinträchtigung der Wertschätzung, somit **Rufgefährdung** bzw **Rufschädigung**, liegt vor, wenn das bekannte Zeichen für minderwertige Produkte oder für Produkte, die nach ihrem Image **nicht** zu den unter der Marke vertriebenen Produkten passen, verwendet wird, oder wenn es in herabsetzender Darstellungsform oder iVm mit inkompatiblen oder obszönen Zusätzen verwendet wird (Verunglimpfung).

> *Beispiele: So erzeugt nach dRsp die Verwendung der Bezeichnung „MAC Dog" für Tierfutter auf Fleischbasis negative Assoziationen zu den McDonald's-Produkten. Auch die Verwendung der Werbekraft der bekannten Schokoriegel-Marke* **Mars** *(„Mars macht mobil bei Arbeit, Sport und Spiel") in verballhornter Form („Mars macht mobil bei Sex-Sport und Spiel") für Kondome beeinträchtigt die Wertschätzung.*

> *Unter Rufschädigung fällt auch die Verwendung des Zeichens für qualitativ minderwertige Produkte, zB die Parfümimitate im Fall „**L'Oréal**" oder die Verwendung der Marke „**Yves Rocher**" für Billigalkoholika. Ebenso unzulässig ist die Verwendung einer Marke in herabsetzender Darstellungsform, zB im Fall der Aufschrift „**Deutsche Pest**" auf einem gelblackierten Messebau-Lkw.*

c) Beeinträchtigung der Unterscheidungskraft

Die Beeinträchtigung der Unterscheidungskraft meint **Verwässerung**. Unter diesem Begriff ist die Minderung der schon vorhandenen Unterscheidungskraft durch die Benutzung eines identischen oder ähnlichen Zeichens durch einen Dritten zu verstehen. Von der Praxis gefordert werden die Greifbarkeit der Beeinträchtigung sowie eine Wechselwirkung zwischen Bekanntheitsgrad und Branchenabstand.

> *Beispiele: Beeinträchtigung der branchenübergreifenden Alleinstellung einer Weltmarke, zB Coca-Cola, durch Verwendung in branchenfernen Gebieten, etwa für Autos, Stiefel. Oder: Die Kennzeichnungskraft des McDonald's-Logos ist im Lebensmittelbereich über die Warenähnlichkeit hinaus, nicht jedoch bis etwa in den Papierhandel (McPaper) oder die Lackindustrie (McPaint) zu schützen.*

> *Verwendung des einer* **bekannten** *Marke* **ähnlichen** *Zeichens im Rahmen der vergleichenden Werbung: Der Inhaber einer „Luxusmarke" (L'Oréal) kann die Markenverwendung in* **Vergleichslisten** *wegen unlauterer Ausnutzung der Unterscheidungskraft/Wertschätzung verbieten, in denen die Ware eines* **Dritten** *als* **Imitation** *einer seiner Waren (Luxusparfums)* **dargestellt** *wird.*

> *OGH-E* **Styriagra***: Das Ausnutzen der Unterscheidungskraft bzw die Verwässerung iVm Satire oder Parodie (zB Verwendung einer bekannten Marke in humorvoll verfremdeter Kennzeichnung von Waren oder Dienstleistungen) ist nur ausnahmsweise, insb als Ausdruck* **künstlerischen Schaffens** *oder als Beitrag zum* **gesellschaftlichen Diskurs***, zulässig,* **nicht** *aber, wenn die Nutzung der bekannten Marke (hier des Potenzmittels* **Viagra***) bei realistischer Betrachtung dazu dient, deren Bekanntheit für den Absatz eigener Waren oder Dienstleistungen auszunutzen.*

d) Ausnutzung der Unterscheidungskraft

Ausnutzung der Unterscheidungskraft bedeutet **Aufmerksamkeitsausbeutung** („eye-catching"). Dabei nutzt der Verletzer den Kommunikationsvorsprung, den das bekannte Zeichen ermöglicht, für eigene Zwecke, wobei es ihm weniger auf eine Ausbeutung des (vielleicht gar nicht vorhandenen) Goodwills des bekannten Zeichens als vielmehr darauf ankommt, einfach mit Hilfe dieser Marke auf sein Produkt **aufmerksam** zu machen. Der umworbene Verbraucher wird durch die gedankliche Verbindung mit dem verletzten Zeichen (unbewusst) zum Kauf bewogen.

Beispiele: Ausnutzung von Kontrast- und Scherzeffekten, Markenparodie; Verwendung bekannter Bekleidungsmarken (oder auch mehrerer Marken verschiedener Hersteller) als Dekor auf Bekleidungsstücken.

*Der Inhaber des Zeichens „Pitbull" verwendete die bekannte Marke „Red Bull", um das Interesse des Publikums auf sein Produkt zu lenken. Er „hing" sich damit an die **Bekanntheit** der **fremden** Marke an (dh er **nutzte** deren **Unterscheidungskraft aus**), um seinen eigenen Absatz zu fördern und profitierte ohne eigene Anstrengung. Der Wortbestandteil „Bull" geht in „Pitbull" nicht völlig unter, was die gedankliche Verbindung (Assoziation) zwischen den Zeichen herstellt (daher wurde der Tatbestand des § 10 Abs 2 erfüllt).*

Abkürzung/*Werbung: Wird ein **bekanntes** Schlagwort leicht modifiziert von einem Dritten verwendet, kann dies ein **unlauteres Ausnutzen der Unterscheidungskraft der bekannten Marke** sein. So wurde die Wortbildmarke „**MaxMö**" („Maximaler Möbelmarkt") als verwechselbar ähnlich zur bekannten Wortbildmarke „**mömax**" („Sieht doch gleich besser aus") qualifiziert. Der bloße Silbentausch bewirkt bei einem aus fünf Buchstaben bestehenden, dominierenden Markenbestandteil hochgradige Ähnlichkeit im Wortbild.*

*Gegen die Ausnutzung ihrer Unterscheidungskraft sind nicht nur Marken, sondern analog auch **nicht** registrierte, **bekannte Zeichen** (zB Ausstattungen) geschützt: Die bekl Zeitung druckte ein Bild mit einer lächelnden Frau ab. Diese trug das Trikot der österreichischen Fußball-Nationalmannschaft (samt **ÖFB**-Logo). Diese Verwendung eines **identischen** Zeichens als Werbung für ihr Gewinnspiel unter Ausnutzung des **Auffälligkeitswertes** des **bekannten** ÖFB-Logos durch die Bekl beurteile der OGH als unlauteres Ausnutzen der Unterscheidungskraft eines bekannten Zeichens **analog** zum Schutz der bekannten **Marke**.*

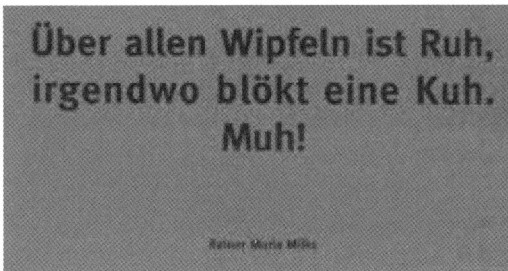

Beachte: *Eine mit „Muh!" bezeichnete **lila Postkarte** (s Bild links oben) mit dem Text „Über allen Wipfeln ist Ruh, irgendwo blökt eine Kuh. Muh! Rainer Maria Milka" qualifizierte der **BGH** im Hinblick auf das Grundrecht der **Freiheit der Kunst** als zulässig. Das humorvoll-satirische Aufgreifen der bekannten Marke Milka (s oben Bild rechts) und deren Werbung bilden einen rechtfertigenden Grund, der die Ausnutzung der Unterscheidungskraft (Aufmerksamkeitsausbeutung) ausschließt, trotz Verfolgung kommerzieller Interessen durch die Bekl.*

4. Zur Auslegung des Begriffs der „bekannten Marke" durch den EuGH

Nach den ErläutRV der MarkenR-Nov 1999 muss die **Auslegung** des Begriffs der „**bekannten** Marke" sowie die Festlegung praktikabler Bestimmungskriterien im Hinblick auf das Erfordernis einer europarechtsrechtskonformen Interpretation (vgl Art 5 Abs 2 Marken-RL und Art 9 Abs 1 lit c der VO [EG] 40/94) quantitative wie qualitative Aspekte berücksichtigen; sie muss aber in letzter Konsequenz dem **EuGH** vorbehalten bleiben.

*Beispiel: Im Rechtsstreit zwischen General Motors (USA) und Yplon (Belgien) um die Marke „**Chevy**" verwarf der **EuGH** den Standpunkt Yplons, wonach sich die Bekanntheit auf das **gesamte** Gebiet eines MS oder, im Fall des Benelux-Gebiets, auf eines der Länder dieses Gebiets erstrecken müsse.*

5. „Bekanntheits-Ranking"

Rangfolge für *Bekanntheitsausmaß* von *Marken* – Untere Stufe: Marken mit **einfacher Verkehrsgeltung**. Nächste Stufe: **Bekannte** Marken, deren Steigerungsstufen **notorisch** bekannte und **berühmte** Marken sind.

Skala Kennzeichnungsgrad: **Beachtliche** Verkehrsgeltung ab 25 %, **starke** Verkehrsgeltung zwischen 35 und 50 %, **überragende** Verkehrsgeltung/Verkehrs**durchsetzung**" ab 50 %, **berühmte** Marken ab 60 %.

Auslegung in praxi: Je bekannter die Marke, desto stärker ihr Schutz (höhere Kennzeichnungskraft). So können etwa **berühmte** Marken mit großem Schutzumfang auch bei (nur) mittlerer Warenähnlichkeit und unterdurchschnittlicher Markenähnlichkeit der Gefahr einer Verwechslung im Verkehr mit einer jüngeren Marke unterliegen usw.

> *Beispiel (zur geografischen Ausdehnung einer **notorisch bekannten Marke**): Herr Nuño, Inhaber der Marke „FINCAS TARRAGONA" für Immobilien-Dienstleistungen, klagte Herrn Franquet wegen fortwährender Verletzung seiner **eingetragenen Marke**. Der Bekl wandte ein: Der Name, unter dem er seine Tätigkeit ausübe, sei eine **ältere notorisch** bekannte, **nicht eingetragene Marke**, die er **nur** in der **Stadt Tarragona** und in deren **Umland** verwendete.*

> *EuGH (im Hinblick auf Art 4 Abs 2 lit d Marken-RL): Die ältere Marke muss nicht bloß in einer Stadt plus Umgebung, sondern in **gesamtem Hoheitsgebiet** des **MS** oder in einem wesentlichen Teil davon bekannt sein.*

6. Verletzung einer bekannten Marke durch eine Domain

Leit-E ist die *Firn*-E des OGH: Wird durch die Benutzung eines Zeichens die Unterscheidungskraft oder Wertschätzung der Marke ohne rechtfertigenden Grund in unlauterer Weise ausgenützt oder beeinträchtigt, kann der Inhaber einer **bekannten** Marke (hier: der Marke „FIRN" für Zuckerl mit dem typischen Schoko-Pfefferminz-Geschmack) nach § 10 Abs 2 **anderen** (hier: den bekl „Firn Bar & Casting Cafe"- Betreibern) die Benutzung eines gleichen oder ähnlichen Zeichens (hier: der Domains „firn. at" und „firn.co. at", deren **Löschung** in casu verfügt wurde) verbieten.

III. Freie Benutzungen gemäß § 10 Abs 3

Markenschutz: ja; Monopolisierung auch von solchen Kennzeichen, an deren Verwendung im geschäftlichen Verkehr auch andere ein berechtigtes Interesse haben: nein! Wozu „freie Benutzungen"? Diese betreffen die **Grenzen des Schutzes aus der Marke**, wie sie sich in **Namens-, Beschaffenheits-** und **Bestimmungsangaben** manifestieren. **Art 17 TRIPS** („fairer" Markengebrauch), **Art 6 Abs 1 Marken-RL** sowie der dieser Bestimmung nachgebildete **§ 10 Abs 3**: Danach gewährt die eingetragene Marke ihrem Inhaber nicht das Recht, einem Dritten zu verbieten,

(Z 1) seinen Namen oder seine Anschrift,

(Z 2) Angaben über die Art, die Beschaffenheit, die Menge, die Bestimmung, den Wert, die geografische Herkunft oder die Zeit der Herstellung der Ware oder der Erbringung der Dienstleistungen oder über andere Merkmale der Ware oder Dienstleistungen,

(Z 3) die Marke, falls dies notwendig ist, **als Hinweis auf die Bestimmung einer Ware**, insb als Zubehör oder Ersatzteil, oder einer Dienstleistung im geschäftlichen Verkehr **zu benutzen**, sofern dies den anständigen Gepflogenheiten in Gewerbe oder Handel entspricht.

*Beispiele aus der **OGH**-Rsp zur Marken**benutzung** in der **vergleichenden Werbung**: Der Markt von Dachflächenfenstern wird zu 85 % vom Fensterhersteller „**VELUX**" beherrscht. Ein (kleiner) Hersteller wies in seiner Werbung auf die Austauschbarkeit seiner Fenster mit jenen der Marktbeherrscherin hin (**unlautere Rufausbeutung**), obgleich der Austausch auch mit jenen von **weiteren Fremdherstellern** möglich war und der Hinweis ausgereicht hätte, dass die eigenen Fenster zum Ersatz solcher **jeden gängigen** Dachfenstertyps geeignet seien (auch **keine** Rechtfertigung gem § 10 Abs 3 Z 3, da die Bezugnahme auf VELUX-Fenster zur eigenen Produktvermarktung weder das einzige Mittel noch notwendig war).*

*Die kl Inhaberin der GM „**Oral-B**" (Marktführerin für Zahnpflegeprodukte) sah in der Markenbenutzung durch die bekl Inhaberin der Marke „**Dr. Best®**", die auf der Verpackung die Angabe „3 Wechselköpfe für Oral-B*" enthielt, eine Markenverletzung, was der OGH **verneinte**: Die Nutzung der kl Wortmarke war **notwendig**, um auf die Bestimmung der Ware der Bekl als **Ersatzteil** für die kl Originalzahnbürsten in einer typischen Verkaufssituation (Hängen der Waren im Regal) **hinzuweisen**, noch dazu, wo die konkrete Bestimmungsangabe eine für ihre Wahrnehmung **angemessene** Schriftgröße aufwies.*

*Die Bekl widmete sich dem Einbau von Steuerungselementen im Rahmen eines **Pistenmanagementsystem**s, wobei sie in einem Werbefilm über dieses System mit der kl Marke versehene Pistenfahrzeuge **auffällig** ins Bild rückte. Darüber hinaus nannte die Bekl im Internet zu einer News-Mitteilung ihre eigene Marke unmittelbar neben der der Kl, die mit Pistenraupen handelte, obwohl die Produkte der Bekl in Nutzfahrzeuge **jedes** Herstellers eingebaut werden konnten. Weil diese Benutzung **keineswegs** das **einzige Mittel** war, die Öffentlichkeit über diese Bestimmung zu informieren, sondern vielmehr der **unrichtige Eindruck** eines wirtschaftlichen **Zusammenhangs** mit der kl (**bekannten!**) Marke erweckt wurde, beurteile der OGH gegenständliche Bestimmungsangaben der Bekl als **unzulässig**.*

Ferner darf der Inhaber einer *freien* **BMW-Werkstätte** (also nicht einer BMW-Vertragswerkstätte) in seiner **Werbung** darauf hinweisen, dass er auf die **Reparatur und Wartung** von **Waren** dieser **Marke** spezialisiert ist, sofern die Marke **nicht** in einer Weise benutzt wird, die den Eindruck erweckt, dass eine **Vertragsbeziehung** zwischen dem Drittunternehmer und dem Markeninhaber besteht.

Zulässig ist die Markenverwendung als **Metatag** im Quelltext der Website, wenn (nur) darauf hingewiesen wird, dass die Homepage Informationen über diese Marke betreffende Produkte enthält und nicht der Anschein erweckt wird, dass dies eine Marke des Verwenders sei.

Der Künstler namens DELUCA, für den die Wortmarke „DELUCA" registriert ist, kann einem Musikunternehmen nicht untersagen, dass es eine CD mit der Aufschrift „deluca feat. MIT GROSSER SORGE" auf den Markt bringt, wenn der CD-Autor/Interpret den Künstlernamen „De Luca" führt. Denn: Als (**beschreibende**) **Angabe** über Eigenschaften von Waren iSv § 10 Abs 3 Z 2 gilt bei einem Tonträger die Angabe des Autors und Interpreten.

IV. Benutzungshandlungen (§ 10a)

1. Vorbehaltene Benutzungsarten

Aufgrund der durch die Marken-RL, die GMV sowie die PPV in der MarkenR-Nov 1999 erfolgten **Neufassung** des **§ 10a** finden sich in dieser Bestimmung (**vorbehaltene**) **Benutzungshandlungen**, welche nur dann eine **Markenverletzung (§ 10)** begründen, wenn sie im **geschäftlichen Verkehr** gesetzt werden. Ein solches **Handeln im geschäftlichen Verkehr** liegt nur dann vor, wenn das beanstandete Verhalten objektiv geeignet ist, den eigenen oder fremden Wettbewerb zu fördern, und nicht eine andere Zielsetzung bei objektiver Betrachtung eindeutig überwiegt.

*Beispiel: Der private CD-Sammler V verkaufte ua 300 CD (um je € 1,50) über die Internet-Plattform eBay, darunter eine (illegal aufgenommene) **CD** der früher weltbekannten Rockgruppe „The Sweet", die V Ende der 1990er Jahre im Fachhandel erworben hatte. Ein ehemaliges Mitglied dieser Gruppe und Berechtigter der gleichnamigen **Gemeinschaftsmarke** klagte V aufgrund Kennzeichenverletzung.*

OGH: *An sich ist markenverletzender Verkauf unzulässig. Erfolgt die Verkaufstätigkeit (hier: **illegaler** Tonträger via eBay) jedoch durch einen **Privaten (Verbraucher)**, ist sie **zulässig**, da es sich um **keine unbefugte Benutzung** der Marke „**im geschäftlichen Verkehr**" handelt.*

Nach § 10a wird als Benutzung eines Zeichens zur Kennzeichnung einer Ware oder Dienstleistung insb angesehen (demonstrative Aufzählung!):

(Z 1) das Zeichen auf Waren, auf deren Aufmachung oder auf Gegenständen, an denen die Dienstleistung ausgeführt wird/werden soll, anzubringen;

(Z 2) unter dem Zeichen Waren anzubieten, in den Verkehr zu bringen/zu den genannten Zwecken zu besitzen/unter dem Zeichen Dienstleistungen anzubieten oder zu erbringen (auch in **elektronischen Medien**);

Beispiel: Das Einfüllen einer Ware (hier: Wiederbefüllung von CO_2-Gas-Zylindern) in ein durch eine fremde Marke gekennzeichnetes Behältnis (Etikett unverändert!) stellt eine gegen § 10a verstoßende kennzeichenrechtliche Benutzungshandlung dar, sofern der Verkehr Kenntnis von der Kennzeichnung des Behältnisses erlangt und sie als Herkunftsnachweis auch für den Inhalt auffassen kann (SODA-CLUB-E).

(Z 3) Waren unter dem Zeichen einzuführen oder auszuführen;

*Beispiel: Der Tatbestand der Einfuhr (§ 10a Z 3) gilt als verwirklicht, wenn die markenverletzende Ware (hier: gefälschte **hp**-Druckerpatronen samt Produktverpackungen aus einem russischen Unternehmen) bei ihrer Einfuhr nach zollbehördlichen Vorschriften beschlagnahmt wird. **Mitverantwortlicher** Täter dieses Markenrechtseingriffs ist auch ein **inländischer** Unternehmer, der diese Waren ins Inland verbringen soll. Werden jedoch Waren (Uhren der Marke „DIESEL") auf dem **Versendungsweg** aus einem **Drittstaat** in einem EU-MS nach der PPV von Zollbehörden beschlagnahmt, aber nicht in den freien Verkehr überführt, liegt **Durchlieferung** (externes Versandverfahren) und damit **keine** inländische **Benutzungshandlung** vor.*

(Z 4) das Zeichen in den Geschäftspapieren, in Ankündigungen oder in der Werbung zu benutzen.

*Beispiel: Die Verwendung der Marke „COOLWATER" in Werbeeinschaltungen (jährlich 140.000 Werbeprospekte) in einer Zeitung für Salzburg/OÖ zur Bewerbung von Kleidungsstücken, auch wenn **keine Filialen** in Österreich, sondern nur im grenznahen Gebiet (Bayern), aber immerhin mit österr Kunden vorhanden sind, gilt als **ernsthafter** Markengebrauch. An diesen sind nicht allzu hohe Anforderungen zu stellen. ISd **Haupt**funktion der Marke sind die **Ursprungsidentität** zu sichern und der Absatz zu erschließen.*

*__Keine__ der Hauptfunktion der Marke entspr ernsthafte **Markenbenutzung** liegt bei **unentgeltlichem** Vertrieb **branchenfremder Gegenstände** vor (zB Anbringung der Marke „**Silberquelle**" auf **nichtalkoholischen Getränken**, die Kunden von Modeprodukten gratis als Zusatzwaren mitgegeben werden).*

Beachte: *Seit der MarkenR-Nov 1999 gelten als **Zeichenbenutzung** auch **Einfuhr** und (Wieder-)**Ausfuhr** von mit dem Zeichen gekennzeichneten Waren, wodurch die Verfolgbarkeit von Markenverletzungen und nachgeahmten Waren iSd PPV verbessert wurde. **Keine** inländische **Benutzungshandlung** liegt dagegen bei **Durchlieferung** der Ware (hier: Uhren der Marke „**Diesel**") im Rahmen des Versandverfahrens vor.*

2. Internet-Domain-Namen

Zur Lösung der Frage, ob der Markeninhaber die Registrierung und Benutzung seiner Marken als Domain-Namen im Internet dulden muss oder nicht, ist festzuhalten, dass eine derartige Verwendung idR im geschäftlichen Verkehr erfolgt und daher unter den Voraussetzungen des § 10 untersagt werden kann (Näheres s oben C. Exkurs: Sittenwidriger Markenrechtserwerb 2. Domain-Grabbing).

V. Schutzgrenzen: Erschöpfung des Markenrechts (§ 10b)

§ 10b (stimmt mit Art 7 Marken-RL überein) normiert das Prinzip der EWR-weiten **Erschöpfung des Markenrechts**. Nach Abs 1 gewährt die Marke ihrem Inhaber nicht das Recht, einem Dritten zu verbieten, die Marke für Waren zu benutzen, die unter dieser Marke von ihrem Inhaber oder mit seiner Zustimmung im EWR in den Verkehr gebracht worden sind. Ist daher ein Originalprodukt vom Markeninhaber bzw mit seiner Zustimmung (zB von einem Vertriebspartner) (erstmals) innerhalb des EWR in Verkehr gebracht worden, unterliegt die weitere Zirkulation dieser Waren (freier Warenverkehr!) grds **keiner** weiteren **markenrechtlichen Beschränkung**. Daher **versagt** der **Unterlassungsanspruch** gegen den Weitervertrieb von Markenware, die unter dieser Marke von ihrem Inhaber oder mit seiner Zustimmung in Verkehr gebracht worden ist.

Gerechtfertigt ist die Erschöpfung von Markenrechten, wenn der Markeninhaber auch die **Möglichkeit** der Qualitätskontrolle (nicht deren tatsächliche Ausübung) über die mit seiner Marke gekennzeichneten und in Verkehr gebrachten Waren hat. Nach der seit 1970 stRsp galt in Österreich (Herkunftsfunktion!) das **Prinzip** der **globalen Erschöpfung**: Diese Erschöpfung trat unabhängig davon ein, wo die Originalware erstmals in Verkehr gebracht wurde. Nach Kritik in der Lit an diesem Prinzip (wegen Art 7 Marken-RL) legte der OGH die Frage dem EuGH vor, welcher feststellte, dass das Prinzip der globalen Erschöpfung der Vorgabe der Marken-RL **widerspreche**. Seither sind **Parallelimporte** nur mehr **innerhalb des EWR**, dort aber **zwingend**, zulässig.

Gem 10b Abs 2 findet Abs 1 keine Anwendung, wenn **berechtigte Gründe** rechtfertigen, dass der Inhaber sich dem weiteren Vertrieb der Waren widersetzt, insb wenn der Zustand der Waren nach ihrem Inverkehrbringen verändert/verschlechtert ist (zB „Veränderung" der Ware durch Reparatur). In diesem Fall kann der Markeninhaber ein neuerliches Inverkehrbringen auch im Inland und im EWR erfolgreich untersagen (zB „Veränderung" der Ware durch Reparatur). Der Prestigecharakter von **Luxuswaren** ist ein wichtiger Teil ihrer **Qualität**.

> *Beispiel:* Keine Erschöpfung des Markenrechts erfolgt bei lizenzwidrigem Weiterverkauf von (Prestige-mieder-)Waren über Discounter.

EuGH: Der Markeninhaber kann sich dem weiteren Vertrieb der Ware **über Discounter widersetzen**, wenn deren Zustand sich **verschlechtert** bzw wenn im Einzelfall nachgewiesen ist, dass ein solcher Weiterverkauf dem **Ansehen** der Marke schadet. Grds darf ein Wiederverkäufer (Parallelimporteur) parallel importierte Ware weiterverkaufen, darüber hinaus die Marke, etwa durch **werbliche Ankündigung** des weiteren Vertriebs der Ware, **benutzen**. Er muss den „guten Ruf" der Marke **wahren**, anderenfalls findet eine **Erschöpfung** des Markenrechts **nicht** statt. UU darf der Parallelimporteur die von ihm mit einer neuen Umhüllung verpackte Ware wieder mit der Marke des Herstellers versehen. Demnach bezieht sich die Erschöpfung des Markenrechts nicht nur auf die Markenbenutzungshandlung des (neuerlichen) **Inverkehrbringens**, sondern auch auf jene des **Anbringens des Kennzeichens** auf der **Ware**.

„Umpacken" heißt Veränderung des Erscheinungsbildes der Ware zB dadurch, dass die Originalpackung durch Aufkleber verändert, die Ware neu etikettiert oder in eine neue Außenverpackung umgepackt und gleichzeitig eine neue Marke angebracht wird. Derartige Maßnahmen beeinträchtigen die Herkunftsfunktion der Marke. Insb bei Medikamenten muss daher der **Parallelimporteur nachweisen**, dass das Umpacken den Originalzustand der in der Verpackung enthaltenen Ware nicht beeinträchtigen, dass durch die Art der Aufmachung nicht der Ruf/die Qualität der Ware/des Inhabers geschädigt werden kann, ferner dass er den Markeninhaber vor dem Inverkehrbringen des umgepackten Arzneimittels informiert und ihm (rechtzeitig) ein Muster der umgepackten Ware geliefert hat.

VI. Zivil- und strafrechtliche Folgen von Markenrechtsverletzungen

1. Zivilrechtliche Ansprüche bei Markenrechtsverletzungen

a) Unterlassungsanspruch (§ 51)

Wer gem § 51 in einer der ihm aus einer Marke zustehenden Befugnisse verletzt wird oder eine solche Verletzung zu besorgen hat, kann auf **Unterlassung** klagen. Nach der Rsp ist für die Verjährung von Unterlassungsansprüchen wegen Markenrechtsverletzung die **dreijährige** Verjährungsfrist des **§ 1498 ABGB** (nicht etwa die kurze sechsmonatige Verjährungsfrist des § 20 Abs 1 UWG) anzuwenden. Konkrete Befugnisse: §§ 10, 10a und GMV. Grenzen des Markenrechts: § 10b, Art 13 GMV. Die **Verwirkung** des Unterlassungsanspruchs war dem österr Markenrecht bisher fremd; sie wurde in Umsetzung von Art 9 Marken-RL bzw im Hinblick auf Art 53 GMV dem neuen § 58 eingefügt. Der Inhaber einer älteren eingetragenen kann sich gegen den Benutzer einer jüngeren Marke oder eines anderen jüngeren Kennzeichens (zB eines unregistriert geführten Zeichens, einer Etablissementbezeichnung etc), welches seiner Marke gleich oder ähnlich ist, **nicht** mittels **Unterlassungsklage** widersetzen, wenn er von dieser Benutzung während eines Zeitraums von fünf aufeinanderfolgenden Jahren Kenntnis hatte und diese Benutzung geduldet hat.

b) Beseitigungsanspruch (§ 52)

Gem § 52 Abs 1 ist der **Markenverletzer** zur **Beseitigung** des gesetzwidrigen Zustandes verpflichtet. Nach Abs 2 kann der Verletzte verlangen, dass auf Kosten des Verletzers die markenverletzenden Gegenstände, Vorräte nachgemachter Marken (Eingriffsgegenstände) vernichtet und die zur Herstellung markenverletzender Gegenstände dienlichen Werkzeuge, Vorrichtungen und anderen Hilfsmittel (Eingriffsmittel) für diesen Zweck unbrauchbar gemacht werden, soweit dadurch nicht in dingliche Rechte Dritter eingegriffen wird. **Eingriffsgegenstände** sind zB in markenverletzender Weise gekennzeichnete Waren, markenverletzende Geschäftspapiere/Werbemittel, Vorräte nachgemachter Marken (zB Etikettenvorräte, Markenapplikationen). **Eingriffsmittel** sind zur Herstellung markenverletzender Gegenstände dienliche Werkzeuge (zB Druckplatten, Schablonen, Stickereimaschinen).

Nach der Rsp ist ein **Vernichtungsanspruch** nur zu verneinen, wenn eine **andere** Beseitigungsmöglichkeit besteht und die anderen Maßnahmen dem Markeninhaber zumutbar sind. Er steht aber zu, wenn ein Unternehmen mit einer Marke versehene Waren wissend erwirbt, nicht zum Vertrieb (hier: der Keramik-Ausschussware des Dekors „Traunsee") berechtigt zu sein, vielmehr dem vom Markeninhaber beauftragten Unternehmen vorspiegelt, die Ware außerhalb des EWR vertreiben zu wollen und zur **Verschleierung** seiner **wahren Absichten** die Ware sogar **verzollt**.

Die Frage, inwieweit dem Inhaber einer **prioritätsälteren Marke** ein Anspruch auf Änderung bzw **Löschung** einer **prioritätsjüngeren Firma** zusteht, wenn die Firma die Marke oder einen kennzeichnungskräftigen Markenbestandteil enthält, wurde bis vor kurzem so beantwortet, dass ein solcher Anspruch als Ausfluss des Beseitigungsanspruchs gem § 52 gewährt wurde. Neuerdings sieht der OGH die Beurteilung des Verhältnisses zwischen einer **verwechselbaren Firma** und einer Marke anders, nämlich ähnlich wie der BGH (in der E *The Home Store*) und der EuGH (in der *Céline*-E): Danach ist die Marke gegen einen **rein firmenmäßigen Gebrauch nicht** mehr geschützt. Folge: Es kann auch **kein marken-**

rechtlicher Anspruch auf (vollständige oder teilweise) Löschung einer Firma bestehen, da ein solcher über das hinausginge, was der Markeninhaber materiellrechtlich verlangen kann.

> *Beispiel: Nur die Verwendung einer **Firma** als **Warenzeichen** kann in Rechte einer Marke eingreifen und unter den Voraussetzungen des § 10 Abs 1 Unterlassungsansprüche begründen. Ein darüber hinausgehender Anspruch auf Löschung der Marke als solcher steht, so die OGH-E Skorpion/Scorpio, nicht zu. Es besteht demnach **kein** Schutz der Marke gegen **rein firmenmäßigen Gebrauch**, es sei denn, die Firma wird für die entspr Ware oder Dienstleistung als **Herkunftshinweis** verwendet.*

c) Anspruch auf Entgelt, Schadenersatz, Gewinn (§ 53)

Gem § 53 Abs 1 hat der durch unbefugte Benutzung einer Marke Verletzte gegen den Verletzer (auch ohne dessen Verschulden) Anspruch auf **angemessenes Entgelt**. Bei der Berechnung hat man sich an der im Geschäftsverkehr gebräuchlichen Höhe von **Lizenzentgelten** zu orientieren. Der Markeninhaber soll so gestellt werden, als hätte er dem Verletzer das Recht, die Marke zu benutzen, durch (Lizenz-) Vertrag eingeräumt und dafür ein Entgelt vereinbart. Als Richtschnur dafür gilt, was **redliche** und **vernünftige** Parteien vereinbart hätten. Dabei ist maßgebend, welche Nutzung **tatsächlich** erfolgt. Denn es ist auszuschließen, dass redliche und vernünftige Parteien ein Entgelt vereinbaren, das einen Nutzen abgilt, der gar nicht entstehen kann.

Gem § 53 Abs 2 kann der Verletzte bei **schuldhafter** Markenverletzung **anstelle** des angemessenen Entgelts (Z 1) **Schadenersatz** (samt entgangenem Gewinn) oder (Z 2) die Herausgabe des Gewinns, den der Verletzer durch die Markenverletzung erzielt hat, verlangen. Unabhängig vom Nachweis eines Schadens kann der Verletzte nach Abs 3 das Doppelte des ihm nach Abs 1 gebührenden Entgelts bei Vorsatz/grober Fahrlässigkeit des Verletzers begehren (vgl § 87 Abs 3 UrhG). Damit wurde die Rechtsstellung des Inhabers einer **eingetragenen** Marke gegenüber demjenigen, der ein Zeichen unregistriert führt, verbessert.

Dies ist damit zu rechtfertigen, dass ein Verletzer einen Eingriff in fremde Rechte bei eingetragenen Marken durch Einsichtnahme in das **Markenregister** leichter ausschließen kann als bei einem nicht eingetragenen Recht. Nach der Rsp zu § 87 Abs 3 UrhG (Näheres s unter Urheberrecht, Fünfter Abschnitt D.I.5.) steht die **Schadenspauschalierung** nicht nur dann zu, wenn nur die Höhe des Schadens nicht feststellbar ist, sondern auch bei erschwerter Beweisbarkeit des Eintritts eines Vermögensschadens (Nachweis des **Grundschadens** nicht nötig).

Unterscheide: Während für die Schadenspauschalierung nach § 87 Abs 3 UrhG lediglich schuldhaftes Handeln erforderlich ist, setzt **§ 53 Abs 3** MaSchG **Vorsatz** oder zumindest **grobe Fahrlässigkeit** voraus.

Nach § 53 Abs 4 hat der Verletzte auch Anspruch auf eine angemessene Entschädigung für die in keinem Vermögensschaden bestehenden Nachteile, die er durch die schuldhafte Markenverletzung erlitten hat, soweit dies in den Umständen des Falles begründet ist (Ersatz des immateriellen Schadens, vgl § 87 Abs 2 UrhG). Die Rsp zum Urheberrecht gewährt den Ersatz eines solchen Schadens nur unter **eingeschränkten** Bedingungen (bei „empfindlicher Kränkung" bzw Beeinträchtigung der **Gefühlssphäre** eines **Menschen** und seiner geistigen Interessen). Es bleibt abzuwarten, inwieweit diese Rsp auf das Markenrecht übertragbar ist.

d) Anspruch auf Rechnungslegung, Auskunft, Urteilsveröffentlichung

Der Anspruch auf **Rechnungslegung** (§ 55) soll den Kl in die Lage versetzen, die Ansprüche nach § 53 zu beziffern. Der Umfang der Rechnungslegungsverpflichtung darf nicht zu sehr eingeschränkt werden. Grds ist Einsicht in die Wareneingangs- und Ausgangsrechnungen zu gewähren. Ausreichend: Vorlage der Originalbelege an den SV. § 55 dient **nicht** dazu, dem Verletzten eine Rechtsverfolgung gegen Lieferanten des Verletzers zu ermöglichen (**kein** Anspruch auf Auskunft über Herkunft, Vertriebswege, Geschäfts- und Betriebsgeheimnisse).

Der markenrechtliche **Auskunftsanspruch (§ 55a)** wurde dem MaSchG zunächst im Hinblick auf Art 47 TRIPS durch BGBl I 2004/149 eingefügt und in der Folge in Umsetzung der Anforderungen der Rechtsdurchsetzungs-RL, dh der RL 2004/48/EG des EP und des Rates vom 29. 4. 2004 zur Durchsetzung der Rechte des geistigen Eigentums (auch als Schutz- oder Rechtsdurchsetzungs-RL bezeichnet), durch BGBl I 2006/96 novelliert.

Nach § 55a Abs 1 kann, wer in einer der ihm aus einer Marke zustehenden Befugnisse verletzt worden ist, Auskunft über den Ursprung und die Vertriebswege der rechtsverletzenden Waren und Dienstleistungen verlangen, sofern dies nicht unverhältnismäßig im Vergleich zur Schwere der Verletzung wäre und nicht gegen gesetzliche Verschwiegenheitspflichten verstoßen würde. Zur Erteilung der Auskunft sind der Verletzer und die Personen verpflichtet, die gewerbsmäßig (Z 1) rechtsverletzende Waren in ihrem Besitz gehabt, (Z 2) rechtsverletzende Dienstleistungen in Anspruch genommen oder (Z 3) für Rechtsverletzungen genutzte Dienstleistungen erbracht haben.

Gem § 55a Abs 2 umfasst die Pflicht zur Auskunftserteilung (Z 1) die Namen und Anschriften der Hersteller, Vertreiber, Lieferanten und der anderen Vorbesitzer der Waren oder Dienstleistungen sowie der gewerblichen Abnehmer und Verkaufsstellen, für die sie bestimmt waren, (Z 2) die Mengen der hergestellten, ausgelieferten, erhaltenen oder bestellten Waren und die Preise, die für die Waren oder Dienstleistungen bezahlt wurden.

Nach § 54 Abs 1 S 1 kann der Inhaber eines Unternehmens auf Unterlassung (§ 51) geklagt werden, wenn eine Markenverletzung im Betrieb seines Unternehmens von einem Bediensteten oder Beauftragten begangen wird oder droht. § 54 Abs 2 beschränkt die Pflicht zur Zahlung des Entgelts (§ 53 Abs 1), zur Rechnungslegung (§ 55) und zur Auskunft (§ 55a) auf den **Inhaber** des Unternehmens, dh die natürliche oder juristische Person, die das Unternehmen **kraft eigenen Rechts** und im **eigenen Namen** betreibt.

> *Beispiele: Nach der Rsp des OGH wird die Haftung in jenen Fällen **verneint**, in denen dem **Unternehmer** das **Handeln der Hilfspersonen in keiner Weise zugute**kommen kann. Dies ist etwa dann der Fall, wenn der Angestellte/Beauftragte **ohne** Billigung die betriebliche Infrastruktur für Privatgeschäfte missbraucht.*

> *Führt der Bekl die Geschäfte zwar faktisch, **nicht** aber kraft eigenen Rechts, ist er nicht Unternehmensinhaber, sondern **Beauftragter**. Nach § 54 Abs 2 ist er damit weder zur Zahlung des angemessenen Entgelts noch zur Rechnungslegung oder Auskunftserteilung verpflichtet, auch wenn sein Name auf den Verkaufsverpackungen (für Kürbis- oder Sonnenblumenkerne) iZm dem Vertrieb angeführt wird.*

Schließlich ist noch der Anspruch auf **Urteilsveröffentlichung (§ 55)** hervorzuheben. In der Praxis führt das Thema Urteilsveröffentlichung immer wieder zu zahlreichen (zT durchaus emotional geführten) Auseinandersetzungen. Dieser Anspruch ist weder nach § 149 PatG (iVm § 55 MaSchG) noch nach § 25 UWG und § 13 MedG auf die periodischen Medien eingeschränkt. **Zweck** der Urteilsveröffentlichung ist es, das **Publikum** über einen **Gesetzesverstoß aufzuklären**, welcher auch in Zukunft noch nachteilige Auswirkungen besorgen lässt.

> *Beispiele: Wird dem Bekl eine bestimmte Werbung verboten, ist es notwendig, mit der Urteilsveröffentlichung **jene Verkehrskreise** zu erreichen, denen gegenüber die beanstandete Werbung (hier: für BOSS-Zigaretten) **wirksam** geworden ist. Das Urteil kann auch im **Internet veröffentlicht** werden (ein Veröffentlichungszeitraum von **30 Tagen** ist ausreichend). Zweckmäßigerweise ist das Urteil in einem **Pop-up-Fenster** (öffnet sich, wenn der Internetnutzer auf eine bestimmte Seite gelangt) zu veröffentlichen.*

*Die **Urteilsveröffentlichung** soll eine unrichtige Meinung richtigstellen und verhindern, dass diese Meinung weiter um sich greift (Aufklärung des Publikums über einen bestimmten, in die Zukunft wirkenden Gesetzesverstoß). Begehrt der Kl die Veröffentlichung in **bestimmten** Medien, ist das Gericht daran gebunden und kann **nicht** auf Veröffentlichung in **anderen** Medien erkennen. Die Notwendigkeit der Aufklärung eines (sehr) eingeschränkten Personenkreises rechtfertigt **nicht** eine Urteilsveröffentlichung in einer auflagenstarken überregionalen Zeitung (hier: Samstagsausgabe NÖ der „Kronen Zeitung").*

2. Strafbare Kennzeichenverletzungen

Was als Markenverletzung anzusehen ist, bestimmen §§ 10, 10a sowie Art 9, 12 GMV. Gem § 60 Abs 1 ist vom Gericht mit Geldstrafe bis zu 360 Tagessätzen zu bestrafen, wer im geschäftlichen Verkehr eine Marke verletzt (**gewerbsmäßige** Tatbegehung: Freiheitsstrafe bis zu zwei Jahren; **qualifiziertes** Delikt zwecks Abwehr der Fälschungspraktiken im Hinblick auf Markenartikel).

Vorbild für das Strafausmaß: § 91 Abs 2a UrhG. Gem § 60 Abs 2 wird ebenso bestraft, wer in einer Weise, die geeignet ist, Verwechslungen im geschäftlichen Verkehr hervorzurufen, einen Namen, eine Firma oder die besondere Unternehmensbezeichnung oder ein diesen Bezeichnungen ähnliches Zeichen zur Kennzeichnung von Waren oder Dienstleistungen gem § 10a unbefugt benutzt. § 60 Abs 3: **Unterlassungsdelikt** für den Unternehmensinhaber, der eine in seinem Betrieb begangene Verletzung nach Abs 1 oder 2 nicht verhindert.

E. Übertragung des Markenrechts

Während § 11 den rechtlichen Übergang von Marken- und Lizenzrechten grds regelt, finden sich die verfahrensrechtlichen Bestimmungen für die Eintragung eines solchen Überganges ins Markenregister in § 28. **Markenlizenz** ist die Erlaubnis, eine fremde Marke zu nutzen (zu den Lizenzarten s § 14). Wird ein Unternehmen, das ein Lizenzrecht an einer Marke hält, übertragen, geht idR mit der Unternehmensveräußerung diese Lizenz (dh die Stellung als **Lizenznehmer**) auf den Erwerber über (vgl § 37 PatG, wo die Übertragung der Lizenz **ohne** Zustimmung des Lizenzgebers ausdrücklich an die Übertragung des Betriebs geknüpft ist). Auch eine Markenlizenz kann bei Unternehmensveräußerung **ohne** Zustimmung des Lizenzgebers mitübertragen werden. Die MarkenR-Nov 1999 hat durch Schaffung eines eigenen markenrechtlichen Tatbestandes (§ 51) ein Fortschreiben der auf § 9 UWG gestützten Rsp zur Klagebefugnis des Lizenznehmers ausgeschlossen, dh die Rechtsposition des markenrechtlichen **Lizenznehmers** aufgewertet. Dazu der Rsp-Tenor: Die Rechtsposition des Lizenznehmers hängt vom **Inhalt** des **Lizenzvertrags** ab.

> *Beispiele: Der Lizenzgeber kann sich darauf beschränken, dem Lizenznehmer den Gebrauch der Marke zu gestatten oder ihm ein **absolutes Recht** einräumen, das die Befugnis zur Abwehr von Markenverletzungen umfasst. Folge-E: Vereinbarung einer **ausschließlichen Lizenz** bedeutet Einräumung eines **absoluten Rechts**. Einer besonderen Vereinbarung, dass dieser Lizenz auch „Wirkung gegen Dritte" zukommt, bedarf es **nicht**, weil die Wirkung gegen Dritte schon aus dem **ausschließlichen** Charakter der **Lizenz** folgt. Zuletzt stärkte der OGH die Rechtsposition des einfachen Lizenznehmers.*

Solange die Marke nicht im Markenregister umgeschrieben ist, kann das Markenrecht vor dem ÖPA vom neuen Inhaber nicht geltend gemacht werden (§ 11 Abs 3). Die **Umschreibung** der Marke erfolgt, ebenso wie Eintragung und Löschung von Lizenz-Pfandrechten, auf schriftlichen Antrag eines der Beteiligten unter Vorlage einer öffentlichen Urkunde (§ 28 Abs 1 S 1). Ergibt sich aus dem Antrag auf Umschreibung oder den dazu vorgelegten Unterlagen, dass die Marke aufgrund des Rechtsüberganges geeignet ist, das Publikum insb über die Art, die Beschaffenheit/die geografische Herkunft der Waren/Dienstleistungen zu täuschen, ist der Antrag **abzuweisen**, außer der Erwerber stimmt der Einschränkung des Waren-/Dienstleistungsverzeichnisses zur Beseitigung der Täuschungsgefahr zu (§ 11 Abs 2). Damit wurde entspr Art 17 Abs 4 GMV das mit einem Rechtsübergang verbundene Entstehen einer **Täuschungseignung** der **Marke** iSd § 4 Abs 1 Z 8 als **Übertragungshindernis** dem MaSchG eingefügt.

F. Behörden- und Gerichtszuständigkeit

Die **Patent- und Markenrechts-Novelle 2014** (BGBl I 2013/126) brachte für das **Markenrecht** die Neuregelung des **Instanzenzug**es sowie eine geänderte **Behördenstruktur** (mit **Wien** als Behördenzentrum). Hervorzuheben sind der **Wegfall** der Rechtsmittelabteilung des ÖPA und des OPM, an deren Stelle ein Rechtszug an die **ordentlichen** Gerichte trat. Ferner gelten die bisherigen Verfahrensregeln des **PatG nur** noch **ergänzend** zu den Verfahrensgesetzen.

Zuständige Behörde in Markenrechtsangelegenheiten ist nach wie vor das **ÖPA**. Dort ist gem § 35 Abs 1 zur Beschlussfassung und den sonstigen Erledigungen in allen Angelegenheiten des Markenschutzes sowie des Schutzes der geografischen Angaben und Ursprungsbezeichnungen (VII. Abschnitt), soweit sie nicht dem **Präs** oder der **NA** vorbehalten sind, das nach der Geschäftsverteilung zuständige Mitglied der mit diesen Angelegenheiten betrauten RA berufen. § 36: Beschlüsse der RA können durch **Rekurs** an das **OLG Wien** angefochten werden; gegen die einen Beschluss der RA vorbereitenden Verfügungen des Referenten und Zwischenentscheidungen, Unterbrechungsbeschlüsse im Widerspruchsverfahren ausgenommen, ist **kein** ordentliches Rechtsmittel zulässig. Gem § 38 ist gegen einen im Rahmen des Rekursverfahrens ergangenen Beschluss des Rekursgerichts der Revisionsrekurs nach Maßgabe des § 62 AußStrG zulässig; § 140 Abs 2 PatG ist sinngemäß anzuwenden.

§ 39: Über Anträge auf Löschung einer registrierten Marke (§§ 30 bis 34, § 66), auf Übertragung (§ 30a) und nachträgliche Feststellung der Ungültigkeit einer Marke (§ 69a) entscheidet die NA durch drei Mitglieder, von denen eines den Vorsitz führt. Der Vorsitzende und ein weiteres Mitglied müssen rechtskundig sein.

Die Verfahren vor der NA sind regelmäßig kontradiktorisch. Dabei geht es um Löschung und Übertragung sowie um nachträgliche Ungültigkeit der Marke. Die End-E der NA können gem § 40 durch **Berufung** an das **OLG Wien** angefochten werden. Gegen Urteile des Berufungsgerichts ist gem § 42 die Revision (an den **OGH**) nach Maßgabe des § 502 ZPO, gegen einen Beschluss des Rekursgerichts (§ 41 Abs 2) der Revisionsrekurs nach Maßgabe des § 528 ZPO zulässig. Betreffend die Verfahren gilt § 143 Abs 2 und 3 PatG sinngemäß.

Das bedeutet aus der Perspektive des **Rechtsschutzes** im Gegensatz zur früheren Rechtslage, dass gegen Entscheidungen der NA **zwei** (statt wie bisher eine) Rechtsmittelinstanzen zur Verfügung stehen. Zur **Zusammensetzung**: Im Rechtsmittelverfahren beim **OLG** Wien gegen Entscheidungen der RA, TA oder des ÖPA entscheidet nach § 146 Abs 1 PatG, § 43 Abs 2 MaSchG ein Senat aus zwei Berufsrichtern und einem **fachkundigen Mitglied** des ÖPA als Laienrichter. Für Verletzungsstreitigkeiten vor dem **OGH** wurde hingegen in **Markensachen keine** vergleichbare Sonderregelung vorgesehen.

Über Strafsachen (§ 60) sowie über zivilrechtliche Ansprüche wegen Markenverletzung haben die **ordentlichen Gerichte** zu entscheiden. Die Gerichtsbarkeit in Strafsachen steht dem LG für Strafsachen Wien zu (§ 60a Abs 2 nF). Für die Geltendmachung der Ansprüche nach § 53 gelten die Bestimmungen des 17. Hauptstücks der StPO. Für Klagen und einstweilige Verfügungen nach diesem (III.) Abschnitt (Zivilrechtliche Ansprüche bei Markenverletzungen) ist gem § 56a nF ausschließlich das HG Wien zuständig.

G. Verbandsmarken

I. Grundlagen des Schutzes für Verbandsmarken

Das Recht der Verbandsmarke (zB „Fleurop") wurde durch die MarkenR-Nov 1999 an Marken-RL und GMV angepasst. Durch den Entfall von § 3 MaSchG aF wurde § 62 Abs 1 neu formuliert. Danach können **Verbände** mit **Rechtspersönlichkeit** (denen gem Abs 2 juristische Personen des **öffentlichen Rechts** gleichzuhalten sind) Marken anmelden, die der Kennzeichnung der Waren/Dienstleistungen ihrer Mitglieder dienen und zur Unterscheidung dieser Waren/Dienstleistungen von denen anderer Unternehmen geeignet sind (**Verbandsmarken**).

Diese können die Zugehörigkeit der benutzungsberechtigten Unternehmen zum betreffenden Verband kennzeichnen. Hier dient die Verbandsmarke zur **Abgrenzung** handwerklicher Ausübungsform von gewerblicher Tätigkeit.

> *Beispiele: Der Tischler darf die Verbandsmarke „IHR TISCHLER MACHT'S MÖGLICH" „im eigenen Betrieb" für die im Rahmen seiner „handwerksmäßigen Tischlerberechtigung hergestellten Waren" (im Gegensatz zur Ausübung in Form eines Industriebetriebs) verwenden. Entsprechende Aufgaben erfüllen die Verbandsmarken der Zimmermeister („BESSER MIT HOLZ! ZIMMERMEISTER MEISTERBETRIEB") und der oberösterreichischen Maler („DIE MALER DIE OÖ QUALITÄTSMALER").*

> *Die Anwaltsakademie GmbH ist Inhaberin der Verbandsmarke der Anwälte „AWAK-cert". Die Wirtschaftskammer Österreich (wko) ist Inhaberin zahlreicher Verbandsmarken, so zB der Verbandsmarke (Wortbildmarke) „Kraftfahrzeug Betrieb" oder der Verbandsmarke „Kfz-Reparatur" („Blauschild").*

Der Verband kann auch **Qualitätskriterien** festlegen, deren Erfüllung erforderlich ist, will man die Verbandsmarke berechtigt führen (vgl zB die Qualitätsvorgaben von „WIEN PRODUCTS"). Durch das Zeichen sollen bestimmte Umstände (Herkunft, Güte) herausgestellt werden, auf die im geschäftlichen Verkehr bei der Anschaffung der Ware Wert gelegt wird. Verbandsmarken können auch als **Gütezeichen** fungieren (**wettbewerbsrechtlich** per se verboten ist die Verwendung von Gütezeichen ohne die erforderliche Genehmigung, vgl dazu Klausel 2 Anh UWG nF).

> *Beispiele: A Austria – Gütezeichen Geprüfte Qualität; EURO-LABEL – Das Europäische E-Commerce-Gütezeichen; Österr E-Government-Gütesiegel; Österr Gütezeichen für Wäscherei und Textilreinigung.*

§ 62 Abs 3: Soweit nichts anderes bestimmt ist, sind die für Individualmarken geltenden Vorschriften anzuwenden. **Geografische** Verbandsmarken können ausschließlich aus Zeichen/Angaben bestehen, die im Verkehr zur Bezeichnung der geografischen Herkunft der Waren oder Dienstleistungen dienen können. Solche Marken berechtigen ihren Inhaber nicht, einem Dritten die Benutzung dieser Zeichen/Angaben im geschäftlichen Verkehr zu untersagen, sofern diese Benutzung den anständigen Gepflogenheiten in Gewerbe und Handel entspricht. Insb kann eine solche Marke einem Dritten, der zur Benutzung einer geografischen Bezeichnung berechtigt ist, nicht entgegengehalten werden. Es können ausschließlich aus Zeichen oder Angaben über die geografische Herkunft der Waren oder Dienstleistungen bestehende **Verbandsmarken** registriert werden, ohne dass dem das **Freihaltebedürfnis** entgegensteht. Genießt daher eine geografische Angabe einen **besonderen Ruf**, ist ihre Verwendung für Waren oder Dienstleistungen selbst bei Nichtvorliegen einer Irreführungseignung als den **anständigen Gepflogenheiten** zuwiderlaufend anzusehen, wenn dadurch der Ruf der geografischen Angabe unlauter ausgenützt oder beeinträchtigt wird (s § 62 Abs 4).

II. Eintragung und Löschung im Markenregister

Eintragungsvoraussetzungen: Gem § 63 Abs 1 muss der Anmeldung eine **Satzung** beigefügt sein, die über Namen, Sitz, Zweck und Vertretung des Verbandes, über den Kreis der zur Benutzung der Verbandsmarke Berechtigten, die Bedingungen der Benutzung, die Entziehung des Benutzungsrechts bei Missbrauch der Verbandsmarke und über die Rechte und Pflichten der Beteiligten im Falle der Verletzung der Verbandsmarke Auskunft gibt.

Bei den **geografischen** Verbandsmarken muss die Satzung vorsehen, dass jede Person, deren Waren oder Dienstleistungen aus dem betr geografischen Gebiet stammen und die den in der Markensatzung enthaltenen Bedingungen für die Benutzung der Verbandsmarke entsprechen, **Mitglied** des Verbandes werden kann. § 66 enthält **ergänzende Löschungsgründe**: Gem Z 1 ist eine Verbandsmarke zu löschen, wenn der Verband iSd § 62 Abs 1 oder 2 als **Inhaber** der **Verbandsmarke** nicht mehr besteht (oder wenn eine Person Rechtsnachfolger des Verbandes wurde, die zur Innehabung der Verbandsmarke nicht berechtigt ist). Dasselbe gilt nach § 66 Z 2 bei Duldung satzungswidriger Verwendung der Marke, insb bei zur Irreführung des Geschäftsverkehrs geeigneter Benutzung der Verbandsmarke.

III. Übertragung von Verbandsmarken

§ 65 regelt die **Übertragung** von Verbandsmarken (war in § 65 MaSchG aF vor MarkenR-Nov 1999 noch untersagt). Gem § 65 Abs 1 nF können Verbandsmarken nur auf Verbände iSd § 62 Abs 1 oder 2 übertragen werden. Dem Umschreibungsantrag muss die Satzung des neuen Inhabers beigefügt sein. § 63 Abs 1 ist anzuwenden. § 65 Abs 2 enthält die gebührenrechtliche Regelung. Bei **Verschmelzung** zweier Verbände mit gleicher Zielsetzung können Verbandsmarken auf den übernehmenden Verband **ohne Verlust der alten Prioritätsrechte** übertragen werden. Ferner besteht die Möglichkeit der **Verpfändung** und **Lizenzierung** von Verbandsmarken (vgl auch § 28).

H. Qualitätsregelungen für Agrarerzeugnisse und Lebensmittel

I. EU-rechtliche Grundlagen

1. Schutz von g.U., g.g.A.

a) Rechtsgrundlage und Geltungsbereich

Wie oben (A.III.2.a) erwähnt, ist die **VO (EU) 1151/2012 des EP und des Rates vom 21. 11. 2012 über Qualitätsregelungen für Agrarerzeugnisse und Lebensmittel** seit 1. 1. 2014 in Kraft (mit den entspr Änderungen der nationalen §§ 68–68j MaSchG durch **BGBl I 2013/26**). Sie folgt auf zwei VO vom 20. 3. 2006, nämlich die VO (EG) 510/2006 des Rates zum Schutz von geografischen Angaben und Ursprungsbezeichnungen für Agrarerzeugnisse und Lebensmittel und die VO (EG) 509/2006 des Rates über die garantiert traditionellen Spezialitäten bei Agrarerzeugnissen und Lebensmitteln (beide mit DV). Zuvor galt die VO (EWG) 2081/92 des Rates vom 14. 7. 1992.

Die neue **VO (EU) 1151/2012** enthält in Titel I (Art 1–3 ff) Allgemeine Bestimmungen. Titel II (Art 4–16) handelt von geschützten Ursprungsbezeichnungen (g.U.) und geschützten geografischen Angaben (g.g.A.), Titel III (Art 17–26) bezieht sich auf garantiert traditionelle Spezialitäten (g.t.S.), Titel IV enthält den Abschnitt über fakultative Qualitätsangaben (Art 27–34), Titel V umfasst gemeinsame Bestimmungen (Art 35–54) und Titel VI betrifft Verfahrensvorschriften und Schlussbestimmungen (Art 55–59).

Anh I Pkt I der 1. VO (EU) 1151/2012 benennt Agrarerzeugnisse und Lebensmittel betreffend **g.U.** und **g.g.A.** (hier: beispielhafte Aufzählung): Bier, Schokolade, Teig- und Backwaren, Salz, Naturgummi, Harze, Senfpaste, ätherische Öle, Kork, pflanzenbasierte Getränke, Baumwolle, Blumen- und Zierpflanzen, Wolle, Leder Pelz uam).

Der durch die **VO (EU) 1151/2012** gewährleistete Schutz ist gemeinschaftsweit und zeitlich nicht beschränkt. Er steht Herkunftsbezeichnungen aus Drittländern offen, sofern sie auch in ihrem Ursprungsland geschützt sind. Gegen Rechtsverletzungen kann man mit Ansprüchen auf Unterlassung, Beseitigung, Schadenersatz vorgehen. Keine Anwendung findet die VO auf Weinbauerzeugnisse und Spirituosen (dafür gibt es eigenständige EU-Bestimmungen).

b) Charakteristika und Unterschiede

Nach Art 5 Abs 1 VO (EU) 1151/2012 sind g.U., nach dessen Abs 2 g.g.A. geschützt. Bei beiden Schutzkategorien handelt es sich jeweils um einen Namen, der zur Bezeichnung eines Erzeugnisses verwendet wird, dessen Ursprung in einem bestimmten Ort, in einer bestimmten Gegend oder (ausnahmsweise) in einem bestimmten Land liegt. Und: Es muss ein Zusammenhang zwischen den **Eigenschaften** des fraglichen Produkts und seiner **Herstellung** in dem Herkunftsgebiet bestehen. Dieser ist bei den **g.U.** sehr eng: Das so bezeichnete Produkt muss seine Güte oder Eigenschaften ausschließlich oder überwiegend den **geografischen** Verhältnissen einschließlich der natürlichen und menschlichen Einflüsse verdanken und in dem bestimmten geografischen Gebiet **erzeugt, verarbeitet** *und* **hergestellt/zubereitet** werden (**alle drei** Produktionsschritte müssen im fraglichen Gebiet stattfinden).

Bei den **g.g.A.** reicht es hingegen aus, wenn einer der (drei) Produktionsschritte (zB Erzeugung, Verarbeitung *oder* Herstellung/Zubereitung) im Herkunftsgebiet stattfindet und sich eine bestimmte **Qualität**, das **Ansehen** oder eine andere Eigenschaft des Erzeugnisses aus seiner geografischen Herkunft ergibt.

> *Unterscheide: Der Unterschied zwischen g.U. und g.g.A. besteht somit in der **Intensität** der Beziehung zwischen **Herstellungsgebiet** und **Erzeugnis**. G.U.: Alle Erzeugungsschritte, vom Rohstoff bis zum fertigen Produkt, müssen im festgelegten Gebiet erfolgen. G.g.A.: Ein Schritt (zB Verarbeitung) reicht aus.*

> *Beachte: Einfache, qualitätsneutrale Herkunftsbezeichnungen und Gattungsbezeichnungen sind nicht eintragungsfähig, Art 6 Abs 1 VO (EU) 1151/2012. Ihre Verwendung ist frei (zB Emmentaler, Pils). Denn diese Bezeichnungen deuten nicht (mehr) auf eine geografische Herkunft hin, sondern entwickelten sich zu allgemein üblichen Namen für ein Agrarerzeugnis oder ein Lebensmittel.*

Gem Art 6 Abs 2 leg cit darf ein Name auch nicht als g.U. oder g.g.A. eingetragen werden, wenn er mit dem einer Pflanzensorte kollidiert (Irreführung des Verbrauchers). Ebenfalls können **Kollisionen** mit Namen von **Tierrassen** oder gleich lautenden bereits **eingetragenen** Namen und **bekannten Marken** der Eintragung entgegenstehen. Somit dürfen nur **eingetragene (qualifizierte)** Bezeichnungen die von der VO (EU) 1151/2012 getragenen **Zusätze** tragen. Dass es sich um eine nach dieser VO geschützte Bezeichnung handelt, wird durch die Angabe „geschützte Ursprungsbezeichnung" (**g.U.**), „geschützte geografische Angabe" (**g.g.A.**) bzw „garantiert traditionellen Spezialität" (**g.t.S.**; s unten 2.) und das (entspr) **europäische Logo** (**Qualitätszeichen**) auf dem **Etikett** (seit 2009) erkennbar.

Nicht erfasst sind Spirituosen, aromatisierte Weine und Weinbauerzeugnisse, ausgenommen Weinessig. G.U. und g.g.A. muss der sog **Produktspezifikation** gem Art 7 VO (EU) 1151/2012 entsprechen. Diese muss dem Antrag auf Eintragung beigefügt werden. Erzeugnis und Gebiet rechtfertigen die Zuerkennung einer Ursprungsbezeichnung oder geografischen Angabe. Die Spezifikation enthält ferner Angaben zur (kostenpflichtigen) Kontrolle ihrer Einhaltung (Kontrollstelle). Gem § 45 Lebensmittelsicherheits- und Verbraucherschutzgesetz (**LMSVG** BGBl I 2006/13 idF BGBl I **2013/171**, Näheres s oben A.III.1.b) wurde die Kontrolle der Spezifikation durch private akkreditierte, vom LH zugelassene Kontrollstellen installiert.

c) Beispiele für g.U.

Österreich: *Käse:* Vorarlberger Bergkäse, Vorarlberger Alpkäse, Tiroler Graukäse, Tiroler Bergkäse, Gailtaler Almkäse, Tiroler Almkäse/Alpkäse; *Mohn:* Waldviertler Graumohn; *Obst:* Wachauer Marille; Pöllauer Hirschbirne.

Deutschland: *Käse:* Allgäuer Bergkäse, Allgäuer Emmentaler, Altenburger Ziegenkäse, Odenwälder Frühstückskäse; *Frischfleisch:* Lüneburger Heidschnucke; Weideochse vom Limpurger Rind (Leintäler); *Wasser:* Göppinger Quelle, Siegsdorfer Petrusquelle; Steinsieker Mineralwasser; Schwollener Sprudel; *Obst:* Stromberger Pflaume,

Schweiz: *Käse:* Le Gruyère (Schweizer Hartkäse), Berner Hobelkäse, Berner Alpkäse; Swiss Emmentaler; *Schnäpse:* Walliser Birnengeist, Walliser Aprikosengeist; *Gemüse:* Kardy (Artischocke) aus Genf.

Frankreich: *Getränk:* Champagner.

Polen: Oscypeg (geräucherter Schafskäse aus der polnischen Tatra).

Griechenland: Feta-, Manouri-Käse.

China: Jinxiang Da Suan (weiße Knoblauchzwiebeln).

Italien: *Fleisch:* Parmaschinken; *Käse:* Parmigiano Reggiano (Parmesan), Gorgonzola (Grünkäse), kampanischer Büffelmozzarella, Bra (Piemont), Montasio (Friaul); *Wein:* Chianti Classico (Toscana); *Obst:* Kiwi Latina, Limone di Sorrento; *Backwaren:* Pane di Altamura.

Portugal: *Käse:* Queijo de Azeitao.

Ungarn: *Gemüse:* Szentesi paprika.

Frankreich: *Fett:* Beurre de Bresse.

Spanien: *Öl:* Candor (Olivenöl); *Obst:* Cerezas del Jerte (Kirschen aus dem Jertetal, Extremadura); *Likörwein:* Jerez-Xérès-Sherry.

Niederlande: *Käse:* Noord Hollander Premium Gouda.

d) Beispiele für g.g.A.

Österreich: *Gemüse:* Marchfeldspargel, Steirischer Kren; *Öl:* Steirisches Kürbiskernöl; *Fleisch:* Tiroler Speck, Gailtaler Speck; *Getränk:* Mostviertler Birnmost.

Kroatien: *Gemüse:* Virovitička paprika; *Fleisch:* Slavonski kulin.

Deutschland: *Fleisch:* Schwäbisch-Hällisches Qualitätsschweine(frisch)fleisch, Schwarzwälder Schinken, Ammerländer Schinken, Thüringer Rotwurst, Bayerisches Rindfleisch; *Backwaren:* Lübecker Marzipan, Nürnberger Lebkuchen; Dresdner Stollen, Salzwedeler Baumkuchen; *Fische:* Holsteiner Karpfen, Oberpfälzer Karpfen, Schwarzwaldforelle; *Biere:* Bayerisches Bier, Kölsch, Dortmunder Bier, Bremer Bier, Rieser Weizenbier; *Teigwaren:* Schwäbische Spätzle, Schwäbische Knöpfle; *Gemüse:* Bayerischer Meerrettich, (Insel-)Reichenau-(am-Bodensee-)Gemüse; Spreewälder Gurken, Lüneburger Heidekartoffel (ua).

Schweiz: *Fleisch:* Walliser Trockenfleisch, Bündnerfleisch, St. Galler Kalbsbratwurst, Kabis-/Kohlwurst.

Italien: *Obst:* Südtiroler Apfel, Zitronen aus Syrakus; *Fleisch:* Südtiroler Markenspeck; *Apfelessig:* Aceto Balsamico di Modena; *Backwaren:* Coppia Ferranese (Emilia-Romagna), Pane casareccio die Genzano.

Spanien: *Fleisch:* Salchichon (Katalan-Salami), Chorizo Riojano (luftgetrockneter Paprikasalamiring), Jamón de Serón (Schinken); *Obst & Gemüse:* Zitrusfrüchte aus Valencia), Knoblauch aus Toledo.

Niederlande: *Käse:* Gouda Holland.

Dänemark: *Gemüse:* Lammefjordskartofler.

2. Schutz von g.t.S.

a) Rechtsgrundlage und Geltungsbereich

Titel **III** (Art 17–26) der VO (EU) 1151/2012 bezieht sich auf **garantiert traditionelle Spezialitäten (g.t.S.)**. **Anh I Pkt II der** VO (EU) 1151/2012 benennt Agrarerzeugnisse und Lebensmittel betreffend **g.t.S.** (hier: beispielhafte Aufzählung): Fertigmahlzeiten, Bier, Schokolade(produkte), Süß-, Teig-, Backwaren, pflanzenbasierte Getränke, Salz etc. Die genannte VO regelt ua Eintragungsvoraussetzungen, Spezifikation, Verfahren, Prüfung durch die KOM, Einspruch, amtliche Kontrollen usw. Die Kontrolle der Spezifikation erfolgt durch akkreditierte und zugelassene private Kontrollstellen, um dem Verbraucher gegenüber die Besonderheit des Erzeugnisses zu gewährleisten. Wie bei g.U. und g.g.A. ist der LH auch bei **g.t.S.** im Rahmen des § 45 LMSVG (BGBl I 2006/13 idF BGBl I **2013/171**; s bereits oben A.III.1.c) für die Überwachung der Einhaltung der VO (EU) 1151/2012 zuständig.

b) Charakteristika

Das seitens der EU für **g.t.S.** vergebene Siegel garantiert eine **traditionelle Zusammensetzung** und **Herstellung** des Lebensmittels, die aber an **jedem beliebigen** Ort erfolgen können – zB Mozzarella: Trotz italienischer Bezeichnung kann dieser Käse auch aus **anderen** EU-Ländern stammen. Als Ziel nennt Art 17 VO (EU) 1151/2012 die Einführung einer Regelung für g.t.S., um traditionelle Produktionsmethoden und Rezepte zu bewahren. Die Erzeuger traditioneller Spezialitäten sollen dabei unterstützt werden, ihre Erzeugnisse zu vermarkten und die wertsteigernden Merkmale ihrer traditionellen Rezepte und Spezialitäten beim Verbraucher bekannt zu machen.

Gem Art 18 kommt ein **Name** für eine **Eintragung** als **g.t.S.** in Betracht, wenn er ein spezifisches **Erzeugnis** oder **Lebensmittel** mit **traditioneller** Herstellungs-, Verarbeitungsart oder Zusammensetzung beschreibt bzw wenn dieses aus traditionell verwendeten Rohstoffen oder Zutaten hergestellt ist. Somit muss ein Name traditionell für das spezifische Erzeugnis verwendet worden sein oder die traditionellen oder besonderen Merkmale des Erzeugnisses festhalten. Unter „**traditionell**" versteht man einen Zeitraum, in dem das Wissen um die Herstellung des Produktes zwischen Generationen weitergegeben wird. Hersteller, die die Zuerkennung des Labels g.t.S. beantragen, müssen nachweisen, dass das Produkt seit mindestens **30 Jahren** auf dem **heimischen Markt verbreitet** ist (bisher genügten 25 Jahre). Der Name wird in eine VO der Kommission aufgenommen und im ABl der EU veröffentlicht.

c) Beispiele

Österreich: Keine g.t.S. (Theoretisch) infrage käme aber etwa die Anmeldung der Original Salzburger Mozartkugel.

Spanien: *Fleisch:* Leche certificada de Granja, Jamón Serrano (berühmter – etwa in Trevélez in der Provinz Granada – luftgetrockneter **Serrano**-Schinken mit magerem, kaum faserigem Fleisch und mildaromatischer Note; Das Wort kommt von „sierra" [Gebirge] mit der frischen Bergluft als Kennzeichen).

Italien: *Backwaren*: Pizza Napoletana; *Käse*: Mozzarella (ursprünglich italienischer Pasta-Filata-Käse aus Büffel- und Kuhmilch).

Niederlande: *Süßwaren*: Suikerstroop (Zuckersirup).

Polen: *Fleisch/Wurst*: Kabanosy.

Belgien: *Bier*: Vieille Gueuze lambic (traditionelles Geuze- oder Lambik-Bier), Vieille Kriek, Faro.

Litauen: *Milchprodukte*: Žemaitiškas kastinys (saure Sahne, Butter).

GB: *Fleisch*: Traditional Farmfresh Turkey.

Finnland: *Backwaren*: Kalakukko (finnischer Keks).

Schweden: *Fleischerzeugnisse*: Falukorv (schwedische Wurstware).

Deutschland: Weltenburger Klosterbier.

3. Schutz von Rezepten, Bergerzeugnissen und Erzeugnissen der Insellandwirtschaft

Über die genannten traditionellen Herstellungsmethoden hinaus werden auf Basis der neuen VO (EU) 1151/2012 auch **Rezepte** geschützt. Dazu kommen ein geschütztes Label für **Bergerzeugnisse** (Art 31) und bald auch eines für **Inselerzeugnisse** (Art 32). Der Begriff „**Bergerzeugnis**", eine fakultative Qualitätsangabe, dient der Beschreibung von für den menschlichen Verzehr bestimmten Erzeugnissen gem Anh I. Dabei stammen sowohl die Rohstoffe als auch das Futter für die Nutztiere überwiegend aus Berggebieten; bei Verarbeitungserzeugnissen erfolgt auch die Verarbeitung in Berggebieten. Dagegen darf der Begriff „Erzeugnis der **Inselwirtschaft**" nur zur Beschreibung von für den menschlichen Verzehr bestimmten Erzeugnissen gem Anh I verwendet werden, deren Rohstoffe aus Inselgebieten stammen. Bei Verarbeitungserzeugnissen erfolgt auch die Verarbeitung in Inselgebieten.

Beide Instrumente können ein Mittel zur Identifizierung der Hersteller aus diesen Bereichen sein, um die **Vermarktung** ihrer Produkte vor Ort und in Verteilnetzen zu verbessern und um dem **Verbraucher** betreffend den Ursprung dieser Produkte eine bessere **Garantie** zu bieten.

II. Nationale Schutzbestimmungen der §§ 68 bis 68j

1. Anträge auf Eintragung

§ 68 Abs 1: Anträge auf Eintragung einer **Bezeichnung** als **g.g.A.** oder **g.U.** gem **VO (EU) 1151/2012**, auf Änderung der Spezifikation oder auf Löschung einer eingetragenen Bezeichnung sind beim **ÖPA** einzureichen und von diesem zu prüfen. § 68 Abs 2: Durch V des Präsidenten können Form und Inhalt näher geregelt sowie Ort und Art der Veröffentlichung festgelegt werden, wobei nach Möglichkeit auf Zweckmäßigkeit und Einfachheit sowie auf Datensicherheit, insb iZm der elektronischen Veröffentlichung, Bedacht zu nehmen ist. § 68 Abs 3: Zurückweisung des Antrags mittels **Beschluss**, wenn er nicht den vorgeschriebenen Anforderungen entspricht und trotz Aufforderung zur Mängelbehebung innerhalb der Frist nicht verbessert wurde.

Beschlüsse der RA können durch **Rekurs** an das **OLG Wien** angefochten werden (§ 37 Abs 1). Gegen einen im Rahmen des Rekursverfahrens ergangenen Beschluss des Rekursgerichts ist der Revisionsrekurs nach Maßgabe des § 62 AußStrG zulässig (§ 38 S 1). § 68 Abs 4: In Ermangelung einer konkreten Regelung des VII. Abschnittes gelten die übrigen Regelungen des MaSchG (insb die §§ 35 ff) sinngemäß.

2. Schutzdauer und Gebühren

Schutzdauer und **Gebühren**: Der Schutz ist auf Österreich sowie einen Zeitraum von zehn Jahren beschränkt (durch Zahlung einer Erneuerungsgebühr immer wieder um weitere zehn Jahre verlängerbar). Für den Antrag auf Eintragung einer g.g.A. oder g.U. ist nach § 26 Abs 1 **PAG** („Antragsgebühr") eine Gebühr idHv € 580,– zu bezahlen. Nach § 26 Abs 3 ist von der nach Abs 1 festgesetzten Gebühr die Hälfte zurückzuerstatten, wenn der Antrag zurückgewiesen oder vor der Weiterleitung an die KOM zurückgezogen wurde.

Näheres zu den Bereichen Einspruchsverfahren, Spezifikation, Stellungnahme, Akteneinsicht, zu den zivilrechtlichen Ansprüchen, den Straftatbeständen sowie zu den Zuständigkeitsfragen s §§ 68a–68j.

I. Gemeinschaftsmarken

I. EU-rechtliche Grundlagen

Rechtsgrundlage ist va die **GMV**, dh die **VO** (EG) 207/2009 des Rates vom 26. 2. 2009 über die **Gemeinschaftsmarke** (kodifizierte Fassung). Daneben: Marken-RL, §§ 69 bis 69d. Ein großer Vorteil der GM besteht ua darin, dass sie ein einheitliches Recht für das Gebiet der Gemeinschaft gewährleistet. So ist die Anmeldung neuer und die Aufrechterhaltung vorhandener nationaler Marken nicht erforderlich, wenn ein solches Recht besteht. Erwerb und Verlust der GM, Inhalt des Rechts, Übertragung, Lizenz und Verfahren sind in der GMV geregelt. Art 4 normiert (wie § 1) die grafische Darstellbarkeit eines Zeichens als Eintragungsvoraussetzung.

> *Beispiel zur Eintragungsfähigkeit **reiner Ziffernmarken** („**1.000**"): Zahlen (auch nur aus Ziffern bestehende Zeichen) sind gem Art 4 GMV markenfähige Zeichen. Da solche Ziffernfolgen auch mit Zahlen zur Bezeichnung einer Menge dienen, ist die Eintragung von Zeichen (wie „1.000" für Zeitschriften und Rätselhefte) zurückzuweisen, wenn beteiligte Verkehrskreise sie als **Beschreibung** der **Menge** und somit als Merkmal erkennen, wenn sie zB 1.000 Rätsel oder 1.000 Spiele etc enthalten.*

II. Erwerb, Anmeldung, Schutzvoraussetzungen

Die **GM** wird durch **Eintragung** erworben (Art 6 GMV). Die Schutzvoraussetzungen sind **negativ** formuliert: Art 7 GMV handelt von absoluten, Art 8 von relativen **Eintragungshindernissen**.

Art 37 GMV: Absolute Eintragungshindernisse werden **von Amts wegen** geprüft, relative nur aufgrund des **Widerspruchs** eines Berechtigten.

Diese Einschränkungen greifen gem Art 7 Abs 2 auch dann, wenn die Eintragungshindernisse nur in einem Teil der Gemeinschaft vorliegen, hinsichtlich Art 7 Abs 1 lit b, c und d jedoch dann **nicht** (Art 7 Abs 3), wenn die Marke für die Waren oder Dienstleistungen, für die die Eintragung beantragt wird, infolge ihrer Benutzung Unterscheidungskraft erlangt hat (Berücksichtigung einer Art „Verkehrsgeltung", vergleichbar mit der Regelung von § 1 Abs 2 und § 4 Abs 2).

Der EuGH wies die Eintragung des „Lindt"-Schokohasen als dreidimensionale **Formmarke mangels Unterscheidungskraft** (Art 7 Abs 1 Z e) zurück. Wird deren Erwerb (Art 7 Abs 3) infolge **Benutzung** behauptet, ist der quantitative Nachweis der Unterscheidungskraft der angemeldeten Marke im **gesamten Unionsgebiet** zu erbringen.

Absolute Eintragungshindernisse – ausgeschlossen von der Eintragung sind gem Art 7 Abs 1:
- Lit a: Zeichen, die nicht unter Art 4 fallen, somit nicht markenfähig sind (zB derzeit noch Geruchsmarken, uzw mangels grafischer Darstellbarkeit von Gerüchen);

- Lit b: Marken, die **keine Unterscheidung**skraft haben (zB „Companyline" für Versicherungs-/Finanzwesen); auch **Werbeslogans** (hier: „Vorsprung durch Technik" für Kfz/Audi) können als **Marke** verwendet werden (**unterscheidungskräftig**er **Herkunftshinweis**; nicht rein beschreibend, mit gewisser Originalität versehen).

EuGH (2012): **Nicht unterscheidungskräftig** (daher nicht als GM eintragbar) ist der dreidimensionale Schoko-Goldhase mit rotem Halsband und Glöckchen, aber **ohne Lindt-Markenschriftzug**. Nach dem Gesamteindruck, dh der Kombination aus Form, Farbe, Plisseeband mit Glöckchen, handelt es sich um eine nahe liegende, typische Verpackungsform für diese Waren. EuGH: Die Marke muss für Erfüllung der Herkunftsfunktion erheblich von der Norm oder Branchenüblichkeit abweichen. Dazu wurde ein Verkehrsgeltungsnachweis nur in 15 MS, nicht aber im nötigen **gesamten Unionsgebiet** erbrach.

EuGH zum Widerspruchsverfahren gegen eine GM-Anmeldung, die der Inhaber einer nationalen Marke anstrengte: Ein solches Verfahren darf **nicht** zur Feststellung **fehlender** Unterscheidungskraft bei einem Zeichen führen, das mit einer eingetragenen **nationalen** Marke identisch ist. Letzterer muss (hier: im Verfahren wegen Verwechslungsgefahr, Art 8 Abs 1 lit b GMV) ein gewisser Grad an Unterscheidungskraft zuerkannt werden. Denn: Die Gültigkeit nationaler Marken (hier der Wortmarke **F1** sowie der Bildmarke **F1 Formula 1**) darf im Widerspruchsverfahren gegen eine GM-Anmeldung (der Wortbildmarke **F1-LIVE**) wegen des Grundsatzes der **Koexistenz** der **GM** und der **nationalen** Marken **nicht** infrage gestellt werden, sondern nur in einem im betreffenden MS angestrengten Nichtigkeitsverfahren.

Als **nicht unterscheidungskräftig** wurde die Anmeldung einer Uhr als GM durch die Timehouse GmbH für Zeitmessinstrumente beurteilt, da quadratische Uhren mit Ziffernblatt auf rechteckiger Fläche nicht von den üblicherweise verwendeten Dekorationselementen abweichen. Das gilt auch für den **gezackten Rand** aufgrund seiner Größe, Ausgeprägtheit und Einzigartigkeit, da Juweliere gern gezackte Ränder als Verzierung verwenden (**kein** Hinweis auf bestimmte betriebliche Herkunft);
- Lit c: Marken, die ausschließlich aus Zeichen oder Angaben bestehen, welche im Verkehr zur Bezeichnung der Art (zB „light" für nikotinarme Zigaretten), der Beschaffenheit (zB „premium"), der Menge (keine Eintragung von „1.000" als reine Ziffernmarke für Rätselhefte, wenn diese genau 1.000 Rätsel enthalten, weil dann das Publikum „1.000" als Angabe des Inhalts verstehen kann, womit eine **unzulässige Mengenbezeichnung** bzw Beschreibung eines Merkmals der Ware vorläge), der Bestimmung (zB „Bad" für Putzmittel, „bateaux mouches", frz *kleine Personendampfer* für Schiffstransport, Hotel- und Gaststättenbetrieb an Land und Bord), des Wertes (zB „am billigsten"), der geografischen Herkunft („MADRIDEXPORTA" für Drucksachen) oder der Zeit der Herstellung der Ware oder Erbringung der Dienstleistung oder zur Bezeichnung sonstiger Merkmale der Ware oder Dienstleistung (zB „bleifrei" bei Benzin) dienen können;
- Lit d: Marken, die ausschließlich aus Zeichen oder Angaben zur Bezeichnung der Ware oder Dienstleistung bestehen, die im allgemeinen Sprachgebrauch oder in den redlichen und ständigen Verkehrsgepflogenheiten **üblich** geworden sind, zB „Netz" oder „Netzwerk" für Computer, der Buchstabe „P" für Parkplatzdienste, „TDI" für technische Öle, Motoren, Reparaturwesen oder die Abbildung von Weintrauben für Wein.
- Lit e: Zeichen, die ausschließlich aus der Form, die durch die Art der Ware selbst bedingt ist, oder aus der Form der Ware, die zur Erreichung einer technischen Wirkung erforderlich ist (zB Vorsprünge auf Oberseite des „Lego-Bausteins", weshalb seine Form **technisch bedingt** und „Lego" daher als Formmarke nicht eintragungsfähig ist), oder aus der **Form**, die der Ware einen wesentlichen Wert verleiht, bestehen.

> *Beispiel für ein Zeichen, das ausschließlich aus der funktionellen **Form** der Ware bestand: Im Fall „Morleys" waren die streitgegenständlichen Formen von Messergriffen ausschließlich **funktioneller** Natur, machten aber den **entscheidenden** Charakter des Zeichens aus. Die auch vorhandenen*

nichtfunktionellen Elemente (nach Art eines Fischschwanzes abgerundetes Griffende, Grifföffnung, ähnlich einem Delphinauge) waren **nicht** geeignet, den entscheidenden Charakter des Zeichens zu begründen.

- Lit f: Marken, die gegen die öffentliche Ordnung verstoßen (zB Ausdrücke, die Gewalt verherrlichen, Begriffe, die zur Ausführung von Straftaten aufmunternde Dienstleistungen bezeichnen) oder gegen die guten Sitten, zB beleidigende, blasphemische Wörter, Fäkalausdrücke, religionsverachtende, rassistische Schimpfwörter (zB „PAKI" für Pakistaner, Prinz Harry zugeschrieben), grds **nicht** aber „geschmacklose" Marken.
- Lit g: Marken, die geeignet sind, das Publikum zB über die Art, die Beschaffenheit/die geografische Herkunft der Ware oder Dienstleistung zu *täuschen* (zB „Cannabis" für Weine, Biere, Schnäpse).
- Lit h: Marken, die mangels Genehmigung durch die zuständigen Stellen gem Art 6*ter* PVÜ zurückzuweisen sind: Eintragungsverbot von Hoheitszeichen, amtlichen Prüf-/Gewährzeichen und von Kennzeichen zwischenstaatlicher Organisationen, zB „Euro-Symbol"; Wortbildzeichen „RW" unter einem **Ahornblatt** durch *American Clothing Associates* für Bekleidungsstücke (Nachbildung des **kanadischen Hoheitszeichens**).
- Lit i: Marken, die nicht unter Art 6*ter* PVÜ fallen: Abzeichen, Wappen, Flaggen, Embleme, zB „Ahornblatt".
- Lit j: Marken, die eine *falsche* geografische Angabe für Weine und Spirituosen enthalten.
- Lit k: Marken, die eine eingetragene g.U. oder g.g.A. enthalten oder aus einer solchen bestehen und auf die ein Tatbestand des Art 13 der VO (EG) 510/2006 zutrifft und die die gleiche Erzeugnisart betreffen, wenn der Antrag auf Eintragung der Marke nach dem auf Eintragung der g.U. oder der g.g.A. bei der Kommission eingereicht wird.

Relative Eintragungshindernisse: Gem Art 8 Abs 1 GMV ist die angemeldete Marke auf **Widerspruch** des **Inhabers** einer **älteren** Marke (vgl Abs 4 f) von der Eintragung **ausgeschlossen**,

- wenn sie mit der älteren Marke *identisch* ist und die Waren oder Dienstleistungen, für die die Marke angemeldet worden ist, mit den Waren oder Dienstleistungen identisch sind, für die die ältere Marke Schutz genießt (lit a);
- wenn wegen ihrer Identität oder Ähnlichkeit mit der älteren Marke und der durch die beiden Marken erfassten Waren oder Dienstleistungen für das Publikum die Gefahr von Verwechslungen in dem Gebiet besteht, in dem die ältere Marke Schutz genießt (lit b); dabei schließt die Gefahr von Verwechslungen die Gefahr ein, dass die Marke mit der älteren Marke gedanklich in Verbindung gebracht wird.

> *Beispiel: Die Inhaberin der bekannten älteren Marke* **TORRES** *bekämpfte die Eintragung der Bildmarke* **Torre Muga** *(für Wein) mit einem Leuchtturm auf ovaler Grundfläche erfolglos. EuGH: Ist ein Bestandteil einer zusammengesetzten Marke einer anderen Marke/ihrem Bestandteil gleich, können beide Marken als ähnlich angesehen werden, wenn der gemeinsame Bestandteil (Torre) den Gesamteindruck* **beherrscht** *(in casu* **verneint**). *Durch „Torre" würden die* **übrigen** *Bestandteile der Marke* **nicht** *zu einer* **Nebensache**. *Der Gesamteindruck der Marken sei daher unterschiedlich. Die Bekanntheit der älteren Marke könne für sich allein, ohne Gleichheit oder Ähnlichkeit der Zeichen,* **keine** *Verwechslungsgefahr begründen.*

Weitere **Beispiele**:

Der EuGH/das EuG **bejahte** die Verwechslungsgefahr (beispielhaft) in folgenden Fällen:
- „MATRATZEN markt CONCORD" vs „Matratzen" („Matratze" *im Spanischen* ohne inhaltliche Bedeutung)
- „CRISTAL CASTEL BLANCH" (+ Bild + Grafik) vs CRISTAL jeweils für Schaumwein/Champagner
- „Focus" vs „Micro Focus" (weil Focus dominierendes Element!) für Medienerzeugnisse (Software, Disks etc)
- „Fifties" vs „miss fifties" (+Bild) für identische Waren (Jeans), weil „fifties" (ua) begrifflich dominant ist

Der EuGH/das EuG **verneinte** die Verwechslungsgefahr (beispielhaft) in folgenden Fällen:
- „HUBERT" (+ Bild) vs „SAINT-HUBERT" für identische Lebensmittel
- „Turkish Power" (samt Bild mit Löwenkopf) vs „Power", weil „Power" nicht dominant ist (Gesamteindruck)
- „Clean x" (+ Grafik) vs „CLEN" für Reinigungsmittel, wegen „x" und mangels visueller/klanglicher Ähnlichkeit.

Die Rechte aus der GM können übertragen, lizenziert und verpfändet werden. Anmeldungen für **GM** können gem Art 25 GMV beim **ÖPA** eingereicht werden. Dieses vermerkt auf der Anmeldung den Tag des Einlangens und leitet die Unterlagen ungeprüft innerhalb der in Art 25 Abs 2 GMV vorgesehenen Frist von zwei Wochen ans HABM weiter (§ 69). Statistisch betrachtet ist die Akzeptanz der GM hoch. Bis **2012** wurden in der EU über eine Million GM (Österreich: ca 22.000) angemeldet, ca **823.000** GM (Österreich: ca **16.500**) **registriert**.

III. Wirkungen der Gemeinschaftsmarke

Räumlicher Schutzbereich: Die **Wirkungen** der **GM** erstrecken sich nach Art 1 Abs 2 GMV auf das Gemeinschaftsgebiet. **Art 102** Abs 1 S 1 GMV verbietet, sobald ein GM-Gericht eine (drohende) Verletzung festgestellt hat, dem Verletzer die Fortsetzung verletzender Handlungen.

> *Beispiel: Die DHL verwendete zur Bezeichnung ihres Eilbriefdienstes ua das Zeichen „Web Shipping" der Chronopost (Inhaberin der GM „WEBSHIPPING") unrechtmäßig. Der EuGH entschied, dass sich das vom GM-Gericht ausgesprochene **Verbot** (einschließlich von Maßnahmen wie zB eines **Zwangsgelds**) – von Ausnahmen abgesehen – nicht bloß auf einen MS, sondern die **gesamte EU** beziehe.*

Grds erstreckt sich somit die **territoriale Reichweite** des Unterlassungsgebots von GM-Gerichten wegen unzulässiger Markenbenutzung (**Art 102 GMV**) auf das gesamte EU-Gebiet. Das GM-Gericht hat aber die Reichweite zu **begrenzen**, wenn sich Verletzungshandlungen auf ein **bestimmtes Gebiet** beschränken, wenn die **beantragte** territoriale Reichweite sich bloß auf einen MS oder einen Teil des EU-Gebiets bezieht oder die Zeichennutzung die Markenfunktion (zB aus sprachlichen Gründen) in anderen MS gar nicht beeinträchtigen kann.

In den Erwägungsgründen zur GMV wird die **Herkunftsfunktion** der Marke betont. Wichtige materiell-rechtliche Voraussetzungen enthält **Art 9** GMV. Gemäß dessen **Abs 1** gewährt die GM ihrem Inhaber ein **ausschließliches** Recht, das es ihm gestattet, Dritten folgende Handlungen ohne seine Zustimmung im geschäftlichen Verkehr zu verbieten:
- Lit a: Benutzung eines mit der GM *identischen Zeichens* für Waren oder Dienstleistungen, die mit denjenigen identisch sind, für die sie eingetragen ist.

> *Beispiel: Googles Werbedienst **AdWords** warf bei Eingabe von Schlüsselwörtern (hier: „Louis Vuitton", auch iVm „Imitat", „Fälschung") unter „**Anzeigen**" Links auf, die Websites betreffen, auf denen **Nachahmungen** von Waren/Ledertaschen von Louis Vuitton dargeboten wurden. Gegen die **Werbenden** wandte sich Louis Vuitton.*

> *EuGH: Der Markeninhaber darf es einem Werbenden uU verbieten, auf ein mit seiner Marke **identisches** Schlüsselwort (hier: **Louis Vuitton**), das von diesem Werbenden **ohne** seine Zustimmung ausgewählt wurde, für die mit der Marke identischen Waren zu werben. Diese Umstände liegen dann vor, wenn aus der Werbung für einen Durchschnittsinternetnutzer **nicht** oder nur **schwer** erkennbar ist, ob die in der Anzeige beworbene Ware vom **Markeninhaber**, einem mit ihm wirtschaftlich **verbundenen** Unternehmen oder von einem **Dritten** stammt (Beeinträchtigung der **Herkunftsfunktion**).*

- Lit b: Benutzung eines Zeichens, wenn wegen der Identität oder *Ähnlichkeit* des Zeichens mit der GM und der Identität oder Ähnlichkeit der durch die GM und das Zeichen erfassten Waren oder

Dienstleistungen für das Publikum die *Gefahr von Verwechslungen* besteht; dabei schließt die Gefahr von Verwechslungen die Gefahr ein, dass das Zeichen mit der Marke gedanklich in Verbindung gebracht wird.

> *Beispiele: Bei Übernahme eines schwachen Zeichens besteht **Verwechslungsgefahr**, wenn das übernommene (GM PERSONAL SHOP) innerhalb des übernehmenden Zeichens (Domain personalshop. de) keine untergeordnete Rolle spielt. Die Top-Level-Domain „de" kann bei Identität der Dienstleistungen die Verwechslungsgefahr nicht beseitigen. Die Kl hatte die Wortbild-GM „**AktienPower%**" (Buchstaben A, P + %-Zeichen mit Pfeil nach rechts oben) inne. Die Bekl verwendete in ihrer Domains cfd-aktienpower.com in buntem Logo Aktienpower, CFD sowie eine durch das A sowie w führende mehrfach gezackte symbolische Kurslinie mit Pfeil nach rechts oben (OGH entschied auf **Verwechslungsgefahr** zugunsten der Kl).*

- Lit c: Benutzung eines mit der GM identischen/ähnlichen Zeichens für Waren oder Dienstleistungen, die nicht denen ähnlich sind, für die die GM eingetragen ist, wenn diese in der EU **bekannt** ist **und** die Benutzung des Zeichens die Unterscheidungskraft/Wertschätzung der GM ohne rechtfertigenden Grund **unlauter** ausnutzt/beeinträchtigt.

> *Beispiele für **verfremdetes** Verwenden **bekannter** Marken: Im Fall „Lila-Postkarte" hatte die Bekl in Anspielung auf die kl Werbelinie den Text abgedruckt: „Über allen Wipfeln ist Ruh, irgendwo blökt eine Kuh. Muh! Rainer Maria Milka". Der **BGH** verneinte eine Unlauterkeit und entschied zugunsten der Bekl, dass diese Aussage in den Schutzbereich der verfassungsrechtlich geschützten **Kunstfreiheit** fällt. Diese wog in casu **schwerer** als das Eigentumsrecht des Markeninhabers, weil dessen Marke nicht herabgesetzt oder verunglimpft wurde, die bekannte Marke nicht ausschließlich zwecks Verkaufsförderung eines (sonst unverkäuflichen eigenen) Produkts verwendet wurde und eine gewisse **satirische** – also ironisch-kritische, und nicht bloß klamaukhafte! – **Auseinandersetzung** mit der gegnerischen Ware/Marke erfolgte.*

> *Dagegen qualifizierte der **OGH** die Verwendung der Bezeichnung „**Styriagra**" für blau eingefärbte Kürbiskerne aus der Steiermark in Anlehnung an das bekannte Arzneimittel „**Viagra**" zur Behandlung erektiler Dysfunktion als iSd Art 9 Abs 1 lit b und c GMV **nicht** gerechtfertigt: Im Unterschied zum Fall „Milka-Postkarte" dominiert hier nämlich nicht die künstlerische Seite: Die humoristische Anspielung auf die bekannte Marke ist somit weniger Ausdruck künstlerischen Schaffens als vielmehr motiviert durch das Bestreben, die **Aufmerksamkeit** auf das **eigene** Produkt, für dessen **Absatz** die **Bekanntheit** der **fremden** Marke **ausgenutzt** wird (primär **kommerzielle** Motive), zu lenken, was die Unlauterkeit nicht ausräumt.*

> *Zur **geografischen Ausdehnung** der **Bekanntheit** judizierte der EuGH im Fall „Pago", dass der **Nachweis** der Bekanntheit einer GM in einem kleinen MS (Österreich) für einen Rechtsschutz nach dieser Vorschrift **ausreicht** (wesentlicher Teil des Gemeinschaftsgebiets). – Dagegen muss die durch Benutzung erworbene **Unterscheidungskraft** (Verkehrsgeltungsnachweis) für das **gesamte** Gebiet der **EU** erbracht werden.*

Ferner ist Art 9 Abs 1 GMV dahin auszulegen, dass sich das ausschließliche Recht des Inhabers einer GM, Dritten zu verbieten, im geschäftlichen Verkehr Zeichen zu benutzen, die mit seiner Marke identisch oder ihr ähnlich sind, auf einen **Dritten** (Inhaber einer **jüngeren** GM) erstreckt, **ohne** dass dessen Marke **zuvor** für nichtig erklärt werden müsste: Zulässigkeit der Verletzungsklage gegen jüngere, noch nicht gelöschte GM (EuGH-E *F.C.I.*).

Beachte ferner **Abs 2** und **3** des **Art 9** sowie Art 11 (Untersagung der Benutzung der Agenten-GM), Art 12 (Beschränkung der Wirkungen der GM), Art 13 (**Erschöpfung**) und Art 15 (**Benutzung** der GM: **Gebrauchszwang**).

> *Beispiel: Gem Art 13 Abs 2 darf sich der GM-Inhaber dem weiteren Vertrieb der Waren **widersetzen**, wenn sie nach ihrem Inverkehrbringen in die EU aus einem Drittstaat **ohne Zustimmung** des **GM-Inhabers** mittels eines Online-Marktplatzes an einen Verbraucher in der EU verkauft werden. Der*

*Weiterverkäufer hatte dabei die Verpackung entfernt, sodass wesentliche Angaben zur Identifizierung des Herstellers/der für das Inverkehrbringen des kosmetischen Mittels verantwortlichen Person fehlten (**L'Oreal** vs **eBay**).*

Beispiele zu **Art 15:**

*Die Benutzung von „OMEGA" in **Kleinbuchstaben** reicht für eine Großbuchstaben-Marke aus.*

*In der E **Specsavers** bejahte der EuGH die **ernsthafte** (Farb-)**Markenbenutzung** der **nicht** in **Farbe eingetragenen** GM, die aber **tatsächlich** in einer bestimmten Farbe (hier: **grün-weiß**) **benutzt** wurde, weil sie von einem erheblichen Teil des Publikums gedanklich mit dieser Farbe bzw Farbkombination in Verbindung gebracht wurde und von diesem immer noch als **Herkunftshinweis** erkennbar war.*

*Der EuGH bejaht die rechtserhaltende Benutzung **zusammengesetzter** Zeichen, wenn die eingetragene Gemeinschaftsbildmarke (blauer Hosentaschenstoff, samt rotem Stofffähnchen, Bild rechts unten) Unterscheidungskraft infolge Benutzung einer **anderen** zusammengesetzten Marke (der Wortbildmarke „LEVI'S", Bild links unten) erlangt hat, deren Bestandteil sie ist, weil sie nur iVm der anderen Marke benutzt wird. Das gilt auch für **den** Fall, dass beide Marken **zusammen** als Marke eingetragen sind (einheitliche Auslegung des Benutzungsbegriffs).*

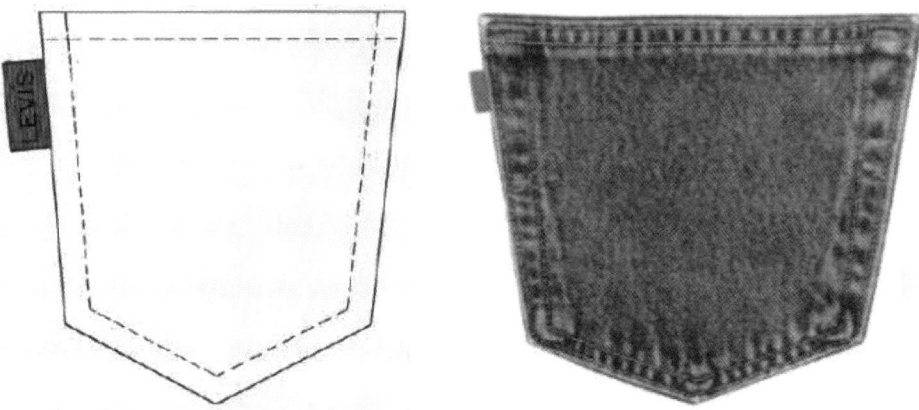

Links: **Wort**bildmarke LEVI'S. Rechts: Rot-blaue Gemeinschafts**bild**marke

IV. Nachträgliche Feststellung der Nichtigkeit – Nichtigkeitsgründe

Nach den Art 34 f GMV kann der Inhaber einer (inter)nationalen Marke uU den **Zeitrang** (die Seniorität) dieser Marke für seine nachfolgend angemeldete GM beanspruchen („**mitnehmen**"). Verzichtet der Markeninhaber in weiterer Folge auf die (inter)nationale Marke im betreffenden MS oder lässt er sie erlöschen, bewirkt der beanspruchte Zeitrang bei der **GM,** dass ihm in dem MS, in dem diese Marke Bestand hatte, aus der GM **dieselben** Rechte zustehen, die ihm zustünden, wenn sie für diesen MS weiter bestehen würde (vgl auch § 69a).

In Art 53 GMV finden sich die **relativen** Nichtigkeitsgründe (vgl §§ 30–32), in Art 52 die **absoluten** Nichtigkeitsgründe (vgl §§ 33–34). Nach Letzteren wird gem Art 52 Abs 1 die GM auf Antrag beim Amt oder auf Widerklage im Verletzungsverfahren für nichtig erklärt, wenn sie Art 7 zuwider eingetragen worden ist (lit a), wenn der **Anmelder** bei der Anmeldung der Marke **bösgläubig** war (lit b). Dazu ein aktuelles Beispiel:

> **Beispiel:** *Dem Schokohasen-Marktführer „Lindt & Sprüngli" wurde vorgeworfen, eine (dreidimensionale) GM (Oster-Goldhase mit roter Schleife und Glöckchen) **missbräuchlich** angemeldet zu haben, um Mitbewerber vom **Markt** zu **verdrängen**.*

*Der **EuGH** entschied: Der Umstand **allein**, dass der Anmelder weiß oder wissen muss, dass ein Dritter in einem MS ein gleiches oder ähnliches Zeichen für eine gleiche oder mit dem angemeldeten Zeichen verwechselbar ähnliche Ware benutzt, reicht für die Bejahung seiner **Bösgläubigkeit nicht** aus. Davon **unabhängig scheiterte** beim **EuGH** die Eintragung des Goldhasen als **GM** (**ohne Lindt**-Markenschriftzug!) mangels Unterscheidungskraft.*

V. Umwandlung und Gesetzmäßigkeitsprüfung

Gem Art 112 Abs 1 GMV kann der Anmelder/Inhaber einer GM beantragen, dass seine Anmeldung/GM in eine solche für eine nationale Marke umgewandelt wird,

- soweit die GM-**Anmeldung** zurückgewiesen wird, zurückgenommen wurde oder als zurückgenommen gilt (zB bei Nichtzahlung der Klassengebühr) (lit a);
- soweit die **GM** ihre Wirkung verliert (lit b).

Nach Art 112 Abs 2 ist die **Umwandlung unzulässig**,

- wenn die GM wegen Nichtbenutzung für verfallen erklärt wurde, außer die GM wurde in dem MS, für den die Umwandlung beantragt wird, benutzt und dies gilt als **ernsthafte** Benutzung iS der Rechtsvorschriften dieses MS (lit a);
- wenn Schutz in einem MS begehrt wird, in dem der Marke entweder ein Eintragungshindernis oder ein Verfalls- oder Nichtigkeitsgrund entgegensteht (lit b).

Das ÖPA entscheidet über die **Zulässigkeit** des Antrags auf Umwandlung einer angemeldeten oder eingetragenen **GM** (§ 69b). Gem § 69c ist der Antrag wie eine nationale Markenanmeldung zu behandeln und auf **Gesetzmäßigkeit** (§ 20) zu prüfen. In jedem Falle findet eine **Ähnlichkeitsprüfung** statt.

VI. Gerichtszuständigkeit

Gem § 69d Abs 1 fungiert als GM-Gericht I. Instanz ohne Rücksicht auf den Streitwert das HG Wien (II. Instanz: **OLG Wien**), zuständig auch für eV. Der **OGH** (nicht etwa der EuGH!) entscheidet über Rechtsmittel gegen E des (nationalen) GM-Gerichts zweiter Instanz (also des OLG Wien) über die Verletzung einer GM. Gem § 69d Abs 2 steht die Gerichtsbarkeit in **Strafsachen** betreffend GM dem LG für Strafsachen Wien zu.

Begehen mehrere Beklagte (bei Vorliegen von **Konnexität!**) in einer sog **Verletzerkette** eine „**einheitliche**" Schutzgesetzverletzung, fragt sich, ob hier ein effizientes gemeinschaftsweites Verbot identischer Verletzungshandlungen erwirkt werden kann.

Der OGH **bejahte** dies (in Sachen Red Bull vs Pitbull): Demnach verfügen die **nationalen Gemeinschaftsmarken**gerichte im Hinblick auf die **Jurisdiktion** über **unionsweite** Entscheidungsbefugnisse.

ZWEITER ABSCHNITT
MUSTERRECHT

(§§ ohne weitere Angabe sind solche des MuSchG idgF)

A. Einführung ins Musterrecht

I. Begriffliches: Musterschutzrecht – (Geschmacks-)Musterrecht

Unter dem Begriff des **Musterschutzrechts** sind Normen zu verstehen, die das spezielle Aussehen **gewerblicher Erzeugnisse** schützen. Gegenstand des Schutzrechts ist nicht ein Erzeugnis, sondern die sich am Erzeugnis zeigende **Gestaltung**. Das Musterrecht als Innovationsschutzrecht will **Design-schaffen** anregen. Sein Hauptanliegen besteht somit – im Unterschied zum Marken- und Kennzeichen-schutz – **nicht** darin, Verwechslungsgefahr zu vermeiden. **Designschutz** (*„Design sells"*): Schlagendes Verkaufsargument ist weniger die Funktion als das **Design**. Dieser ist bedeutend, zumal die Entwicklung erfolgreicher Produktdesigns teuer ist (hoher wirtschaftlicher Wert von Designs). Viele Produkte lassen sich charakteristisch gestalten, benötigen also musterrechtlichen Schutz.

> **Beispiele** für geschützte Muster: Sportwagenkarosserie, Tapetenmuster, (hochtechnisiertes) ärztliches Behandlungsinstrument (Skalpell), elegantes Seidentuch usw. Ferner hat zB Vodafone die Bildschirm-darstellung einer Lupe für ein Such-Icon und eines Einkaufswagens für Einkäufe in GB als Design registrieren lassen.

Neben dem MuSchG existiert ein **wettbewerbsrechtlicher Schutz** gegen **unlautere** Nachahmung einer fremden Leistung (Designschutz). **Vor** der Großen Generalklausel des § 1 UWG ist **§ 2 Abs 3 Z 1** leg cit zu prüfen, welcher einen Schutz gegen (objektive) **vermeidbare Herkunftstäuschung** gewährt. Danach kommt es **nicht** auf die **Vorwerfbarkeit** (**bewusste** Nachahmung), sondern auf die **objektive** Herkunfts-täuschung an. Diese Bestimmung nimmt zwar vom Irreführungsschutz ihren Ausgang, bezieht sich aber auf jede **Vermarktung** eines Erzeugnisses (auch **Verpackung**), die zu einer Verwechslungsgefahr mit einem anderen Erzeugnis bzw fremden Kennzeichen (zB **Muster**) führt. Schließlich ist **vor § 2** die Z 13 im **Anhang** des **UWG** zu prüfen, die allerdings **Werbung** für das nachgeahmte Produkt in der Weise fordert, die den Umworbenen **absichtlich glauben macht**, er habe das **Originalprodukt** vor sich. Darü-ber hinaus genießt ein Design uU auch als Werk der bildenden Künste Urheberrechtsschutz (§ 3 UrhG).

Das Musterschutzrecht wird, im Hinblick auf die in Deutschland (und mittlerweile auch in der EU) üb-liche Begriffsverwendung, auch als **Geschmacksmusterrecht** bezeichnet. Bei diesem handelt es sich, kurz gesagt, um den Schutz ästhetisch wahrnehmbarer Farb- und Formgestaltung neuer Ereignisse. Geschmacksmuster beziehen sich auf **zweidimensionale Muster** (zB Grafik) und **dreidimensionale Modelle** (zB Form einer Flasche). Das Gebrauchsmusterrecht gewährt hingegen einen Sonderschutz für Erfindungen von geringer Erfindungshöhe. Dabei wird eine neue, dem Gebrauchszweck dienende inhaltlich-technische Entwicklung oder Gestaltung geschützt, wie dies im GMG 1994 (Näheres unten

Dritter Abschnitt) gesetzlich geregelt ist. Quasi einen Oberbegriff von Geschmacks- und Gebrauchsmusterrecht stellt das **Musterrecht** als solches dar.

II. Geschichtlicher Überblick

Bereits Ende des 18. Jahrhunderts gab es in Frankreich geschützte Muster für Seidenerzeugnisse; um 1840 arbeiteten in der Textilindustrie in Wien Musterzeichner ("mit gutem Geschmack") auf beachtlichem Niveau. Mit "Kaiserlichem Patent" vom 7. 12. 1858 RGBl 237 wurde das "Gesetz zum Schutze der Muster und Modelle für Industrie-Erzeugnisse" erlassen (in Kraft mit 1. 3. 1859). Es war Grundlage für das nach dem II. Weltkrieg erlassene MusterschutzG 1953 BGBl 1953/39, wiederverlautbart als MusterschutzG vom 7. 7. 1970 BGBl 1970/261. Nach umfassender Musterschutzreform (ua mit Neuerung der Konzentration des musterrechtlichen Verfahrens beim ÖPA) wurde es durch das BG vom 7. 6. 1990 über den Schutz von Mustern (MusterschutzG – MuSchG 1990 BGBl 1990/497) ersetzt und in den Jahren 1992 (BGBl 1992/772) und 2001 iZm der Euroumstellung (BGBl I 2001/143) novelliert. Eine terminologische und inhaltliche Anpassung an EU-Entwicklungen (insb an die Muster-RL und die VO über das Gemeinschaftsgeschmacksmuster – GGV) erfuhr dieses Gesetz durch die **MuSchG-Nov 2003** (BGBl I 2003/81).

Seither folgten vier weitere Novellen: BGBl I 2004/149 (Patentrechts- und Gebührennovelle 2004), BGBl I 2005/131 (Zentralisierung der Verordnungsermächtigung beim Präs des ÖPA), BGBl I 2005/151 (VerbandsverantwortlichkeitsG) und zuletzt **BGBl I 2013/126** betreffend die **Patent- und Markenrechts-Novelle 2014** mit geänderter Behördenstruktur und Neuregelung des **Instanzenzug**es (insb zu **OLG Wien** und **OGH** bei Abschaffung von BA und OPM mit 1. 1. 2014).

III. Rechtsquellen

1. Nationale Rechtsquellen

a) Musterschutzgesetz, Produktpirateriegesetz

Zentral: BG vom 7. 6. 1990 über den Schutz von Mustern (**MusterschutzG 1990** BGBl 1990/497 idF **BGBl I 2013/126**). Zum PPG und zur entspr (EG)PPVO s oben beim Markenrecht, Erster Abschnitt, A. III.1.b und A.III.2.a.

b) PPG – PAG – PAGV

Zum PPG s bereits oben beim Markenrecht A.III.1.b. Die Gebühren für (ua) Musteranmeldungen wurden im BG über die im Bereich des ÖPA zu zahlenden Gebühren und Entgelte (**Patentamtsgebührengesetz – PAG** BGBl I 2004/149 idF **BGBl I 2013/126**) niedergelegt.

Gem § 20 Z 1 beträgt die Anmeldegebühr für eine Einzelanmeldung € 65,– (a), für eine Sammelanmeldung € 122,– (b), zuzüglich € 18,– für das elfte und für jedes weitere der darin zusammengefassten **Muster**.

Klassengebühr für Einzelanmeldung: (Z 3) pro Klasse € 15,–, Lagergebühr für **dreidimensionale Muster** (Z 4) pro Musterexemplar € 80,–. Erneuerungsgebühr (§ 21 Abs 1): Einzelmuster (Z 1) € 125,–, Muster einer Sammelanmeldung pro Muster (Z 2) € 85,–. Wichtig ist die V des BM für Verkehr, Innovation und Technologie betreffend im Bereich des ÖPA zu zahlende Gebühren (**PatentamtsgebührenV – PAGV BGBl II 2010/198**).

Nach § 1 Abs 1 beträgt die Gebühr für (Z 12) vom ÖPA angefertigte und bestätigte **Auszüge** aus dem **Musterregister** für jedes Muster € 4,–, für (Z 13) ein Duplikat eines Musterzertifikates ebenfalls € 4,–.

Nach § 1 Abs 2 PAGV beträgt die Gebühr für die Veröffentlichung eines Musters im (vom ÖPA herausgegebenen) **Österreichischen Musteranzeiger** jeweils € 25,–.

c) Vorarlberger „Musterschiedsvertrag 1946"

Parallel zum gesetzlichen (MuSchG) existiert für den Bereich der Stickerei-Industrie das traditionelle Schutzrechtssystem des Vorarlberger „Musterschiedsvertrags 1946". Dieses „Schiedsgericht für den Musterschutz des Vorarlberger Stickerei- und Spitzenerzeugungsgewerbes" stellt ein in praxi effizientes, da mit scharfen Sanktionen ausgestattetes Geschmacksmustersystem auf **vertraglicher** Grundlage dar. Es besitzt ua eine eigene „Registrierungs- und Verwaltungsstelle" im Stickereizentrum Lustenau.

Nach der Rsp begründet die Registrierung des Musters bei der Registrierungs- und Verwaltungsstelle des Musterschutzes des Vorarlberger Stickerei- und Spitzenerzeugungsgewerbes aufgrund des Musterschiedsvertrags 1946 **kein absolutes** Musterrecht iSd MuSchG 1970. Es ist daher auch **kein** gesetzliches Immaterialgüterrecht, das dem Berechtigten gegen jeden Dritten ein Verbotsrecht einräumt. Vielmehr handelt es sich um einen **vertraglichen Anspruch** auf Unterlassung des Eingriffs in das Muster eines Vertragsmitgliedes. Bei der **Auslegung** des Vertrags sind aber die Bestimmungen des **MuSchG sinngemäß** anzuwenden.

2. Rechtsquellen aus EU-Recht

a) Muster-RL

Die **Muster-RL** (RL 98/71/EG des EP und des Rates vom 13. 10. 1998 über den rechtlichen Schutz von Mustern und Modellen) wurde (etwas verspätet) mit der MuSchG-Nov 2003 (BGBl I 2003/81) umgesetzt. Sie erstrebt eine Verhinderung der Verzerrung des Wettbewerbs (Erwägungsgründe 2, 3). Für das reibungslose Funktionieren des Binnenmarktes erweist sich eine zielgerechte, richtlinienkonforme (keinesfalls aber die völlige) Angleichung der Gesetze der MS zum Schutz von Mustern als notwendig. Zuletzt überlegten EP und Kommission eine Reform der Muster-RL, insb des Geschmacksmusterschutzes von **Ersatzteilen**. Damit sollen die Vollendung des Binnenmarkts und die Verstärkung des Wettbewerbs in diesem Bereich mit einer **Liberalisierung** (des Sekundärmarktes für Ersatzteile) erreicht werden, die dem **Verbraucher** eine größere Auswahl von Lieferanten von Ersatzteilen zu Reparaturzwecken sichert.

Gem Art 17 S 1 Muster-RL ist das „nach Maßgabe dieser Richtlinie durch ein in einem oder mit Wirkung für einen MS eingetragenes Recht an einem Muster **geschützte Muster auch** nach dem **Urheberrecht** dieses Staates von dem Zeitpunkt an **schutzfähig**, an dem das **Muster geschaffen** oder in irgendeiner Form festgelegt wurde." Damit wird **bis** zur **Vollharmonisierung** des UrhR der Grundsatz der **Kumulation** von **Musterrecht** und **UrhR** statuiert.

> *Beispiel:* Die Bekl Firma Semeraro führte im Vertrauen auf die Gemeinfreiheit dieses Modells Imitate der Lampe „**Arco**" aus China nach Italien ein. Die zwei Vorlagefragen betrafen einerseits Muster, die vor Inkrafttreten der nationalen italienischen Rechtsvorschriften zur Umsetzung der Muster-RL (vor 19. 4. 2001) *mangels* Eintragung gemeinfrei waren, andererseits solche, die vor diesem Zeitpunkt gemeinfrei waren, weil ihr Eintragungsschutz bereits **erloschen** war. Der **EuGH** hielt die italienischen Vorschriften mit Art 17 Muster-RL für unvereinbar. Dieser **stehe** einer gesetzlichen Regelung **entgegen**, nach der vom urheberrechtlichen Schutz Muster ausgeschlossen sind, die durch ein eingetragenes Recht an einem Muster geschützt **waren** und die vor Inkrafttreten der gesetzlichen Regelung **gemeinfrei wurden**, obwohl sie alle für diesen Schutz erforderlichen Bedingungen erfüllten. Unter Hinweis auf die **Kumulation** von **Urheberrechts-** und **Designschutz** wird hier die traditionsreiche kl Industriedesignberechtigte aus Mailand gegen die Nachahmungen der Bekl und damit gegen den Ausschluss des urheberrechtlichen Designschutzes in Italien (EU-rechtswidrig!) geschützt.

b) Schutz- oder Rechtsdurchsetzungs-RL

Näheres dazu s bereits oben erster Abschnitt Markenrecht A.III.2.b.

c) EU-Produktpiraterie-VO 2014, VO über das Gemeinschaftsgeschmacksmuster (GGV)

Neu sind die **EU-Produktpiraterie-VO** 2014, die die PPV ablöste, sowie die **Durchführungs-VO** (EU) **1352/2013** der Kommission vom 4. 12. 2013 zur Festlegung der in EU-Produktpiraterie-VO 2014 durch die Zollbehörden vorgesehenen **Formblätter** (Näheres s oben Markenrecht A.III.2.a).

Mit der MuSchG-Nov 2003 wurde den Anforderungen der **VO (EG) 6/2002 des Rates vom 12. 12. 2001 über das Gemeinschaftsgeschmacksmuster (= GGV),** geändert durch VO (EG) 1891/2006 des Rates vom 18. 12. 2006 zur Änderung der VO (EG) 6/2002 und (EG) 40/94, mit der dem Beitritt der Europäischen Gemeinschaft zur Genfer Akte des Haager Abk über die internationale Eintragung gewerblicher Muster und Modelle Wirkung verliehen wird, entsprochen. Hervorzuheben ist diesbezüglich Abschnitt VII des MuSchG, dh § 44a (betreffend Anmeldungen für GGM) und § 44b (betreffend die Gerichtszuständigkeit).

Das **GGM** brachte ein **eigenständiges** und **einheitliches** EU-Musterrecht. Die **Wirkung** des GGM bestimmt sich ausschließlich nach der GGV. Für die **Eigenart** ist kein hohes Maß an Originalität oder Gestaltungskraft erforderlich (Schutz bereits **einfacher** Gestaltungen). Im *Gegensatz* zum *Urheberrecht* kommt es bei der Beurteilung der Eigenart weniger auf Gestaltungs- als auf Unterscheidungskraft an (**musterrechtliche Unterscheidungskraft**).

Geschützt sind auch Website-Gestaltungen, Icons und animierte Zeichen. Unionsrechtlich ist zwischen nicht eingetragenen GGM und eingetragenen bzw registrierten GGM zu unterscheiden. *Gemeinsam* sind beiden Musterarten ihr einheitlicher Charakter, gewisse Definitionen (zB des „komplexen Erzeugnisses"), die Schutzvoraussetzungen (Neuheit, Eigenart etc) und der Schutzausschluss (betreffend nichtsichtbare Teile, Zwischenverbindungen etc). **Unterschied**: Das **rGGM** ist, damit das Recht überhaupt entsteht, zur Eintragung anzumelden – maximale Schutzdauer: 25 Jahre. Es ist ein ausschließliches **Nutzungsrecht** für den Berechtigten, aus dem ein Verbot Dritter zur Herstellung, Inverkehrbringung, Ein- und Ausfuhr oder Benutzung eines Erzeugnisses resultiert. Es gewährt seinem Inhaber das ausschließliche Recht, es zu benutzen und Dritten zu verbieten, es ohne seine Zustimmung zu benutzen (Art 19 Abs 1 S 1 GGV).

> **Beispiel – EuGH** *(in Sachen „Leitpfosten zur Straßenmarkierung"): Bei Verletzung dieses ausschließlichen Rechts steht dem Berechtigten das Recht zu, Dritten die Benutzung zu untersagen. Dieses erstreckt sich auf* ***jeden Dritten****, der ein GM benutzt, das beim informierten Benutzer keinen anderen Gesamteindruck erweckt, einschließlich des Inhabers eines später eingetragenen (jüngeren) rGGM.*

Das nGGM entsteht mit „Offenbarung" in der EU (die Schutzdauer ist begrenzt auf drei Jahre nach Offenbarung) und gewährt nur ein Recht zum Verbot Dritter betreffend die **Nachahmung** des geschützten Musters.

> **Beispiel**: *Ein nationales Geschmacksmuster (zB das Alessi-Kochtopf-Design), eingetragen in Italien, darf ohne Zustimmung des Eigentümers in Frankreich eingeführt bzw dort hergestellt werden. Handelt es sich dabei jedoch um ein rGGM, sind Einfuhr und Herstellung ohne Zustimmung des Eigentümers unzulässig.*

Da es in der Praxis schwierig sein kann, den bestehenden Schutznachweis zu erbringen, werden Internetplattformen angeboten, um neue Designleistungen zu präsentieren und so jederzeit den Nachweis einer globalen Offenbarung zu führen. Diese (zB die Designdatenbank designTRESOR®, s Bild unten) raten Designern, nicht nur den Tag der Veröffentlichung eigener Muster oder Modelle sorgfältig zu dokumentieren, sondern auch für den Fall, dass ihnen eine Nachbildung vorgeworfen wird, Zeichnungen, Texte usw aufzubewahren und uU auf Personen als Zeugen zurückzugreifen.

3. Internationale Rechtsquellen

Wichtig: **PVÜ** (deren **Art 5**^quinquies schützt gewerbliche Muster und Modelle in allen Verbandsländern) und **TRIPS** (s oben Erster Abschnitt A.III.3.a). Zu TRIPS sind die Leitlinien für eine internationale Stärkung des **Geschmacksmusterschutzes** (enthält Anh I C WTO-Abk) zu ergänzen. Das **Abk von Locarno** (mit Österreich 49 Länder) bezweckt die Errichtung einer Internationalen Klassifikation für gewerbliche Muster und Modelle.

B. Was ist ein Muster?

Die Änderungen des **MuSchG** BGBl 1990/497 idF **BGBl I 2013/126** sind auf unionsrechtliche Entwicklungen (Muster-RL, GGV) zurückzuführen. Das **GGM** genießt in den EU-MS **unmittelbaren Schutz**. Begleitende gesetzliche Bestimmungen wurden nötig: **Schwerpunkte** der MuSchG-Nov 2003 sind: Änderung der Begriffe „Muster", „Erzeugnis", Einführung der „relativen" Neuheit, Neuheitsschonfrist, Verlängerung der maximalen Schutzdauer auf 25 Jahre und Anpassung der Bestimmungen über die Nichtigerklärung eines Musters an die Muster-RL.

I. Legaldefinitionen

Nach § 1 Abs 1 S 1 kann „*für Muster, die neu sind und Eigenart haben (§§ 2, 2a) und weder gegen § 2b noch die öffentliche Ordnung oder die guten Sitten verstoßen*", Musterschutz erworben werden. Dabei sind unter der „öffentlichen Ordnung" die tragenden Grundsätze der Rechtsordnung (EBRV) zu verstehen. „Gegen die guten Sitten" verstößt ein **Muster**, wenn es seinem Aussehen oder seiner Bestimmung nach geeignet ist, „das Anstandsgefühl eines nicht unmaßgeblichen Teils der inländischen Bevölkerung zu verletzen."

§ 1 Abs 1 S 2: „*Muster, die unter das Doppelschutzverbot (§ 3) fallen, werden nicht geschützt.*" Abs 2 definiert (entspr Art I lit a Muster-RL) als Muster „*die Erscheinungsform eines ganzen Erzeugnisses oder eines Teils davon, die sich insbesondere aus den Merkmalen der Linien, Konturen, Farben, der Gestalt, Oberflächenstruktur und/oder der Werkstoffe des Erzeugnisses selbst und/oder seiner Verzierung ergibt*".

Die Definition des Musters **vor** der MuSchG-Nov 2003 knüpfte schlicht an den Begriff **„Aussehen"** („Design", gemeint ist aber in Wahrheit die **industrielle Formgestaltung** oder **Ausstattung**) an. Es geht um **geistige Gestaltung**, wie sie für den Sehsinn (nicht Tast-, Geschmacks-, Geruchs- oder Gehörssinn) wahrnehmbar ist. Diese ist „Vorbild" für dieses Aussehen des gewerblichen, also auch des Industrieerzeugnisses.

Nicht dieses selbst oder dessen physische Vorlage (zB Prototyp) ist Schutzgegenstand des MuSchG, sondern nur die für den **Sehsinn** feststellbaren Eindrücke, dh das Immaterialgut (die immateriale Form-

und/oder Farbgestaltung). Es kommt nicht auf den Gebrauchszweck oder die Funktion des Musters, sondern auf den **Gesamteindruck** an, wie er sich aus den musterprägenden Merkmalen (zB Form, grafische Gestaltung, Farbe, Material, Glanz usw) ergibt.

> *Unterscheide: Für den Schutz der Unterscheidungskraft dreidimensionaler Zeichen steht § 9 Abs 3 UWG zur Verfügung. Danach kann ein Ausstattungsschutz bei Verkehrsgeltung zustehen, zB Werbebild auf Lebensversicherungspolizze mit nacktem, krabbelndem Kind, Inzersdorfer Jagdwurstkonserven mit hellgrüner Grundfarbe, Kaffeepackungen, Almdudler-Limonade-Flasche usw. Dagegen können gem § 1 MaSchG dreidimensionale (Form-)Marken Markenschutz genießen, zB lila Kuh/ Milka-Schoko, Michelin-Männchen, Mercedes-Stern, Toblerone-Schoko, Maggi-Flasche ua (Näheres s oben Markenrecht A.IV.2).*

Abgestellt wird auf den Begriff des gewerblichen Erzeugnisses (Produkt wie auch Verpackung umfassend): Nach der Rsp wird der **Gesamteindruck** eines Musters von seinen **prägenden** Merkmalen bestimmt.

> *Beispiel: Ein österr Muster einer (Berner-)Würstel-Verpackung stimmte mit dem gegnerischen nGGM zwar in den (technisch bedingten) Dimensionen überein; entscheidend waren aber die Unterschiede (prägenden Merkmale) der (mehr Gestaltungsfreiheit des Entwerfers ermöglichenden) Deckfolien: Deren Umrandung und (bunte) Gestaltung mit dem Aufdruck einer grünen Landschaft mit Wiese, Bauernhof und Kirche unterschieden sich vom gegnerischen Muster durch dessen unbedruckte Deckfolie, den Aufkleber, blauen Himmel, weiße Wolken und Wiesenlandschaft mit Bauernhof und Bergen signifikant, weshalb iE als Gesamteindruck fehlende Übereinstimmung (und daher kein Musterrechtseingriff) vorlag.*

Das musterrechtlich zu schützende Produkt kann wiederholbar in mehreren Stücken tatsächlich hergestellt werden (geringfügige Abweichungen schaden nicht). Danach ist bei Zusammenwirken von Gegenständen im funktionellen, operativen oder optischen Sinne ein Schutz möglich, wenn die einzelnen Elemente in so engem Zusammenhang stehen, dass sie als **einheitliches Erzeugnis** anzusehen sind (**Kombination**).

> *Beispiele: Kann ein gewerbliches Erzeugnis auch ein (aus drei Ziergegenständen bestehendes) Set aus mehreren Elementen sein (hier: zwei Muscheln, ein Seestern, angeboten als „Maritimes Trio")? Antwort der Rechtspraxis: Stehen Einzelgegenstände in so engem funktionellen Zusammenhang, dass sie als einheitliches gewerbliches Erzeugnis (Kombination) zu beurteilen sind, können sie als Set iSd MuSchG in einer Einzelanmeldung vereinigt werden, außer es werden (wie hier: Ensemble) unabhängige Gegenstände nur durch ihre räumliche Anordnung in Beziehung gesetzt. Weitere Kombi-Beispiele für eine als Gesamtheit schützbare Einheit: Jacke und Hose eines Anzugs, Tasse und Untertasse für ein Service.*

> *Beachte: Musterrechtlich bedeutend sind alle wahrnehmbaren Merkmale der Erscheinungsform. § 1 Abs 2 nennt demonstrativ Elemente wie Linien, Konturen, Farben, Oberflächenstruktur (Tastmuster schützbar!).*

Maßgeblich für den Schutz sind diejenigen Merkmale eines Musters eines ganzen Erzeugnisses/eines Teils (zB „Koffertragegriff" als selbständig verkehrsfähiger Teil des Erzeugnisses „Koffer"), die in der Muster**anmeldung** sichtbar wiedergegeben werden. Gem § 1 Abs 3 fällt unter den Begriff „Erzeugnis" *„jeder industrielle oder handwerkliche Gegenstand, einschließlich – unter anderem – von Einzelteilen, die zu einem komplexen Erzeugnis zusammengebaut werden sollen, Verpackung, Ausstattung, grafischen Symbolen und typografischen Schriftbildern; ein Computerprogramm gilt jedoch nicht als Erzeugnis."* Auch **grafische Symbole** und **typografische Schriftbilder** fallen unter den Begriff des **Erzeugnisses**. Abs 4 definiert „**komplexes** Erzeugnis", Abs 5 betrifft aufgrund der GGV erworbene Musterrechte.

II. Neuheit und Eigenart

§ 2 ist überschrieben mit „Neuheit und Eigenart". Gem § 2 Abs 1 gilt ein Muster als neu, *„wenn der Öffentlichkeit vor dem Tag der Anmeldung des Musters zur Registrierung oder, wenn eine Priorität in Anspruch genommen wird, vor dem Prioritätstag kein identisches Muster zugänglich gemacht worden ist. Muster gelten als identisch, wenn sich ihre Merkmale nur in unwesentlichen Einzelheiten unterscheiden."*

Damit wird zunächst die **Neuheitsschädlichkeit** von Gegenständen normiert, die der Öffentlichkeit vor dem Prioritätstag des Musters (zB durch schriftliche/mündliche Beschreibung, durch Benutzung oder Sonstiges, zB durch Rundfunk-Sendungen) zugänglich gemacht wurde. Es sind daher **nur identische –** *nicht* etwa auch *verwechselbar ähnliche –* Muster neuheitsschädlich (**engerer** Neuheitsbegriff als **vor** MuSchG-Nov 2003). In praxi läuft die Neuheitsprüfung auf einen **Identitätsvergleich** mit **vorbestehenden** Gestaltungen hinaus.

Nach § 2 Abs 2 (vgl Art 5 Abs 1 Muster-RL) hat ein Muster **Eigenart,** *„wenn sich der Gesamteindruck, den es beim **informierten Benutzer** hervorruft, von dem unterscheidet, den ein anderes Muster bei diesem Benutzer hervorruft, das der Öffentlichkeit vor dem Tag seiner Anmeldung zur Registrierung oder, wenn eine Priorität in Anspruch genommen wird, vor dem Prioritätstag zugänglich gemacht worden ist."*

> *Beispiel: Nach der Rsp des **OGH** ist ein GGM (hier betreffend ähnliche Doppelwandgläser)* **eigenartig,** *wenn keines der vorbekannten Muster alle prägenden Merkmale aufweist oder zwar prägende Merkmale zeigt, das GGM diese Merkmale aber nicht besitzt. Tragen **alle Merkmale** im **gleichen** Maße zum Gesamteindruck bei, ist die **Eigenart** zu **bejahen,** wenn sich das GGM und das vorbekannte Muster in mindestens **einem** Merkmal voneinander unterscheiden. Ein **hohes Maß** an **Eigenart** gibt Raum für einen **großen Schutzumfang.** Umgekehrt führt geringe Eigenart zu einem kleinen Schutzumfang.*

Wer ist „**informierter Benutzer**"? Der **OGH** sieht in diesem **die durch das Muster angesprochene Zielgruppe,** bei welcher es sich nicht notwendig um Endverbraucher handeln muss. Der informierte Benutzer unterscheidet sich durch ein gewisses Maß an Kenntnissen und Aufgeschlossenheit für Designfragen vom durchschnittlich informierten, aufmerksamen und verständigen **Durchschnittsverbraucher.** Wissen und Fähigkeiten eines Fachmanns sind aber **nicht** erforderlich.

Auch nach dem **EuGH** ist der „**informierte Benutzer**" **kein** Sachkundiger, der minimale Unterschiede zwischen den GGM im Detail festzustellen befähigt ist. „**Informiert**" setzt *einerseits* eine **durchschnittliche Aufmerksamkeit,** *andererseits* auch eine **besondere Wachsamkeit** voraus, sei es wegen der **persönlichen Erfahrung** des Benutzers oder seiner **umfangreichen Kenntnisse** in dem betreffenden Bereich.

Der Aufmerksamkeitsgrad des **informierten** Benutzers zeichnet sich durch besondere Wachsamkeit aus. Er liegt **zwischen** dem des Durchschnittsverbrauchers im Markenrecht und dem des Fachmanns mit besonderer Sachkunde. Sofern **möglich,** nimmt der informierte Benutzer idR einen direkten **Vergleich** des Musters mit dem vorbekannten Formenschatz vor. Der „Teufel" sitzt jedoch im Detail, dh in der Schwierigkeit der **Abgrenzung** im jeweiligen Einzelfall, die die **Rsp** vorzunehmen hat.

> *Beispiel: Die Inhaber in einer **älteren** eingetragenen Gemeinschaftsbild**marke** in Form einer sitzenden Figur mit vorgebeugtem Oberkörper und verärgertem Gesichtsausdruck (s Bild rechts)* **verklagte** *die Inhaberin des (jüngeren) GGM ebenfalls in Form einer sitzenden Figur (s Bild links), eingetragen für Verzierungen von T-Shirts, Schirmmützen, Aufklebern und Drucksachen einschließlich Reklamematerial, ua darauf, dass das Muster ihr als ältere Gemeinschaftsmarke geschütztes Zeichen (Art 25 Abs 1 lit e GGV) verwende.*

*Die Klage wurde iE abgewiesen. Der EuGH schloss sich der Auffassung des EuG an, wonach das **GGM** in casu beim (als besonders wachsam angesehenen) informierten Benutzer im Hinblick auf seine umfangreichen Kenntnisse und seine besondere Wachsamkeit einen **anderen** Gesamteindruck hervorrufe als die Marke.*

Regelmäßig wird im Musterrecht darum gestritten, ob und inwieweit nach dem **Gesamteindruck** des informierten Benutzers Eigenart und damit Schutzfähigkeit und/oder Schutzumfang – ein hohes Maß an Eigenart bedeutet großen Schutzumfang! – zu bejahen sind, wobei das (Nicht-)Vorliegen der konkreten Voraussetzungen von Bedeutung ist.

> *Beispiel: Zur Frage der **Eigenart** eines GGM im Kollisionsstreit zwischen dem (prioritäts)älteren GGM „Metallblech für Spiele" mit dem prioritätsjüngeren GGM „Werbeartikel für Spiele" entschied der EuGH zugunsten des älteren, dass die Unterschiede zwischen beiden GGM im Hinblick auf je eine flache, kreisrunde Scheibe **nicht** für die Feststellung ausreichten, beim unterrichteten Verbraucher einen **unterschiedlichen** Gesamteindruck zu erwecken. Beide GGM wiesen einen Kreis auf, dessen Halbmesser ca 2/3 des vom Scheibenrand gebildeten Kreises ausmachte. Hätte dieser Kreis des jüngeren GGM eine **andere** Form (zB ein Sechseck oder eine Ellipse) gehabt, wäre ein vom älteren GGM **abweichendes** Erscheinungsbild hervorgerufen worden.*

§ 2a Abs 1: Ein Muster gilt als der Öffentlichkeit zugänglich gemacht, *„wenn es nach der Registrierung oder auf sonstige Weise bekannt gemacht, ausgestellt, im Verkehr verwendet oder aus anderen Gründen offenbart wurde"*, es sei denn, dass dies den im EWR tätigen Fachkreisen des betr Sektors im normalen Geschäftsverlauf nicht vor dem Tag der Anmeldung zur Registrierung oder, wenn eine Priorität in Anspruch genommen wird, vor dem Prioritätstag bekannt sein konnte. § 2a Abs 1 S 2: Ein Muster gilt *„nicht als der Öffentlichkeit zugänglich gemacht, wenn es lediglich einem Dritten unter der ausdrücklichen oder stillschweigenden Bedingung der Vertraulichkeit offenbart wurde".*

> *Beachte: Dadurch wurde anstelle der (vor der MuSchG-Nov 2003 geltenden) „absoluten objektiven Neuheit" das Kriterium der „**relativen Neuheit**" eingeführt (Abschwächung des strengen Neuheitsbegriffs). Für **Neuheit** und **Eigenart** ist nicht ausschlaggebend, ob ein Muster irgendwo vor dem Prioritätstag bereits zugänglich war. Auch wenn ein Muster irgendwo zugänglich war, den Fachkreisen im EWR aber im normalen Geschäftsverlauf nicht bekannt sein konnte, kann dennoch Musterschutz beansprucht werden.*

§ 2a Abs 2: Eine **Offenbarung** bleibt *„bei der Anwendung des § 2 unberücksichtigt, wenn das Muster der Öffentlichkeit nicht früher als zwölf Monate vor dem Tag der Anmeldung oder, wenn eine Priorität in Anspruch genommen wird, vor dem Prioritätstag zugänglich gemacht wird und zwar: 1. durch den Schöpfer oder seinen Rechtsnachfolger oder durch einen Dritten als Folge von Informationen oder Handlungen des Schöpfers oder seines Rechtsnachfolgers oder 2. als Folge einer missbräuchlichen Handlung gegen den Schöpfer oder seinen Rechtsnachfolger.*

Innerhalb der dem Anmelder eingeräumten **zwölfmonatigen Neuheitsschonfrist** vor dem Prioritätstag bleiben an sich neuheitsschädliche Vorgänge (zB druckschriftliche Veröffentlichungen, Zurschaustellungen) **unberücksichtigt**, wenn sie auf den Schöpfer/seinen Rechtsnachfolger zurückgehen. Zur **Offenbarung**: Auch Fotos und Zeichnungen können vorgelegt werden. Der Anmelder hat mindestens eine, maximal zehn Abbildungen in Farbe oder Schwarz-Weiß vorzulegen. Beiwerk ist unzulässig, sofern es nicht eine bloße (notwendige) „Präsentationshilfe" ist.

III. Technische Funktion, Verbindungselemente

§ 2b Abs 1 (vgl Art 7 Abs 1 Muster-RL) ist überschrieben mit *„Durch ihre technische Funktion bedingte Muster und Muster von Verbindungselementen"*. Gem Abs 1 besteht ein Recht an einem Muster *„nicht* *an Erscheinungsmerkmalen eines Erzeugnisses, die ausschließlich durch dessen technische Funktion bedingt sind."* Nach § 2b Abs 2 (vgl Art 7 Abs 2 Muster-RL) besteht ein Recht an einem Muster *„nicht an Erscheinungsmerkmalen eines Erzeugnisses, die zwangsläufig in ihrer genauen Form und ihren genauen Abmessungen nachgebildet werden müssen, damit das Erzeugnis, in das das Muster aufgenommen oder bei dem es verwendet wird, mit einem anderen Erzeugnis mechanisch zusammengebaut oder verbunden oder in diesem, an diesem oder um dieses herum angebracht werden kann, so dass beide Erzeugnisse ihre Funktion erfüllen".*

Zweck: Sicherstellung der **Interoperabilität** von Erzeugnissen unterschiedlicher Herkunft; Verhinderung der **Monopolisierung** von Form und Abmessungen von Verbindungselementen.

§ 2b Abs 3 enthält eine **Ausnahme**: *„Ungeachtet des Abs. 2 besteht unter den im § 2 festgelegten Voraussetzungen ein Recht an einem Muster, das dem Zweck dient, den Zusammenbau oder die Verbindung einer Vielzahl von untereinander austauschbaren Teilen innerhalb eines modularen Systems zu ermöglichen."*

Besteht der **innovative** Charakter eines Musters im **Design** eines für den **Zusammenbau** entworfenen **Verbindungselements** (zB bei Spielzeugteilen), kann dafür Musterschutz erworben werden (Einfluss der **Lego-Klausel** des Art 7 Abs 3 Muster-RL!).

IV. Kollidierende Muster (Doppelschutzverbot)

Nach dem **Prioritätsprinzip** genießen ältere gegenüber jüngeren Rechten Vorrang. § 3 betrifft die Frage, ob ein **älteres Recht** (kollidierendes Muster) vorliegt. Demnach ist ein Muster *„vom Musterschutz ausgeschlossen, wenn es mit einem früheren Muster kollidiert, das der Öffentlichkeit nach dem Tag der Anmeldung oder, wenn eine Priorität in Anspruch genommen wird, nach dem Prioritätstag zugänglich gemacht wurde und das durch ein eingetragenes Gemeinschaftsgeschmacksmuster oder eine Anmeldung als Gemeinschaftsgeschmacksmuster oder ein nach diesem Bundesgesetz registriertes Muster oder die Anmeldung eines solchen Rechts von einem Tag an geschützt ist, der vor dem erwähnten Tag liegt".*

Aus dem **Verbot** des **Doppelschutzes** folgt, dass **vor** dem Prioritätstag **eingetragene** und **danach veröffentlichte GGM** (und deren Anmeldungen), die von einem Tag an geschützt sind, der vor dem Prioritätstag liegt, **ältere** Rechte darstellen. Das Doppelschutzverbot kann nicht im Anmeldeverfahren sondern nur im **Nichtigerklärungsverfahren** (§ 23) geltend gemacht werden.

§ 19: Der Anmelder erlangt mit dem Tag der **ordnungsgemäßen** Anmeldung eines Musters das Prioritätsrecht. Eine mit unbehebbaren Mängeln behaftete Anmeldung (zB fehlende Offenbarung) kann nicht als ordnungsgemäß angesehen werden. Gem § 20 Abs 1 sind aufgrund zwischenstaatlicher Vereinbarungen oder auf der Basis von § 20a eingeräumte Prioritätsrechte ausdrücklich in Anspruch zu nehmen. Anzugeben sind Aktenzeichen, Anmeldungstag, Priorität und Anmeldeland (**Prioritätserklärung**). Diese ist nach § 20 Abs 2 innerhalb von zwei Monaten nach dem Einlangen der Anmeldung beim ÖPA abzugeben. Innerhalb dieser Frist kann die beanspruchte Priorität berichtigt werden.

Mit V des Präs des ÖPA ist zu bestimmen, welche Belege im Verfahren vor dem ÖPA für diesen Nachweis (Prioritätsbelege) erforderlich und wann diese Belege vorzulegen sind. § 20 Abs 4: Wird die Prioritätserklärung nicht rechtzeitig abgegeben, werden Prioritätsbelege nicht rechtzeitig vorgelegt oder wird das Aktenzeichen der Anmeldung, deren Priorität in Anspruch genommen wird, auf amtliche Aufforderung nicht fristgerecht bekannt gegeben, bestimmt sich die Priorität nach dem Tag der Anmeldung im Inland.

§ 20a: Dem Anmelder steht binnen sechs Monaten nach dem Anmeldetag einer früheren Musteranmeldung, die nicht vom Geltungsbereich einer zwischenstaatlichen Vereinbarung über die Anerkennung der Priorität erfasst ist, für eine dasselbe Muster betreffende spätere Musteranmeldung im Inland das Recht der Priorität der **früheren** Musteranmeldung zu, wenn Gegenseitigkeit mit dieser Anmeldestelle durch eine vom BM für Verkehr, Innovation und Technologie im BGBl zu verlautbarende Kundmachung festgestellt ist (im Übrigen vgl Art 4 PVÜ).

V. Beschränkung und Erschöpfung der Rechte aus dem Muster

§ 4a: **Beschränkung** der Rechte aus dem Muster. **§ 5a:** (EWR-weite) **Erschöpfung** der Rechte aus dem Muster. Die Rechte aus einem registrierten Muster erstrecken sich nicht auf Handlungen, die ein Erzeugnis betreffen, in das ein unter den Schutzumfang des Rechts an einem Muster fallendes Muster eingefügt oder bei dem es verwendet wird, wenn das Erzeugnis vom Rechtsinhaber oder mit seiner Zustimmung im EWR in den Verkehr gebracht worden ist.

VI. Schöpfer

1. Allgemeines

Der **Schöpfer** hat einen **übertragbaren** Anspruch auf Geschmacksmusterschutz und einen **unverzichtbaren** Anspruch auf **Nennung**. Der Anspruch auf Musterschutz entsteht mit dem **Realakt** der Schöpfung. Bei Arbeitnehmer- bzw Auftragnehmermustern steht idR dem **Arbeit-** bzw **Auftraggeber** dieser Anspruch zu. Haben mehrere physische Personen das Muster **gemeinsam** geschaffen (und dh jeweils einen **qualifizierten,** nicht bloß einen Beitrag als „Gehilfe" geleistet), steht ihnen als **Mitschöpfern** dieses Recht gemeinsam zu.

2. Schöpferprinzip, Lizenzerteilung

§ 7 Abs 1: Der Schöpfer des Musters (also derjenige, welcher das Muster geschaffen hat) oder sein Rechtsnachfolger hat Anspruch auf Musterschutz. Diesen Anspruch kann der Schöpfer auch **übertragen.** Der Rechtsinhaber (dh der ursprüngliche Designer oder ein berechtigter Erwerber des Designs) hat das Recht auf **wirtschaftliche Verwertung** des Designs. Dh, er muss nicht etwa selbst eine Produktion eröffnen, sondern kann auch anderen in einem (zwischen Lizenzgeber [= LG] und Lizenznehmer [= LN] abgeschlossenen) **Lizenzvertrag** die entspr Nutzungsrechte einräumen. Gegenüber Dritten werden die Lizenzrechte erst mit Eintragung ins Musterregister (§§ 18, 21 f) wirksam.

3. Anspruch auf Nennung

Persönlichkeitsrechtliche Wurzel: Der **Anspruch** auf **Nennung** als Schöpfer, wie er in § 8 Abs 2 enthalten ist, ist **unvererbbar** und **unverzichtbar** ist. Er sichert die **Schöpferehre,** dh die ideellen Interessen des Musterschöpfers.

4. Arbeitnehmer-/Auftragnehmermuster

Fällt (§ 7 Abs 2) das Muster eines **Arbeitnehmers** in das Arbeitsgebiet des dort tätigen Unternehmens und hat die zu dem Muster führende Tätigkeit zu den dienstlichen Obliegenheiten des Arbeitnehmers gehört oder ist das Muster außerhalb eines Arbeitsverhältnisses im **Auftrag** geschaffen worden, steht der Anspruch auf Musterschutz, wenn nichts anderes vereinbart worden ist, dem Arbeit-/Auftraggeber/ seinem Rechtsnachfolger (ex lege) zu. Im Gegensatz zu § 8 PatG sieht das MuSchG **keine Vergütung** für Muster des Arbeit-/Auftragnehmers vor. Dieser hat aus dem **Treueverhältnis**, das dem Arbeitsvertrag/

Auftrag zugrunde liegt, dem Arbeit-/Auftraggeber gegenüber die Verpflichtung zur **Meldung** entspr Schöpfungen, damit dieser das Muster anmelden kann.

> *Beispiel: Frau N entwirft die Designlampe LUUT (Auftragswerk im Rahmen eines Auftragsvertrages).* *Vertraglich hat sie alle Rechte an den Auftraggeber G (exklusiv) abgetreten, sich dafür aber im Gegenzug eine – lukrative –* **Pauschalgebühr** *für die Erteilung der Exklusivlizenz gesichert. Rechtsfolge: Auftraggeber G ist Besitzer des Designs und als* **Einziger berechtigt**, *sich dieses als Muster schützen zu lassen. Verlangt N vor Lizenzerteilung keine Pauschalgebühr, riskiert sie, leer auszugehen, wenn G in der Folge (aus welchen Gründen auch immer) die Lampe nicht (erfolgreich) vermarktet.*

> *Beachte: Im Bereich der GGV bestimmt dessen Art 14 Abs 3 für den Fall, dass ein GGM von einem Arbeit**nehmer** in Ausübung seiner Aufgaben oder nach den Weisungen seines Arbeitgebers entworfen wird, das Recht auf das GGM dem Arbeit**geber** zusteht, sofern vertraglich nichts anderes vereinbart wurde oder sofern die anwendbaren innerstaatlichen Rechtsvorschriften (wie in Österreich, wo § 7 Abs 2 auch* **Auftragsmuster** *umfasst) nichts anderes vorsehen. Art 14 Abs 3 GGV betrifft nach dem Kuckucksuhren-Urteil des EuGH nur Arbeitsverhältnisse ieS, ist somit – im Gegensatz zur österreichischen Regelung – auf andere Dienst- oder Auftragsverhältnisse* **nicht** *anwendbar.*

C. Anmeldung und Eintragung im Musterregister

I. Musteranmeldung

Eintragungsverfahren: § 11: Das Muster ist beim ÖPA schriftlich zum Schutz anzumelden. Anmeldetag ist der Tag des Einlangens der Anmeldung beim ÖPA. § 12 Abs 1: Das Muster ist bei der Anmeldung durch Vorlage einer **Musterabbildung** (Foto, Zeichnung) eines **Musterexemplars** (Originalgegenstand oder Modell) zu offenbaren. Wird ein Musterexemplar vorgelegt, ist für Veröffentlichung (§ 17) und Registrierung (§ 18 Abs 1 Z 4) auch eine möglichst deutliche Abbildung des Musters zu überreichen, die für die Offenbarung jedoch außer Betracht zu bleiben hat.

§ 12 Abs 2: Zur Erläuterung des Musters kann eine Beschreibung überreicht werden. Nach Abs 3 sind die Erzeugnisse, für die das Muster bestimmt ist, geordnet nach der Einteilung in (Unter-)Klassen des Abk von Locarno anzugeben (Warenverzeichnis). Derselben Klasse angehörende Muster können in einer 50 Muster umfassenden **Sammelanmeldung** zusammengefasst werden (§ 13). § 14: Exemplar, Abbildung und Beschreibung des Musters können offen oder in einem versiegelten Umschlag überreicht werden (**Geheimmuster**). § 17 legt gesetzlich fest, dass Registrierung und Veröffentlichung *im Österr Musteranzeiger (§ 33)* **gleichzeitig** zu erfolgen haben.

II. Amtliche Prüfung

Danach erfolgt die amtliche Prüfung der Musteranmeldung durch die RA des ÖPA, insb unter dem Gesichtspunkt der **Gesetzmäßigkeit**. Geprüft wird, ob überhaupt ein Muster iSd § 1 vorliegt, ob es Ärgernis erregend ist oder gegen die öffentliche Ordnung verstößt, ob die gesetzlichen Vorschriften über Musterabbildung, Musterexemplar, Warenverzeichnis und Beschreibung (§§ 12 ff) eingehalten wurden, ob die Vollmachten (§ 32: Vertreter) vorliegen und die zur Anmeldung notwendigen Gebühren (§ 40) gem PAG/PAGV (Näheres s oben A.III.1.d) bezahlt wurden.

> *Beachte: Im Rahmen der* **Gesetzmäßigkeitsprüfung** *(§ 16 Abs 1) erfolgt eine Prüfung auf* **Neuheit** *und* **Eigenart** *(§ 2) sowie auf das Kriterium „Durch ihre technische Funktion bedingte Muster von Verbindungselementen" (§ 2b), ferner hinsichtlich des* **Doppelschutzes** *bzw kollidierender älterer Muster (§ 3) sowie darauf, ob der Anmelder* **Anspruch** *auf Musterschutz hat (§ 7), im Anmeldeverfahren* **nicht**.

Ergibt die Prüfung, dass gegen die Registrierung des Musters **Bedenken** bestehen, ist der Anmelder aufzufordern, sich binnen angemessener Frist zu äußern. Wird nach rechtzeitiger Äußerung oder nach Ablauf der Frist die Unzulässigkeit der Eintragung festgestellt, ist die Musteranmeldung abzuweisen (§ 16 Abs 2).

III. Eintragung

Bestehen gegen die Registrierung des Musters keine Bedenken, sind dessen Veröffentlichung im **Österr Musteranzeiger** (§§ 17, 33) und die Registrierung in dem vom ÖPA geführten **Musterregister** (§ 18) zu verfügen (§ 16 Abs 3). Aufzunehmen sind: Registernummer, Anmeldungstag, Priorität, Schutzdauerbeginn, Musterabbildung (§ 18 Abs 1 Z 1 bis 8). Gem § 18 Abs 2 erhält der Musterinhaber eine amtliche Bestätigung (**Musterzertifikat**). Das Musterregister steht jedermann zur Einsicht offen. Auf Verlangen ist ein beglaubigter Registerauszug auszustellen (Abs 3).

IV. Schutzdauer

Gem § 6 beginnt der Musterschutz (die **Schutzdauer**) mit dem Tag der Registrierung. Die Schutzdauer beträgt fünf Jahre beginnend mit dem Tag der Anmeldung. Der Rechtsinhaber kann die Schutzfrist durch rechtzeitige Zahlung einer Erneuerungsgebühr (§ 41) viermal um je fünf Jahre bis zu einer Gesamtlaufzeit von **25 Jahren** ab dem Tag der Anmeldung **verlängern** lassen. Für die Zahlung der Erneuerungsgebühr gilt als Ende der Schutzdauer jeweils der letzte Tag des Monats, der durch seine Benennung dem Monat entspricht, in den der Anmeldetag fällt.

Der Musterschutz **endet** durch **Zeitablauf** (Ende der Schutzdauer), **Verzicht** (grds Totalverzicht; ein Teilverzicht ist nur insoweit zulässig, als er sich auf einen Teil des Warenverzeichnisses oder einen ideellen Miteigentumsanteil bezieht) oder **Nichtigerklärung**.

D. Inhalt des Musterschutzrechts

I. Ausschließungs- bzw Verbietungsrecht

§ 4 Abs 1: Die Registrierung eines Musters gewährt seinem Inhaber das ausschließliche Recht, es zu benutzen und Dritten zu verbieten, es ohne seine Zustimmung zu benutzen. Gem Abs 2 erstreckt sich der Umfang des Schutzes aus einem Recht an einem Muster auf jedes Muster, das beim **informierten** Benutzer keinen anderen Gesamteindruck hervorruft.

Damit erfasst das Verbietungsrecht nicht nur **idente** Muster, sondern auch solche, die beim informierten Benutzer keinen anderen Gesamteindruck hervorrufen. Bei der Beurteilung des Schutzumfangs wird der Grad der Gestaltungsfreiheit des Schöpfers bei der Entwicklung seines Musters berücksichtigt (Abs 3).

II. Schutzbereich

1. Territorialitätsprinzip

Nach dem **Territorialitätsprinzip** wirkt der Musterschutz nur im **Inland** (Bundesgebiet), nicht jedoch im Ausland.

2. Vorbenutzerrecht

§ 5 Abs 1: Die Wirkung des Musterschutzes tritt gegen den **nicht** ein, der gutgläubig ein unter den Schutzumfang eines registrierten Musters fallendes Muster bereits **vor dem** (nicht mehr am!) Prioritätstag im Inland benutzt oder die hiefür erforderlichen Veranstaltungen (dh Vorbereitungshandlungen) getroffen hat: **Vorbenutzer**. Dieser darf das Muster für die Bedürfnisse seines Unternehmens in eigenen oder fremden Betriebsstätten weiterbenutzen (Abs 2).

§ 5 Abs 3: Diese Befugnis kann nur gemeinsam mit dem Unternehmen vererbt/veräußert werden. Ferner kann der Vorbenutzer vom Musterinhaber die schriftliche Anerkennung seiner Befugnis, die auf Antrag des Vorbenutzers in das Musterregister einzutragen ist, verlangen. Bei Verweigerung der Anerkennung hat darüber auf Antrag die NA zu entscheiden und ev die Eintragung der Befugnis in das Musterregister zu verfügen (Abs 5).

III. Musterrechtliche Ansprüche

1. Zivilrechtliche Ansprüche

§ 34 ordnet hinsichtlich der zivilrechtlichen Ansprüche die sinngemäße Anwendung der §§ 147 bis 154 PatG an. Wer in seinem Musterrecht verletzt worden ist, hat demnach Anspruch auf Unterlassung, Beseitigung, Urteilsveröffentlichung, angemessenes Entgelt, Schadenersatz, Herausgabe des Gewinns und Rechnungslegung; auch wer eine solche Verletzung zu besorgen hat, hat Anspruch auf Unterlassung (**vorbeugende** Unterlassungsklage).

2. Feststellungsantrag

§ 39 (Feststellungsanträge): Nicht selten besteht ein **wirtschaftliches** Interesse daran, noch **vor** erheblichen Investitionen rechtsverbindlich feststellen zu lassen, ob ein bestimmter Gegenstand unter ein Schutzrecht fällt oder nicht.

Wer gem § 39 Abs 1 ein Erzeugnis betriebsmäßig herstellt, in Verkehr bringt, feilhält oder gebraucht oder solche Maßnahmen beabsichtigt, kann gegen den Inhaber eines geschützten Musters oder einer ausschließlichen Lizenz beim ÖPA die Feststellung beantragen, dass das Erzeugnis weder ganz noch zT unter das Musterrecht fällt (**negativer** Feststellungsantrag).

Nach § 39 Abs 2 kann der Muster-/Lizenzinhaber gegen jemanden, der ein Erzeugnis betriebsmäßig herstellt, in Verkehr bringt, feilhält, gebraucht oder solche Maßnahmen beabsichtigt, die Feststellung beantragen, dass das Erzeugnis ganz/zT unter das Musterrecht fällt (**positiver** Feststellungsantrag).

3. Strafrechtlicher Musterschutz

Wer nach § 35 Abs 1 ein Musterrecht verletzt, ist vom Gericht mit **Geldstrafe** bis zu 360 Tagessätzen zu bestrafen. Die Tat muss **vorsätzlich** begangen worden sein; bedingter Vorsatz (*dolus eventualis*) genügt. Gem Abs 2 ist ebenso der Inhaber oder Leiter eines Unternehmens zu bestrafen, der eine im Betrieb des Unternehmens von einem Bediensteten/Beauftragten begangene Musterrechtsverletzung nicht verhindert.

Ist der Unternehmensinhaber eine juristische Person, ist die Bestimmung auf die **Organe** des Unternehmens anzuwenden, die sich einer solchen Unterlassung schuldig gemacht haben. Für die über die Organe verhängten Geldstrafen haftet das Unternehmen zur ungeteilten Hand mit dem Verurteilten.

Gem Abs 3 findet die Verfolgung nur auf Verlangen des Verletzten statt, dh die in § 35 niedergelegte Musterrechtsverletzung ist ein **Privatanklagedelikt** iSd § 46 Abs 1 StPO.

E. Übertragung, Rechtsverlust, Löschung

I. Übertragung

Gem § 7 Abs 1 hat Anspruch auf Musterschutz grds der **Schöpfer** des Musters/sein **Rechtsnachfolger**. Der Schöpfer des Musters kann sein Recht auch auf einen anderen **übertragen**.

Ebenso können das Recht aus einer Musteranmeldung und das Musterrecht für alle oder für einzelne Erzeugnisse des Warenverzeichnisses zur Gänze oder nach ideellen Anteilen übertragen werden (§ 10 Abs 1). Denn bei diesen handelt es sich um **Vermögensrechte,** die **vererbt** oder **veräußert** werden können.

Die Übertragung kann also durch Rechtsgeschäft und letztwillige Verfügung, aber auch durch **richterlichen** Ausspruch oder E der **NA** im Zuge des **Aberkennungsverfahrens** (§ 25) erfolgen.

Mit Übertragung des Rechts aus der Anmeldung erlangt der Erwerber Anwartschaft auf Musterrecht und Prioritätsrecht. Wird das Recht aus der Anmeldung übertragen, wird bei Veröffentlichung (§ 17) und Registrierung (§ 18) der Rechtsnachfolger als Musterinhaber im Österr Musteranzeiger genannt und im Musterregister eingetragen. Musterrecht: Frei übertragbares, (ver)pfändbares Vermögensrecht. § 21: Eintragung der Pfandrechte ins Musterregister.

> *Beachte: Bei Übertragung/(Ver-)Pfändung wird das Musterrecht erst mit Eintragung in das Musterregister erworben (**konstitutive** Eintragungswirkung, § 22 Abs 1). Vergabe von **Musterlizenzen** (§ 10 iVm § 21): Dritten gegenüber werden Lizenzrechte erst mit Eintragung ins Musterregister wirksam, wohingegen sich der Zeitpunkt des Erwerbes von Lizenzen im Verhältnis Lizenzgeber/Lizenznehmer nach ABGB richtet.*

Aus § 7 Abs 2 ergibt sich eine von Abs 1 abweichende Regelung, wenn das Muster eines Arbeitnehmers in das Arbeitsgebiet des Unternehmens, in dem dieser tätig ist, fällt, also wenn diese Tätigkeit zu den **dienstlichen** Obliegenheiten des Arbeitnehmers gehört oder dieser das Muster aufgrund eines **Auftrags** geschaffen hat.

Diesfalls hat, in Ermangelung anderslautender Vereinbarung, der Arbeit-/Auftraggeber oder dessen Rechtsnachfolger Anspruch auf Musterschutz (Arbeitnehmer-/Auftragnehmermuster).

Wurde das Muster durch die Mitwirkung zweier oder mehrerer Personen geschaffen, kann die Musteranmeldung, durch die der Anspruch geltend zu machen ist (§§ 11 ff), grds nur von allen **Mitschöpfern** vorgenommen werden.

> *Beachte: Personen, die nur **Hilfstätigkeiten** bei der Schaffung eines Musters durchführen, sind **nicht** Mitschöpfer und haben weder Anspruch auf Musterschutz noch Anspruch auf Nennung als Schöpfer.*

Der Anspruch auf **Nennung als Schöpfer** ist wegen des höchstpersönlichen Charakters **nicht** übertragbar, verzichtbar oder vererbbar (Schöpferehre, § 8 Abs 2). Der Anspruch des Schöpfers umfasst die **Nennung** im Musterregister, die Nennung bei Veröffentlichung im Österr Musteranzeiger sowie bei vom ÖPA auszustellenden Prioritätsbelegen.

II. Rechtsverlust und Löschung

1. Zeitablauf, Verzicht und Teilverzicht

Der **Zeitablauf** ist ein allgemeiner Grund für den Rechtsverlust. **Verzicht** auf das Musterrecht: Zum Zeitpunkt der Erklärung/Bekanntgabe des Verzichts gegenüber dem ÖPA endet das Musterrecht.

§ 33: Das ÖPA hat einen periodisch erscheinenden amtlichen Musteranzeiger herauszugeben, in den ua Veröffentlichungen über das Ende des Musterschutzes/über **Teilverzichte** (Verzicht auf einen Teil des Warenverzeichnisses) aufzunehmen sind.

2. Nichtigerklärung

Das Musterrecht (§ 23 Abs 1) wird **auf Antrag** für nichtig erklärt, wenn es keines iSd § 1 Abs 2 ist, die Schutzvoraussetzungen des § 1 Abs 1 S 1 nicht erfüllt, unter das Doppelschutzverbot (§ 3) fällt oder sein Inhaber keinen Anspruch auf Musterschutz (§ 7) hat.

Der Nichtigkeitsgrund gem § 23 Abs 1 Z 3 kann nur vom Inhaber des kollidierenden Rechts (Abs 2), der nach § 23 Abs 1 Z 4 nur von der Person, die Anspruch auf das Recht an dem Muster hat, geltend gemacht werden (§ 23 Abs 3). UU ist das Warenverzeichnisses einzuschränken.

Gem § 23 Abs 7 kann ein Recht an einem Muster auch noch nach Erlöschen/Verzicht für nichtig erklärt werden. In praxi ist das bei **rechtlichem Interesse** an der Nichtigerklärung relevant, wenn bei noch nicht eingetretener Verjährung Gegenstand einer Verletzungsklage **vor** dem Erlöschen des Musters gesetzte Benutzungshandlungen sind.

3. Aberkennung

§ 25 schützt den zur Erlangung des Musterschutzes Berechtigten gegenüber dem **unbefugten Anmelder**. Wer nach Abs 1 S 1 behauptet, Anspruch auf das Recht an dem Muster zu haben, kann anstelle der Nichtigerklärung gem § 23 Abs 1 Z 4 begehren, dass das Musterrecht dem Musterinhaber **aberkannt** und dem ASt **übertragen** wird. Der Musterinhaber kann bis zur Rechtskraft der E nur mit Zustimmung des ASt auf das Muster verzichten.

Trifft gem § 25 Abs 2 der Aberkennungsgrund (Abs 1) nur auf einen **Teil** des Warenverzeichnisses zu, wird das Musterrecht nur **teilweise** aberkannt/übertragen. Nach § 25 Abs 3 **verjährt** der Anspruch gegenüber dem **gutgläubigen** Musterinhaber innerhalb von drei Jahren vom Tag seiner Eintragung in das Musterregister an.

F. Behörden- und Gerichtszuständigkeit

Die **Patent- und Markenrechts-Novelle 2014** (BGBl I **2013/126**) brachte für das **Musterrecht** die Neuregelung des **Instanzenzugs** sowie eine geänderte **Behördenstruktur** (mit **Wien** als Behördenzentrum). Hervorzuheben sind der **Wegfall** der Rechtsmittelabteilung des ÖPA und des OPM, an deren Stelle ein Rechtszug an die **ordentlichen** Gerichte trat. Ferner gelten die bisherigen Verfahrensregeln des **PatG** **nur** noch **ergänzend** zu den Verfahrensgesetzen.

Zur Beschlussfassung ist gem § 26 Abs 1 das **ÖPA** zuständig. Das nach der Geschäftsverteilung zuständige Mitglied der mit diesen Angelegenheiten betrauten RA ist berufen, soweit diese nicht dem Präs oder der NA vorbehalten sind. Den **RA** obliegen Registrierung, Veröffentlichung und Übertragung von Mustern, Zurückweisung von Anmeldungen.

§ 29 regelt das Verfahren vor der **NA**, die über Anträge auf Anerkennung eines Vorbenutzerrechts (§ 5 Abs 5), Nennung als Schöpfer (§ 8 Abs 4), Nichtigerklärung (§ 23), Aberkennung und Übertragung (§ 25) sowie Feststellung (§ 39) durch ein rechtskundiges Mitglied entscheidet. Zwecks Gewährleistung einer raschen Abwicklung dieses Verfahrens bestimmt § 29 Abs 3: Bringt der Musterinhaber bei einem Antrag auf vollständige Nichtigerklärung des Musters (§ 23) innerhalb der ihm gem § 29 Abs 2 iVm § 115 Abs 2–4 PatG eingeräumten Frist **keine Gegenschrift** ein, hat die NA das Muster für **nichtig** zu erklären. Voraussetzung: Ordnungsgemäße Zustellung des Antrags (bei Fristversäumnis durch den AG ist bei Vorliegen gesetzlich anerkannter Gründe Wiedereinsetzung möglich).

§ 32 betrifft die Vertreter in Angelegenheiten des Musterschutzes vor dem ÖPA samt Voraussetzungen. Für Klagen und eV nach dem MuSchG ist nach § 38 Abs 1 ausschließlich das **HG Wien** zuständig. Die **Zentralisierung** von **Musterstreitigkeiten** bei diesem Gericht dient der größeren Einheitlichkeit der Rsp sowie der Entlastung aller übrigen Gerichte, die sich nur selten mit dieser Spezialmaterie auseinandersetzen müssen. Gem § 38 Abs 2 steht die Gerichtsbarkeit in Strafsachen gemäß MuSchG dem **LG für Strafsachen Wien** zu.

Neu gestaltet wurde, insb im Hinblick auf die Abschaffung der BA und des OPM, Abschnitt VI (§§ 40 bis 43e) betreffend das **OLG Wien** und den **OGH** als Rechtsmittelinstanzen. Auf das ebenfalls neu konzipierte, im Detail abgehandelte Rechtsmittelverfahren im Markenrecht sei verwiesen (Näheres beim Markenrecht „F. Behörden- und Gerichtszuständigkeit").

Besondere Zuständigkeitsnormen für **GGM** (Abschnitt VII): Gem § 44a Abs 1 können GGM-Anmeldungen (Art 35 Abs 1 lit b **GGV**) beim ÖPA als Zentralbehörde für den gewerblichen Rechtsschutz in Österreich eingereicht werden. Dieses vermerkt auf der Anmeldung den Tag des Einlangens und leitet die Unterlagen ungeprüft innerhalb der im Art 35 Abs 2 GGV vorgesehenen Frist von zwei Wochen an das HABM weiter.

GGM-Gericht 1. Instanz iSd Art 80 Abs 1 GGV ist gem § 44b Abs 1 das HG Wien. In Rechtssachen, in denen das GGM-Gericht für Klagen zuständig ist, kommt diesem auch die ausschließliche Zuständigkeit für eV zu. Gem § 44b Abs 2 steht die Gerichtsbarkeit in Strafsachen betr GGM dem LG für Strafsachen Wien zu.

Dritter Abschnitt
Gebrauchsmusterrecht

(§§ ohne weitere Angabe sind solche des GMG)

A. Einführung

Seit 1994 besteht in Österreich die Möglichkeit, ein **Gebrauchsmuster** (= GebrM; sog „**kleines Patent**") zu erlangen. Dabei geht es um den Schutz für **technische** Entwicklungen, die *nicht* den für eine *Patenterteilung* erforderlichen hohen Erfindungsgehalt aufweisen. Ist das Anmeldeverfahren einfacher und zügiger als bei Patenten gestaltet, so ist der Bestandsschutz dieses Rechts entspr geringer. Das Gebrauchsmusterrecht ist gedacht für schnelllebige Wirtschaftsgüter; gefördert werden soll der Schutz von Innovationen der kleineren/mittleren Betriebe (Handwerk, Gewerbe).

I. Begriffliches: Geschmacks- und Gebrauchsmusterrecht

Betrifft das Geschmacksmusterrecht den Komplex von Normen, der zum Schutz des speziellen Aussehens von Erzeugnissen erlassen wurde (Designschutz), versteht man unter dem Gebrauchsmusterrecht (**GMR**) die Normen zum Schutz technischer Erfindungen von **geringerer** Erfindungshöhe (als sie das PatG voraussetzt). Ebenso wie das PatentR wird das GMR als „technisches Schutzrecht" bezeichnet (Vorbild des GMG: PatG).

II. Geschichtlicher Überblick

Die Bemühungen um die Etablierung eines Gebrauchsmusterschutzes in Österreich reichen bis ins 19. Jahrhundert zurück. Zahlreiche zu diesem Zweck ausgearbeitete Entwürfe forderten zT ein eigenständiges (Gebrauchsmuster-)Gesetz, zT eine gemeinsame Kodifikation des Geschmacks- mit dem Gebrauchsmusterrecht. Nachdem das vormalige (Geschmacks-)Musterrecht 1990 einer grundlegenden Reform unterzogen worden war, an dessen Ende das MuSchG 1990 (BGBl 1990/497 idF BGBl 1992/772) stand, war es nur konsequent, auch für das **GMR** ein eigenständiges, wenngleich an das PatG angelehntes Regelwerk für das „kleine Patent" zu schaffen. Mit 1. 4. 1994 trat daher das BG über den Schutz von Gebrauchsmustern (**GebrauchsmusterG – GMG** BGBl 1994/211) in Kraft. GMG-Nov: BGBl I 1998/175, BGBl I 2001/143, BGBl I 2004/149, BGBl I 2005/42, BGBl I 2004/149, BGBl I 2005/130, BGBl I 2005/151, BGBl I 2007/81, BGBl I 2009/126, zuletzt: **BGBl I 2013/126**.

III. Rechtsquellen

1. Nationale Rechtsquellen

a) Gebrauchsmustergesetz

Die wichtigste nationale Rechtsquelle ist das BG über den Schutz von Gebrauchsmustern (**GebrauchsmusterG – GMG** BGBl 1994/211 idF **BGBl I 2013/126**). Wichtig ist auch:

b) Patentgesetz

Denn auf diverse Bestimmungen des Patentgesetzes 1970 (BGBl 1970/259 idF **BGBl I 2013/126**) wird im GMG verwiesen. Im Übrigen ist das GMG dem PatG in weiten Teilen nachgebildet.

c) PAG – PAGV – PatV-EG – PAV – TRFV

GebrM-Gebühren: BG über die im Bereich des ÖPA zu zahlenden Gebühren und Entgelte (Patent-amtsgebühren**G** – **PAG** BGBl I 2004/149 idF **BGBl I 2013/126**). § 15 Abs 1 PAG: Für die Anmeldung ist eine **Recherchengebühr** von € 150,– zu zahlen. Enthält eine GebrM-Anmeldung mehr als zehn An-sprüche, ist zusätzlich für jeweils zehn weitere Ansprüche eine Anspruchsgebühr von € 100,– zu zahlen (§ 15 Abs 2). Als **Veröffentlichungsgebühr** für ein GebrM (Abs 3) sind € 130,–, für die **beschleunigte** Veröffentlichung und Registrierung des GebrM ist eine **Zuschlags**gebühr von € 50,– zu entrichten (§ 15 Abs 4 PAG). Für das vierte und jedes weitere Jahr ist eine **Jahresgebühr** zu zahlen. Sie beträgt für das **vierte** Jahr € 50,–, für das fünfte € 100,–, für das sechste € 250,–, für das siebente € 300,–, für das achte € 350,–, für das neunte € 400,– und für das zehnte Jahr € 450,– (§ 16 PAG). PatentamtsgebührenV – PAGV BGBl II 2005/469 idF **BGBl II 2010/198** – § 1 Abs 1 Z 7: € 4,– für Auszüge aus GebrM-Register; Z 8: € 4,– für Duplikat einer GebrM-Urkunde. Zu PAV und TRFV s oben Markenrecht A.III.1.c; PatV-EG: S unten Patentrecht A.III.1.a.

2. Rechtsquellen aus EU-Recht

a) Gemeinschaftspatent

Der **Vorschlag** der Kommission vom 1. 8. 2000 für eine **VO** des Rates über das **Gemeinschaftspatent** (KOM[2000] 412) wurde bisher nicht realisiert. Näheres dazu s unten Vierter Abschnitt: Patentrecht, A.III.2.a.

b) RL-Vorschlag Gebrauchsmusterrecht

Geänderter **Vorschlag für eine RL** des EP und des Rates über die Angleichung der Rechtsvorschriften betreffend den **Schutz** von **Erfindungen** durch **Gebrauchsmuster**, KOM(1999) 309, ABl C 248 E vom 29. 8. 2000. In ihrer Mitteilung vom 27. 9. 2005 (KOM[2005] 462 endg) hat die Kommission **ua** diesen RL-Vorschlag **zurückgezogen** (Stagnation bzw **Krise** der Fortentwicklung des europäischen Gebrauchs-musterschutzes).

Kommissions-**Mitteilung** von Juli 2008 „Eine europäische Strategie für gewerbliche Schutzrechte" (KOM[2008] 465 endg): Kritische Beurteilung des GMR jener MS vor, deren GM **nicht** auf **erfinderische Tätigkeit** hin geprüft werden. Österreich und Deutschland sind von dieser Kritik nicht betroffen (haben „qualitativ hochwertige" Schutzrechte). Zwecks **Analyse** der „Schutzrechte geringerer Qualität" hat die Kommission eine **umfassende Studie** zur Patentqualität in Auftrag gegeben, damit die genannten Risiken (va die Rechtsunsicherheit) in Zukunft vermieden werden können.

c) Biotechnologie-RL

Die **RL** 98/44/EG des EP und des Rates vom 6. 7. 1998 über den **rechtlichen Schutz biotechnologi-scher Erfindungen** (Biotechnologie-RL) hat Österreich mit der **Biotechnologie-RL-Umsetzungsnovelle** BGBl I **2005/42** (insb §§ 2, 53 GMG) bewältigt. IS einer Entschließung des NR aus 1998 erging seitens des ÖPA bzw des **Biopatent Monitoring Komitees** die **Biotechnologie-Prüfrichtlinie**, um einheitliche GebrM-Registrierungsverfahren und die Bearbeitung von Recherchen und Gutachtenanträgen zu ge-währleisten. Näheres s unten Vierter Abschnitt Patentrecht A.III.2.c.

d) Schutz- oder Rechtsdurchsetzungs-RL

Näheres dazu s bereits oben erster Abschnitt Markenrecht A.III.2.b.

3. Internationale Rechtsquellen

Für Österreich sind im Bereich des Gebrauchsmusterschutzrechts relevant:

- PVÜ, TRIPS (s Markenrecht A.III.3.a), ferner der
- Patent Cooperation Treaty – **PCT** (Washingtoner Vertrag über die internationale Zusammenarbeit auf dem Gebiet des **Patentwesens**) sowie das
- Münchener Europäische Patent-Übk – **EPÜ** aus 1973 (s Patentrecht A.III.3.b).

B. Was ist ein Gebrauchsmuster?

I. Legaldefinition

§ 1 Abs 1 bestimmt: *„Als Gebrauchsmuster werden auf Antrag Erfindungen geschützt, die neu sind (§ 3), auf einem erfinderischen Schritt beruhen und gewerblich anwendbar sind."* § 1 Abs 2 lautet: *„Als Erfindung im Sinne des Abs. 1 wird auch die Programmlogik angesehen, die Programmen für Datenverarbeitungsanlagen zugrunde liegt."*

II. Abgrenzung von Design, Patent und Werk; Auslegung und Ausnahmen

Bei GebrM muss es sich zwar grds um **neue**, auf einem **erfinderischen Schritt** beruhende und **gewerblich anwendbare** Erfindungen handeln, doch geht es **nicht** um eine umfassende Definition des Erfindungsbegriffs. Dazu bleibt das GebrM „**ungeprüf**t", dh die dabei vorgenommene Prüfung ist beschränkt. Sie bezieht sich nur auf das Vorliegen formeller, **nicht** auf die **materiellen** Voraussetzungen (wie Vorliegen von Neuheit und erfinderischem Schritt).

VwGH: Der **Hälftesteuersatz** des **§ 38 EStG** ist auf die Verwertung von nur durch ein GebrM geschützten Erfindungen **nicht** anzuwenden. Begründung: der Wortlaut dieser Bestimmung (*„patentrechtlich geschützte Erfindungen"*) und die für das GebrM – im Unterschied zum Patent – erforderliche **geringere Erfindungshöhe**.

Fragwürdig (und längerfristig wohl nicht aufrechtzuerhalten) dürfte diese steuerliche Ungleichbehandlung von Erfindungen im GMR und PatG im Hinblick auf den **Innovationsstandort** Österreich sein, ferner wegen der deutschen Rsp-Entwicklung, im Hinblick auf Art 52, 56 EPÜ und schließlich wegen der Rsp-Wende in Österreich mit der Gleichstellung von erfinderischem Schritt und erfinderischer Tätigkeit (Näheres dazu s unten III.2.)

Beim **Design** muss ein industriell oder handwerklich herstellbares Erzeugnis vorliegen, das neu ist und eine gewisse Eigenart hat. Dies ist gegeben, wenn sich der Gesamteindruck der Gestaltung vom bekannten Formenschatz abhebt, wofür eine Kombination bereits bekannter Gestaltungselemente ausreicht. Auch vom **Werk** im **urheberrechtlichen** Sinn ist das GebrM abzugrenzen: Dieses kann zB nicht für den urheberrechtlich relevanten Entwurf zu einem **nicht industriell**, sondern nur vereinzelt mit Änderungen hergestellten Kunstwerk erworben werden.

> ***Beispiel****: Ein V-förmiger Schlitz im oberen Rand eines Teegefäßes mit der Funktion, die Schnur eines Teebeutels einhängen zu können, entfaltet va bei einem neuen Teegefäß zwar auch **Form**wirkung, wird aber in seiner allgemeinen Funktion durch ein Design nicht geschützt und fällt daher unter das GebrM.*

*Weitere **Beispiele**: Markierungspfeil eines Wandervereins (Bild links); MS2-Schräglagentrainer auf Motorrad („Stützräder" zur Erreichung höchstmöglichen Trainingsniveaus der Teilnehmer bei geringstem Verletzungsrisiko, angemeldet beim DPMA, Bild Mitte). Österr GebrM: Befestigungsvorrichtung für Seifenspender (Bild rechts), elektronische Schaltungen, Maschinen, Chemieprodukte, Nahrungs-, Arzneimittel ua.*

  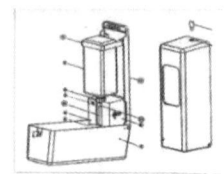

Nicht als Erfindungen iSd § 1 Abs 2 werden nach § 1 Abs 3 angesehen:

- (Z 1) Entdeckungen sowie wissenschaftliche Theorien und mathematische Methoden;
- (Z 2) ästhetische Formschöpfungen;
- (Z 3) Pläne, Regeln, Verfahren für gedankliche Tätigkeiten, Spiele, geschäftliche Tätigkeiten, Programme für Datenverarbeitungsanlagen (wohl kann die **Programmlogik**, dh die Lösungsidee, welche Programmen für Datenverarbeitungsanlagen zugrunde liegt, durch ein GebrM geschützt werden);

> *Beispiel (für als **GebrM** geschützte **Programmlogik**): „Teletaxi", „Taxikomm" – Verfahren und Anordnung zur automatischen Vermittlung von Telefongesprächen, eingesetzt als Computerprogramm im Gelegenheitsverkehrsgewerbe. Dabei wurde in wirtschaftlicher, einfacher und sicherer Art und Weise eine rasche und direkte **Vermittlung** von Telefongesprächen zwischen **Anrufern** und diesen nächstliegenden weiteren **Teilnehmern** (zB Taxis, Funkstreifenwagen, Rettungsfahrzeugen oder deren Dienststellen) ermöglicht.*

- (Z 4) die Wiedergabe von Informationen.

Gem § 1 Abs 4 steht Abs 3 dem Schutz der dort genannten Gegenstände oder Tätigkeiten als GebrM nur insoweit entgegen, als für sie als solche Schutz begehrt wird. § 2 („**Ausnahmen**"): Als GebrM **nicht** geschützt werden

- (Z 1) Erfindungen, deren Veröffentlichung oder Verwertung gegen die öffentliche Ordnung bzw gegen tragende Grundsätze der Rechtsordnung/die guten Sitten verstoßen würde; so ein Verstoß kann nicht allein daraus hergeleitet werden, dass die Verwertung der Erfindung durch Rechtsvorschriften verboten ist;
- (Z 2) Verfahren zur chirurgischen oder therapeutischen Behandlung von Menschen und Diagnostizier verfahren an Menschen (motiviert durch ethische oder soziale Motive); dies gilt nicht für Erzeugnisse, insb Stoffe und Stoffgemische, zur Anwendung in einem dieser Verfahren;
- (Z 3) Pflanzensorten, Tierarten/Tierrassen, Mikroorganismen, biologische Verfahren zu deren Züchtung.

III. Schutzvoraussetzungen

1. Neuheit

§ 3 Abs 1 enthält den Begriff der „Neuheit", wonach eine Erfindung als **neu** gilt, wenn sie **nicht** zum **Stand der Technik** gehört. Als Stand der Technik, der etwas niedriger als beim Patent ist, gilt auch der Inhalt prioritätsälterer

- (Z 1) GebrM-Anmeldungen aufgrund des GMG,
- (Z 2) Patentanmeldungen aufgrund des PatG,
- (Z 3) internationaler Anmeldungen iSd § 1 Z 6 PatV-EG (unter den Voraussetzungen des § 16 Abs 2),

- (Z 4) europäischer Patentanmeldungen iSd § 1 Z 4 PatV-EG,
- (Z 5) europäischer Patentanmeldungen iSd § 1 Z 4 PatV-EG, wenn diese aus internationaler Anmeldung hervorgegangen sind, sofern die Voraussetzungen des Art 153 Abs 5 EPÜ erfüllt sind,

in der ursprünglich eingereichten Fassung, deren Inhalt erst am Prioritätstag der jüngeren Anmeldung oder danach amtlich veröffentlicht worden ist. Bei der Beurteilung der Frage, ob sich die Erfindung für den Fachmann nicht in nahe liegender Weise aus dem Stand der Technik ergibt, werden solche prioritätsälteren Anmeldungen nicht in Betracht gezogen. Als neuheitsschädlich gilt somit bei GebrM auch der Inhalt anderer prioritätsälterer Patent- oder GebrM-Anmeldungen, die am/nach dem Prioritätstag veröffentlicht wurden.

Die Schutzfähigkeit von Stoffen oder Stoffgemischen, die zum **Stand der Technik** gehören, wird durch § 3 Abs 1 nicht ausgeschlossen, sofern sie zur Anwendung in einem Verfahren nach § 2 Z 2 oder in einem derartigen Verfahren für Tiere bestimmt sind und ihre Anwendung in einem dieser Verfahren nicht zum Stand der Technik gehört (§ 3 Abs 3).

Gem Abs 4 bleibt für die Anwendung des Abs 1 eine Offenbarung der Erfindung außer Betracht, die nicht früher als sechs Monate vor der Anmeldung erfolgte und (un)mittelbar (Z 1) auf den Anmelder/ Rechtsvorgänger oder (Z 2) auf einen offensichtlichen Missbrauch zum Nachteil des Anmelders oder Rechtsvorgängers zurückgeht.

Im Gegensatz zum PatG wird dem Anmelder eine **Neuheitsschonfrist** von sechs Monaten vor dem Anmeldetag eingeräumt, innerhalb der an sich **neuheitsschädliche** Vorgänge (zB Veröffentlichungen seiner Erfindung in einer Fachzeitschrift) unberücksichtigt bleiben. Damit soll der rechtlich unerfahrene Anmelder, der durch voreilige Veröffentlichung seiner Erfindung die Neuheit zerstört, wenigstens ein GebrM erwerben können.

> *Beispiel: Das GebrM betraf ein **Verfahren** zur Bildung eines **Eckbereichs** aus einer **ebenflächigen Blechplatte**. OPM: Die **neuheitsschädliche Vorveröffentlichung** oder offenkundige Vorbenutzung habe der die Nichtigkeit des GebrM beantragende ASt nach Art, Zeit und Ort konkret anzugeben und nachzuweisen. Sie konnte in casu **nicht** nachgewiesen werden, da die am Gespräch beteiligten Personen ein **genau definierter, streng abgegrenzter** Personenkreis und nicht die Öffentlichkeit (als unbekanntes, unbestimmtes, unbegrenztes, nicht zur Geheimhaltung verpflichtetes Publikum) war.*

2. Erfinderischer Schritt

In § 1 Abs 1 ist als Schutzvoraussetzung von einem „**erfinderischen Schritt**" die Rede. Es wird zwar eine gewisse erfinderische Leistung als Anmeldungsvoraussetzung für ein GebrM gefordert, doch ist (vgl die EBRV) damit nicht die erfinderische Höhe eines Patents gemeint.

Es genügt, wenn eine **geringere Erfindungsqualität** vorliegt. Jedenfalls steht das GMR va für schnelllebige Wirtschaftsgüter zur Verfügung, für die rasch ein effizient durchsetzbarer Schutz erlangt werden kann. Besonders an Innovationen der kleineren und mittleren Industrie, aber auch des Handwerks und Gewerbes ist dabei zu denken.

Die Rsp fordert für die erfinderische Tätigkeit beim GebrM eine über die fachmännische **Routine hinausgehende** Lösung, die für den Durchschnittsfachmann **grds auffindbar** ist (so der OGH iZm der Beurteilung des GebrM „Holzabdeckung für horizontal oder geneigt angeordnete Holzprofile").

> *Beispiele: In der E Ladewagen ging es um die Nichtigerklärung eines GebrM wegen mangelnder Neuheit und fehlenden erfinderischen Schrittes. Eine Fördereinrichtung an einem Ladewagen für landwirtschaftliche Massengüter mit einem auf die Ladefläche führenden Förderkanal und Förderzinken, die in den Förderkanal eingriffen und mit Abstand zueinander befestigt waren, sollte eine gleichmäßige*

Dichteverteilung des zu fördernden Gutes (Heu) im Förderkanal bewirken. Dazu wurden ua die Zinken auf den Trägern besonders angeordnet. Diese Lösung wiesen auch die Entgegenhaltungen (der ASt) auf. **Anders** *war lediglich die* **Art** *der* **Steuerung***. Deshalb wurden iE Neuheit und Erfindungseigenschaft verneint.*

*Beim GebrM „**Gong**" wird dieser von einem durch Funk gesteuerten in einem Gonggehäuse angeordneten Empfänger eingeschaltet. Diesem ist ein mit einer Taste versehener Sender zugeordnet. Da das Anbringen von Schutzkontakten bei Stecker/Steckdose eine für den* **Fachmann nahe liegende Maßnahme** *darstellt, wurde das GebrM* **mangels** *Vorliegens eines* **erfinderischen Schrittes** *für* **nichtig** *erklärt.*

Bei einem **Werbeträger** *mit aufblasbarer Hülle und Drucklufterzeuger sollte die Hülle im Bereich der Bodenplatte und ihres oberen Endes mit einander zugeordneten Verschlusselementen ausgebildet sein. So wären der untere Bereich der Hülle und deren Deckfläche miteinander zu einem Paket verbindbar.* **OPM***: Für einen Durchschnittsfachmann ist* **nahe liegend***, eine Werbevorrichtung mit derartigen Merkmalen auszustatten. Außerdem fehlte dem angefochtenen Anspruch iE die erforderliche Erfindungshöhe, weshalb gegenständliches GebrM in allen Ansprüchen* **nichtig** *erklärt wurde.*

Angesichts der **europäischen** Rechtsentwicklung (zum **Inventive Step** s Art 56 EPÜ) iVm der dRsp erschien es in letzter Zeit fraglich, ob sich die „erfinderische Tätigkeit" aus dem GMR überhaupt noch als taugliches Abgrenzungskriterium vom (höheren) „erfinderischen Schritt" des Patentrechts eignet.

Im Hinblick auf Gleichstellungstendenzen zwischen GMR und Patentrecht in Deutschland und unter Bezugnahme auf Art 52 Abs 1 und Art 56 EPÜ (generelles Absenken der Schutzanforderungen für Patente nach dem sog **Aufgabe-Lösungs-Ansatz**, womit bereits **alle nicht nur durchschnittlichen** Leistungen erfasst sind) kam es in letzter Zeit zu einer **Judikaturwende** im **GMR** bzw zur **Gleichstellung** der Anforderungen an die Erfindungshöhe im GMR und Patentrecht. **OPM** (in der *Touchscreen-Tastatur*-E):

Der erfinderische Schritt nach **§ 1 Abs 1 GMG** setzt als qualitatives Kriterium **ebenso** wie die erfinderische Tätigkeit nach **§ 1 Abs 1 PatG** das **Auffinden** einer **nicht nahe liegenden** Lösung einer Aufgabe voraus.

3. Gewerbliche Anwendbarkeit

Weitere Schutzvoraussetzung nach § 1 Abs 1 ist neben der Neuheit die **gewerbliche Anwendbarkeit** der Erfindung. Sie ist gegeben, wenn die unter Schutz gestellten Erfindungen auf irgendeinem **gewerblichen** Gebiet einschließlich der **Landwirtschaft** hergestellt oder benutzt werden können (fraglich bei medizinischen Heilverfahren).

4. Abgrenzung zum Geschmacksmusterschutz

Sowohl nach dem MuSchG als auch nach dem GMG sind Kombinationen bzw Sets von Erzeugnissen nach unterschiedlichen Gesichtspunkten, nämlich Design und Funktion, schützbar. Oft ist die Abgrenzung von Funktionalität und Designermerkmalen derselben technischen Idee nicht ganz einfach.

Jedenfalls ist das GebrM eine kleine Erfindung, uzw ein technisch-gewerbliches Schutzrecht, das für technische Gegenstände, nicht jedoch etwa für Verfahren (wie ein Patent) angemeldet werden kann. Das GebrM kann rascher (als das Patent) eingetragen werden.

C. Anmeldung und Eintragung im Gebrauchsmusterregister

I. Gebrauchsmusteranmeldung

Gem § 13 Abs 1 hat die **Anmeldung** einer Erfindung zur Erlangung eines GebrM beim **ÖPA schriftlich** zu erfolgen. Als Tag der Anmeldung gilt der Tag des **Einlangens**. Gem Abs 2 ist die Erfindung in der Anmeldung so deutlich und vollständig zu **offenbaren,** dass sie ein **Fachmann** ausführen kann (**Offenbarungsgrundsatz**).

Ein „Fachmann" ist ein Sachverständiger, der über durchschnittliche Fähigkeiten zur Überwindung technischer Schwierigkeiten verfügt und den Stand der Technik kennt. IZm der Beurteilung des erfinderischen Schrittes (GebrM für eine „Präsentationsvorrichtung") konkretisierte die Rsp den „Fachmann" als einen „**ausgebildeten Techniker** mit **Konstruktionserfahrung** auf dem **einschlägigen** Gebiet".

Zu den Bedenken, dass die Ansprüche **uneinheitlich** sind, vgl § 18 Abs 2. Denn: § 13 enthält den aus § 88 PatG übernommenen Einheitlichkeitsbegriff (**Einheitlichkeitsgrundsatz**). Danach darf die Anmeldung nur eine einzige Erfindung/Gruppe von Erfindungen enthalten, die in der Weise verbunden sind, dass sie eine einzige allgemeine erfinderische Idee verwirklichen. Ergibt die Prüfung der Anmeldung fehlende Einheitlichkeit, ist dies durch Einschränkung/Teilung der Anmeldung zu beheben (§ 18 Abs 3). **Inhalt** der Anmeldung:

Gem § 14 Abs 1 muss die Anmeldung enthalten: **Name** und (Wohn-)**Sitz** des Anmelders/Vertreters, Registrierungsantrag, Titel, Erfindungsbeschreibung, Ansprüche (es muss genau und gestützt von der Beschreibung angegeben werden, *wofür* Schutz begehrt wird; § 14 Abs 2), notwendige **Zeichnungen** sowie die **Zusammenfassung** nach § 14 Abs 3, die eine Kurzfassung der Offenbarung enthält und ausschließlich der technischen Information dient, somit nicht für andere Zwecke herangezogen werden kann (insb nicht zur Bestimmung des Schutzbereiches).

§ 15 enthält eine Verordnungsermächtigung zwecks näherer Regelung von Form und Inhalt der Anmeldung. Formerfordernisse: **PGMMV** (vgl § 10 PAV 2006 PBl 2005/12, Anh 4). § 15a bietet die Möglichkeit der **Abzweigung:** Nach Abs 1 kann der Anmelder/Inhaber eines österr Patents für dieselbe Erfindung während des gesamten Anmeldeverfahrens sowie bis zum Ablauf einer Frist (Z 1) von zwei Monaten, nachdem die Patentanmeldung als zurückgenommen gilt, oder (Z 2) von zwei Monaten nach Rechtskraft der E, mit der die Patentanmeldung zurückgewiesen wurde, oder (Z 3) von zwei Monaten, nachdem das Patent gem § 107 PatG als erteilt gilt, oder (Z 4) von elf Monaten, nachdem die E über die Erteilung des europäischen Patents wirksam geworden ist, wenn kein Einspruch eingelegt wurde, oder (Z 5) von zwei Monaten nach Rechtskraft der E über einen rechtzeitig erhobenen Einspruch eine GebrM-Anmeldung einreichen und als Anmeldetag jenen der Patentanmeldung in Anspruch nehmen (**Abzweigungserklärung**).

Für die Patentanmeldung beanspruchte Prioritätsrechte bleiben für die GebrM-Anmeldung erhalten. Gem § 15a Abs 2 ist die Abzweigungserklärung innerhalb einer Frist von zwei Monaten nach dem Einlangen dieser Anmeldung beim PA abzugeben. Dabei sind der Anmeldetag und das Aktenzeichen der Patentanmeldung anzugeben und eine Abschrift der Patentanmeldung in der ursprünglich eingereichten Fassung (uU eine deutsche Übersetzung derselben) vorzulegen. Gem Abs 3 ist dem Anmelder zur Behebung von Mängeln eine (verlängerbare) Frist von zwei Monaten zu setzen (bei deren Nichtbehebung gilt die Abzweigungserklärung als zurückgenommen).

Mit dem Tag der ordnungsgemäßen Anmeldung eines GebrM erlangt der Anmelder nach § 16 Abs 1 das **Prioritätsrecht.** Voraussetzung: Mängelfreie Anmeldung. Eine mit einem unbehebbaren Mangel versehene Anmeldung (zB fehlende Offenbarung) kann **nicht** als ordnungsgemäß angesehen werden. Abs 2 bestimmt, dass wie bei Patentanmeldungen mehrere (Teil-)Prioritäten beansprucht werden können (aufgrund der §§ 16a, 16b oder zwischenstaatlicher Vereinbarungen). Abs 3 stellt klar, dass nur die

ausdrücklich beanspruchten Prioritäten maßgeblich sind, nicht die Priorität des Anmeldetages für die Gebührenbemessung.

II. Gesetzmäßigkeitsprüfung und Recherchenbericht

§ 18 Abs 1: Das ÖPA hat die Anmeldung auf **Gesetzmäßigkeit** (in **formaler** Hinsicht) zu prüfen. Eine Prüfung auf Neuheit, erfinderischen Schritt, gewerbliche Anwendbarkeit und GebrM-Schutz des Anmelders erfolgt im Anmeldeverfahren **nicht**. Als Ausgleich kann jedermann gem § 28 Abs 1 (teilweise) Nichtigerklärung eines GebrM beantragen, wenn

- (Z 1) das GebrM den §§ 1–3 nicht entspricht,
- (Z 2) Ansprüche, Beschreibung und Zeichnungen, die der Verfügung gem § 22 oder § 27 Abs 2 zugrunde liegen, die Erfindung nicht so deutlich und vollständig offenbaren, dass sie ein Fachmann ausführen kann, oder
- (Z 3) der Gegenstand des GebrM über den Inhalt der Anmeldung in ihrer ursprünglich eingereichten, den Anmeldetag begründenden Fassung hinausgeht.

Bestehen gegen die Veröffentlichung/Registrierung **keine** Bedenken, ist ein **Recherchenbericht** zu erstellen (§ 19).

III. Beschleunigtes Verfahren

§ 27 ermöglicht die Erlangung von GebrM-Schutz ohne Abwarten der Ergebnisse des Recherchenberichts. Gem Abs 1 kann der Anmelder die sofortige, vom Zeitpunkt der Fertigstellung des Recherchenberichts unabhängige Veröffentlichung/Registrierung des GebrM beantragen. Das beschleunigte Verfahren erfolgt nur auf Antrag, der mit Nachweis der Bezahlung der Veröffentlichungs- und **Zuschlagsgebühr** als gestellt gilt.

IV. Eintragung und Veröffentlichung im Gebrauchsmusterblatt

Entspricht die Anmeldung den Anforderungen der §§ 18 f, sind die Veröffentlichung des GebrM im **Gebrauchsmusterblatt** (§§ 23, 40) und die Registrierung im **GebrM-Register** (§§ 24, 31 f) zu verfügen (§ 22). Die Eintragung ist deklarativ! Aufzunehmen sind Registriernummer, Tag der Anmeldung, Priorität, Schutzdauerbeginn usw (§ 24). Nach Eintragung wird eine dem Informationsbedürfnis der Öffentlichkeit dienende **GebrM-Schrift** (§ 25) herausgegeben. Sie enthält neben den bibliografischen Daten die zugrunde liegenden Ansprüche, eine Beschreibung, Zeichnungen, eine Zusammenfassung sowie (uU) den Recherchenbericht. Gem § 26 stellt das PA dem GebrM-Inhaber eine **GebrM-Urkunde** aus. Diese enthält eine Bestätigung über die Eintragung samt einer Ausfertigung der GebrM-Schrift (§ 26).

V. Akteneinsicht und Vertreter

Gem **§ 38** Abs 1 sind die an einem Verfahren Beteiligten zur Einsicht in die das Verfahren betreffenden Akten berechtigt. Nach Abs 2 darf jedermann in **Akten**, die veröffentlichte GebrM (§ 23) betreffen, **Einsicht** nehmen (Näheres dazu s § 38 Abs 3–6). **§ 39** („Vertreter") Abs 1: Wer in Angelegenheiten des GebrM-Schutzes vor dem ÖPA als Vertreter einschreitet, muss seinen Wohnsitz/seine Niederlassung im Inland haben; für Rechtsanwälte, Patentanwälte und Notare gelten allerdings die berufsrechtlichen Vorschriften. Der Vertreter hat seine Bevollmächtigung durch eine **schriftliche Vollmacht** darzutun, die in Urschrift oder in ordnungsgemäß beglaubigter Abschrift vorzulegen ist. Sind mehrere Personen bevollmächtigt, so ist auch jeder einzelne allein zur Vertretung befugt (Näheres s § 39 Abs 2–9). Heikel kann die **Haftung** des Vertreters (insb des **Rechtsanwalts**) des aus einem GebrM Berechtigten werden, va bei Vorhandensein möglicher Alternativen der Einschreitung in einem laufenden GebrM-Verfahren.

> **Beispiel:** *Kommen mehrere Maßnahmen zur Erreichung des vom Mandanten gewünschten Ziels in Betracht, muss der Rechtsanwalt (hier des GebrM „**Teletaxi**" für ein Computerprogramm, das ein Verfahren zur automatischen Vermittlung von Telefongesprächen im Gelegenheitsverkehrsgewerbe betraf) nach dem Prinzip des „**sichersten Weges**" die relativ sicherste und gefahrloseste Maßnahme vorschlagen und den Klienten über mögliche Risiken **aufklären**. Im gegebenen Fall wäre die Einbringung eines **Nichtigkeitsantrags** gegen das GebrM „**taxikomm**" im Vergleich zum Erwerb einer Lizenz an einem prioritätsälteren europäischen Patent die sicherste und gefahrloseste Maßnahme zur Erzielung eines Prozesserfolgs gewesen.*

D. Schutzbereich und Inhalt des Gebrauchsmusterrechts

I. Schutzbereich

Örtlich erstreckt sich der Schutz des GebrM auf das gesamte Bundesgebiet.

II. Ausschließungs- bzw Verbietungsrecht

§ 4 – **Wirkung**: Gem Abs 1 berechtigt das GebrM den Inhaber, andere auszuschließen, den Gegenstand der Erfindung betriebsmäßig herzustellen, in Verkehr zu bringen, feilzuhalten, zu gebrauchen oder zu den genannten Zwecken einzuführen/zu besitzen. Die Wirkung des GebrM erstreckt sich auch auf dadurch unmittelbar hergestellte Gegenstände (**Verbietungsrecht**), nicht aber auf Studien und Versuche sowie daraus resultierende praktische Anforderungen, soweit erforderlich für die Erlangung einer arzneimittelrechtlichen Genehmigung, Zulassung oder Registrierung für das Inverkehrbringen. § 4 Abs 2 statuiert maßgebende Kriterien für den Schutzbereich (Inhalt der Ansprüche).

Die Beschreibung und die Zeichnungen sind zur Auslegung der Ansprüche heranzuziehen. Dabei ist das Prot über die Auslegung von Art 69 EPÜ sinngemäß anzuwenden. Das GebrM bestimmt in seiner im Nichtigkeitsverfahren geänderten Fassung rückwirkend den Schutzbereich, soweit dieser nicht erweitert wird.

> **Beispiel:** *Die Nichtigerklärung eines GebrM (hier betreffend ein sauerstoffangereichertes Getränk) führt idR nicht zum rückwirkenden Wegfall der Zahlungspflicht des LN, genießt dieser doch bis zur Nichtigerklärung tatsächlich den Schutz der Lizenz (hier lagen keine Anhaltspunkte für einen rückwirkenden Wegfall der Zahlungspflicht vor). Umso weniger kann die bloße Möglichkeit einer Nichtigerklärung einen Grund für die Nichtzahlung der vereinbarten Lizenzgebühr bilden (Gasmischanlage).*

§ 4 Abs 3 bestimmt, dass auf Fahrzeuge und deren Einrichtungen, die nur vorübergehend aus Anlass ihrer Benutzung im Verkehr in das Inland gelangen, sich die Wirkung eines GebrM nicht erstreckt.

III. Vorbenutzerrecht

§ 5 Abs 1: Die Wirkung des GebrM tritt gegen den nicht ein, der die Erfindung vor dem Prioritätstag gutgläubig im Inland benutzt bzw hiefür Veranlassungen traf (**Vorbenutzer**). Nach Abs 2 darf der Vorbenutzer die Erfindung für die Bedürfnisse seines eigenen Unternehmens in eigenen oder fremden Betriebsstätten weiterbenutzen. Abs 3: Diese Befugnis kann nur gemeinsam mit dem Unternehmen vererbt/veräußert werden. Auf Verlangen des Vorbenutzers ist seine Befugnis vom GebrM-Inhaber schriftlich anzuerkennen (auf Antrag: Eintrag ins GebrM-Register, Abs 4).

*Beachte: Das **Vorbenutzerrecht** entsteht auch dann, wenn die Erfindung während der Neuheitsschonfrist (§ 3 Abs 4) der Öffentlichkeit zugänglich gemacht wurde, ferner wenn der Vorbenutzer seine Kenntnisse von Offenbarungshandlungen des Anmelders ableitet. Es entsteht **nicht**, wenn der Vorbenutzer die Erfindung **bösgläubig** ausübt (Kenntniserlangung durch widerrechtliche Entnahme) – auch **nicht**, wenn die Benutzungs- oder Vorbereitungshandlungen vor dem Prioritätstag endgültig aufgegeben worden sind.*

IV. Schutzdauer

§ 6: Der GebrM-Schutz beginnt mit dem Tag der amtlichen Veröffentlichung des GebrM (§ 23) und endet spätestens **zehn Jahre** nach dem Ende des Monats, in dem das GebrM angemeldet worden ist. Die zehnjährige Schutzdauer für das GebrM als das „kleine Patent" erscheint im Hinblick auf seine geringe durchschnittliche Lebensdauer angemessen.

V. Gebrauchsmusterrechtliche Ansprüche

1. Anspruchsberechtigte – Schöpferprinzip

Nach § 7 Abs 1 hat der **Erfinder**/sein Rechtsnachfolger **Anspruch** auf GebrM-Schutz. „Schöpfer" ist also derjenige (die physische Person), der das **GebrM geschaffen** hat. Gem Abs 2 sind die patentrechtlichen Sonderregelungen für Diensterfindungen (§§ 6 bis 17, 19 PatG) entspr anzuwenden.

Eine vom PatG und vom GMG „abgespaltene" **Sonderregelung** für Diensterfindungen und Gebrauchsmusterrechte brachte das **Universitätsgesetz 2002** (= **UG**) BGBl I 2002/120 idF BGBl I 2008/134. Das UG wurde seit der 3. Auflage dieses Rechtsskriptums (2009) nicht weniger als vierzehnmal novelliert und befindet sich derzeit idF **BGBl I 2014/16**.

Nach dessen § 106 Abs 1 hat jede/r Universitätsangehörige das Recht, eigene wissenschaftliche oder künstlerische Arbeiten selbstständig zu veröffentlichen. Bei der Veröffentlichung der Ergebnisse der Forschung oder der Entwicklung und Erschließung der Künste sind Universitätsangehörige, die einen eigenen wissenschaftlichen oder künstlerischen Beitrag zu dieser Arbeit geleistet haben, als Mitautorinnen oder Mitautoren zu nennen.

Wichtig ist auch der **Abs 2** des § 106 **UG**:

Auf Diensterfindungen ist gem § 7 Abs 3 PatG, die auf das GMG „durchschlägt", die an einer **Universität** im Rahmen eines öffentlich- oder privatrechtlichen Dienst- oder Ausbildungsverhältnisses zum Bund oder eines Arbeits- oder Ausbildungsverhältnisses zur Universität gemacht werden, das PatG mit der Maßgabe anzuwenden, dass die Universität als Dienstgeber gem § 7 Abs 2 PatG gilt. Die **Universität** ist ohne besondere Vereinbarung berechtigt, Diensterfindungen in Anspruch zu nehmen (**Ex-lege-Aufgriffsrecht**).

§ 106 Abs 3 UG: Jede Diensterfindung ist dem Rektorat unverzüglich zur Kenntnis zu bringen. Will die Universität die Diensterfindung zur Gänze oder ein Benutzungsrecht daran für sich in Anspruch nehmen, hat das Rektorat dies der Erfinderin oder dem Erfinder innerhalb von drei Monaten mitzuteilen. Andernfalls steht dieses Recht der Erfinderin oder dem Erfinder zu. Gem § 8 Abs 1 hat der Erfinder Anspruch, bei der amtlichen Veröffentlichung, im GebrM-Register, in der GebrM-Schrift usw als Erfinder **genannt** zu werden (**Schutz der Erfinderehre**).

Nach § 8 Abs 2 kann dieser (höchstpersönliche!) Anspruch weder übertragen noch vererbt werden (ein Verzicht wäre rechtsunwirksam). Ein gesetzlicher Anspruch auf Nennung auf dem Erzeugnis selbst

Haybäck, Marken- und Immaterialgüterrecht[4], LexisNexis

(zB in Form einer Signatur, auf Erfindungsbeschreibungen etc) ist nicht vorgesehen, jedoch vertraglich individuell vereinbar.

2. Zivilrechtliche Ansprüche

Abschnitt VI des GMG regelt GebrM-Verletzungen und Feststellungsanträge. Nach § 41 hat, wer in seinem GebrM (§ 4) verletzt worden ist, Anspruch auf Unterlassung, Beseitigung, Urteilsveröffentlichung, angemessenes Entgelt, Schadenersatz, Herausgabe des Gewinns, Rechnungslegung und Anspruch auf Auskunft über die Herkunft und den Vertriebsweg. Auch wer eine solche Verletzung zu besorgen hat, hat Anspruch auf Unterlassung.

Die §§ 147 bis 157 PatG sind sinngemäß anzuwenden. § 41 räumt jedem in seinem GebrM Verletzten (ua) einen **Unterlassungsanspruch** ein, ohne diesen Anspruch davon abhängig zu machen, dass der GebrM-Inhaber die materielle Berechtigung seines GebrM nachweist (Beweislast liegt beim Eingreifer in das GMR).

3. Feststellungsantrag

§ 45 Abs 1 – **negativer Feststellungsantrag**: Möglichkeit, sich gegen Missbrauch, insb durch unbegründete Verwarnungen des Inhabers eines GebrM/einer ausschließlichen Lizenz, zu schützen.

Wer einen Gegenstand betriebsmäßig herstellt, in Verkehr bringt, feilhält oder gebraucht, ein Verfahren betriebsmäßig anwendet oder solche Maßnahmen beabsichtigt, kann gegen den Inhaber eines GebrM/einer ausschließlichen Lizenz beim PA die Feststellung beantragen, dass der Gegenstand oder das Verfahren weder ganz noch zT unter das GebrM fällt.

§ 45 Abs 2: Der Inhaber eines GebrM/einer ausschließlichen Lizenz (wie Patentinhaber nach § 163 Abs 2 PatG) kann gegen jemanden, der einen Gegenstand betriebsmäßig herstellt, in Verkehr bringt, feilhält/gebraucht, ein Verfahren betriebsmäßig anwendet oder solche Maßnahmen beabsichtigt, beim PA die Feststellung beantragen, dass der Gegenstand/das Verfahren ganz oder zT unter das GebrM (bzw Patent) fällt (**positiver Feststellungsantrag**).

4. Strafrechtlicher Gebrauchsmusterschutz

Die Bestimmungen über die strafbaren GebrM-Verletzungen sind zT jenen des PatG nachgebildet (§ 159 PatG), zT werden die entspr Paragrafen des PatG unmittelbar rezipiert. Wer nach § 42 Abs 1 ein GebrM verletzt (Privatanklagedelikt), ist mit Geldstrafe bis zu 360 Tagessätzen zu bestrafen.

Ebenso ist nach § 42 Abs 2 der Inhaber/Leiter eines Unternehmens zu bestrafen, der eine im Betrieb des Unternehmens von einem Bediensteten/Beauftragten begangene GebrM-Verletzung nicht verhindert. Ist der Inhaber des Unternehmens eine Gesellschaft, eine Genossenschaft, ein Verein oder ein anderes, nicht zu den physischen Personen gehöriges Rechtssubjekt, ist § 42 Abs 2 auf die Organe anzuwenden, wenn sie sich einer solchen Unterlassung schuldig gemacht haben (§ 42 Abs 3).

§ 42 Abs 1 ist auf Bedienstete oder Beauftragte nicht anzuwenden, die die Handlung im Auftrag ihres Dienstgebers oder Auftraggebers vorgenommen haben, sofern ihnen wegen ihrer wirtschaftlichen Abhängigkeit nicht zugemutet werden konnte, die Vornahme dieser Handlungen abzulehnen (Abs 4).

Gem § 42 Abs 6 gelten für das **Strafverfahren** die §§ 160 f, 164 PatG sinngemäß. § 161 S 2 verweist auf **§ 156 Abs 3**, wonach das Gericht, wenn ein Urteil davon abhängt, ob das Patent nichtig (§ 48 PatG) ist, das Verfahren zu **unterbrechen** hat, sofern die Nichtigkeit nicht offenbar zu verneinen ist. Gilt dies auch für die Anklageerhebung bzw die Einleitung des Vorverfahrens? Die Rsp verneint dies (wohl zu Recht).

*Beispiel: Der Beschuldigte versuchte, durch bloße **formale** Bestreitung eines Schutzrechts im Wege des Nichtigkeitsantrags beim PA die Einleitung der Voruntersuchung und die Sicherung von Beweisen im strafrechtlichen Vorverfahren zu behindern. Das Gericht stellte fest, dass die Unterbrechungsbestimmung des § 156 Abs 3 PatG wegen angeblicher Nichtigkeit (hier) des GebrM auf das gesamte strafrechtliche Vorverfahren **nicht** anzuwenden ist. Denn in dieser Norm sei wörtlich nur von „Unterbrechung" die Rede; nicht aber werde damit generell die Verweigerung der Verfahrenseinleitung statuiert.*

E. Übertragung, Rechtsverlust, Löschung

I. Übertragung

Nach § 10 Abs 1 können das Recht aus der Anmeldung eines GebrM und das GebrM (als Vermögensrecht) zur Gänze/nach ideellen Anteilen übertragen werden. Ein Heimfallsrecht (§ 760 ABGB) besteht nicht (§ 10 Abs 2). Gleich wie nach dem PatG ist die Übertragung eines **materiellen Anteils** (zB von einzelnen Ansprüchen) **unzulässig**.

Gem § 32 Abs 1 wird das GebrM selbst im Falle seiner Übertragung (§ 10) mit der Eintragung in das GebrM-Register erworben (**konstitutive Eintragungswirkung**). Nach § 11 kann das GebrM als Vermögensrecht ebenso wie ein Patent Gegenstand eines Pfandrechts sein. Aus § 31 Abs 1 (Eintragung von Lizenzrechten ins GebrM-Register) iVm § 48 Abs 1 (Gebühren für die Eintragung einer Lizenz) ist auf die Zulässigkeit der Vergabe von **GebrM-Lizenzen** zu schließen.

> *Beachte: Dritten gegenüber werden Lizenzrechte erst mit der Eintragung in das GebrM-Register wirksam. Der Zeitpunkt des Erwerbs von Lizenzen zwischen Lizenzgeber-Lizenznehmer richtet sich nach ABGB.*

II. Rechtsverlust und Löschung

1. Zeitablauf, Nichtzahlung der Jahresgebühr

Gem § 12 Abs 1 erlischt das GebrM nach Z 1 mit Erreichung seiner Höchstdauer, nach Z 2 bei nicht rechtzeitiger Zahlung einer Jahresgebühr. Zu den GebrM-Gebühren s ausführlich oben A.III.2.d.

2. Verzicht und Teilverzicht

Gem § 12 Abs 1 Z 3 erlischt das GebrM bei **Verzicht** des Inhabers. In diesem Fall wirkt das Erlöschen nach Abs 3 mit dem auf die Bekanntgabe des Verzichts an das ÖPA folgenden Tag.

§ 12 Abs 2 regelt den **Teil**verzicht: Betrifft der Verzicht nur einzelne Teile des GebrM (**Einschränkung**), bleibt dieses hinsichtlich der übrigen Teile aufrecht.

Eine Prüfung durch das ÖPA, ob die übrigen Teile noch den Bestimmungen dieses Gesetzes entsprechen und die Einschränkung zulässig ist, findet hiebei nicht statt.

> *Beispiel: In einem Nichtigkeitsverfahren gegen ein GebrM (für „Kunststoffbehälter und ein Verfahren zu dessen Herstellung") mit insgesamt 16 Ansprüchen wandte die AG gegen die Nichtigerklärung sämtlicher Ansprüche ua ein, den Nichtigkeitsantrag mit der Maßgabe abzuweisen, dass die Ansprüche eine geänderte Fassung erhalten sollten und machte unter Teilverzicht einen entspr Vorschlag.*
>
> *Daraufhin bestritt die ASt die Zulässigkeit des Teilverzichts, da der Erfindungsgegenstand gegenüber der ursprünglichen Offenbarung verschoben würde. Der **OPM** gab der **AG Recht** und stellte fest:*

Die Erfindungseigenschaft eines GebrM erschließe sich aus einer Gesamtbetrachtung. Der seitens der ASt erhobene Einwand von der „Verschiebung" der ursprünglichen Offenbarung wurde verworfen. Dass ein aus einem Vorhalt bekanntes Element im erfindungsmäßigen Sinn eingesetzt werden könnte, bedeute nicht, dass ein solches Element von der Offenbarung des Vorhalts umfasst sei oder nahegelegt werde.

3. Nichtigerklärung

Nach § 28 Abs 1 kann **jedermann** die Nichtigerklärung eines GebrM beantragen, wenn (Z 1) das GebrM nicht den §§ 1 bis 3 entspricht, (Z 2) Ansprüche, Beschreibung und Zeichnungen, die der Verfügung gem § 22 oder § 27 Abs 2 zugrunde liegen, die Erfindung nicht so deutlich und vollständig offenbaren, dass sie ein Fachmann ausführen kann, oder (Z 3) der Gegenstand des GebrM über den Inhalt der Anmeldung in ihrer ursprünglich eingereichten, den Anmeldetag begründenden Fassung hinausgeht.

Fehlen Neuheit oder erfinderischer Schritt, ist einem Antrag auf Nichtigerklärung stattzugeben und das angefochtene GebrM gem § 28 Abs 3 mit Wirkung „von Anfang an" für nichtig zu erklären.

> *Beispiele*: Die ASt beantragte die Nichtigkeitserklärung eines GebrM (**Schonbezug** für Sitze von Autos) wegen mangelnder Neuheit/Erfindungshöhe, da der vom rGebrM ausgehende Schutzumfang wie der von erteilten Patenten anzusehen wäre. Die **NA** gab diesem Antrag statt. Die Merkmalsangabe „durchgehender Mittelteil" im kennzeichnenden Teil des (einzigen) Anspruches des angefochtenen GebrM stelle wegen ihrer **allgemeinen Formulierung** keine **eindeutige Kennzeichnung** dar.
>
> Im Fall „**Wärmedämmplatten**" beantragte die ASt die Nichtigerklärung des GebrM X (mit Anspruch 1: Wärmedämmplatte aus expandiertem Polystyrol-Partikelschaumstoff für Fassadendämmung mit) wegen mangelnder Neuheit/Erfindungshöhe. In der Folge stützte sie sich auf das von der AG selbst vorgebrachte Argument, mit dem Europäischen Patent (EP) Y liege ein in Österreich gültiges Schutzrecht vor, das eben solche Dämmplatten zeige. Der OPM bestätigte die Nichtigerklärung des GebrM durch die NA im Hinblick auf **§ 3 Abs 2 Z 4**, weil das **EP Y** ein prioritäts**älteres** Schutzrecht sei und als **Stand der Technik** auch der Inhalt prioritätsälterer europäischer Patentanmeldungen iSd § 1 Z 4 PatV-EG zu gelten habe.
>
> Im Fall „**Katalysator**" beantragte die ASt (unter Hinweis auf prioritätsältere Patentschriften) die Nichtigerklärung des GebrM des AG, das ua aus einem **Formkörper** mit zahlreichen Kanälen bzw Durchtrittsöffnungen auf Flächen bzw verschiedenen Ebenen bestand, wobei die NA nur die Ansprüche 1–5, 8 und 9 für nichtig erklärt und die Nichtigkeit hinsichtlich der Ansprüche 6, 7 und 10–12 abgelehnt hatte. Beim OPM erwiesen sich dagegen nur die Ansprüche 11 und 12 als rechtsbeständig, da die vernichteten Ansprüche **nicht neu** waren, insb, weil in einer europäischen Patentschrift ein stapelbarer keramischer Wabenkörper verwendet wurde, dessen Funktion der Verwendung als **Regeneratorelement** (Anspruch **10** des GebrM des AG) entsprach.

4. Aberkennung

§ 29 schützt den zur Erlangung des GebrM Berechtigten gegenüber dem **unbefugten Anmelder**. Wer gem Abs 1 behauptet, (Z 1) dass er anstelle des GebrM-Inhabers Anspruch auf GebrM-Schutz hat oder (Z 2) dass der wesentliche Inhalt des GebrM seinen Beschreibungen, Zeichnungen, Modellen, Gerätschaften usw entnommen worden ist, kann begehren, dass das GebrM dem Inhaber **aberkannt** und **dem ASt übertragen** wird.

5. Abhängigerklärung

§ 30 („**Abhängigerklärung**") regelt die im Anmeldeverfahren nicht geprüfte Abhängigkeit. Diese liegt vor, wenn die gewerbliche Verwendung eines GebrM die Benutzung eines prioritätsälteren GebrM oder Patents erfordert. Demgemäß kann der Inhaber eines prioritätsälteren GebrM/Patents die E beantragen, dass die gewerbliche Verwendung eines GebrM die vollständige/teilweise Benutzung seiner als GebrM oder Patent geschützten Erfindung voraussetzt.

F. Behörden- und Gerichtszuständigkeit

§ 33 Abs 1: Das **ÖPA** ist zur Beschlussfassung in Angelegenheiten des GebrM-Schutzes zuständig, uzw
- (Z 1) die **TA** für Anmeldeverfahren, Erstellung des Recherchenberichts und Kenntnisnahme eines Verzichts auf ein GebrM;
- (Z 2) die **RA** betreffend die Übertragung des Rechts aus der GebrM-Anmeldung ua Verfügungen, betr registrierte GebrM (Ausnahmen: Recherchenbericht, Kenntnisnahme des Verzichts auf ein GebrM) sowie Wiedereinsetzungen, soweit nicht die NA zuständig ist;
- (Z 3) die **NA** für das Verfahren über Anträge auf Nichtigerklärung, Aberkennung, Abhängigerklärung, Nennung als Erfinder ua.

Ferner ist auf die Zuständigkeit des **OLG Wien** und des **OGH** als Rechtsmittelinstanzen (§§ 46 ff) zu verweisen, wie sie durch die **Patent-** und **Markenrechts-Novelle 2014** (BGBl I **2013/126**) neu bestimmt wurde.

Dies brachte (auch) für das GMR die Neuregelung des **Instanzenzuges** und eine geänderte **Behördenstruktur** (mit **Wien** als Behördenzentrum).

Hervorzuheben sind der **Wegfall** der Rechtsmittelabteilung des ÖPA und des **OPM**, an deren Stelle ein Rechtszug an die **ordentlichen** Gerichte trat. Die bisherigen Verfahrensregeln des **PatG** gelten **nur** noch **ergänzend** zu den Verfahrensgesetzen (zu all dem s bereits oben Markenrecht F. Behörden- und Gerichtszuständigkeit).

Gem § 44 Abs 1 ist für Klagen und einstweilige Verfügungen nach diesem BG ausschließlich das **HG Wien** zuständig. Nach Abs 2 steht die Gerichtsbarkeit in **Strafsachen** (§ 42) ausschließlich dem **LG für Strafsachen Wien** zu.

Vierter Abschnitt
Patentrecht

(§§ ohne weitere Angabe sind solche des PatG)

A. Einführung ins Patentrecht

I. Schutzzweck und Rechtfertigung des Patentrechts

1. Empirische und begriffliche Grundlagen

Wenigstens im Hinblick auf die **internationalen Anmeldezahlen** kann man von einem boomenden **Patentsystem** sprechen. Die Zahl der **Patentanmeldungen** beim Europäischen Patentamt (EPA), von welchem die vorliegenden statistisch erhobenen Zahlen (im Folgenden gerundet) stammen (Annual Report 2013), steigt scheinbar unaufhaltsam an: Waren es bei den europäischen Anmeldungen im Jahre 2009 noch 56.000, verzeichnet 2013 bereits 61.000, bei den internationalen Patentanmeldungen waren es 2009 155.000, 2013 205.000, sodass sich **insgesamt** für 2009 211.000, für **2013** die beachtliche Zahl von **266.000** Anmeldungen beim **EPA** ergibt.

Bei der Aufschlüsselung nach **Staaten**, die beim **EPA** Patente einreichten, liegen (1.]) die **USA** mit 65.000 deutlich vor (2.) **Japan**: 52.400; (3.) **Deutschland**: 32.000; (4.) China: 22.300; (5.) Südkorea: 16.800; (6.]) Frankreich: 12.400; (7.) der Schweiz: 8.000; (8.) den Niederlanden: 7.600; (9.) Großbritannien: 6.500; (10.) anderen Staaten: 34.000. Aufschlüsselung nach **technischen Gebieten**: (1.) Medizinische Technologie; (2.) Elektrische Energie und Anlagen; (3.) Digitale Kommunikation; (4.) Computer-Technologie; (5.) Transport; (6.) Vermessungsgeräte; (7.) Organische Chemie; (8.) Maschinenbau; (9.) Pharmazeutische Produkte; (10.) Biotechnologie.

Relative Kreativitätsquote (Anmeldungen pro Mio Einwohnern): Die (1.) **Schweiz** führt mit **832** Patentanmeldungen vor (2.) **Schweden**: 402; (3.) **Finnland**: 360; (4.) Dänemark: 347; (5.] den Niederlanden: 347; (6.) Deutschland: 328; (7.) **Österreich**: 243; (8.) Belgien: 180; (9.) Japan: 177; (10.) Frankreich: 148 … (15.) **USA**: 107.

Bei der Patentanmeldung der Top-20-Firmen (EPA = Anmeldung beim Europäischen Patentamt; US = USA-Anmeldung; JP = Japanische, CN = Chinesische, KR = Südkoreanische Anmeldung) führt klar [1.] **Samsung** SAMSUNG 2833 (KR) vor [2.] **Siemens** SIEMENS 1974 (EPA/D), [3.] **Philips** PHILIPS 1839 (EPA/Niederlande), [4.] **LG** LG 1648, (KR) [5.] **BASF** BASF 1577 (EPA/D), [6.] **Robert Bosch** 1574 (EPA/D), [7.] **Mitsubishi** 1327, [8.] **General Electric** 1257, [9.] **Qualcomm** QUALCOMM 1204 (US), [10.] **Ericsson** ERICSSON 1184 (EPA/Schweden); [11.] **Huawai** 1077 (Telekomausrüster/China); [12.] **Panasonic** Panasonic 1055 (JP); [13.] **Toyota Motor** 894 (JP); [14.] **Hitachi** HITACHI Inspire the Next 874 (JP); [15.] **Sony** SONY 855 (JP); [16.] **Bayer** 850 (EPA/D); [17.] **alcatel lucent** Alcatel·Lucent 806 (EPA/Fr-US); [18.] **Airbus Group** AIRBUS GROUP (fr: EADS): 783 (EPA/NL-Fr); [19.] **Nokia** NOKIA 761 (EPA/Fin); [20.] **Fujitsu** FUJITSU 722 (JP).

„Patente" sind Schutzrechte an Erfindungen auf allen Gebieten der Technik, die neu sind, sich für den Fachmann nicht in nahe liegender Weise aus dem Stand der Technik ergeben und gewerblich anwendbar sind (vgl § 1 Abs 1). Im Unterschied zum Begriff der Patente versteht man unter **Patentrecht** einerseits das im objektiven, andererseits das im subjektiven Sinn. Zum Patentrecht im **objektiven** Sinn zählen Rechtsnormen, die das Patentwesen (Schutz von Erfindungen) regeln. Geschützt wird ein „geistiges Gut" (geistiges Eigentum: Erfindungspatente). Patentrecht im **subjektiven** Sinn machen die aufgrund dieser Normen dem Einzelnen zustehenden Befugnisse aus, die sich gegenüber dem Verletzer des Patentrechts in den patentrechtlichen Ansprüchen (Ausschließungsrecht) konkretisieren. Dass das Patentrecht an der Nutzung von Erfindungen ein Monopolrecht gewährt, erscheint mit Rücksicht auf das Prinzip der freien Konkurrenz in der Wettbewerbswirtschaft rechtspolitisch **rechtfertigungsbedürftig**. Deshalb haben sich, was für den **Schutzzweck** dieser Materie von Bedeutung ist, im Verlaufe der Zeit im Hinblick auf die Legitimation des Patentrechts sowie seinen Sinn und Zweck diverse **Theorien** herausgebildet, die kurz umrissen werden sollen, da sie das Verständnis dieser praktisch bedeutenden Rechtsmaterie erleichtern können.

2. Naturrechts- oder Eigentumstheorie

Diese Theorie „lebt" von ihrer Parallele zum **Eigentumsrecht.** Sie basiert auf dem **Naturrechtsverständnis** des ausgehenden 18. Jahrhunderts mit Betonung der eigentumsrechtlichen Komponente im Privatrecht. Die **Eigentumstheorie** erkennt Erfindungen als Ausdruck der Persönlichkeit des Erfinders an, dh dessen individueller Fantasie und technischen Geschicks. Entsprechend dem französischen Patentrecht (vgl franz PatG vom 7. 1. 1791) dieser Zeit, wonach jede neue Entdeckung oder Erfindung als Eigentum des Erfinders angesehen wurde, qualifizierte man die nicht autorisierte Übernahme einer fremden Idee schlicht als „geistigen Diebstahl".

3. Belohnungstheorie

Nach der **Belohnungstheorie** ist es ein Gebot der **sozialen Gerechtigkeit**, den Erfinder als „Lehrer der Nation" für die Erbringung einer auch der Allgemeinheit nützlichen Erfindung zu belohnen, weshalb man diesem ein zeitlich beschränktes Monopol an der Benutzung bzw Verwertung seiner Erfindung zugestand. Im angelsächsischen Rechtskreis spricht man von *Vertragstheorie*. Betont wird das Offenbarungserfordernis: Der Erfinder mehrt iS eines synallagmatischen Vertrages im Gegenzug für die Patentierung das für die Allgemeinheit verfügbare technische Wissen.

4. Anspornungstheorie

Nach der **Anspornungstheorie** stellt das Patentrecht ein Mittel zur Förderung des technischen Fortschritts dar. Durch die Aussicht auf (zeitlich begrenzte) staatliche Monopolverleihung soll die individuelle Bereitschaft, in Innovationen zu investieren, gefördert werden. Mit der Verleihung des Patents sollen Impulse (ein Ansporn) zur Entfaltung erfinderischer Tätigkeit gesetzt werden, entspr *Lincoln*s Aussage über das US-Patentamt: *„The patent system added the fuel of interest to the fire of genius"* (frei übersetzt etwa: „Das Patentrechtssystem goss Öl der Motivation ins Feuer des Genies").

5. Offenbarungstheorie

Danach soll das Patentrecht bzw die mit der Einräumung eines Patents einhergehenden Schutzwirkung den Erfinder veranlassen, seine Erfindung möglichst rasch der Öffentlichkeit zu „offenbaren", damit die Fachwelt weitere Innovationen hervorbringen kann. Die Offenbarungstheorie wird in § 87a Abs 1 deutlich, wonach die Erfindung in der Patentanmeldung so deutlich und vollständig zu **offenbaren** ist, dass sie ein Fachmann ausführen kann. Die Rechtsordnung bietet einen adäquaten Patentrechtsschutz, damit die Erfindung nicht (allzu lange) geheim gehalten wird, sondern, insb über **Lizenzierung**, möglichst bald und effektiv in wirtschaftlich-technischer Hinsicht genutzt werden kann. Durch eine derartige Stabilisierung der Ertragserwartung werden auch **Folgeinnovationen** begünstigt.

II. Geschichtlicher Überblick

Während sich im Mittelalter mit seiner regionalen Entfaltung von Handel und Gewerbe der Erfinderschutz auf die Verleihung gewisser **Zunftrechte** beschränkte, wurde später ein Privilegienwesen entwickelt. Als erstes Erfindungsprivilegium gilt das von Kaiser *Ferdinand I.* im Jahre 1560 verliehene Patent (erteilt für eine Erfindung, die Brennstoffersparnisse durch Beimengung von Zusatzstoffen zum Gegenstand hatte). Weitere Erfindungsprivilegien wurden 1709 und 1809 erteilt, so etwa auf die Erzeugung von Speise- und Brennöl aus Weintraubenkernen. Diese Privilegien, deren Erteilung und Dauer (meist zwischen zehn und 30 Jahren) im Ermessen des Monarchen stand, richteten sich inhaltlich nach der jeweiligen Privilegiumsurkunde, wodurch dem Inhaber bestimmte Verwertungsrechte gewährt wurden. Ab 1795 wurde in die Urkunde der Passus aufgenommen, dass das Privilegium als nicht erteilt zu betrachten sei, wenn sich nachträglich herausstellte, dass die Erfindung schon früher im Inland ausgeübt wurde.

1810 trat mit dem **Privilegiengesetz** das erste Gesetz auf dem Gebiet des Erfinderschutzes in Kraft; die Anmeldung war noch ein „Majestätsrecht". Als Kaiserliches Patent von 1820 setzte die Privilegierung ausdrücklich die Neuheit im Inland voraus (keine Vorprüfung, Höchstdauer: 18 Jahre). 1832 novelliert, wurde es 1852 als **neues** PrivilegienG (RGBl 1852/184) erlassen. Das österr Privilegienwesen war lange Zeit in Europa führend und beeinflusste ua das französische Patentgesetz von 1844. Im Jahre 1899 trat das **Patentgesetz** (RGBl 1897/30) in Kraft.

Als prominente Beispiele für Patente seien Erfindungen wie die Nähmaschine von *Josef Madersperger* (1836) oder die Schiffsschraube von *Josef Ressel* (1826) genannt. 1940 wurde das österr durch das **deutsche** Patentgesetz ersetzt. Erst 1947 wurde das **österr Patentgesetz** wieder eingeführt. **1970** wurde es **wiederverlautbart** (BGBl 1970/259). Seither gab es zahlreiche **Novellen** (derzeit gültige Fassung: **BGBl I 2013/126**).

III. Rechtsquellen

1. Nationale Rechtsquellen

a) PatG, PatV-EG, PAnwG, PPG, SchZG

Bedeutendste nationale Rechtsquelle: **Patentgesetz 1970** (PatG – BGBl 1970/259 idF **BGBl I 2013/126**). **Patentverträge-Einführungsgesetz** (PatV-EG – BG vom 16. 12. 1978 über die Einführung des EPÜ und des Vertrages über die internationale Zusammenarbeit auf dem Gebiet des Patentwesens BGBl 1979/52 idF **BGBl I 2013/126**). Das **Patentanwaltsgesetz** (**BG** vom 7. 6. 1967 BGBl 1967/214 idF **BGBl I 2013/126**) regelt den Patentanwaltsberuf, insb die Erfordernisse zu seiner Ausübung. Zum **PPG 2004** BGBl I 2004/56 idF **BGBl I 2007/17** s oben Erster Abschnitt Markenrecht, A.III.1.b. Zum Schutzzertifikatsgesetz 1996 BGBl I 1997/11 idF **BGBl I 2013/126** s unten IV.2.

b) PAG – PAGV, PAV, TRFV

Die Gebühren für ua (inter)nationale Patentanmeldungen BG über die im Bereich des PA zu zahlenden Gebühren und Entgelte sind im **PatentamtsgebührenG** (**PAG** BGBl I 2004/149 idF **BGBl I 2013/126**) niedergelegt. Dazu kommt die V des BM für Verkehr, Innovation und Technologie für im Bereich des PA zu zahlende Gebühren: **PatentamtsgebührenV** (**PAGV** BGBl II 2005/469 idF **BGBl II 2010/198**). Zur Neufassung der Patentamtsverordnung (**PAV 2006** PBl 2005/12, Anh 4 idF **PBl 2011/2** S 34), zur neuen TRFV (PBl 2005/6, Anh 2) usw s oben Erster Abschnitt Markenrecht, A.III.1.c.

2. Rechtsquellen aus EU-Recht

a) Gemeinschaftspatent

Die beiden Verordnungen **VO** (EU) **1257/2012** des EP und des Rates vom 17. 12. 2012 über die Umsetzung der VZ im Bereich der Schaffung eines einheitlichen Patentschutzes sowie die **VO** (EU) **1260/2012** des EP und des Rates vom 17. 12. 2012 über die Umsetzung der VZ im Bereich der Schaffung eines einheitlichen Patentschutzes im Hinblick auf die anzuwendenden Übersetzungsregelungen bewirkten zunächst die Schaffung eines **europäischen Patents mit einheitlicher Wirkung** (= Gemeinschaftspatent/EU-Patent) in Bezug auf Beschränkung, Übertragung, Nichtigerklärung und Löschung. Es ist ein vom EPA nach den Vorschriften und Verfahren des **EPÜ** (Näheres s unten 3.a) erteiltes europäisches Patent, dem auf Antrag des Patentinhabers einheitliche Wirkung für das Hoheitsgebiet derjenigen 25 MS verliehen wird, die an der **Verstärkten Zusammenarbeit** (= VZ) teilnehmen. Das bedeutet einen erheblichen Fortschritt gegenüber den bisherigen Alternativen, da mit dem neuen Patent Erfindungen in nur **einem einzigen** bürokratischen **Akt** einen effizienteren Schutz erhalten und zudem eine **erhebliche Verringerung** der **Patentkosten** (von bisher ca € 36.000,– auf nunmehr € 4.700,–) erfolgt.

Weiterer Vorteil des Gemeinschaftspatents gegenüber dem EPÜ: Im zuletzt genannten Fall muss das durch das EPA erteilte europäische Patent noch von **jedem MS**, in welchem der Patentschutz angestrebt wird, **validiert** werden, was beim Gemeinschaftspatent nicht der Fall ist. Nachteil: In Ermangelung der Teilnahme aller EU-MS hat ein eigenes **Einheitliches Europäisches Patentgericht** (EPG) zu entscheiden. Am 6. 3. 2014 wurde vom sog Vorbereitenden Ausschuss ein Entwurf der **Verfahrensordnung für das Einheitliche Patentgericht** veröffentlicht. Das **dezentrale Gericht erster Instanz** besteht aus einer Zentralkammer sowie örtlichen und regionalen Kammern in den MS. Dazu gibt es ein **Gemeinsames Berufungsgericht** sowie eine **Gemeinsame Geschäftsstelle** mit lokalen Nebenstellen.

Im April 2013 **verwarf** der EuGH die **Klagen** von **Spanien** und **Italien** gegen den Beschluss des Rates vom 10. 3. 2011, wonach 25 (von seinerzeit 27) MS zur VZ zur Schaffung eines **einheitlichen Patentschutzes** ermächtigt wurden. Damit wurde die Einsatzfähigkeit des Instruments der **VZ** zur Förderung des Integrationsprozesses bei nachhaltigem Widerstand vereinzelter MS **bekräftigt**.

b) Verordnungen

Neu sind die **EU-Produktpiraterie-VO** 2014 (löste die frühere PPV 2004 ab) sowie die **Durchführungs-VO** (EU) **1352/2013** der Kommission vom 4. 12. 2013 zur Festlegung der in der EU-Produktpiraterie-VO 2014 durch die Zollbehörden vorgesehenen **Formblätter** (Näheres s oben Markenrecht A.III.2.a).

2009 wurde die VO (EWG) 1768/92 von der VO (EG) **469/2009** des EP und des Rates vom 6. 5. 2009 über das ergänzende Schutzzertifikat für **Arzneimittel** (**SchZ-VO 2009**) abgelöst. Damit soll die Dauer des Patentschutzes für Patente betreffend Erzeugnisse (zugelassene Arzneimittel) nach gesetzlich vorgegebenen Kriterien auf Antrag um **maximal fünf Jahre** verlängert (**ergänzt**) werden. Der Grund für diese Regelung liegt darin, dass durch das idR vorangegangene **strenge** Arzneimittelgenehmigungsverfahren oft viele Jahre **verloren** gehen. Für Pharmakonzerne, die langfristig Investitionen tätigen, würde keine oder eine unzureichende SchZ-VO erhebliche Investitionseinbußen nach sich ziehen, kann doch ein Patentinhaber sein Patent während dieser Genehmigungsverfahren **nicht** wirtschaftlich nutzen, mit der Folge von Wettbewerbsnachteilen für den Forschungsstandort **EU**. Die Weiterentwicklung von **Arzneimitteln** soll damit nicht nur iSd öffentlichen Gesundheit, sondern auch als **Anreiz** für die pharmazeutische Forschung gefördert werden (zum SchZG 1996 BGBl I 1997/11 idF **BGBl I 2013/126** s oben I.a sowie unten IV.2.).

Von Bedeutung für die SchZ-VO 2009 ist die VO (EG) 1901/2006 des EP und des Rates vom 12. 12. 2006 über **Kinderarzneimittel**, welche den Problemen des Fehlens von spezifisch an die **pädiatrische**

Bevölkerungsgruppe angepassten Arzneimitteln wirksam begegnen will (in Kraft seit 1. 1. 2007). Diese VO regelt die Entwicklung von Medikamenten über Kinderarzneimittel unter Einbeziehung der Anwendung an Kindern und Jugendlichen (0 bis 17 Jahre). Sie soll die Verfügbarkeit von Arzneimittel sichern, die spezifisch für die Behandlung der Zielgruppe von Kindern und Jugendlichen geeignet sind. ISd Forschungsförderung wurde ferner die VO (EG) 1610/96 des EP und des Rates über die Schaffung eines **ergänzenden** Schutzzertifikats für **Pflanzenschutzmittel**, die für das Inverkehrbringen in die EU zugelassen sind, erlassen. Das Zertifikat gewährt die gleichen Rechte wie das Grundpatent und unterliegt den gleichen Beschränkungen. Es kann vom Inhaber eines nationalen oder europäischen Patents unter gleichen Voraussetzungen in jedem MS erhalten werden.

c) Richtlinien

RL 87/54/EWG des Rates vom 16. 12. 1986 über den Rechtsschutz der **Topografien** (dh der geometrischen Strukturen) von **Halbleitererzeugnissen** (Mikrochips) – HlSchRL, durch welche innerhalb der EU eine weitgehende Rechtsvereinheitlichung erreicht wurde. Näheres zum Halbleiterschutzrecht in Österreich s unten IV.3.

Die **RL** 98/44/EG des EP und des Rates vom 6. 7. 1998 über den rechtlichen Schutz biotechnologischer Erfindungen (**Biotechnologie**-RL) geht von der zunehmenden Bedeutung von **Biotechnologie** und **Gentechnik** in diversen Industriezweigen aus. Sie wurde im nationalen Recht (verspätet) durch die **Biotechnologie-RL-Umsetzungsnovelle BGBl I 2005/42**, insb in den §§ 1–3, 22b, 22c, 37 f, 47 f, 81a, 87a, 89a, 102, 176a und §§ 180 f **PatG** umgesetzt. Umstritten ist bisweilen die Interpretation einzelner Artikel dieser RL. So beinhaltet **Art 9 RL** 98/44/EG eine Regelung der **genetischen Information.** Danach erstreckt sich der Schutz, der durch ein Patent für ein Erzeugnis erteilt wird, das aus einer genetischen Information besteht oder sie enthält, vorbehaltlich des Art 5 Abs 1 auf jedes Material, in das dieses Erzeugnis Eingang findet und in dem die genetische Information enthalten ist und ihre Funktion erfüllt.

> *Beispiel: In einem niederländischen Verfahren klagte der Weltkonzern Monsanto, Inhaber eines europäischen Patents für eine* **Gensequenz***, die eine Sojapflanze nach erfolgtem Einbau in deren DNA gegen den Wirkstoff Glyphosat resistent werden lässt, wegen Einfuhren von Sojamehl aus Argentinien in die EU.*

> *EuGH: Art 9 sei dahin auszulegen, dass er, wenn das patentierte Erzeugnis in Sojamehl enthalten ist, wo es* **nicht** *die Funktion erfüllt, für die es* **patentiert** *ist, diese Funktion jedoch zuvor in der Sojapflanze erfüllt hat, aus der dieses Mehl als Verarbeitungserzeugnis gewonnen wurde, oder wenn das Erzeugnis diese Funktion möglicherweise erneut erfüllen könnte, nachdem das Material aus dem Mehl isoliert und dann in die Zelle eines lebenden Organismus eingebracht worden ist,* **keinen** *patentrechtlichen Schutz gewährt. Monsanto konnte daher die Vermarktung von argentinischem Sojamehl, das eine für diese Gesellschaft patentierte DNA-Sequenz als Rückstand enthält, in der EU* **nicht** *verbieten.*

Ferner erging iS einer **Entschließung** des **NR** aus **1998** seitens des **PA** bzw des **Biopatent Monitoring Komitees** die (rein **inner**staatliche, nicht unionsrechtliche!) **Biotechnologie-Prüfrichtlinie**, um die einheitliche Durchführung (ua) von Patenterteilungsverfahren sowie die Bearbeitung von Recherchen und Gutachtenanträgen zu gewährleisten. So werden etwa in Pkt 2 der Biotechnologie-Prüfrichtlinie (Version **2009**) **biotechnologische Erfindungen** als Erfindungen definiert, die ein Erzeugnis zum Gegenstand haben, das aus **biologischem Material** besteht oder dieses enthält, oder ein Verfahren, mit dem biologisches Material hergestellt, bearbeitet oder verwendet wird.

Zur **RL** 2004/48/EG des EP und des Rates vom 29. 4. 2004 zur Durchsetzung der Rechte des **geistigen Eigentums** (Schutz- oder **Rechtsdurchsetzungs-RL**) s bereits oben Erster Teil Markenrecht A.II.2.b.

Mit der RL **2001/83/EG** des EP und des Rates vom 6. 11. 2001 zur Schaffung eines **Gemeinschaftskodex** für **Humanarzneimittel** (idF der RL 2004/27/EG des EP und des Rates vom 31. 3. 2004) wurde ein Gemeinschaftskodex geschaffen, der in einem einzigen Rechtsakt alle geltenden Vorschriften für die Genehmigung, die Herstellung, die Kennzeichnung, die Einstufung, den Vertrieb und die Werbung von Humanarzneimitteln zusammenfasst.

d) RL-Entwurf Softwarepatente

RL-Entw für **Softwarepatente**: Vorschlag der KOM für eine **RL** des EP und des Rates **über die Patentierbarkeit computerimplementierter Erfindungen** vom 20. 2. 2002, KOM(2002) 92 endg. Da in der Folge kleinere Unternehmen und Befürworter von **frei** zugänglicher Open-Source-Software vorbrachten, dass **Software-Erfindungen** ohnehin bereits **Urheberrechtsschutz** genießen und eine Patentierung computerimplementierter Erfindungen **höhere Kosten** und die Verdrängung **kleiner Firmen** zur Folge hätte, **lehnte** das **EP** den **RL-Entw** im Juli **2005** ab.

3. Internationale Rechtsquellen

a) PVÜ, TRIPS, EPÜ

Die **Pariser Verbandsübereinkunft zum Schutz des gewerblichen Eigentums** (= PVÜ) wurde im Jahre 1883 unterzeichnet und in der Folge mehrfach revidiert. **2013** gehörten ihr **175** Staaten an (Näheres s oben Erster Teil Markenrecht A.III.3.a.). Aus **patentrechtlicher** Sicht sind – demonstrativ – hervorzuheben: Grundsatz der Inländerbehandlung, Regelungen über Unionspriorität, Unabhängigkeit der für dieselbe Erfindung in verschiedenen Staaten erlangten Patente, Erfindernennung, Zwangslizenzen, internationale Ausstellungen, freie Einfuhr von in Verkehrsmitteln eingebauten Gegenständen, schließlich: Vorgaben für PA und Patentblatt.

Das Abk über handelsbezogene Aspekte der Rechte des geistigen Eigentums **TRIPS** BGBl 1995/1 idF BGBl 1995/379 bildet Anhang 1C des WTO. Mitglieder: **160** (Stand: **2014**). Verbandsländer können einzeln untereinander Sonderabk zum Schutz des gewerblichen Eigentums treffen (Art 19 PVÜ). Diese Abk (zB PCT, EPÜ, MMA/MMP) dürfen jedoch den Bestimmungen des PVÜ nicht zuwiderlaufen. Seine patentrechtlichen Regelungen bilden keine Grundlage für eine internationale Rechtsvereinheitlichung; sie betreffen **Einzelaspekte** des **Patentschutzes**. Beispiele: Art 3 (Prinzip der Inländergleichbehandlung); Art 4 (Grundsatz der Meistbegünstigung) und Art 7 (**programmatische** Zielsetzungen: Schutz des geistigen Eigentums soll zur Förderung technischer Innovation sowie zum Transfer und zur Verbreitung von Technologie beitragen) usw (Näheres s oben Erster Teil Markenrecht A.III.3.a).

(Münchener) **Europäisches Patent-Übk – EPÜ** aus 1973 (BGBl 1979/350 idF BGBl III 2007/136 idF BGBl I 2008/2) samt AusführungsO zum EPÜ (BGBl 1979/350 idF BGBl III 2002/179): Internationaler Vertrag, durch den die Europäische Patentorganisation (EPO) geschaffen und die Erteilung europäischer Patente geregelt wird. Durch eine einzige Anmeldung kann nach Prüfung durch das Europäische Patentamt (EPA) in **München** (Zweigstelle in **Den Haag,** einreichbar in deutscher Sprache auch beim PA) in jedem Vertragsstaat ein **europäisches Patent** erworben werden. Im Gegensatz zum PCT (s unten b) wird nach dem EPÜ-Verfahren dieses vom EPA bis Erteilung oder Zurückweisung durchgeführt (**zentralisierte Patenterteilung**). Das EPÜ stellt einen eigenständigen **völkerrechtlichen Vertrag** dar, dem **2012** (inklusive Österreich) **38** Vertragsstaaten (letzter Beitritt: 2010) angehörten.

b) PCT, IPC, PLT und Budapester Vertrag

Patent Cooperation Treaty – PCT (Zusammenarbeitsvertrag) 1970 = Washingtoner Vertrag über die internationale Zusammenarbeit auf dem Gebiet des **Patentwesens** (BGBl 1979/348 idF BGBl III 2002/132 iVm BGBl I 2008/2). Aufgrund **einer** einzigen Anmeldung eines Patents bei PA, WIPO oder EPA kann man Patentschutz in **148** Staaten (Stand: **2013**) erlangen. Das Verfahren umfasst eine internationale und eine nationale (bzw regionale) Phase. Kosten für eine obligatorische „internationale **Recherche**": € 1.700,–. Die Patenterteilung ist, anders als nach EPÜ (s oben a), nicht zentralisiert. Zu beachten: PCT-AusführungsO (Fassung1. 1. 2009).

Straßburger Abk über die **internationale Patentklassifikation** (International Patent Classification – IPC), womit das Ziel der Vereinheitlichung der Klassifikation erreicht wurde (1971). Im Jahre **2013** gehörten dem IPC (inklusive Österreich) **62** Staaten an. Die IPC wird laufend der Entwicklung der Technik angepasst und alle fünf Jahre aktualisiert. Das vollständige IPC-Symbol, ein Code aus Buchstaben und Ziffern, wird auch als **IPC-Notation** bezeichnet. Diese wird auf veröffentlichten Patentanmeldungen und Patenten angegeben und mit **INID**(„Internationally agreed Numbers for the Identification of [bibliographic] Data")-Code 51 (WIPO-Standard) gekennzeichnet.

Die gesamte Technik ist hierarchisch aufgebaut und in acht Hauptgebiete/**Sektionen** (A–H) unterteilt (A – Täglicher Lebensbedarf; B – Arbeitsverfahren, Transportieren; C – Chemie, Hüttenwesen; D – Textilien, Papier; E – Bauwesen, Bergbau; F – Maschinenbau; G – Physik, H – Elektrotechnik). Eine Sektion gliedert sich in Klassen und Unterklassen, diese wiederum sind in (insgesamt ca 70.000) Haupt- und Untergruppen unterteilt. Dieser ist ein auf den Patentunterlagen applizierter **Code** (aus Zahlen und Buchstaben) zwecks zielgerichteter **Recherche** zugeordnet.

Der Patentrechtsvertrag – **Patent Law Treaty** (PLT) – soll gewisse Formalitäten iZm der Anmeldung und der Aufrechterhaltung von Patenten vereinheitlichen (Ausführungsverordnung: Februar 2002). Er wurde unter der Schirmherrschaft der „Weltorganisation für geistiges Eigentum" (WIPO) am 2. Juni 2000 in Genf verabschiedet (**2013** gehörten ihm **35** Vertragsstaaten an). Österreich hat diesen Vertrag wohl unterfertigt, aber noch nicht ratifiziert.

Budapester Vertrag vom 28. 4. 1977 BGBl 1984/104 idF BGBl 1984/315 (samt AusführungsV BGBl 1984/104) mit im Jahre **2012** (inklusive Österreich) **77** MS regelt die internationale Anerkennung der Hinterlegung von Mikroorganismen für die Zwecke von Patentverfahren. Da hier die Offenbarung durch entspr Beschreibung nicht möglich ist, muss der Mikroorganismus bei einer speziellen Institution hinterlegt werden.

IV. Dem Patentrecht verwandte Regelungen

1. Gebrauchsmustergesetz – GMG

S dazu die ausführlichen Erörterungen oben beim Gebrauchsmusterrecht, Dritter Abschnitt A.III.1.a

2. Schutzzertifikatsgesetz – SchZG

Sind Patentanmeldeverfahren an sich zeitaufwändig, kommt dazu noch der Druck auf das patentwerbende Unternehmen, ein spezielles **Zulassungsverfahren** für das Produkt zu absolvieren. Ist so ein Verfahren abgeschlossen und der Weg zum Inverkehrbringen des Produkts frei, ist oft ein erheblicher Teil der patentrechtlichen Schutzdauer verstrichen. Betroffen sind **Arznei-** und **Pflanzenschutzmittel**, deren Schutzdauer deshalb um fünf Jahre verlängert wurde. Motiv: Berücksichtigung kostspieliger Forschungstätigkeit und deren Amortisation nur bei effektiver Hintanhaltung von Wettbewerbsnachteilen (va gegenüber der Konkurrenz aus Japan und Nordamerika).

Da bei Anwendung des BG betreffend ergänzende Schutzzertifikate (BGBl 1994/635) Unzulänglichkeiten auftraten, wurde das **SchZG 1996** BGBl I 1997/11 idF **BGBl I 2013/126** erlassen. Nach § 1 („Gegenstand") werden Schutzzertifikate, die in Österreich geltende Patente ergänzen, vom ÖPA nach Maßgabe der SchZ-VO erteilt. § 2 regelt die Anmeldung, § 3 die Erteilung, § 5 die Zuständigkeit für Erledigungen, § 6 das Schutzzertifikatsregister, § 7 (idF **BGBl I 2013/126** in Kraft seit 1. 1. 2014) ergänzende Anwendung des PatG, § 8 Veröffentlichungen.

(Anmelde- und Jahres-)**Gebühren** für **SPC** sind im BG über die im Bereich des ÖPA zu zahlenden Gebühren und Entgelte (**Patentamtsgebührengesetz – PAG** BGBl I 2004/149 idF **BGBl I 2013/126**) niedergelegt. Gem § 17 PAG („Anmeldegebühr und Verlängerungsgebühr") ist für die Anmeldung eines **SPC** eine Anmeldegebühr (**€ 300,–**), für den Antrag auf Verlängerung der Laufzeit eine Gebühr von **€ 200,–** zu zahlen. Gem § 18 PAG ist für jedes SPC gestaffelt eine Jahresgebühr von **€ 2.500,–** (für das 1. Jahr) bis zu € 2.900,– (für das 6. Jahr) zu entrichten. Beachte ferner die V des BM für Verkehr, Innovation und Technologie für im Bereich des PA zu zahlende Gebühren: **PAGV** BGBl II 2005/469 idF **BGBl II 2010/198.**

3. Halbleiterschutzgesetz – HlSchG

Halbleiterschutzrecht: Entstanden in den USA (Semiconductor Chip Protection Act: 1984) und Japan (Gesetz Nr 43: 1985). Die USA gewähren Ausländern Schutz nur bei Bestehen materieller Gegenseitigkeit. Gemeinschaftsrechtliche Reaktion: **HlSchRL** 1986 (s oben III.2.c). Österreich stellte **Gegenseitigkeit** 1988 mit dem **HlSchG** (BGBl 1988/372 idF **BGBl I 2013/126**) her, welches am PatG orientiert ist und auf dieses verweist. **Zweck** des BG vom 23. 6. 1988 über den Schutz der Topografien (geometrischen Strukturen) von mikroelektronischen Halbleitererzeugnissen (**Mikrochips**): Schutz ua gegen **Raubkopien**. Dieses Gesetz wurde an die Biotechnologie-RL und das **TRIPS-WTO**-Abk angepasst. Im Unterschied zum Patent oder GebrM wird ausschließlich die **geometrische Gestaltung** des Mikrochips geschützt, **nicht** seine technische Funktion oder sein technologischer Aufbau.

4. Sortenschutzgesetz

Das BG über den Schutz von Pflanzensorten (**Sortenschutzgesetz 2001** BGBl I 2001/109 idF **BGBl I 2013/189**) basiert auf der **UPOV-Akte 1991** (Österreich ist Verbandsstaat der UPOV = „Union internationale pour la protection des obtentions végétales"). Der **Sortenschutz** ist ein dem **Patentrecht** entspr rechtlicher Schutz für Neuzüchtungen. Gem § 3 SortenschutzG bzw gem **Art 6** der **VO (EG) 2100/94** kann für Sorten aller botanischen Gattungen und Arten (einschließlich Hybriden zwischen Gattungen und Arten), die **unterscheidbar, homogen, beständig** und **neu** sind, ein nationaler/gemeinschaftlicher **Sortenschutz** auf Antrag des Züchters erteilt werden.

Nationaler Sortenschutz: Eintragung in das beim **Bundesamt für Ernährungssicherheit** in Wien (ist gem § 19 Abs 1 Sortenschutzamt) geführte **Sortenschutzregister**. Gemeinschaftlicher Sortenschutz: Eintragung in das beim **Gemeinschaftlichen Sortenamt** in Angers (Frankreich) geführte amtliche Sortenverzeichnis.

Beachte ferner die **V** des BM für Land- und Forstwirtschaft, Umwelt und Wasserwirtschaft über eine **Sortenschutz-Artenliste** BGBl II 2006/412 (§ 2 Abs 1 SortenschutzG). Deren Ziel ist die Schaffung des Schutzes des **geistigen Eigentums** an **neuen Pflanzensorten** (Interessenausgleich zwischen Sortenschutzinhaber durch Lizenzeinnahmen, Art 27 Z 3 lit b TRIPS).

B. Was ist ein Patent?

I. Legaldefinition

§ 1 Abs 1 („**Patentierbare Erfindungen**") bestimmt:

„Für Erfindungen auf allen Gebieten der Technik werden, sofern sie neu sind (§ 3), sich für den Fachmann nicht in nahe liegender Weise aus dem Stand der Technik ergeben und gewerblich anwendbar sind, werden auf Antrag Patente erteilt."

Ferner können nach dem (im Einklang mit dem EPÜ bzw) aufgrund der Biotechnologie-RL (Näheres s oben III.2.f) durch BGBl I 2005/42 eingeführte § 1 Abs 2 **Erfindungen**, die die Voraussetzungen des **Abs 1** erfüllen,

„… patentiert werden, wenn sie ein Erzeugnis, das aus biologischem Material besteht oder dieses enthält, oder ein Verfahren, mit dem biologisches Material hergestellt, bearbeitet oder verwendet wird, zum Gegenstand haben, wobei biologisches Material ein Material ist, das genetische Informationen enthält und sich selbst reproduzieren oder in einem biologischen System reproduziert werden kann. Zu diesen patentierbaren Erfindungen zählen auch

1. *biologisches Material, das mit Hilfe eines technischen Verfahrens aus seiner natürlichen Umgebung isoliert oder hergestellt wird, auch wenn es in der Natur schon vorhanden war;*
2. *ein isolierter Bestandteil des menschlichen Körpers oder ein auf andere Weise durch ein technisches Verfahren gewonnener Bestandteil, einschließlich der Sequenz oder Teilsequenz eines Gens, selbst wenn der Aufbau dieses Bestandteils mit dem Aufbau eines natürlichen Bestandteils identisch ist."*

Nach § 1 Abs 3 werden als Erfindungen insb **nicht** angesehen:

(Z 1) Entdeckungen (dh Auffindung von Erkenntnissen aus bereits Vorhandenem) sowie wissenschaftliche Theorien und mathematische Methoden;

(Z 2) der menschliche Körper in den einzelnen Phasen seiner Entstehung und Entwicklung;

(Z 3) die bloße Entdeckung eines Bestandteils des menschlichen Körpers, einschließlich der Sequenz oder Teilsequenz eines Gens;

(Z 4) ästhetische Formschöpfungen;

(Z 5) Pläne, Regeln und Verfahren für gedankliche Tätigkeiten, für Spiele oder für geschäftliche Tätigkeiten sowie Programme für Datenverarbeitungsanlagen;

(Z 6) die Wiedergabe von Informationen.

II. Auslegung

PatG: Keine Definition des Begriffs der Erfindung, immerhin in § 1 Abs 1 der Unterschied zwischen der etwas Neues bringenden (schutzwürdigen) **Erfindung** und der **Entdeckung**, die lediglich die Auffindung von Erkenntnissen aus Vorhandenem leistet und die vom Schutz des Patentrechts **ausgenommen** ist.

§ 1 Abs 1 kann man den Unterschied zwischen Erfindung und Patent entnehmen: Danach setzt jedes Patent eine Erfindung voraus; doch muss nicht jede Erfindung ein Patent nach sich ziehen. Jedenfalls muss der Erfinder mit den Regeln betreffend das technische Handeln vertraut sein, somit ein technisches Problem tatsächlich ausführbar und wiederholbar lösen können.

III. Schutzvoraussetzungen

1. Gewerbliche Anwendbarkeit

Voraussetzung für die Patentierbarkeit einer Erfindung ist, dass sie – unabhängig von Zufällen – **gewerblich anwendbar** ist. Die Erfindung muss also der gewerblichen **Vervielfältigung zugänglich** sein.

2. Neuheit

Weitere Voraussetzung (§ 3 Abs 1): **Neuheit** einer Erfindung, dh, sie gehört nicht zum Stand der Technik. Was ist „Technik", was der „Stand der Technik"? **Technik** ist die planmäßige Nutzung von Naturkräften zur Herbeiführung eines kausal übersehbaren Erfolgs. Den **Stand der Technik** bildet alles, was der Öffentlichkeit vor dem Prioritätstag der Anmeldung durch schriftliche oder mündliche Beschreibung (**Vorveröffentlichung**), durch Benutzung (Vorbenutzung) oder in sonstiger Weise zugänglich gemacht worden ist (**absoluter Neuheitsbegriff**).

> *Beispiel: Es ist **ohne Belang**, ob eine vorveröffentlichte ausländische Patent- oder Offenlegungsschrift im **Inland** bekannt geworden ist oder nicht, um als Stand der Technik gegenüber dem Gegenstand einer Patentanmeldung neuheitsschädlich zu wirken. Das trifft sinngemäß auch für **japanische Offenlegungsschriften**, dh Publikationen von ungeprüften japanischen Patentanmeldungen, zu.*

Auch der Erfinder selbst kann die Neuheit seiner Erfindung (zB durch Veröffentlichung von Forschungsergebnissen in einer Fachzeitschrift) zerstören. Weder eine bloße **Weiterentwicklung** noch eine **Kombination** bekannter Maßnahmen kommt als Erfindung in Betracht (außer im Fall eines **besonderen Kombinationseffektes**).

> *Beispiel: In einer Kombination bekannter Maßnahmen kann nach geltender Rsp nur dann eine Erfindung gelegen sein, wenn bei den einzelnen Elementen (betreffend zB ein Steuergerät für körniges und/oder pulverförmiges Gut zwecks Erzielung einer möglichst gleichförmigen Verteilung des Streugutes) eine **für den Fachmann überraschende**, nicht ohne weiteres zu erwartende **Wirkung** zutage kommt und ein **besonderer Kombinationseffekt** entsteht. Eine Optimierung unter Heranziehung bekannter Maßnahmen fällt unter die selbstverständliche Tätigkeit des einschlägigen Fachmannes.*

Offenbarwerden der Erfindung gegen den Willen des Erfinders zerstört grds die Neuheit. **Ausnahmen** von diesem Grundsatz normiert § 3 Abs 4: Gewisse, an sich neuheitsschädliche Offenbarungen haben bei der Neuheitsprüfung außer Betracht zu bleiben, wenn sie nicht früher als sechs Monate vor Einreichung der Anmeldung vorgenommen wurden. Zu diesen Gründen zählen (Z 1) offensichtlicher Missbrauch zum Nachteil des Anmelders/seines Rechtsvorgängers; (Z 2) Zurschaustellung der Erfindung auf einer amtlichen/amtlich anerkannten Ausstellung iSd Übk über internationale Ausstellungen (BGBl 1980/445 idgF) durch den Anmelder oder seinen Rechtsvorgänger.

3. Erfindungshöhe

§ 1 Abs 1 fordert eine gewisse **Erfindungshöhe**, die die des „kleinen Patents" (dazu beim GMR, Dritter Abschnitt A.I.) übersteigt. Die erfindungsgemäße Lösung darf für den Fachmann **nicht nahe liegen**, also **nicht trivial** sein.

> *Beachte: OPM-Konzept „**Aufgabe-Lösungs-Ansatz**" (drei Phasen): 1. Ermittlung des „nächstliegenden Stands der Technik", 2. Bestimmung der „objektiven technischen Aufgabe", 3. Prüfung, ob die Erfindung angesichts des nächstliegenden Stands der Technik für den Fachmann **nahe liegend** gewesen wäre.*

*Beispiel: Als **nicht** nahe liegend wurde das Verfahren „**Heizeinsatz**" (Anlegen von Wärmepackungen) beurteilt, von denen zwar **ein Schritt** (hier: teilweise Isolierung des Körpers) isoliert betrachtet als **trivial** einzustufen war, **alle** Schritte **insgesamt** jedoch den Durchschnittsfachmann überforderten.*

Bei bahnbrechenden Erfindungen höchster Erfindungsqualität spricht man von **Pionierpatenten.** Praktisch bedeutsam ist die Frage, ob eine Erfindung auf **erfinderischer Tätigkeit** beruht. Deren Beantwortung hängt vom **Stand der Technik** ab. Dem Fachmann ist zwar die Kenntnis des für die Erfindung maßgeblichen Stands der Technik zu unterstellen, nicht jedoch die Kenntnis, die nur die Erfindung vermittelt. Anzuwenden ist das Aufgaben- und Lösungskonzept (*problem and solution approach*). Entscheidend ist die Frage, ob der Durchschnittsfachmann eine Veranlassung hatte, die in Rede stehenden Maßnahmen (nach dem „could-would-test") tatsächlich einzusetzen.

*Beispiel (zur **Erfindungseigenschaft**, Causa „Abfalldeponie"): Ein Patentanspruch, der sich als glatte **Übertragung** von **bekannten** Maßnahmen darstellt, die **keine** erfinderische Tätigkeit erfordert, ist als **nichtig** anzusehen (hier: „Einbauten mit einer Höhenerstreckung" – Abfalldeponie).*

IV. Patentarten

1. Sachpatent

Das Erzeugnis- oder **Sachpatent** bezweckt den Schutz eines **räumlich** fassbaren Gegenstandes, dh, die Sache als solche wird geschützt, uzw ohne Rücksicht darauf, wie sie hergestellt wird. Gemeint sind Stoffe (ohne Rücksicht auf den Aggregatzustand; zB Lack, Gas, Medikament), Arbeitsmittel (zB Maschine), die räumliche Anordnung von Körpern, elektrische Schaltungen. Das Sachpatent stellt somit eine Sache, Vorrichtung, Maschine, Anordnung oder ein Gerät unter Schutz. Auch lebende Materie (Mikroorganismen) kann Gegenstand eines solchen Schutzrechts sein.

2. Verfahrenspatent

Verfahrenspatente schützen einen **zeitlichen** Ablauf von Vorgängen, durch die auf eine (auch unkörperliche) Sache eingewirkt wird. Dh, sie sperren die Anwendung des gleichen Verfahrens durch einen Dritten. Der Patentschutz erfasst aber gem § 22 Abs 2 auch die durch das Verfahren unmittelbar hergestellten Erzeugnisse.

*Beispiele: **Herstellungsverfahren** (dann ist das Ergebnis eine Sache, sei es auch eine unkörperliche wie Energie, zB Verfahren zur Erzeugung von Wasserstoff), **Anwendungs-** oder **Arbeitsverfahren**, etwa ein Mauertrockenlegungsverfahren, Verfahren zum **Auflösen** lokaler **Gaskonzentrationen** (von erheblicher Bedeutung bei Kühlmittelverluststörfällen im Sicherheitsbehälter eines Kernreaktors), Verfahren zur **seriellen Datenübertragung** zwischen einem Positionsmesssystem und einer Verarbeitungseinheit, bei dem von Ersterem Positionsdaten und weitere Daten in serieller Form als digitale Datenwörter an die Verarbeitungseinheit übertragen werden, usw.*

*Dagegen erklärte das deutsche BPatG ein Verfahren zum Spritzgießen gasgefüllter Kunststoffhohlkörper für **nicht patentfähig**, da es **nicht** auf einer **erfinderischen Tätigkeit** beruhte.*

Im Verfahrenspatent wird somit ein bestimmtes **technisches Handeln**, das in mehreren Verfahrensmaßnahmen bestehen kann, unter Schutz gestellt. Verfahrensschritte können im Einzelfall auch durch Wirkungsangaben oder Vorrichtungsmerkmale(-angaben) beschrieben werden (zB Brennen von Grobkeramik).

Von Bedeutung ist idZ der eine – widerlegbare – Rechtsvermutung enthaltende **§ 155**: Danach gilt bei einem Patent für ein Verfahren zur Herstellung eines neuen Erzeugnisses bis zum Beweis des Gegenteils jedes Erzeugnis von gleicher Beschaffenheit als nach dem patentierten Verfahren hergestellt. Nach der Rsp-Praxis reichen berechtigte Zweifel am Eingriff in das Patent **nicht** aus, um die Vermutung des § 155 zu widerlegen.

3. Verwendungspatent

Das **Verwendungspatent** (Unterart des Verfahrenspatents) schützt die Verwendung/Anwendung neuer oder bekannter Sachen, Vorrichtungen oder Verfahren zu neuen Zwecken (neuartiger Einsatz einer an sich bekannten Sache).

Anwendungsgebiet wäre etwa die Biochemie: Mit einem bestimmten Stoff wird eine bisher nicht bekannte Wirkung (zB Mittel zur Regulierung des Pflanzenwachstums) erzielt. Der Patentschutz erstreckt sich beim Verwendungspatent nicht auf die Sache als solche, sondern nur auf deren **patentgemäße Verwendung**.

Nach der Rsp beginnt die Verwendung eines zweckgebunden patentierten Stoffes schon bei seiner zweckgerichteten Bereitstellung/**Herrichtung**, zB durch Konfektionierung eines Medikaments, seine Dosierung oder seine gebrauchsfertige Verpackung. Die Herrichtung muss sich aber gerade auf die geschützte Verwendung beziehen.

> *Beispiel: Durch Patentanspruch war ein **Verlegeverfahren**, also eine **Gebrauchsanweisung an Bodenleger**, wie er eine Mehrzahl von schmalen Paneelen zu einer einheitlichen Bodenfläche zusammenfügen sollte, geschützt. Im Nichtigkeitsprozess argumentierte der Berufungsgegner, das Patent erschöpfe sich nicht in der Gebrauchsanweisung an den Bodenleger, sondern enthalte va eine technische Lehre zur strukturellen Ausgestaltung von Bodenpaneelen, die sich an die Hersteller derartiger Paneelen richte.*

> *OPM: Der **Schutzumfang** des Patentanspruchs beschränkte sich in casu ausschließlich auf das Verfahren zum manuellen Verlegen besagter Bodenplatten zu deren rein **bestimmungsgemäßer** Verwendung. Mangels **Vorrichtungsanspruchs fehlte** es somit dem Streitpatent am Schutz der **technischen Lehre** zur strukturellen Ausgestaltung der Platten. Das Patent war daher für **nichtig** zu erklären.*

> *In den Schutzbereich eines Patents fallen alle Ausführungsformen, deren Elemente der patentgemäßen Ausführungsform entsprechen oder den in den Ansprüchen beschriebenen Elementen patentrechtlich äquivalent sind. Somit wird der **Schutzumfang** eines Patents allein durch die Patentansprüche bestimmt, sofern diese klar und unzweideutig verfasst sind. Bestehen zwischen Patentansprüchen, Patentbeschreibung und den Zeichnungen Widersprüche, können auch die Erteilungsakten herangezogen werden.*

C. Erwerb des Patents

I. Anmeldungsvoraussetzungen

Nach § 87 Abs 1 hat die Anmeldung einer Erfindung zur Erlangung eines Patents beim PA in **schriftlicher** Form zu erfolgen. Als Tag der Anmeldung gilt der Tag des Einlangens beim PA (Abs 2). **§ 89a** (BGBl I 2005/42: Biotechnologie-RL): Auch die gewerbliche Anwendbarkeit einer (Teil-)Sequenz eines **Gens** muss in der Anmeldung **konkret beschrieben** werden. **Inhaltlich** hat die **Anmeldung** nach § 89 Abs 1 zu enthalten:
- (Z 1) Name, Sitz, Wohnort des Anmelders/Vertreters;
- (Z 2) Antrag auf Patenterteilung;
- (Z 3) Titel (kurze sachgemäße Bezeichnung der zu patentierenden Erfindung);
- (Z 4) Beschreibung der Erfindung;

- (Z 5) Patentansprüche;
- (Z 6) zum Verständnis der Erfindung nötige Zeichnungen;
- (Z 7) eine Zusammenfassung. Letztere muss nach § 91 Abs 2 eine Kurzfassung der in der Anmeldung enthaltenen Offenbarung enthalten. Sie dient ausschließlich der technischen Information und kann nicht für andere Zwecke herangezogen werden, insb nicht zur (rechtlich relevanten!) Bestimmung des Schutzbereiches.

Offenbarungsgrundsatz (§ 87a Abs 1): Die Erfindung ist in der Patentanmeldung so deutlich und vollständig zu offenbaren, dass sie ein Fachmann ausführen kann. Betrifft sie (Abs 2) **biologisches Material**, das der Öffentlichkeit nicht zugänglich ist und in der Anmeldung auch nicht so beschrieben werden kann, dass danach ein Fachmann die Erfindung ausführen kann, oder beinhaltet die Erfindung die Verwendung eines solchen Materials, gilt sie nur dann als gem Abs 1 geoffenbart, wenn
- (Z 1) das biologische Material spätestens am Anmeldetag bei einer Hinterlegungsstelle iSd Budapester Vertrags hinterlegt worden ist,
- (Z 2) die Anmeldung die einschlägigen Informationen enthält, die dem Anmelder bezüglich der Merkmale des hinterlegten biologischen Materials bekannt sind, und
- (Z 3) die Hinterlegungsstelle und das Aktenzeichen der Hinterlegung in der Anmeldung angegeben sind.

Einheitlichkeitsgrundsatz (§ 88): Die Anmeldung darf nur eine einzige Erfindung/eine **Gruppe von Erfindungen** enthalten, die untereinander so verbunden sind, dass sie eine einzige allgemeine erfinderische Idee verwirklichen.

> *Beispiel: In einer einzigen Anmeldung dürfen nur **Gruppen von Erfindungen** vereinigt werden, die in einem **technischen Zusammenhang** stehen. Dieser muss durch die im kennzeichnenden Teil des Patentanspruchs anzuführenden „besonderen technischen Merkmale" verwirklicht werden, welche zum Stand der Technik dadurch beitragen, dass sie über diesen hinausgehen und ihn dadurch verändern.*

Nach § 93 Abs 1 („**Priorität**") erlangt der Anmelder mit dem Tag der ordnungsgemäßen Anmeldung eines Patents (§§ 87 bis 92) das Recht der Priorität für seine Erfindung. Damit hat der Erfinder ab diesem Tag gegenüber jeder zeitlich später angemeldeten gleichen Erfindung den Vorrang (§ 93 Abs 2). Form und Inhalt der Anmeldung sind gem § 92 durch V (des Präs des PA) näher zu regeln.

Gesonderte Prioritäten können für einzelne Teile des Anmeldungsgegenstandes (Teilprioritäten) nur aufgrund der §§ 93a, 93b oder von zwischenstaatlichen Vereinbarungen beansprucht werden. Teilprioritäten sind auch zulässig, wenn für die Priorität eines Merkmales des Anmeldungsgegenstandes der Tag des Einlangens der Anmeldung beim PA maßgebend bleibt. Für **einen** Patentanspruch können auch **mehrere** Prioritäten beansprucht werden (§ 94).

> *Beachte: Einem unabhängigen Anspruch kann idR nur dann eine beanspruchte Priorität zukommen, wenn die Gesamtheit der zwingenden Merkmale der Offenbarung der prioritätsbegründenden Anmeldung zu entnehmen ist. Insb ist es **nicht** möglich, die Gesamtheit der (zwingenden) Merkmale eines Anspruchs **aufzuteilen** und jedem dieser Teile **unterschiedliche Prioritäten** zuzuordnen.*

II. Gesetzmäßigkeitsprüfung

Jede Anmeldung ist durch die TA auf Gesetzmäßigkeit zu prüfen; es erfolgt jedoch keine Prüfung, ob der Anmelder Anspruch auf Erteilung des Patents hat. Die finanzielle Ertragfähigkeit der Erfindung ist nicht zu beurteilen (§ 99 Abs 1). Entspricht die Anmeldung nicht den formalen Anforderungen, ist der Anmelder aufzufordern, die Mängel innerhalb einer bestimmten Frist zu beheben (Abs 2). Damit wird die Anmeldung in **formeller** Hinsicht geprüft (zB Fehlen des Zahlungsnachweises für die zu entrichtenden Anmelde-, Recherche- und Veröffentlichungsgebühr).

Ergibt die Prüfung, uU nach der Vernehmung von Sachverständigen, dass eine patentierbare Erfindung nicht vorliegt, ist der Anmelder nach allfälliger Vernehmung durch den Prüfer unter Angabe der Gründe mit der Aufforderung zu benachrichtigen, sich binnen einer bestimmten Frist zu äußern (§ 99 Abs 3). Ergibt die Prüfung, dass die Anmeldung uneinheitlich (§ 88) ist, ist dem Anmelder aufzutragen, Einheitlichkeit herzustellen. Auf Antrag des Anmelders ist mit **Beschluss** festzustellen, dass die Anmeldung **uneinheitlich** ist. Wird ein solcher Beschluss rechtskräftig, ist dem Anmelder eine nochmalige Frist zur Herstellung der Einheitlichkeit einzuräumen (§ 99 Abs 4).

Ist die Anmeldung unzulässig abgeändert worden (§ 91 Abs 3), ist der Anmelder zur Ausscheidung der unzulässigen Abänderungen binnen Frist aufzufordern. § 99 Abs 3 bis 5 regeln die Prüfung der Anmeldung nach **inhaltlichen** Gesichtspunkten. Der Präs des PA kann RL über Grundsätze der Prüfung sowie über das dabei von der TA zu beachtende Verfahren aufstellen und das Ausmaß der amtlich festzusetzenden Fristen bestimmen. Dabei ist auf eine möglichst rationelle und genaue Prüfung sowie auf eine einheitliche Behandlung der Anmeldungen durch die TA Bedacht zu nehmen (§ 99 Abs 6).

Ergibt die Prüfung gem § 99 die Unzulässigkeit der Patenterteilung, ist die Anmeldung zurückzuweisen. Treffen diese Voraussetzungen nur zum Teil zu, so ist nur der entspr Teil der Anmeldung zurückzuweisen (§ 100 Abs 1). Die Anmeldung ist in jedem Fall zur Gänze zurückzuweisen, wenn eine der gem § 99 eingeräumten Fristen ungenützt verstreicht und bis zur Fassung des Zurückweisungsbeschlusses keine Äußerung einlangt (Abs 2).

III. Veröffentlichung der Anmeldung

Die **Anmeldung** ist vorbehaltlich § 101a sofort nach Ablauf von **18 Monaten** (Frist an EPÜ und PCT orientiert) nach dem Anmeldetag oder, wenn eine Priorität in Anspruch genommen worden ist, nach dem Prioritätstag zu **veröffentlichen**. Sie kann jedoch auf Antrag des Anmelders vor Ablauf dieser Frist veröffentlicht werden (§ 101 Abs 1). § 101 Abs 2 – **Inhalt** der **Veröffentlichung** der **Anmeldung**: Diese hat eine Beschreibung, Patentansprüche, Zeichnungen und eine Zusammenfassung jeweils in der ursprünglich eingereichten Fassung sowie als Anlage einen Recherchenbericht, wenn dieser vor Abschluss der technischen Vorbereitungen für die Veröffentlichung vorliegt, zu enthalten.

Im Recherchenbericht sind die vom ÖPA zum Zeitpunkt der Erstellung des Berichts ermittelten Schriftstücke zu nennen, die zur Beurteilung der Patentierbarkeit in Betracht gezogen werden können. Dem Recherchenbericht sind die Patentansprüche in ihrer ursprünglich eingereichten Fassung zugrunde zu legen (vgl § 22a Abs 1 S 2 und 3). Ist er nicht mit der Anmeldung veröffentlicht worden, ist er gesondert zu veröffentlichen. Sind die Patentansprüche vor Abschluss der technischen Vorbereitungen der Veröffentlichung der Anmeldung geändert worden, sind auch die zuletzt eingereichten Patentansprüche in die Veröffentlichung aufzunehmen (§ 101 Abs 3). § 101 Abs 4: Im PBl ist auf die Veröffentlichung hinzuweisen. Ein im Abs 5 vorgesehener Anspruch besteht nur bei nachfolgender Patenterteilung.

§ 101a Abs 1: Sonderregelung, falls das Patent vor Abschluss der technischen Vorbereitungen für die Veröffentlichung rechtskräftig erteilt wird. § 101b („Einwendungen Dritter") behandelt bereits im Anmeldeverfahren zu berücksichtigende Bedenken, damit keine nichtigen Patente erteilt werden.

Bestehen gegen die Erteilung keine Bedenken und wurde die Veröffentlichungsgebühr für die Patentschrift gezahlt, hat die TA die Erteilung des Patents zu beschließen (§ 101c Abs 1). Die Erteilung des Patents ist im PBl bekanntzumachen (§ 101c Abs 2). Gleichzeitig ist die Patentschrift zu veröffentlichen (§ 80 Abs 4), das Patent in das Patentregister einzutragen und die Patenturkunde für den Patentinhaber auszufertigen. Mit Bekanntmachung im PBl treten gesetzliche Wirkungen des Patents ein.

Schließlich regelt § 101d die „Bekanntmachung der Zurückziehung oder Zurückweisung der Anmeldung".

IV. Einspruch(sverfahren)

In Orientierung am EPÜ ist das Einspruchsverfahren der Erteilung des Patents nachgeschaltet. Somit richtet sich der Einspruch gegen das bereits erteilte Patent. Der **Einspruch** gegen die **Patenterteilung** kann innerhalb von **vier Monaten** ab dem Tag der Bekanntmachung der Erteilung des Patents (§ 101c Abs 2) erhoben werden. Er muss spätestens am letzten Tag der Frist im PA eingelangt sein (§ 102 Abs 1), ist schriftlich in zweifacher Ausfertigung einzubringen und kann nur auf folgende, durch bestimmte Tatsachen begründete, Behauptungen gestützt werden (§ 102 Abs 2):

(Z 1) mangelnde Patentierbarkeit iSd §§ 1 bis 3 (dh Mangel der Patentfähigkeit);

(Z 2) undeutliche oder unvollständige Offenbarung, Unausführbarkeit der Erfindung durch einen Fachmann;

(Z 3) der Gegenstand der bekannt gemachten Anmeldung geht *über den Inhalt der Anmeldung* in ihrer *ursprünglich* eingereichten Fassung *hinaus*;

(Z 4) keine (ständige oder erneuerte) Zugänglichkeit des gem § 87a Abs 2 Z 1 iSd Budapester Vertrags oder einer anderen Hinterlegungsstelle hinterlegten biologischen Materials (Näheres vgl § 48 Abs 1 Z 4).

Der **Einsprecher** hat nicht bloß die Wahrscheinlichkeit, sondern den **vollen Beweis** für die Richtigkeit seiner Behauptungen zu erbringen.

> **Beispiel:** *Einem* **Schokoladenriegel** *mit einer Vielzahl von Hohlräumen, in denen eine (Nuss-)Cremefüllung untergebracht ist, sodass ua die Gefahr des Ranzigwerdens der Nüsse nicht bestehe, wurde die Erfindungseigenschaft iSd §§ 102 Abs 2 Z 1 iVm den §§ 1 und 3* **nicht** *zuerkannt. Jeder Fachmann auf dem Gebiet der Lebensmitteltechnologie wisse, dass das Ranzigwerden eines fetthaltigen Produktes gegen oxidativen Fettverderb geschützt werden kann, indem es keinem direkten Sauerstoffzutritt ausgesetzt wird.*
>
> *Die im Patentanspruch geoffenbarte Lösung, eine Füllung auf Nussbasis in einem Schokoladeprodukt derart anzuordnen, dass sie im fertigen Produkt eingeschlossen ist und dadurch gegen den Zutritt von Luftsauerstoff geschützt ist, sei* **nahe liegend**. *Die Gegenstände der vorgelegten Patentansprüche seien* **nicht neu** *bzw würden sich für den Fachmann in nahe liegender Weise aus dem* **Stand der Technik** *ergeben, weshalb der Beschwerde stattzugeben und das nachgesuchte Patent zu* **versagen** *war.*

Nach Durchführung des Einspruchsverfahrens (§§ 103 ff) hat (§ 104) die TA über die Erteilung des Patents unter freier Würdigung des Tatsachen- und Beweismaterials der Beweise in nichtöffentlicher Sitzung Beschluss zu fassen. Verfahrenszweck: Ermittlung der objektiven Wahrheit.

Gem § 104 Abs 4 ist das Patent zu widerrufen, wenn der Einspruch Erfolg hat (bei teilweisem Erfolg ist nur der entspr Teil des Patents zu widerrufen). In allen anderen Fällen ist der Einspruch abzuweisen. § 105: Die Parteien haben die Kosten des Einspruchsverfahrens selbst zu tragen. Zu den Wirkungen des Widerrufs (ex tunc) s § 108, zur Bekanntmachung der Entscheidung über den Einspruch s § 107.

D. Schutzbereich und Inhalt des Patentrechts

I. Schutzbereich

In örtlicher Hinsicht ist das durch die Erteilung eines Patents vermittelte Schutzrecht auf die Grenzen des Bundesgebietes beschränkt. Hinzuweisen ist auf die Bestrebungen zur Schaffung eines Gemeinschaftspatents. Vgl dazu den Vorschlag der Kommission KOM(2000) 412 vom 1. 8. 2000 für eine VO des Rates über das Gemeinschaftspatent.

II. Ausschließungs- bzw Verbietungsrecht

§ 22 Abs1: Das Patent berechtigt Inhaber, andere davon **auszuschließen,** den Gegenstand der Erfindung *betriebsmäßig herzustellen* (1. Benutzungsart: gesamte Tätigkeit, durch die eine Sache geschaffen wird), *in Verkehr zu bringen* (2. Benutzungsart: jede Tätigkeit, die einem anderen ermöglicht, die unter das Patent fallende Sache zu gebrauchen), *feilzuhalten* (3. Benutzungsart: Vorbereitungshandlung für entgeltliches Inverkehrbringen, zB individuelle Angebote, Inseratenwerbung), *zu gebrauchen* (4. Benutzungsart: Verwendung der patentierten Sache in einer ihrer technischen Eigenart entspr Weise) oder *einzuführen* oder *zu besitzen* (**Ausschließungs-** oder **Verbietungsrecht**). Zum *Inverkehrbringen* zählt neben Verkaufen jede andere Art des geschäftlichen Verkehrs.

> *Beispiele: So erfüllt nach der Rsp der zwingend mit der Bekanntgabe des Preises und der Bestätigung der Lieferfähigkeit zu verbindende Antrag auf Aufnahme eines Arzneimittels in den Erstattungskodex des Hauptverbands der österreichischen Sozialversicherungsträger für die Zeit ab Ende der Schutzfrist den Tatbestand des* **Feilhaltens***. Darunter fällt bereits das öffentliche* **Anbieten***; eine tatsächliche Veräußerung ist nicht erforderlich. „**Feilhalten**" iSd Bestimmung liegt auch vor, wenn während aufrechten Patentschutzes die Lieferung für einen* **nach** *dessen Ablauf liegenden Zeitpunkt angeboten wird.*

> *Beim* **Feilhalten** *auf einer Messe im Ausland fehlt ein der Abrufbarkeit im Internet vergleichbarer objektiver Anknüpfungspunkt zum Inland. Erfüllt das Ausrichten eines solchen Verhaltens (auch) auf den inländischen Markt, etwa durch gezieltes Ansprechen von Kunden im Hinblick auf eine Lieferung in das Inland, den Tatbestand des Feilhaltens nach § 22 Abs 1 PatG? Dass sich am Stand einer internationalen Messe der Natur der Sache nach auch Abnehmer aus Staaten informieren können, in denen Patentschutz besteht, begründet einen weit geringeren (potentiellen) Inlandsbezug als die Abrufbarkeit eines Angebots im Internet. OGH: Dieser Umstand kann daher für sich allein* **nicht** *als Eingriff in das* **österreichische Patent** *angesehen werden.*

Alle vier Benutzungsarten **ohne** Zustimmung des Patentinhabers stellen eine **Patentverletzung** dar. Ziel: Der Patentinhaber soll patentverletzende Produkte in der gesamten Produktions- wie Distributionskette vom Erzeuger über Händler bis zum Endabnehmer verfolgen können. § 22 Abs 1 S 2: Die Wirkung des Patents erstreckt sich **nicht** auf Studien und Versuche und Anforderungen, soweit sie für die Erlangung einer arzneimittelrechtlichen Genehmigung, Zulassung oder Registrierung für das Inverkehrbringen erforderlich sind.

Diese durch **BGBl I 2005/130** eingeführte sog „**Bolar-Provision**" (Bolarregelung) hat Art 10 Abs 6 RL zur Schaffung eines **Gemeinschaftskodex** für **Humanarzneimittel** im PatG umgesetzt. Sie nimmt solche **Studien** und **Versuche** vom Patentschutz **aus**, die für eine arzneimittelrechtliche Zulassung oder für eine Genehmigung für das Inverkehrbringen erforderlich sind. Damit sollen die **Generikaforschung** ermutigt und die Abwanderung von Arbeitsplätzen von Österreich ins Ausland verhindert werden. Daneben hätte das Fehlen einer solchen Regelung auch die **Kosten** der Entwicklung der Generikahersteller erhöht.

Ist das Patent nach § 22 Abs 2 für ein **Verfahren** erteilt, erstreckt sich die Wirkung auch auf die durch dieses Verfahren unmittelbar hergestellten **Erzeugnisse**. Gem § 22a S 1 wird der Schutzbereich des Patents und der bekannt gemachten Anmeldung (§ 101 Abs 2) durch den **Inhalt der Patentansprüche** bestimmt. Die **Beschreibung** und die **Zeichnungen** sind jedoch zur **Auslegung** der Patentansprüche heranzuziehen (§ 22a S 2).

> *Beispiel: Da gem § 22a die Beschreibung und die Zeichnungen zur Auslegung der Patentansprüche heranzuziehen sind, ist es* **zulässig,** *zur* **nachträglichen Kennzeichnung** *und* **klaren Abgrenzung** *des Anmeldungsgegenstands auf die Beschreibungen und die Zeichnungen im Einzelfall zurückzugreifen.*

Die durch BGBl I 2005/42 (entspr den Anforderungen der Art 8 ff Biotechnologie-RL) eingefügten §§ 22b und 22c regeln ergänzend Umfang und Schutz für Patente, die **biologisches Material** betreffen.

III. Vorbenutzerrecht

Die Wirkung des Patents (s oben II.) tritt nach § 23 Abs 1 gegen denjenigen **nicht** ein, der bereits zur Zeit der Anmeldung **im guten Glauben** die Erfindung im Inland in Benutzung genommen oder die zu solcher Benutzung erforderlichen Veranstaltungen getroffen hat (**Vorbenutzer**). Abs 2: Der Vorbenutzer ist befugt, die Erfindung für die Bedürfnisse seines eigenen Betriebes in eigenen oder fremden Werkstätten auszunützen. Diese Befugnis kann nach Abs 3 nur zusammen mit dem Betrieb vererbt oder veräußert werden.

§ 23 Abs 4: Der Vorbenutzer kann die urkundliche **Anerkennung** seiner Befugnis **verlangen**. Wird diese Anerkennung verweigert, so hat auf Antrag das PA über den erhobenen Anspruch in dem für den Anfechtungsprozess vorgesehenen Verfahren zu entscheiden. Die anerkannte Befugnis ist auf Ansuchen des Berechtigten in das Patentregister einzutragen. Voraussetzung für einen (vor der NA zu verhandelnden) Antrag auf Anerkennung eines Vorbenutzerrechts ist, dass der Vorbenutzer geäß § 23 Abs 4 vor der Antragstellung vom Patentinhaber die urkundliche Anerkennung seines (vermeintlichen) Rechts **verlangt** hat. Muss der Vorbenutzer schon **vor dem Verfahren** dem Patentinhaber alle **Beweise vorlegen?** Nein!

> *Beispiel: Daraus, dass der ASt dem Patentinhaber lediglich Einblick in die seinen Anspruch begründenden Unterlagen gewähren, diese ihm jedoch nicht überlassen wollte, folgt nicht die Unzulässigkeit des Antrags. Das Gesetz sieht eine Verpflichtung des (angeblichen) Vorbenutzers, schon **vor** dem Verfahren dem Patentinhaber alle Beweise vorzulegen, **nicht** vor.*

IV. Schutzdauer

Nach § 28 Abs 1 beträgt die **Höchstdauer** des Patents **zwanzig Jahre** ab dem Anmeldetag. Zur Aufrechterhaltung des Patentschutzes während der Schutzdauer muss die **Jahresgebühr** entrichtet werden.

V. Patentrechtliche Ansprüche

1. Anspruchsberechtigte

Gem § 4 Abs 1 hat auf die Erteilung des Patents nur der **Erfinder** oder sein **Rechtsnachfolger** Anspruch. Bis zum Beweis des Gegenteils wird als Erfinder der erste Anmelder angesehen. Geltend gemacht wird der Anspruch durch Anmeldung des Patents. Urheber der Erfindung ist derjenige, auf dessen Wirken die Erfindung bzw deren wesentliche Merkmale zurückgehen. Ferner gewährleistet das PatG den **Schutz der Erfinderehre**.

Nach § 20 Abs 1 hat der Erfinder Anspruch auf Nennung als Erfinder. Der Anspruch (höchstpersönliches Recht!) kann nicht übertragen werden und geht nicht auf die Erben über. Ein Verzicht ist ohne rechtliche Wirkung. Die Nennung erfolgt auf Antrag des Erfinders, Anmelders oder Patentinhabers (Abs 3, 4). Verweigern diese die Zustimmung, hat das ÖPA auf Antrag über den Anspruch auf Nennung als Erfinder zu entscheiden (§ 20 Abs 5).

§ 27 regelt das Verhältnis mehrerer Patentinhaber zueinander. Nach Abs 1 wird das von mehreren Personen als **Teilinhabern** derselben Erfindung angemeldete Patent ihnen ohne Bestimmung der Teile erteilt. Die rechtlichen Verhältnisse der Teilhaber an einem Patent richten sich nach ABGB (Abs 2). Das Recht der Gestattung der Benutzung der Erfindung gegenüber Dritten steht iZw nur der Gesamtheit der Teilhaber zu. Jeder hat aber das Recht, Eingriffe in das Patent gerichtlich zu verfolgen (Abs 3).

2. Zivilrechtliche Ansprüche

a) Unterlassungsanspruch

Wer in einer ihm aus seinem Patent zustehenden Befugnis verletzt worden ist oder eine solche Verletzung zu besorgen hat, kann nach § 147 („**Unterlassungsanspruch**" – Verschulden ist nicht Voraussetzung!) auf Unterlassung klagen. Die Klage richtet sich gegen den unmittelbaren Störer/Rechtsverletzer.

> *Beispiel: Die Passivlegitimation scheitert nicht daran, dass der Bekl AN eines nicht am Verfahren beteiligten Unternehmens ist. Das gilt nicht nur bei wettbewerbsrechtlichen Unterlassungsansprüchen. Auch der aus § 147 abgeleitete Unterlassungsanspruch richtet sich (wie der wettbewerbsrechtliche Unterlassungsanspruch) zunächst gegen den Rechtsverletzer (unmittelbaren Störer). Ein Patenteingriff (durch eine Benutzungshandlung iSd § 22 Abs 1) setzt kein schuldhaftes Handeln voraus; der Täter haftet auch dann, wenn er nicht weiß, dass er ein fremdes Patent verletzt (Sales Manager Austria II).*

b) Beseitigungsanspruch

Gem § 148 Abs 1 („**Beseitigungsanspruch**") ist der Patentverletzer zur Beseitigung des dem Gesetz widerstreitenden Zustandes verpflichtet. Der Verletzte kann insb verlangen, dass auf Kosten des Verletzers die patentverletzenden Gegenstände vernichtet und die ausschließlich oder vorzugsweise zur Herstellung patentverletzender Gegenstände dienlichen Werkzeuge, Vorrichtungen und anderen Hilfsmittel für diesen Zweck unbrauchbar gemacht werden, soweit dadurch nicht in dingliche Rechte Dritter eingegriffen wird. Eine **Beseitigung** darf nur aufgetragen werden, wenn die Beseitigung des gesetzwidrigen Zustands auch tatsächlich in der **Verfügungsmacht** des **Verletzers** liegt. Die Verfügungsbefugnis des Verletzers hat der Kl zu behaupten und zu beweisen.

c) Anspruch auf Urteilsveröffentlichung

Urteilsveröffentlichung: Gem § 149 Abs 1 hat, wird auf Unterlassung (oben a) oder Beseitigung (oben b) geklagt, das Gericht der obsiegenden Partei bei Vorliegen eines **berechtigten Interesses** auf Antrag die Befugnis zuzusprechen, das Urteil in einer nach § 409 Abs 2 ZPO zu bestimmenden Frist auf Kosten des Gegners zu veröffentlichen. Umfang und Art der Veröffentlichung sind im Urteil zu bestimmen.

OGH: Ein „berechtigtes Interesse" liegt vor, wenn die Urteilsveröffentlichung geeignetes Mittel ist, um die Nachteile zu beseitigen, die eine Patentverletzung für den Kl mit sich gebracht hat, wenn zB die Bekl patentverletzende Gegenstände vertrieben hat. In diesem Fall sind **zusätzliche Behauptungen/ Beweise nicht** erforderlich. Dem Bekl wiederum soll Genugtuung für vom Gegner vorgebrachte, iE haltlose, Behauptungen verschafft werden. Die Veröffentlichung umfasst den Urteilsspruch. Auf Antrag der obsiegenden Partei kann das Gericht einen vom Urteilsspruch nach Umfang oder Wortlaut abweichenden/ihn ergänzenden Inhalt der Veröffentlichung bestimmen.

d) Anspruch auf Entgelt, Schadenersatz, Gewinn

Der durch unbefugte Verwendung eines Patents Verletzte hat gegen den Verletzer nach **§ 150 Abs 1** Anspruch auf **angemessenes Entgelt**. Dieser Anspruch ist ein aus § 1041 ABGB erwachsener Vergütungsanspruch für die **ungerechtfertigte Verwendung** eines Patents. Die Höhe der Vergütung entspricht idR einer **angemessenen Lizenzgebühr**. Nach **§ 150 Abs 2** kann der Verletzte bei **schuldhafter** Patentverletzung anstelle des angemessenen Entgeltes (a) **Schadenersatz** einschließlich des ihm **entgangenen Gewinns** oder (b) die **Herausgabe des Gewinns**, den der Verletzer durch die Patentverletzung erzielt hat, verlangen.

§ 150 Abs 3: Der Verletzte kann unabhängig vom Schadensnachweis, in Anlehnung an § 87 Abs 3 UrhG und § 53 MaSchG, das **Doppelte** des Entgelts begehren, sofern die Patentverletzung auf grober Fahrlässigkeit oder Vorsatz beruht. Anderenfalls wäre er, weil er (wie idR) die Schadenshöhe nicht belegen kann, auf die Herausgabe des seitens des Verletzten erzielten Gewinns beschränkt. Der Verletzte hat, sofern **in casu** begründet, gem **§ 150 Abs 4** auch Anspruch auf eine **angemessene Entschädigung** für die in **keinem** Vermögensschaden bestehenden Nachteile (Ersatz des **ideellen/immateriellen** Schadens), die er durch die schuldhafte Patentverletzung erlitten hat.

e) Anspruch auf Rechnungslegung

Gem § 151 ist der Verletzer dem Verletzten zur **Rechnungslegung** und dazu verpflichtet, deren Richtigkeit durch einen Sachverständigen prüfen zu lassen. Wenn sich dabei ein höherer Betrag als aus der Rechnungslegung ergibt, sind die Kosten der Prüfung vom Verletzer zu tragen. Das Rechnungslegungsbegehren wird dabei in Form der **Stufenklage** geltend gemacht (vgl Art XLII EGZPO, §§ 226 ff ZPO). Nach E über die Rechnungslegung mit Teilurteil konkretisiert der Kl sein Zahlungsbegehren. Mit Vorlage einer vollständig und ordnungsgemäß erstellten Rechnung ist die urteilsmäßige Verpflichtung zur Rechnungslegung erfüllt.

§ 151 verpflichtet nur den Verletzer, also denjenigen, der ein Patent unbefugt verwendet, zur Rechnungslegung und Prüfung durch einen Sachverständigen. Eine ausdrückliche Norm, die auch den Dienstgeber, dem eine von einem Dienstnehmer gemachte Erfindung überlassen wurde, zur Rechnungslegung verpflichtet, fehlt im Gesetz. Der **OGH** interpretiert diese Bestimmung zu Recht weit:

> *Beispiel: § 151 ist, besonders nach Auflösung des Dienstverhältnisses, auch auf einen Dienstnehmer anzuwenden, der Anspruch auf eine Vergütung für eine Diensterfindung hat. Er kann sowohl den Rechnungslegungsanspruch als auch den Anspruch, die gelegte Rechnung durch Sachverständige prüfen zu lassen, geltend machen. Dem liegt die Erwägung zugrunde, dass idR auch dem Diensterfinder erst mit der Rechnungslegung die Möglichkeit eröffnet wird, seine Ansprüche dem Grund und der Höhe nach zu konkretisieren.*

Nach der Rsp soll die **Rechnungslegung** dem Berechtigten ausreichende Grundlage bieten, die pflichtgemäße Erfüllung der Aufgaben des Rechnungslegungspflichtigen anhand der verzeichneten Einnahmen und Ausgaben unter Heranziehung der dazugehörigen Belege nach den Gesichtspunkten der **Rechtmäßigkeit**, **Wirtschaftlichkeit** und **Zweckmäßigkeit** zu überprüfen.

f) Auskunft über Herkunft und Vertriebsweg

Der Tatbestand „Auskunft über Herkunft und Vertriebsweg" (neu seit **BGBl I 2006/96**) dient der **Bekämpfung** der **Produktpiraterie** samt Ermittlung der „**Hintermänner**" bei Patentverletzungen. Der Anspruch richtet sich gegen denjenigen, der ein Patent (verschuldens**un**abhängig!) **rechtswidrig benutzt**:

Wer in einem Patent verletzt worden ist, kann gem **§ 151a Abs 1 Auskunft** über den Ursprung und die Vertriebswege der rechtsverletzenden Waren und Dienstleistungen (vgl Art 8 Rechtsdurchsetzungs-RL) verlangen, sofern dies nicht unverhältnismäßig im Vergleich zur Schwere der Verletzung wäre und nicht gegen gesetzliche Verschwiegenheitspflichten verstoßen würde.

§ 151a Abs 2: Zur Auskunftserteilung sind der Verletzer und die Personen verpflichtet, die gewerbsmäßig **1.** rechtsverletzende Waren im Besitz gehabt, **2.** rechtsverletzende Dienstleistungen in Anspruch genommen, **3.** für Rechtsverletzungen genutzte Dienstleistungen erbracht haben.

Die Pflicht zur Auskunftserteilung umfasst Namen und Anschriften der Hersteller, Vertreiber, Lieferanten ua Vorbesitzer der Waren/Dienstleistungen sowie der gewerblichen Abnehmer und Verkaufsstellen, für die sie bestimmt waren, die Mengen der hergestellten, ausgelieferten, erhaltenen/bestellten Waren und die bezahlten Preise. Zwecks Umsetzung der Rechtsdurchsetzungs-RL nimmt der GG sogar die **Überschneidung** des Auskunftsanspruchs (§ 151a) mit bestehenden Ansprüchen (Rechnungslegungsanspruch, § 151) in Kauf.

g) Einstweilige Verfügungen

Seit **BGBl I 2006/96** und bedingt durch die Anforderungen von Art 7, 9 **Rechtsdurchsetzungs-RL** ist die Erlassung einstweiliger Verfügungen (eV) in **§ 151b** geregelt. Art 9 Abs 2 Rechtsdurchsetzungs-RL sieht im Fall von Rechtsverletzungen in gewerblichem Ausmaß **eV** (ebenso dadurch anzuordnende **Maßnahmen**) vor, wenn die geschädigte Person glaubhaft macht, dass die Erfüllung ihrer Schadenersatzforderung fraglich ist.

Gem **§ 151b** Abs 1 können mit Beziehung auf Ansprüche auf Unterlassung, Beseitigung, angemessenes Entgelt, Schadenersatz und Herausgabe des Gewinns nach diesem Gesetz eV sowohl zur Sicherung des Anspruchs selbst als auch zur Sicherung von Beweismitteln erlassen werden.

Zur Sicherung von Ansprüchen auf angemessenes Entgelt, Schadenersatz und Herausgabe des Gewinns können im Fall von gewerbsmäßig begangenen Rechtsverletzungen eV erlassen werden, wenn wahrscheinlich ist, dass die Erfüllung dieser Forderungen gefährdet ist (**§ 151b** Abs 2). Gem Abs 3 leg cit gilt dasselbe, wenn die im § 381 EO bezeichneten Voraussetzungen nicht zutreffen (dh auch **ohne** Gefahrenbescheinigung).

Schließlich sind eV auf Antrag der gefährdeten Partei **ohne** Anhörung des Gegners (Art 7 und 9 Rechtsdurchsetzungs-RL) zu erlassen, wenn der gefährdeten Partei durch eine Verzögerung wahrscheinlich ein nicht wieder gut zu machender Schaden entstünde oder die Gefahr besteht, dass Beweise vernichtet werden.

> *Beachte: Nach der Rsp schafft die Patenterteilung im Provisorialverfahren einen – allenfalls durch Gegenbescheinigungen zu entkräftenden – **Anscheinsbeweis** (oder Prima-facie-Beweis) für das **Bestehen des Patentrechts**. Dieser Anscheinsbeweis stellt für den Beweisführenden eine auch im Patentrecht anzuwendende Beweiserleichterung folgender Art dar: Steht ein typischer Geschehensablauf fest, der nach der Lebenserfahrung auf einen bestimmten Kausalzusammenhang hinweist, gelten diese Tatbestandsvoraussetzungen auch im Einzelfall aufgrund ersten Anscheins als erwiesen.*
>
> *Die Vorfrage der Gültigkeit oder Wirksamkeit eines Patents kann auch im Provisorialverfahren geprüft werden, wenn in dieser Richtung eine Gegenbescheinigung angeboten ist, doch kann diese Prüfung nur mit den Mitteln des **Provisorialverfahrens** und in dessen **Grenzen** vorgenommen werden.*

h) Unternehmerhaftung

Gem § 152 Abs 1 kann der Inhaber eines **Unternehmens** auf **Unterlassung** (§ 147) geklagt werden, wenn eine Patentverletzung im Betrieb seines Unternehmens von einem Bediensteten oder Beauftragten begangen worden ist oder droht. Er ist zur **Beseitigung** (§ 148) verpflichtet, wenn er **Eigentümer** der Eingriffsgegenstände/-mittel ist.

Wird gem § 152 Abs 2 die einen Anspruch auf **angemessenes Entgelt** begründende Patentverletzung im Betrieb eines Unternehmens von einem Bediensteten oder Beauftragten begangen, trifft die Pflicht zur Zahlung des Entgeltes (§ 150 Abs 1), zur Rechnungslegung (§ 151) und zur **Auskunft** (§ 151a) nur den Inhaber des Unternehmens, es sei denn, dass dieser von der Patentverletzung weder wusste noch daraus einen Vorteil erlangt hat. Denn: Es ist der **Unternehmensinhaber**, der durch Ersparung des Entgelts, das dem Berechtigten für die Benutzung des Patents zu zahlen gewesen wäre, **bereichert** wird. Diesfalls schadet dem Unternehmensinhaber bereits fahrlässige Unkenntnis vom rechtswidrigen Verhalten seines Bediensteten/Beauftragten. Gem § 154 iVm § 1489 ABGB verjähren Ansprüche in Geld (§ 150), auf Rechnungslegung (§ 151) und **Auskunft** binnen drei Jahren ab Kenntnis von Verletzung/Verletzer. Die Anspruchsverjährung wird durch Klage auf Rechnungslegung oder einen Feststellungsantrag unterbrochen.

3. Feststellungsantrag

Der Gegenstand des Feststellungsantrags muss (wenigstens zT) unter das Patent fallen; es darf sich auch nicht um Gegenstände verschiedener Kategorien mit wenigen gemeinsamen Merkmalen handeln; denn sonst sind derartige Feststellungsanträge abzuweisen. Über einen solchen Antrag entscheidet die NA des PA gem § 163.

a) Negativer Feststellungsantrag

Zur Klärung der Rechtslage, ob in ein Patent eingegriffen wurde, enthält § 163 die Möglichkeit von Feststellungsanträgen. Wer nach dessen Abs 1 einen Gegenstand betriebsmäßig herstellt, in Verkehr bringt, feilhält oder gebraucht, ein Verfahren betriebsmäßig anwendet oder solche Maßnahmen beabsichtigt, kann gegen den Inhaber eines Patents oder den ausschließlichen Lizenznehmer beim PA die Feststellung beantragen, dass der Gegenstand oder das Verfahren weder ganz noch teilweise unter das Patent fällt (**negativer Feststellungsantrag**).

b) Positiver Feststellungsantrag

Nach § 163 Abs 2 kann der Patentinhaber oder ausschließliche Lizenznehmer gegen jedermann, der einen Gegenstand bertriebsmäßig herstellt, in Verkehr bringt, feilhält oder gebraucht, ein Verfahren betriebsmäßig anwendet oder solche Maßnahmen beabsichtigt, beim PA die Feststellung beantragen, dass der Gegenstand oder das Verfahren ganz oder teilweise unter das Patent fällt (**positiver Feststellungsantrag**). Zur Einbringung eines **positiven** Feststellungsantrags hat Anlass gegeben, wer auf **Verwarnungsschreiben** des Patentinhabers **nicht reagiert**.

4. Strafrechtlicher Patentschutz

Wer ein Patent (vorsätzlich) verletzt, ist nach dem **Privatanklagedelikt** (Abs 5) des **§ 159** („**Strafbare Patentverletzung**") vom Gericht mit Geldstrafe bis zu 360 Tagessätzen zu bestrafen (§ 159 Abs 1 S 1). Wer die Tat gewerbsmäßig begeht, ist mit Freiheitsstrafe bis zu zwei Jahren zu bestrafen (§ 159 Abs 1 S 2). Letzterer Tatbestand wurde dem PatG (durch BGBl I 2004/149) im Hinblick auf das qualifizierte Delikt der gewerbsmäßigen Begehung von Marken- und Kennzeichenverletzungen in § 60 Abs 1 S 2 MaSchG sowie auf § 91 Abs 2a UrhG eingefügt.

Gem § 159 Abs 2 ist ebenso der **Unternehmensinhaber** zu bestrafen, der eine im Betrieb des Unternehmens von einem Bediensteten oder Beauftragten begangene Patentverletzung **nicht verhindert**. Ist der Unternehmensinhaber eine Gesellschaft, ein Verein oder ein anderes, nicht zu den physischen Personen gehöriges Rechtssubjekt, ist Abs 2 auf die Organe anzuwenden, wenn sie sich einer solchen Unterlassung schuldig gemacht haben. Für die über die Organe verhängten Geldstrafen haftet der Inhaber des Unternehmens zur ungeteilten Hand mit dem Verurteilten (§ 159 Abs 3).

§ 159 Abs 1 ist auf Bedienstete oder Beauftragte nicht anzuwenden, die die Handlung im Auftrag ihres Dienstgebers oder Auftraggebers vorgenommen haben, sofern ihnen wegen ihrer **wirtschaftlichen Ab-**

hängigkeit (s § 60 Abs 5 MaSchG) nicht zugemutet werden konnte, die Vornahme dieser Handlungen abzulehnen (§ 159 Abs 4).

E. Übertragung, Rechtsverlust, Löschung

I. Übertragung

1. Grundlegendes

§ 33 („**Übertragung**"): Das Recht aus der Anmeldung eines Patents und das Patentrecht gehen auf die Erben über, ein Heimfallsrecht findet an diesen Rechten nicht statt (Abs 1). Beide Rechte können zur Gänze oder nach ideellen Teilen durch **Rechtsgeschäft, richterlichen Ausspruch** oder **letztwillige Verfügung** auf andere **übertragen** werden (Abs 2).

§ 34: Das Patentrecht kann den Gegenstand eines Pfandrechts bilden. Dieses haftet als **dingliches** Recht **unmittelbar** am **Patent**, aus dem sich der Pfandgläubiger in gesetzlicher Weise befriedigen kann (keine Bindung an die Zustimmung Dritter). Patentrecht (§ 33), Pfandrecht und sonstige dingliche Rechte an Patentrechten werden nach § 43 Abs 1 mit der Eintragung ins Patentregister erworben und gegen Dritte wirksam (**konstitutive Eintragungswirkung**).

2. Doppelerfindung

Machen zwei oder mehrere Personen unabhängig voneinander die gleiche Erfindung, hat grds jeder von ihnen einen Anspruch auf die Erfindung. Nach § 4 hat nur der Erfinder oder sein Rechtsnachfolger Anspruch auf Patenterteilung (Abs 1): **Anmelderprinzip**. Der erste Anmelder wird bis zum Beweis des Gegenteils als Erfinder angesehen.

Der früher erhobene Anspruch muss dem späteren vorgehen, weil zwei Patente auf ein und dieselbe Erfindung ohne Kollision nicht nebeneinander bestehen können. Zu beachten sind idZ die Rechte des Vorbenutzers nach § 23.

3. Dienstnehmererfindung

Gelingen AN (patentierbare) Erfindungen/technische Verbesserungsvorschläge, stellt sich die Frage nach deren kommerzieller Verwertung.

§ 7 Abs 3 definiert die **Diensterfindung** als Erfindung eines Dienstnehmers (= DN), wenn sie ihrem Gegenstand nach in das Arbeitsgebiet des Unternehmens, in dem der DN tätig ist, fällt und wenn
- (a) die Tätigkeit, die zu der Erfindung geführt hat, zu seinen dienstlichen Obliegenheiten gehört oder
- (b) der DN die Anregung zu der Erfindung durch seine Tätigkeit in dem Unternehmen erhalten hat oder
- (c) das Zustandekommen der Erfindung durch die Benutzung der Erfahrungen/Hilfsmittel des Unternehmens wesentlich erleichtert worden ist.

§ 6 Abs 1: DN haben für die von ihnen während des Bestandes des Dienstvertrags (= DV) gemachten Erfindungen Anspruch auf Erteilung des Patents, wenn nicht durch Vertrag (§ 7 Abs 1) oder aufgrund des § 7 Abs 2 etwas anderes bestimmt ist. Geschützt ist damit grds das **Recht des Schöpfers** der **Diensterfindung**.

Gem § 7 Abs 1 haben Vereinbarungen zwischen Dienstgebern (= DG) und DN, nach denen künftige Erfindungen des DN dem DG gehören sollen oder diesem ein Benutzungsrecht an solchen Erfindungen eingeräumt werden soll, nur dann rechtliche Wirkung, wenn es sich um eine **Diensterfindung** (also keine **freie Erfindung** des AN, über die für die Zukunft **keine** Vereinbarung abgeschlossen werden kann) handelt.

Die Vereinbarung bedarf zu ihrer Gültigkeit der Schriftform, der Genüge geleistet ist, wenn ein Kollektivvertrag vorliegt. Bei öffentlich-rechtlichen DV (§ 7 Abs 2) kann der DG, ohne dass es einer Vereinbarung mit dem DN bedarf, dessen Diensterfindungen zur Gänze oder ein Benutzungsrecht an den Erfindungen für sich in Anspruch nehmen. Der Anspruch des öffentlich-rechtlichen DG (dem **öffentlichen Recht** zuzuordnen, daher auch im **Dienstrechtsverfahren** geltend zu machen) entspringt unmittelbar seiner **Hoheitsgewalt** gegenüber dem Beamten.

Dem DN gebührt in jedem Falle für die Überlassung einer von ihm gemachten Erfindung an den DG sowie für die Einräumung eines Benutzungsrechts **angemessene besondere Vergütung** (§ 8 Abs 1).

Wenn der DN jedoch ausdrücklich zur Erfindertätigkeit im Unternehmen des DG angestellt und auch tatsächlich damit vorwiegend beschäftigt ist und wenn die ihm obliegende Erfindertätigkeit zu der Erfindung geführt hat, gebührt ihm eine besondere Vergütung nur insoweit, als nicht schon in dem ihm aufgrund des DV im Hinblick auf seine Erfindertätigkeit zukommenden höheren Entgelts eine angemessene Vergütung für die Erfindung gelegen ist.

> *Beispiel: Der (auf angemessene Vergütung klagende) Erfinder eines Brems- und Beschleunigungssystems für die von der Bekl hergestellten Druckmaschinen war nicht ausdrücklich zur Erfindertätigkeit nach § 8 Abs 2 angestellt. Er stellte sich vielmehr selbst die Erfindungsaufgabe. Der OGH gewährte dem Kl den Anspruch auf gesonderte Vergütung, weil der einem DN zustehende **Arbeitslohn** regelmäßig **nicht** Entgelt für **Erfindertätigkeit** sei. Unter Entgelt für eine bedungene Arbeitsleistung könne nicht Entgelt für eine nicht bedungene Arbeitsleistung fallen. In einem ihm allenfalls zukommenden **höheren, den kollektivvertraglichen Lohn übersteigenden Entgelt** sei **kein** Teil einer angemessenen Vergütung für die Erfindung zu erblicken.*

> *Beachte: Für die Beurteilung, **wie** die dem **Erfinder** nach § 8 zustehende besondere **Vergütung** zu ermitteln ist, bietet der österreichische Gesetzgeber, im Unterschied etwa zu den in Deutschland geltenden „Vergütungsrichtlinien für Arbeitnehmererfindungen", bewusst nur sehr allgemein gehaltene Richtlinien an. Dahinter steht die Befürchtung, starre, kasuistische Berechnungsmethoden könnten den vielfältigen wirtschaftlichen Gegebenheiten und den besonderen Umständen des Einzelfalls, auf die im § 9 PatG (iVm § 273 ZPO) ausdrücklich verwiesen wird, nicht Rechnung tragen. Die Vergütung soll letztlich dem Gesamtwert der Erfindung während des Schutzzeitraums entsprechen; ev sind Sachverständigengutachten heranzuziehen.*

Für die Ansprüche von DG und DN im Hinblick auf Diensterfindungen beträgt die Verjährungsfrist drei Jahre (§ 19). Besteht eine Vereinbarung, nach der künftige Erfindungen des DN dem DG gehören sollen (§ 7), hat der DN jede Erfindung, die er macht, ausgenommen solche, die offenbar nicht unter die Vereinbarung fallen, dem DG unverzüglich mitzuteilen (**Mitteilungspflicht** nach § 12 Abs 1). Dieser hat binnen vier Monaten nach dem Tag, an dem er diese Mitteilung erhalten hat, dem DN zu erklären, ob er die Erfindung aufgrund der bestehenden Vereinbarung als Diensterfindung in Anspruch nimmt. Er kann die Erfindung dann entweder zum Patent anmelden oder geheim halten. Als **Zustimmung** zur **Inanspruchnahme** und Anmeldung der Erfindung durch den DG ist zu werten, wenn der DN einen Antrag auf Nennung als Erfinder in der vom DG getätigten Anmeldung **mit** unterzeichnet.

Versäumt der DN (§ 12 Abs 2) diese Mitteilung, haftet er dem DG, unbeschadet des diesem zustehenden Anspruches auf die Erfindung, für den Ersatz des Schadens, der auch den entgangenen Gewinn umfasst. Versäumt hingegen der DG die Erklärung oder gibt er eine verneinende Erklärung ab, verbleibt die Erfindung dem DN (**frei** gewordene **Erfindung**). § 13 Abs 1: DG und DN sind zur **Geheimhaltung** der Erfindungen verpflichtet, die Gegenstand der im § 12 Abs 1 vorgesehenen Mitteilung/ Erklärung bilden. Dass der DN über ihm bekannt gewordene **Geschäfts-** und **Betriebsgeheimnisse** des DG Verschwiegenheit zu bewahren hat, folgt aus der allgemeinen **Treuepflicht** des DN.

> *Beachte: Die Rechte des DN sind zu seinen Gunsten **zwingendes Recht** (nicht abdingbar/beschränkbar, § 17); nicht einmal durch **Auflösung** des DV werden die Rechte des DN gem §§ 6 bis 15 berührt (§ 16).*

4. Lizenz

Nach **§ 35** („**Freiwillige Lizenzen**") ist der Patentinhaber berechtigt, die Benutzung der Erfindung dritten Personen für das ganze Geltungsgebiet des Patents oder für einen Teil desselben mit oder ohne Ausschluss anderer Benutzungsberechtigter zu überlassen (Lizenz). Dies geschieht mittels **Lizenzvertrag**, in welchem nicht das Patentrecht, dh das Recht auf die Erfindung als solches, sondern bloß das **Nutzungsrecht überlassen** wird. Die **Lizenz** erfüllt im Patentrecht eine bedeutende Funktion: Sie ist eine ideale und beliebte Art der **Verwertung** der Erfindung. Gelegentlich wird **wechselseitige Lizenzerteilung** („cross licence") vereinbart. Dabei verfügen beide Partner über zusammenhängende Patente und nutzen jeweils das Patent des anderen bzw räumen sich wechselseitig Lizenzen ein. Weitergegeben wird das **Nutzungs-**, nicht das Patentrecht. Der **Lizenzvertrag** (Vertrag sui generis) begründet ein Dauerschuldverhältnis, dessen Kern im Verzicht auf die Ausübung des Verbotsrechts besteht (**Gestattungsvertrag**).

> *Beispiel: Hat der Patentinhaber dritten Personen die Benutzung seiner Erfindung überlassen, ihnen also eine **freiwillige Lizenz** iSd § 35 eingeräumt, erwerben diese als Lizenzinhaber ein **quasidingliches** Benutzungsrecht, das ihnen (§ 43 Abs 2) gegenüber dem Vertragspartner bereits mit dem darüber abgeschlossenen Rechtsgeschäft zusteht. Ab Vertragsende ist der Lizenznehmer nicht mehr berechtigt, das eingeräumte Recht zu benutzen. Jede weitere Benutzung **nach** diesem Zeitpunkt bedeutet eine **Patentverletzung** (Wegfall der für die Patentbenutzung erforderlichen Zustimmung des Patentinhabers).*

Bei **einfachen** Patentlizenzverträgen bleibt der Patentinhaber zur Erteilung gleichartiger Nutzungsberechtigungen an andere Lizenznehmer berechtigt, wohingegen bei **ausschließlichen** Lizenzverträgen, die den Schutzrechts- wie den Lizenzinhaber zur Verfolgung von Schutzrechtsverletzungen berechtigen, der Lizenzgeber das Schutzrecht weder selbst benutzen noch die Benutzung Dritten einräumen darf. Für den gesamten Bereich erteilte Schutzrechte gewähren **unbeschränkte** Lizenzen. Lizenzen können aber auch zeitlich, örtlich etc)**beschränkt** erteilt werden. **Wichtig:** Für den **Zeitpunkt** der Erwerbung der Lizenzrechte gilt das ABGB. Gegenüber dritten Personen werden dagegen die Lizenzrechte erst mit der Eintragung ins Patentregister wirksam (**konstitutive Eintragungswirkung**).

5. Zwangslizenz

In der Gewährung eines **Ausschließlichkeitsrechts** kann man eine mögliche **Blockade** der **Nutzung** (zB der Erfindung) sehen. Eine solche steht aber im Gegensatz zum **öffentlichen Interesse** an der Anwendung/Verwertung der Erfindung. Zu erwägen sind daher patentrechtliche Bestimmungen über Enteignung des Patentinhabers, Nichtigkeitserklärungen des Patents oder die Erteilung von **Zwangslizenzen**, die sich im PatG ebenso finden wie gänzliche oder teilweise **Rücknahme** des Patents (§ 47).

Kann gem § 36 Abs 1 eine patentierte Erfindung nicht verwertet werden, ohne eine mit besserem **Zeitrang** patentierte Erfindung (älteres Patent) zu verletzen, hat der Inhaber des jüngeren Patents Anspruch auf eine nicht ausschließliche Lizenz am älteren Patent, wenn die mit dem jüngeren Patent geschützte Erfindung gegenüber der älteren einen wichtigen technischen Fortschritt von erheblicher wirtschaftlicher Bedeutung darstellt. Bei Lizenzeinräumung hat auch der Inhaber des älteren Patents Anspruch auf eine nicht ausschließliche Lizenz am jüngeren Patent.

§ 36 Abs 2 hat Art 12 Abs 1 und Abs 3 lit b **Biotechnologie-RL** im österr Patentrecht umgesetzt (Erweiterung des Kreises der **Zwangslizenzen**). Kann ein Pflanzenzüchter ein Sortenschutzrecht nicht erhalten/verwerten, ohne eine mit besserem Zeitrang patentierte Erfindung (älteres Patent) zu verletzen, hat er Anspruch auf eine nicht ausschließliche Lizenz am **Patent,** soweit die Pflanzensorte einen bedeutenden technischen Fortschritt von erheblichem wirtschaftlichen Interesse gegenüber der patentgeschützten Erfindung darstellt und die Lizenz zur Verwertung der zu schützenden Pflanzensorte erforderlich ist (§ 36 Abs 2). Damit wird für die Nutzung der auf gentechnischem Weg erzielten neuen Merkmale von Pflanzensorten in Form einer **Zwangslizenz** ein Recht zur Benutzung des Patents vorgesehen, wenn die Pflanzensorte in Bezug auf die Gattung einen bedeutenden technischen Fortschritt gegenüber der patentgeschützten Erfindung darstellt und diese Lizenz zur Verwertung erforderlich ist.

Umgekehrt sieht § 36 Abs 3 (vgl Art 12 Abs 2 Biotechnologie-RL) eine Zwangslizenz an einem **Sortenschutzrecht** für den Inhaber eines Patents für eine biotechnologische Erfindung vor: Wird dem Patentinhaber eine nicht ausschließliche Lizenz für eine durch ein prioritäres Sortenschutzrecht geschützte Pflanzensorte erteilt, weil er die biotechnologische Erfindung nicht verwerten kann, ohne ein älteres Sortenschutzrecht zu verletzen, hat der Inhaber des älteren Sortenschutzrechts Anspruch auf eine nicht ausschließliche Lizenz am jüngeren Patent zur Verwertung der geschützten Erfindung (§ 36 Abs 3); s oben A.IV.4.

§ 36 Abs 4 regelt die Einräumung einer Zwangslizenz bei Nichtausübung einer patentierten Erfindung im Inland. Ist (Abs 5 S 1) die **Lizenzerteilung** im **öffentlichen** Interesse geboten, hat **jedermann** für seinen Betrieb Anspruch auf eine nicht ausschließliche Lizenz an der Erfindung.

II. Rechtsverlust und Löschung

1. Zeitablauf, Nichtzahlung der Jahresgebühr, Verzicht

Gem § 46 Abs 1 erlischt das Patent (Z 1) mit Erreichung der Höchstdauer (20 Jahre); (Z 2) bei nicht rechtzeitiger Zahlung der Jahresgebühr; (Z 3) bei Verzicht des Patentinhabers auf das Patent. § 46 Abs 2 regelt den Teilverzicht.

2. Rücknahme

§ 47 Abs 1: Das Patent kann ganz/zT zurückgenommen werden, wenn die Einräumung von Zwangslizenzen (§ 36 Abs 2) nicht genügt hat, um die Ausübung der Erfindung im Inland in angemessenem Umfang zu sichern.

Die **Rücknahme** ist mit Rechtskraft der E wirksam). Sie ist gem § 47 Abs 2 erst **zwei Jahre** nach rechtskräftiger Erteilung einer Zwangslizenz möglich. Sie ist **ausgeschlossen**, wenn der Patentinhaber dartut, dass ihm wegen der der Ausübung der Erfindung entgegenstehenden **Schwierigkeiten** billigerweise nicht zugemutet werden kann, die Erfindung im Inland überhaupt oder in einem größeren Umfang, als sie stattgefunden hat, auszuüben oder ausüben zu lassen.

3. Nichtigerklärung

Nach § 48 Abs 1 („**Nichtigerklärung**") wird das Patent nichtig erklärt, wenn
- (Z 1) der Gegenstand des Patents gem §§ 1–3 **nicht** patentierbar war;

*Beispiele: Erfindungseigenschaft (System zur Herstellung eines **Skipasses** in einem Kassenraum) bei Übertragung eines bekannten Verfahrens unter Übernahme von dessen bekannten Parametern: Der Austausch eines Laserschreibers gegen einen Thermodruckkopf besitzt keine erfinderische Qualität, sondern liegt nahe (Patent war daher iSd § 48 Abs 1 Z 1, §§ 1, 3 für **nichtig** zu erklären).*

*Anderes Nichtigkeitsverfahren: Streit um Neuheit bzw erfinderische Tätigkeit des Patents „**Heizeinsatz**, insb für Kachelöfen, zum Verbrennen von Brennstoffen [...]". **OPM**: Das Patent sei **rechtsbeständig**, denn werden bei einem Verfahren (Anlegen von Wärmepackungen) mehrere Schritte benötigt, von denen einer zwar isoliert betrachtet als **trivial** einzustufen ist (teilweise Isolierung des Körpers), die jedoch in ihrer **Gesamtheit** den Durchschnittsfachmann überfordern, ist das Verfahren **nicht als nahe liegend** zu beurteilen.*

- (Z 2) das Patent die Erfindung **nicht** so deutlich offenbart, dass ein Fachmann sie ausführen kann;
- (Z 3) der Gegenstand des Patents über den Inhalt der Anmeldung in ihrer ursprünglich eingereichten, den Anmeldetag begründenden Fassung hinausgeht;
- (Z 4) das gem § 87a Abs 2 Z 1 hinterlegte biologische Material nicht ständig entweder bei der ursprünglichen (einer weitergeleiteten) Hinterlegungsstelle iSd Budapester Vertrags über die internationale Hinterlegung von Mikroorganismen zugänglich war, es sei denn, der Patentinhaber weist nach,
    a) dass er das biologische Material erneut hinterlegt hat und die Hinterlegung gem Art 4 des Vertrags zu behandeln ist, als wäre sie am Tag der ursprünglichen Hinterlegung erfolgt, oder
    b) dass er an einer erneuten Hinterlegung durch ein unvorhergesehenes/unabwendbares Ereignis gehindert worden ist und sie binnen zwei Monaten nach dem Wegfall des Hindernisses nachgeholt hat.

Bei der Beurteilung des Patentgegenstandes ist vom **erteilten** Patentanspruch auszugehen. Treffen die Nichtigkeitsgründe nur zT zu, wird die Nichtigkeit durch Beschränkung des Patents erklärt (§ 48 Abs 2). Die rechtskräftige **Nichtigerklärung** wirkt auf den Anmeldetag bzw auf den Tag zurück, an dem die Hinterlegungsstelle erstmals festgestellt hat, dass sie **keine** Proben des biologischen Materials abgeben kann.

War der Gegenstand des Patents gem § 3 Abs 2 nicht patentierbar, bleiben die rechtmäßig bestellten/ von Dritten redlich erworbenen Lizenzrechte, die seit einem Jahr im Patentregister eingetragen und durch keine Streitanmerkung betroffen sind (§ 45), unberührt, dies unbeschadet von gegen den späteren Anmelder entspringenden Ersatzansprüche. Da es sich hiebei um **absolute Einspruchsgründe** handelt, ist **jedermann** zur Nichtigerklärung **antragsberechtigt**.

*Beachte: Unrichtig eingetragene **Priorität** ist kein ausreichender Nichtigkeitsgrund (allenfalls relevant in der Vorfragenbeurteilung zB des Zeitpunktes, bis zu dem Entgegenhaltungen neuheitsschädlich sind).*

4. Aberkennung

§ 49 Abs 1: Das Patent wird dem Patentinhaber **aberkannt**, wenn der Nachweis erbracht wird, (Z 1) dass dem Patentinhaber der Anspruch auf die Erteilung des Patents nicht zustand; (Z 2) dass der wesentliche Inhalt der Anmeldung den Beschreibungen, Zeichnungen, Modellen, Gerätschaften/Einrichtungen eines anderen/einem von diesem angewendeten Verfahren ohne dessen Einwilligung entnommen war.

Trifft eine dieser Voraussetzungen nur zT zu, wird das Patent nur zT aberkannt (Abs 2). Nach Abs 3 steht der Anspruch auf Aberkennung im Fall der Z 1 nur dem, der den Anspruch auf die Erteilung des Patents hat, im Fall der Z 2 nur dem Beeinträchtigten zu und verjährt gegen den gutgläubigen Patentinhaber innerhalb von drei Jahren ab dem Zeitpunkt seiner Eintragung ins Patentregister.

Anstelle der Aberkennung kann die **Übertragung** des Patents begehrt werden. Wird die Übertragung des Patents begehrt, kann der Patentinhaber bis zur Rechtskraft der Entscheidung nur mit Zustimmung des ASt auf das Patent verzichten (Näheres § 49 Abs 5). Entsteht eine **Erfindung** durch die Zusammenarbeit **mehrerer** Urheber, steht die **Verfügung** über die Erfindung nur **allen gemeinsam** zu.

> *Beispiel: Die rechtsgültige Anmeldung der Erfindung bedarf der Zustimmung aller Urheber, wie auch nur alle Erfinder gemeinsam Antrag auf **Aberkennung** (zwecks Übertragung des Patents) stellen können.*

F. Behörden- und Gerichtszuständigkeit

Die **Patent-** und **Markenrechts**-Novelle **2014** (BGBl I **2013/126**) brachte für das **Patentrecht** die Neuregelung des **Instanzenzug**es sowie eine geänderte **Behördenstruktur** (mit **Wien** als Behördenzentrum).

Hervorzuheben sind der **Wegfall** der Rechtsmittelabteilung des ÖPA und des **OPM**, an deren Stelle ein Rechtszug an die **ordentlichen** Gerichte trat. Im **ÖPA** bestehen zwecks Aufgabenerfüllung Abteilungen und sonstige Organisationseinheiten (**§ 60 Abs 1**). Der Präsident setzt die Zahl der Abteilungen und Organisationseinheiten, den Aufgabenbereich und die personelle Ausstattung fest (**Abs 2**).

Unbeschadet anderer diesen Abteilungen bzw Organisationseinheiten übertragener Aufgaben sind gem **§ 60 Abs 3** im ÖPA zuständig:

Die **TA** für das Verfahren zur Erteilung von Patenten, das Einspruchsverfahren, die Verfahren betreffend Verzicht und Erstattung schriftlicher Recherchen/Gutachten; die **RA** für das Verfahren in Angelegenheiten, die sich auf die Übertragung des Rechts aus der Anmeldung, auf andere rechtliche Verfügungen über ein solches Recht, auf erteilte Patente oder auf Anträge auf Wiedereinsetzung, soweit nicht TA oder NA zuständig sind; die **NA** für das Verfahren über Anträge auf Rücknahme, Nichtigerklärung, Aberkennung, Abhängigerklärung, auf Nennung als Erfinder nach § 20 Abs 5, auf Anerkennung des Vorbenutzerrechts, über Feststellungsanträge und über die Anträge auf Erteilung von Zwangslizenzen.

Kompetenzen des Präs: §§ 61 ff. Gem § 138 Abs 1 können Beschlüsse von TA und RA durch Rekurs an das **OLG Wien** angefochten werden; gegen die einen Beschluss der TA und der RA vorbereitenden Verfügungen des Referenten und Zwischenentscheidungen, Unterbrechungsbeschlüsse im Widerspruchsverfahren ausgenommen, ist **kein** ordentliches Rechtsmittel zulässig (§ 138 Abs 2).

Für das Rekursverfahren gelten weitgehend die Bestimmungen des AußStrG (§ 139 Abs 1). Gem § 140 Abs 1 ist gegen einen im Rahmen des Rekursverfahrens ergangenen Beschluss des Rekursgerichts der Revisionsrekurs nach Maßgabe des § 62 AußStrG zulässig; Besonderheiten des Verfahrens finden sich in § 140 Abs 2.

Endentscheidungen der NA können gem § 141 Abs 1 durch **Berufung** an das **OLG Wien** angefochten werden. Für das Berufungsverfahren gelten gem § 141 Abs 2 weitgehend die Bestimmungen der ZPO.

Gegen **Urteile** des Berufungsgerichts ist gem § 143 Abs 1 die **Revision** (an den **OGH**) nach Maßgabe des § 502 ZPO, gegen einen **Beschluss** des Rekursgerichts der **Revisionsrekurs** nach Maßgabe des § 528 ZPO zulässig. Gem § 143 Abs 2 gelten, wiederum mit besonderen Ausnahmen, für das Revisionsverfahren die Bestimmungen der ZPO. § 144 regelt die Verfahrenshilfe, § 145 Zustellung, Vertretung, Eintritt in das Verfahren sowie die Akteneinsicht. Schließlich handelt § 146 von der Zusammensetzung der Senate.

§ 79 Abs 1: Vom ÖPA ist ein periodisch erscheinendes amtliches Patentblatt (= PBl) herauszugeben, in dem die in diesem BG vorgesehenen Bekanntmachungen sowie die vom Präs des PA zu erlassenden V zu verlautbaren sind. Diese V treten, außer etwas anderes ist bestimmt, am Tage nach der Ausgabe des PBl, das die Verlautbarung enthält, in Kraft. Einrichtung und die Herausgabe dieses Blattes werden vom Präs via V geregelt (Abs 2).

§ 162 Abs 1: Für **zivilrechtliche** Ansprüche aufgrund von Patentverletzungen (Klagen und eV) ist ausschließlich das **HG Wien** zuständig. Abs 2: Gerichtsbarkeit in **Strafsachen** (§ 159 Abs 1): Nur **LG Strafsachen Wien**.

Fünfter Abschnitt
Urheberrecht

(§§ ohne weitere Angabe sind solche des UrhG)

A. Einführung ins Urheberrecht

I. Allgemeines – Territorialitätsprinzip

Vom Schutz des Urheberrechts umfasst sind die klassischen Werke der Literatur, der Tonkunst, der bildenden Künste und der Filmkunst. Der **Urheber** soll sich gegen die unautorisierte Vervielfältigung, Verbreitung, öffentliche Aufführung etc effektiv zur Wehr setzen können. Der Urheber soll (durch den Abschluss entspr Verträge) Gewinn erzielen und in seinen ideellen Interessen (zB dem Recht auf Nennung als Urheber) geschützt werden. Auch werden Leistungen wie die des **ausübenden Künstlers** (durch **Leistungsschutzrechte)** vor dem Zugriff und der Nutzung durch Fremde bewahrt. In der **Informationsgesellschaft** (multimediale Vernetzung der Inhalte) werden nicht nur „Kunstwerke", sondern etwa auch Gebrauchsgrafiken, Werbeslogans, Spielfilme, Videospiele oder Computerprogramme geschützt. Die volkswirtschaftliche Bedeutung dieser „Copyright-Industries" ist erheblich: Sie schlägt mit einer Wertschöpfung zwischen zwei und drei Prozent des Bruttoinlandsproduktes zu Buche.

> *Beachte: Das **Urheberrecht** ist, wie auch das (Gebrauchs-)Muster- und Patentrecht, ein Teil des **Immaterialgüterrechts**. Es gilt das **Territorialitätsprinzip**: Jedes Land erlässt seine eigenen Vorschriften zum Schutz geistiger Leistungen, woraus sehr unterschiedlich ausgestaltete, **verschieden hohe** Schutzniveaus folgen, deren Vereinheitlichung durch den Abschluss **internationaler** Abk erreicht werden soll.*

II. Geschichtlicher Überblick

Da in der Antike die Kunst als göttlichen Ursprungs angesehen wurde, war kein Raum für einen Schutz des Urhebers, der nur als **Botengänger** zwischen Mensch und Göttern fungierte. Immerhin entstammt der Begriff des **Plagiats** (Plagiarius = Sklavenräuber, Kidnapper) der römischen Rechtssprache. Dieser Begriff deutet bereits auf eine Verbindung von Urheber und Werk hin. Heute könnte man sagen, der Räuber (zB eines Gedichts) schmückt sich mit fremden Federn.

Bis ins Mittelalter war die Vorstellung vom geistigen Eigentum des schöpferischen Menschen an seinem Werk unterentwickelt. Das mag damit zusammenhängen, dass der Eingriff in ein fremdes UrhR, wie etwa die unbefugte Vervielfältigung eines Buches, bedingt durch den primitiven Stand der Reproduktions- und Wiedergabetechnik, nicht sehr wirksam war (ein Mönchsleben reichte idR für die Kopie von höchstens 15 Büchern). Mit der Erfindung der **Druckerpresse** durch *Johannes Gutenberg* 1440 kam es zur massenhaften Vervielfältigung.

Bis 1500 erschienen in Europa bereits 27.000 Druckwerke in 20 Mill Exemplaren. Damit entstand ein Bedürfnis der **Drucker** nach Schutz ihrer Investitionen, dem durch Erteilung von *„Privilegien"* Rechnung getragen wurde. Das erste **Druckerprivileg** (eine Art „Gewerbemonopol"), erteilt durch die Republik Venedig, ging an *Johann von Speyer*, der die Buchdruckerkunst nach Venedig eingeführt hatte. Ab 1517 wurden sog „Bücherprivilegien" zum Schutz gegen unerlaubten Nachdruck verliehen (**Nachdruckprivileg**). Später: **Autorenprivilegien** (zT kombiniert mit Druckerprivilegien). Sinn: Ehrung von Künstlern (zB *Albrecht Dürer*), Schutz ihrer Werke gegen unerlaubte Nachdrucke. Die Entwicklung ging also vom Schutz des Druckers/Verlegers hin zu dem des Autors/Urhebers.

Naturrecht und **Aufklärung**: Ausbildung eines **persönlichkeitsrechtlich** orientierten **Urheberrechts** (vgl das allgemeine Persönlichkeitsrecht gem § 16 ABGB); Schutzziel: **Geistiges Eigentums** des **Schöpfers**. **Privilegien** verloren in dem Maße an Legitimität, als sich die Forderung nach Allgemeinheit der Gesetze Geltung verschaffen konnte. Die Phase des Nachdruckes betraf insb **Österreich** im Zeitalter des aufgeklärten Absolutismus. So wurde zB der führende Buchproduzent *Johann Thomas v. Trattner* von Kaiserin *Maria Theresia* gefördert.

Auch unter *Josef II.* blühte der **Nachdruck**, allerdings der **ausländischen** Bücher. Dem Schutz inländischer Autoren und Buchhändler diente ein **Nachdruckverbot**, eine Art Vorstufe zu einem (künftigen) Urheberrecht (vgl als anfängliche Elemente eines Urheberrechts § 1165 ABGB [Werkvertrag] iVm § 1165 ABGB [Erlöschen durch Tod des Werkunternehmers]). Im deutschsprachigen Raum bestimmte die Vereinbarung im Deutschen Bund von 1832 die Anwendung der Nachdruckgesetze (Schutz der Herausgeber, Verleger, Schriftsteller gegen unautorisierten Nachdruck) in allen Bundesstaaten. Die Überwachung des Nachdruckes führte aber auch zur weitgehenden Verhinderung der Verbreitung revolutionärer Schriften (Vormärz, Zensur).

Als pionierhaft kann das **Urheberpatent 1846** (*„Kaiserliches Patent zum Schutz des literarischen und artistischen Eigentums gegen unbefugte Veröffentlichung, Nachdruck und Nachbildung"*) angesehen werden. Der **Berner Konvention** zum Schutze von Werken der Literatur und Kunst aus **1886** trat Österreich zunächst **nicht** bei, da man sich nicht einem strengen Regime des Übersetzungsrechts unterwerfen wollte. Das Urheberpatent 1846 wurde **1895** durch ein neues, vergleichsweise modernes **Urheberrechtsgesetz** ersetzt, welches die Rechte der Urheber merklich stärkte.

Nach dem Ersten Weltkrieg (1920) kam Österreich der im Staatsvertrag von St. Germain (1919) auferlegten Verpflichtung nach, der **Revidierten Berner Übereinkunft** aus 1908 (= **RBÜ**) beizutreten. Dabei wurde auch das Urheberrechtsgesetz von 1895 novelliert, um zu vermeiden, dass Inländer gegenüber den durch die RBÜ geschützten Ausländern benachteiligt werden. Durch die Revisionskonferenz in **Rom** wurde die **RBÜ** 1928 neuerlich revidiert.

Diese Reformarbeit führte zum neuen **Urheberrechtsgesetz von 1936** (mit der Aufnahme der „**verwandten Schutzrechte**" als wesentlichster Neuerung) sowie zur Regelung des Rechts der **Verwertungsgesellschaften** im Verwertungsgesellschaftengesetz. Das österr UrhG 1936 galt auch **nach 1938** als landesrechtliche Bestimmung weiter. Die schleppende Arbeit der geplanten Reform des deutschen Urheberrechts (zahlreiche Entwürfe), dessen Hauptmotiv in der Stärkung der Interessen der Allgemeinheit gegenüber denen des Urhebers bestand, bewirkte, dass es nicht zur geplanten Großkodifikation kam und Österreich sein **UrhG 1936 behielt**. Zu den wichtigsten **Nov** des UrhG – bis hin zu **BGBl I 2013/150** – s im Folgenden unten III.1.a).

III. Rechtsquellen

1. Nationale Rechtsquellen

a) Urheberrechtsgesetz – UrhG

Wichtigstes Gesetz zum österr Urheberrecht, einer heute kaum mehr überblickbaren Materie, ist das **Urheberrechtsgesetz (UrhG)**, genauer das Bundesgesetz über das Urheberrecht an Werken der Literatur und der Kunst und über verwandte Schutzrechte BGBl 1936/111 idF BGBl I **2013/150**. Ausgewählte UrhG-Nov im historischen Ablauf:

- UrhG-Nov **1953** (BGBl 1953/106): Als Folge der Brüsseler Revisionskonferenz der **RBÜ** im Jahre 1948 wurde durch diese Nov ua in § 3 der Abs 2 (Legaldefinition zu „Werken der Lichtbildkunst") eingefügt.

- UrhG-Nov **1972** (BGBl 1972/492): Auslöser war das Römer Leistungsschutzabk (Näheres s unten 3.c), Zweck die Neuaufnahme von Paragrafen betr das **Rundfunkwesen** sowie Änderungen betr die Rechte der ausübenden Künstler.
- UrhG-Nov **1980** (BGBl 1980/321): Anpassung des nationalen Rechts an den Standard internationaler Abk (Pariser Fassung von RBÜ, WUA, Genfer Tonträgerabk, Brüsseler Satellitenabk); ferner wurden Bestimmungen bezüglich „privater Tonbandüberspielung", Kabel-TV und VerwGes geändert.
- UrhG-Nov **1993** (BGBl 1993/93): Erfüllung der Vorgaben der **RL** zum **Schutz von Computerprogrammen** (vgl §§ 1, 10 f, 14, 16, 61 und 64), der **RL** zum Vermiet- und Verleihrecht (§ 16a), des Grundsatzes der gemeinschaftsweiten Erschöpfung des Verbreitungsrechts. Ferner enthält die Nov als „autonome Maßnahme" Neuerungen für die freie Werknutzung im Kirchen-, Schul- und Unterrichtsgebrauch.
- UrhG-Nov **1996** (BGBl 1996/151): Umsetzung der RL betreffend Satellitenrundfunk und Kabelweiterverbreitung sowie der Schutzfristen-RL. Autonome Maßnahme (§ 16b): Ausstellen von Werken bildender Künste.
- UrhG-Nov **1997** (BGBl I 1998/25) – Umsetzung der **Datenbank-RL**: Vorschriften für „Datenbankwerke" (§§ 40f–40h), „Schutzrecht an Datenbanken" im Abschnitt „Verwandte Schutzrechte" (§§ 76c–76e) und Definition des fremdenrechtlichen Anwendungsbereiches des Schutzrechts an Datenbanken (§ 99c).
- UrhG-Nov **2000** (BGBl I 2000/110): Der erst durch die UrhG-Nov 1996 eingeführte § 16b, der im Hinblick auf das öffentliche, entgeltliche Ausstellen von Werken der bildenden Künste dem Urheber einen Vergütungsanspruch gewährte, wurde, weil dafür kein praktisches Bedürfnis bestand, wieder aufgehoben.
- **UrhG-Nov 2003** (BGBl I 2003/32 in Kraft seit 1. 7. 2003): Diese wurde va initiiert durch die **Info-RL** (Näheres dazu s unten 2.h), die bereits bis 22. 12. 2002 umzusetzen gewesen wäre. Umsetzung zweier WIPO-Abk: **WCT** und **WPPT** (zu beiden Abk s unten 3.b); neues Verwertungsrecht (**Zurverfügungstellungsrecht**) zur Regelung der Nutzung geschützter Werke im Internet; Installierung von **Rechtsschutz** gegen die Umgehung technischer Schutzmaßnahmen; Überarbeitung des Kataloges der freien Werknutzungen etc.
- **UrhG-Nov 2005** (BGBl I 2006/22 in Kraft mit 1. 1. 2006): Umsetzung der **Folgerecht-RL**, dh der RL des EP und des Rates über das **Folgerecht** des **Urhebers** des **Originals** eines **Kunstwerks** vom 27. 9. 2001 (RL 2001/84/EG). Dabei machte die UrhG-Nov 2005 ua von der Option (Art 8 Folgerecht-RL) Gebrauch, das Folgerecht bis 31. 12. 2009 nur auf Werke **lebender** Künstler anzuwenden (Näheres zu dieser RL s unten 2.g; zu **§ 16b** idF BGBl I **2010/2** s unten B.III.2.b). Darüber hinaus wurde **§ 38** ein **Abs 1a** eingefügt (Näheres s unten B.VI.1). Der neu gefasste **§ 69 Abs 1** übernahm die *cessio legis*-Regelung des § 38 Abs 1. Ferner wurde **§ 42b Abs 3 Z 1** über die Leerkassettenvergütung im elektronischen Geschäftsverkehr geschaffen.
- **UrhG-Nov 2006** (BGBl I 2006/81) dient der Umsetzung der **Schutz-RL,** dh der **RL** 2004/48/EG des EP und des Rates vom 29. 4. 2004 zur Durchsetzung der Rechte des **geistigen Eigentums**. Neu gestaltet: **„Anspruch auf Auskunft"** bzw **§ 87b Abs 2** sowie **§ 87b Abs 3**. Neu geschaffen wurde auch **§ 87c „Einstweilige Verfügungen"** (Näheres s bereits oben Erster Abschnitt: Markenrecht A.III.2.h). Daran anschließende Novellierungen:
- **FamRÄG 2009** (BGBl I 2009/75); Eingetragene Partnerschaft-Gesetz – **EPG** (BGBl I 2009/135).
- Urheberrechtsgesetz-Novelle 2009 – **UrhG-Nov 2009** (BGBl I 2010/2);
- Insolvenzrechtsänderungsgesetz – **IRÄG** 2010 (BGBl I 2010/29); Insolvenzrechtsänderungs-Begleitgesetz – IRÄBG (BGBl I 2010/58).
- Die **Urheberrechts-Nov 2013** – Urh-Nov 2013 (BGBl I **2013/150**) geht auf die Pflicht Österreichs zur Erfüllung der RL 2011/77/EU des EP und des Rates vom 27. 9. 2011 zur Änderung der RL 2006/116/EG über die Schutzdauer des Urheberrechts und bestimmter verwandter Schutzrechte zurück (Näheres s unten 2.e).

b) Verwertungsgesellschaftengesetz – VerwGesG 2006

Das 2006 neu erlassene **BG** über **Verwertungsgesellschaften** (BGBl I 2006/9 idF **BGBl I 2013/190**) brachte ua eine ausdrückliche Festschreibung des **Monopolgrundsatzes**, den **Urheberrechtssenat** als „Verwaltungsbehörde mit richterlichem Einschlag" (Art 133 Z 4 B-VG), der in der Folge nach seiner Auflösung im Zuge der Verwaltungsgerichtsbarkeits-Nov 2012 durch das **VAJu** BGBl I 2013/190 wieder eingerichtet, in seiner Zuständigkeit jedoch auf seine Kernkompetenz zur Erlassung von **Satzungen** durch Verordnung reduziert wurde; § 30 Abs 2 VerwGesG.

Gegen Bescheide der Aufsichtsbehörde (§ 28 VerwGesG) entscheidet gem § 29 Abs 1 das Bundesverwaltungsgericht. VerwGes nehmen nur Ansprüche Berechtigter **kollektiv** und **treuhändig** wahr, die ihnen **vertraglich (Wahrnehmungsvertrag)** oder gesetzlich eingeräumt wurden (keine Beitrittspflicht!), machen somit gesetzliche Vergütungsansprüche geltend (VerwGes-**Pflicht**). VerwGes (internationale Clearingstellen) schließen mit ausländischen VerwGes Gegenseitigkeitsverträge ab und erwerben den internationalen Rechtebestand (Repertoires/Weltrechte).

> *Beachte: OGH: Weder der Umstand, dass VerwGes an ihre Bezugsberechtigten nur nach Maßgabe ihres Verteilungsplans Ausschüttungen vornehmen, noch die Tatsache, dass nicht jeder einzelne Bezugsberechtigte an der Meinungsbildung einer VerwGes mitwirken kann, sind verfassungsrechtlich bedenklich.*

Bei Verhandlungen mit **Nutzerorganisationen** üben VerwGes eine wirtschaftliche/rechtliche **Schutzfunktion** aus. Sie fungieren als **Interessenvertretung** der ihnen angehörigen Urheber- und Leistungsschutzberechtigten und als Sachverständige in **Begutachtungsverfahren** bei urheberrechtlichen Gesetzesvorhaben. Näheres zu den VerwGes s unten bei den Wahrnehmungsverträgen B.IV.2.g.

Pauschal entlohnte, ausübende Künstler (§ 76 Abs 8 UrhG) haben nach der bereits oben erwähnten Urh-Nov 2013 (BGBl I **2013/150**) gegen den Hersteller der Tonträger für die verlängerte Schutzdauer **jährlich** einen (**unverzichtbaren**) **Vergütungsanspruch** iHv 20 % der Einnahmen, die der Hersteller aus der Vervielfältigung, Verbreitung und öffentlichen Zurverfügungstellung von Tonträgern erzielt hat und der nur über **VerwGes** geltend gemacht werden kann. Der nicht den Berechtigten zuordenbare Teil der Einnahmen ist den (von den VerwGes den zu schaffenden) sozialen und kulturellen Zwecken dienenden Einrichtungen zuzuführen (§ 13 Abs 2a VerwGesG).

c) Produktpirateriegesetz– PPG

Näheres zum PPG s bereits oben beim Patentrecht, Vierter Abschnitt A. III.1.a.

d) Urheberrechtssenatsgebührenverordnung – UrhRSGV

V des BMJ über die Vergütung der Mitglieder und Schriftführer des Urheberrechtssenates, die Entlohnung der vom Vorsitzenden des Urheberrechtssenates bestellten Mitglieder des Schlichtungsausschusses und die Gebühren für die Inanspruchnahme des Urheberrechtssenates – **UrhRSGV BGBl II 2006/247**.

2. Rechtsquellen aus Gemeinschaftsrecht

a) (EG)PPV

Zur (neuen) **EU-Produktpiraterie-VO** 2014, dh zur VO (EU) **608/2013** des EP und des Rates vom 12. 6. 2013 zur Durchsetzung der Rechte des geistigen Eigentums durch die Zollbehörden und zur **Aufhebung** der VO (EG) 1383/2003 des Rates vom 22. 7. 2003 s oben Erster Abschnitt: Markenrecht A.III.2.a.

b) Computer-RL

Die RL **2009/24/EG** des EP und des Rates über den Rechtsschutz von Computerprogrammen vom 23. 4. 2009 löste die RL 91/250/EWG vom 14. 5. 1991, die im österr Recht durch die UrhG-Nov 1993 (§§ 40a bis 40e) umgesetzt wurde, ab. Ausweislich ihrer ErwGr schützt sie weniger die in einem Computerprogramm verkörperten geistigen Leistungen als vielmehr die damit verbundenen Investitionen. Nach der RL 2009/24/EG sind die MS ua verbunden, **Mindeststandards** für den Schutz von **Computerprogrammen** zu schaffen und Computerprogramme als Werke der **Literatur** zu schützen. Die RL schreibt vor, wer schutzberechtigt ist, was schutzwürdig sein soll etc.

> *Beispiel: Mit Urteil vom 22. 12. 2010 im Verfahren der Softwareschutzvereinigung* **BSA** *gegen das tschechische Kulturministerium entschied der* **EuGH**, *dass die* **grafische** *Benutzeroberfläche* **keine** *Ausdrucksform eines Computerprogramms sei, demnach* **nicht** *in den Genuss des Urheberschutzes nach der RL 2009/24/EG komme. Jedoch* **könne** *nach wie vor bei einer besonders* **schöpferischen** *Ausgestaltung von* **Benutzeroberflächen** *ein* **unmittelbarer** *Urheberschutz entstehen (weshalb Softwareentwickler und -designer bei Planung und Entwicklung von Software auf eine* **originelle** *Bildschirmdarstellung* **achten** *sollten).*

c) Vermiet- und Verleih-RL

Die RL **2006/115/EG** des EP und des Rates vom 12. 12. 2006 zum Vermiet- und Verleihrecht sowie zu bestimmten dem Urheberrecht verwandten Schutzrechten im Bereich des geistigen Eigentums ersetzte die **RL** zum Vermiet- und Verleihrecht (RL 92/100/EWG vom 19. 11. 1992), welche im österr Recht durch die UrhG-Nov 1999 (§ 16a „Vermieten und Verleihen") umgesetzt wurde. Damit sollten das Urheber- und Leistungsschutzrecht in den MS an den technischen Fortschritt bei der Nutzung geschützter Werke angepasst und die Rechteinhaber vor Piraterie geschützt werden. Ziele: Wirtschaftliche Absicherung der Urheber und ausübenden Künstler durch ein einheitliches Schutzniveau und Schutz der (risikoreichen) Investitionen der Tonträger- und Filmhersteller gegen Ausbeutung.

d) Kabel-Satelliten-RL

Die RL zur Koordinierung bestimmter urheber- und leistungsschutzrechtlicher Vorschriften betr Satellitenrundfunk und Kabelweiterverbreitung (**Kabel-Satelliten-RL** 93/83/EWG vom 27. 9. 1993) wurde durch die UrhG-Nov 1996 zur Schaffung von **Rechtssicherheit** für Rechtsinhaber bei grenzüberschreitenden Rundfunksendungen umgesetzt.

Sie ergänzt die durch die **RL über audiovisuelle Mediendienste**, dh die RL **2010/13/EU** des EP und des Rates vom 10. 3. 2010 zur Koordinierung bestimmter Rechts- und Verwaltungsvorschriften der MS über die Bereitstellung audiovisueller Mediendienste (früher: **Fernseh-RL** 89/552/EWG des Rates vom 3. 10. 1989 zur Koordinierung bestimmter Rechts- und Verwaltungsvorschriften der MS über die Ausübung der Fernsehtätigkeit idF **RL 2007/65/EG** des EP und des Rates vom 11. 12. 2007), festgelegten rechtlichen Rahmenbedingungen für die Schaffung eines einheitlichen audiovisuellen Raumes. Zu beachten ist auch der Bericht des EP vom 28. 1. 2014 (A7-0057/2014) mit dem Entwurf einer **Entschließung** des **EP** zur Vorbereitung auf die vollständige Konvergenz der audiovisuellen Welt (2013/2180[INI]).

e) Schutzfristen-/Schutzdauer-RL

Die RL **2011/77/EU** des EP und des Rates vom 27. 9. 2011 zur **Änderung** der RL 2006/116/EG über die **Schutzdauer** des Urheberrechts und bestimmter verwandter Schutzrechte wurde durch die UrhG-Nov 2013 (BGBl I **2013/150**) im österreichischen Recht umgesetzt. So wurden ua die Dauer der Leistungs-schutzrechte der Tonträgerhersteller und ausübenden Künstler von 50 auf **70** Jahre verlängert, eine **einheitliche** Schutzdauer bei **verbundenen** Werken (Musikkomposition mit Text, § 60 Abs 2), das **Rück-rufrecht** des ausübenden Künstlers gem § 76 Abs 7 und die Vergütung für **pauschal** entlohnte Künstler/ Musiker (§ 76 Abs 8) beschlossen.

f) Datenbank-RL

RL des EP und des Rates über den rechtlichen Schutz von **Datenbanken** (RL 96/9/EG vom 11. 3. 1996 – Datenbank-RL, Umsetzung: UrhG-Nov 1997). Zweck: Sicherstellung eines angemessenen und einheit-lichen Niveaus im Schutz der Datenbanken, damit der Hersteller der Datenbank die ihm zustehende **Vergütung** erhält. Einfügung der §§ 40f bis 40h („Sondervorschriften für Datenbankwerke") sowie der §§ 76c bis 76e („Geschützte Datenbanken") im UrhG.

g) Folgerecht-RL

2001 wurde die **Folgerecht-RL** (RL des EP und des Rates über das **Folgerecht** des **Urhebers** des **Origi-nals** eines **Kunstwerks**, RL 2001/84/EG) erlassen. Zweck: **Urhebern** von Werken der **bildenden Künste** soll die **Beteiligung** am **Weiterveräußerungserlös** von Originalwerken gesichert werden. Die Folge-recht-RL wurde durch **§ 16b** idF der UrhG-Nov 2005 (**BGBl I 2006/22**) im österr Recht umgesetzt (Nä-heres zu § 16b s unten B.III.2.b).

h) Info-RL

Die RL 2001/29/EG des EP und des Rates vom 22. 5. 2001 zur Harmonisierung bestimmter Aspekte des Urheberrechts und der verwandten Schutzrechte in der Informationsgesellschaft (Informations-RL = **Info-RL** = Copyright-RL) wurde in Österreich verspätet mit der UrhG-Nov 2003 iSd WIPO-Verträge 1996 umgesetzt. Sie brachte, ausgehend von einem **hohen Schutzniveau**, Vorgaben für die Nutzung ge-schützter Werke. Zudem sichert sie Erhaltung und Entwicklung kreativer Tätigkeit der Urheber, Künstler, Hersteller, Verbraucher sowie überhaupt der ganzen Kultur, Wirtschaft und der breiten Öffentlichkeit. Schließlich erkennt sie geistiges Eigentum als Bestandteil des Eigentums an und gewährt Urhebern, ausübenden Künstlern und Produzenten **angemessene Vergütung** (Investitionsförderung).

> *EuGH: Nach der Infopaq-E **kann** ein Textausschnitt von elf Wörtern aus Tageszeitungen eine urheber-rechtlich relevante **Vervielfältigung** gem Art 2 lit a, Art 5 Abs 1 InfoRL darstellen, wenn die übernom-menen Bestandteile eine eigene geistige Schöpfung des Urhebers darstellen, was vom nationalen Gericht zu prüfen ist.*

i) Schutz- oder Rechtsdurchsetzungs-RL

Die RL 2004/48/EG des EP und des Rates vom 29. 4. 2004 zur Durchsetzung der Rechte des **geistigen Eigentums** (**Schutz-** oder **Rechtsdurchsetzungs-RL**; Näheres s oben **Markenrecht** A.III.2.b) beinhaltet

Maßnahmen, Verfahren und Rechtsbehelfe zur Durchsetzung der Rechte aus dem geistigen Eigentum im zivilrechtlichen Verfahren. Diese RL umfasst nicht nur UrhR, sondern **alle** Rechte am **geistigen Eigentum**. Zweck: Vereinheitlichung des **Sanktionenbereichs**. Die Umsetzung der **Schutz**-RL erfolgte durch die UrhG-Nov 2005 (BGBl I 2006/22; Näheres s oben III.1.a).

j) RL-Vorschlag über kollektive Rechtewahrnehmung

Am 11. 7. 2012 legte die Kommission einen Vorschlag für eine RL des EP und des Rates über **kollektive Wahrnehmung** von **Urheber-** und **verwandten Schutzrechten** und die Vergabe von **Mehrgebietslizenzen** für die **Online-Nutzung** von Rechten an **Musikwerken** im Binnenmarkt vor, KOM(2012) 372 endg. Damit will man die kollektive Rechtewahrnehmung in Europa, insb die Tätigkeit der VerwGes, einer einheitlichen Regelung unterziehen und der Zersplitterung des internationalen Musikrechtemarktes entgegenwirken. Durch umfassende Auskunfts- und Informationsrechte sollen die Rechte von **Mitgliedern, Rechteinhabern** und **Nutzern** gegenüber den **VerwGes** deutlich gestärkt werden. Betreffend die grenzüberschreitende Vergabe von **Online-Rechten** an **Musikwerken** soll die freiwillige Verbindung der Musikrepertoires durch eine „**Europäische Lizenzbescheinigung**" gefördert werden.

3. Internationale Rechtsquellen

a) TRIPS, RBÜ, WUA

TRIPS-Abk aus 1994 (**2013: 159** MS; s bereits oben Markenrecht A.III.3.a) betr die **urheberrechtlichen** Bestimmungen: Die Mitglieder werden zur Befolgung weiter Teile des **RBÜ** verpflichtet werden. Ferner gilt der Grundsatz der **Inländerbehandlung** und, anders als in der RBÜ und im WUA, das Prinzip der **Meistbegünstigung**. Geregelt werden etwa der Schutz von Computerprogrammen und Datenbanken, Vermietrecht, Schutzdauer und Rechtsdurchsetzung.

RBÜ (Revidierte Berner Übereinkunft): Völkerrechtlicher Vertrag zum Schutz von Werken der Literatur und Kunst aus 1886 (revidiert in Paris 1971; **2013: 166** MS, Österreich seit 1920). Keine Gesamtkodifikation bzw einheitliches System des UrhR, aber: „**Brückenschlag**" zwischen unterschiedlichen nationalen Urheberrechtssystemen. In allen MS mit Ausnahme des Ursprungslandes genießen die Urheber für von der RBÜ umfasste Werke Rechtsschutz (Art 5 Abs 1 RBÜ). Nach dem **Schutzfristenvergleich** (Art 7 Abs 8) muss kein Verbandsland Werke, die in einem anderen Verbandsland erschienen sind (bzw die unveröffentlichten Werke eines Angehörigen eines anderen Verbandslandes), länger schützen, als ein solcher Schutz im Ursprungsland dauert. Art 19 RBÜ: Weiter gehende Bestimmungen, die durch die Gesetzgebung eines Verbandslandes erlassen werden, können beansprucht werden.

Das **WUA (Welturheberrechtsabkommen)** ist ein völkerrechtlicher Vertrag aus 1952 (revidiert in Paris 1971) zum Schutz der Urheber in aller Welt (BGBl 1982/293). Es ist insofern von historischer Bedeutung, als ihm die ehemalige Sowjetunion angehörte, als sie der RBÜ noch nicht beigetreten war. Auch die USA waren international zunächst an die weniger weitreichenden Regelungen des WUA gebunden, ehe sie 1988 der RBÜ beitraten. Art 3 WUA: Jeder Vertragsstaat hat die **Formerfordernisse** als erfüllt anzusehen, wenn alle Werkexemplare das Zeichen © (= Copyright) iVm dem **Namen** des Inhabers des UrhR und dem Erstveröffentlichungsjahr tragen. Art 2: Grundsatz der **Inländerbehandlung**, Art 4: Mindestschutzdauer von **25** Jahren nach dem Tode des Urhebers, ausschließliches Vervielfältigungs-, Aufführungs-, Sende- und Übersetzungsrecht. **Veröffentlichung** (Art 6) liegt vor, wenn das Werk in **körperlicher** Form vervielfältigt und der Öffentlichkeit durch **Werkstücke zugänglich** gemacht wird, die es gestatten, das Werk zu lesen oder sonst mit dem Auge wahrzunehmen. Das RBÜ bleibt durch das WUA (Art 17 Abs 1) unberührt.

b) WIPO, WCT, WPPT

WIPO: Die 1967 geschaffene **Weltorganisation** für **geistiges Eigentum** (= **WIPO**), eine Völkerrechtssubjektivität genießende UN-Sonderorganisation, verwaltet und koordiniert (von Genf aus) PVÜ, MMA und NizzKlass.

WCT: Der **Urheberrechtsvertrag** (WIPO Copyright Treaty), angenommen auf der diplomatischen Konferenz in Genf 1996, gehört, wie der WPPT, zu den WIPO Internet Treaties (WIPO Digital Agenda). Der WCT beeinflusste **Info-RL**.

WPPT: **Abk der Weltorganisation über Darbietungen und Tonträger** (= WIPO-LeistungsschutzrechteAbk, WIPO Performances and Phonograms Treaty – WPPT), angenommen auf der diplomatischen Konferenz in Genf am 20. 12. 1996. Das Abk gehört wie der WCT zu den WIPO Internet Treaties (WIPO Digital Agenda). Es beeinflusste die Entwicklung der **Info-RL**, welche wiederum der Umsetzung der WIPO-Verträge dient.

c) RLSch-Abk, BSat-Abk, EuropSatÜbk, GTT-Abk

Das RLSch-Abk (**Römer Leistungsschutzabkommen**) ist das Internationale Abk über den Schutz der ausübenden Künstler, der Hersteller von Tonträgern und der Sendeunternehmen (BGBl 1973/413; **2009: 94** MS). Es wurde im Jahr **1961** abgeschlossen, enthält (wie die RBÜ) den Grundsatz der Inländerbehandlung, Mindestschutzbestimmungen und stellt für ausübende Künstler, Hersteller von Tonträgern und Sendeunternehmen **Gegenseitigkeit** her.

Im **BSat-Abk** (**Brüsseler Satellitenabkommen**) BGBl 1982/335 (**2013: 36** MS) verpflichten sich die MS zur Setzung von Maßnahmen zwecks **Verhinderung** der Verbreitung programmtragender Signale in oder von ihren Hoheitsgebieten durch einen Verbreiter, für den die an den Satelliten ausgestrahlten oder darüber geleiteten Signale nicht bestimmt sind. Geschützt wird da **Signal** (Ausnahme: **Direktsatelliten**). Vgl: Kundmachung des Bundeskanzlers betr Geltungsbereich des Übereinkommens über Verbreitung der durch Satelliten übertragenen programmtragenden Signale BGBl III 2007/107.

Europ Satellitenrundfunk-Übk = „Europäisches Übereinkommen über Fragen des Urheberrechts und verwandter Schutzrechte im Bereich des grenzüberschreitenden Satellitenrundfunks" (EuropSatÜbk) aus 1994 (Initiative: Europarat).

Das GGT-Abk (**Genfer Tonträgerabkommen**) aus 1971 BGBl 1982/294 (**2009: 77** MS) dient dem Schutz der Tonträgerhersteller gegen unerlaubte Vervielfältigung ihrer Tonträger und gegen die Einfuhr und den Vertrieb von ohne deren Zustimmung hergestellten Vervielfältigungsstücken.

IV. Aufbau, System und Gliederung des Urheberrechtsgesetzes

Das **UrhG** (BGBl 1936/111 idF **BGBl I 2013/150**) regelt, grob gesagt, drei miteinander verflochtene, sich zT überschneidende Bereiche: das **Immaterialgüterrecht**, das Vermögensrechte an geistigen Gütern definiert, den **gewerblichen Rechtsschutz**, der wirtschaftlich verwertbare Leistungen absichert, und bestimmte **Persönlichkeitsrechte**, die die Person unmittelbar in Bezug auf ein bestimmtes Rechtsgut (zB Name, Werk, Brief, Bild, Erfindung, Freiheit, körperliche Integrität, Ehre) schützen. Letzteres geschieht mittels Abwehr- und Schadenersatzansprüchen.

Inhaltlich wie vom Aufbau her ist das UrhG von der „**monistischen** Theorie" (*Mitteis, Ulmer, Hubmann*) geprägt. Danach ist von einem **einheitlichen** UrhR auszugehen, dem sowohl vermögens- als auch persönlichkeitsrechtliche Befugnisse des Urhebers entspringen. Während im I. Hauptstück der Schutz des wissenschaftlichen, literarischen und künstlerischen Werks dominiert (UrhR ieS), geht es im II. Hauptstück (Verwandte Schutzrechte) um **Leistungsschutzrechte**, die für Vorträge und Aufführungen von Werken der Literatur und Tonkunst eingeräumt werden.

Beide Bereiche bilden das UrhR iwS. Innerhalb des UrhG finden sich wettbewerbsrechtliche Bestimmungen wie der Nachrichtenschutz, der Presseberichte vor verfrühter Wiedergabe schützt (§ 44 Abs 3 iVm § 79), und der Titelschutz von Werken der Literatur und der Kunst (§ 80). Außerhalb des UrhG bestehen ein markenrechtlicher, ein wettbewerbsrechtlicher Schutz gegen „Ausbeutung fremder Leistung", Geschmacksmusterschutz gem § 1 MuSchG, schließlich Patent-, GebrM- und Hl-Schutz. Aufbau der Darstellung (folgt weitgehend nachstehender Gliederung des UrhG):

I. Hauptstück: Urheberrecht an Werken der Literatur und der Kunst (§§ 1–65)
II. Hauptstück: Verwandte Schutzrechte (§§ 66–80)
III. Hauptstück: Rechtsdurchsetzung (§§ 81–93)
IV. Hauptstück: Anwendungsbereich des Gesetzes (§§ 94–100)
V. Hauptstück: Übergangs- und Schlussbestimmungen (§§ 101–114)

B. Urheberrecht an Werken der Literatur und Kunst

I. Werk

1. Legaldefinition (§ 1)

„(1) Werke im Sinne dieses Gesetzes sind eigentümliche geistige Schöpfungen auf den Gebieten der Literatur, der Tonkunst, der bildenden Künste und der Filmkunst. – (2) Ein Werk genießt als Ganzes und in seinen Teilen urheberrechtlichen Schutz nach den Vorschriften dieses Gesetzes."

2. Auslegung

Maßgeblich für die Auslegung des in § 1 Abs 1 enthaltenen Tatbestandselements der „eigentümlichen geistigen Schöpfung" ist die **individuelle Eigenart**, die auf der Persönlichkeit des Schöpfers beruht und sich vom Alltäglichen abhebt. Nach der neueren Rsp ist eine bestimmte „**Werkhöhe**", etwa im Bereich der bildenden Kunst, **nicht** mehr Schutzvoraussetzung. Doch muss quasi als „Untergrenze" zumindest so viel **Eigentümlichkeit** vorliegen, dass das Werk über bloß routinemäßiges Gestalten bzw rein handwerkliches Können hinausgeht. Bei Werken mit nur **geringer Individualität** kann als Urheberrechtsverletzung durch das **Plagiat** (dh den Diebstahl von geistigem Eigentum durch Verwertung in einem anderen Werk) nur die genaue Kopie angesehen werden.

> *Beispiele: Eine Unterlassungsklage gegen Vertrieb von Imitationen von „Le Corbusier"-Sitzmöbeln wurde abgewiesen, weil übereinstimmende Teile der Möbel nicht jenen Teil der Werke Corbusiers betrafen, der als schöpferische Gestaltung anzusehen ist (**kein** Plagiat). Im **Plagiatsstreit** kommt es **nicht** auf die Übereinstimmung einer (abstrakten) **Idee**, sondern nur auf die **konkrete Ausformung** (Gesamteindruck) an.*

> *OGH: Besteht das den **Gesamt**eindruck eines Sitzmöbels prägende Merkmal in markanter Wölbung der Rückenlehne (**Knick**-Rückenlehne), liegt weder ein Urheberrechtseingriff noch sittenwidrige Nachahmung vor, wenn **dieses** Merkmal **nicht** übernommen wird.*

Es kommt **nicht** auf einen künstlerischen/wissenschaftlichen/ästhetischen **Wert** oder einen **Zweck** des Werkes an. Auch „*minderwertige*" oder „*geschmacklose*" Werke können bei Vorliegen der Voraussetzungen schützenswert sein. Auch ist gleichgültig, ob es einen Werbe-, Belehrungszweck oÄ hat oder nicht.

Beispiele: Urheberrechtlich als Werk der Tonkunst geschützt ist der Refrain des Liedes „Happy Birthday to you" von Stevie Wonder, ebenso wegen ihrer eigentümlichen Prägung die Liedzeile „So ein Tag, so wunderschön wie heute", **nicht** *aber der Werbespruch „Bis bald – im Wienerwald!". Urheberrechtlich geschützt können ferner* **Schriftzüge** *als* **Werke** *der* **Gebrauchsgrafik** *(Logos) sein, wie zB beim* **Logo** *„Zimmerman F I T N E S S" (Charakteristikum: Zusammenfügung zweier verschiedener Schriftarten).*

OGH: Ein **Schriftzug** *genießt als* **Werk** *der bildenden Kunst Schutz, wenn er* **eigenartig** *ist. Das trifft auf den Schriftzug mit der „Kitzbüheler Gams" des österr Malers Alfons Walde (1891–1958) zu sowie auf die „Kitzbüheler Gams" als solche. Diese darf daher* **nicht** *ohne Zustimmung des Urhebers Walde bzw seiner Rechtsnachfolger vom gegnerischen (Kitzbüheler) Tourismusverband verwendet werden.*

Beachte: **Keine** *individuellen geistigen Schöpfungen, daher urheberrechtlich* **nicht** *schützbar, sind freie Geistesgüter wie (zB ein kindlich-naiver) Stil, Manier, Technik der Ausführung, Natur- oder Geschichtsstoff. Schutzgegenstand ist eine bestimmte* **Formung** *des Stoffes, die* **Webart, Textur** *des Werkes,* **nicht** *das stofflich-körperliche „Vervielfältigungsprodukt" (zB Manuskript eines Romans). Geschützt ist die dahinter stehende* **geistige Gestaltung/individuelle Durchführung** *einer technischen Grundidee.*

Die „**Schöpfung**" ist als nach außen wahrnehmbares bzw erkennbares Gestaltungsereignis einer bestimmten Vorstellung (wie etwa Worte, Bilder, Gebärden) aufzufassen. Schützenswert ist nicht die bloße Idee („Geistesblitz"), sondern die „**Form gewordene**" Idee (Webart oder Textur des Werkes), nicht zwingend aber ihre tatsächliche Festlegung/Aufzeichnung. **Technische** Lösungen **für sich** genießen, auch bei **verschiedenen** Lösungsmöglichkeiten, ebenso wenig Schutz wie der **Stil** als solcher oder die Wahl bestimmter **geometrischer Formen**. Letztere sind **ungeachtet kleinerer Unregelmäßigkeiten nicht schützbar**. Dies gilt insb für das Einpassen eines aus üblichen Buchstaben bestehenden Schriftzugs in ein (abgerundetes) Viereck bei Visualisierung eines Gesetzesbegriffs („**green box**" für erstattungsfähige Medikamente"). Urheberrechtsschutz besteht auch für **Werkteile** (§ 1 Abs 2), wenn der Verletzer individuelle Elemente entnommen hat. Um die Schutzvoraussetzungen des Gesetzes zu erfüllen, muss der Werkteil **für sich allein** die notwendige Individualität als eigentümliche Schöpfung (**Originalität**) besitzen.

Beispiele: Für sich schützenswert ist der Werktitel „Kleiner Mann, was nun?", ferner die Verszeile „Voll Leben und voll Tod ist diese Erde", nicht aber etwa „Kopfsalat" als Titel für eine Karikaturensammlung.

Schutzkriterium ist die **Identifizierbarkeit** und **Zuordenbarkeit** eines Werkteiles zu einem bestimmten Werk. Nur bei Erfüllung dieser Voraussetzungen sind Werkteile schützenswert, so zB iZm sog „Samplings" (elektronisch neu zusammengestellte kleine Teile eines Musikstückes) oder Computerprogrammen (entnommene Bausteine für anderes Computerprogramm). Allerweltserzeugnisse, die über **rein handwerkliche** Leistungen **nicht** hinausgehen und sich vom Alltäglichen, Landläufigen, **üblicherweise** Hervorgebrachten **nicht** abheben, genießen **keinen** urheberrechtlichen Schutz.

Ein besonderes Maß an Originalität (Werkhöhe) ist **nicht** erforderlich; urheberrechtliche **Unterscheidbarkeit** genügt. So ist zB der **Schoko-Schuh** einer Performance-Künstlerin **als solcher** (Gussform) **nicht** urheberrechtlich schützbar, wohl aber ihre in einen 90-Sekunden-Videofilm 2008 zum Thema „Der Schuh als Kunstobjekt" gefasste Sequenz, in der ein Mann einer Frau einen Schokoladeschuh (Größe 39) vom Fuß isst (bzw leckt).

§ 1 Abs 1 zählt die Werkarten taxativ auf, in den §§ 2 bis 4 werden sie beispielhaft skizziert. Der Begriff der **Werkarten** ist, wie die Rsp zeigt, **offen**. Trotz fixer Kategorien lassen sich zB Computerprogramme in die Werke der Literatur (§ 2), Datenbanken (gemäß Datenbank-RL!) als Sammelwerke (§ 6) einordnen. Ähnliches gilt für zeitgemäße Erscheinungen (Happenings, Installationen, elektronische Kunst etc).

3. Werke der Literatur (§ 2)

a) Sprachwerke aller Art einschließlich Computerprogrammen

Zu den **Sprachwerken** nach § 2 Z 1 zählen alle Werke, die sich des Ausdrucksmittels der Sprache bedienen.

> *Beispiele: Literarische Schöpfungen bei Sprachgefügen, **nicht** aber zB das einzelne Wort „Ramtha"
> für eine spirituelle Wesenheit mangels Vorliegen eines Sprachgefüges, auch **nicht** die Wortfolge „Tooor, Tooor, Tooor, Tooor! I wer' narrisch!" von Edi Finger sen, da es sich hierbei lediglich um einen Jubelruf handelt, der konkret in keiner nennenswert originellen Wortwahl seinen Ausdruck findet.*

> *Weiter zählen zu den Sprachwerken Vorträge und Reden (insb improvisierte Festreden), Bücher, Zeitschriften, Broschüren, der Text eines Gutachtens (zB Hainburg-Gutachten), ein komplexer (nicht aber einfacher, üblicher) Kaufvertrag oder auch ein Klageschriftsatz eines Rechtsanwaltes, wenn dieser das Alltägliche, Handwerkliche deutlich überragt, indem der erforderliche geistig-schöpferische Gehalt seinen Niederschlag in Form und Art der Sammlung, Einteilung und Anordnung des dargebotenen Stoffs findet.*

> *Ferner zählen zu den Sprachwerken ein Interview (zB mit Oskar Werner), Tagebücher. Ist ein für einen Online-Shop hergestelltes Schlagwort- bzw **Produkt**verzeichnis betr Berufsbekleidung (ua) das originell gegliederte Ergebnis einer gedanklichen Durchdringung (urheberrechtlich **unterscheidbar**), genießt es als **Sprachwerk** urheberrechtlichen Schutz.*

Ferner zählen (seit der UrhG-Nov 1993) auch **Computerprogramme** zu den Sprachwerken iSd UrhG, *„wenn sie Ergebnis der eigenen geistigen Schöpfung ihres Urhebers sind"* (§ 40a Abs 1). Der Rechtsbegriff des „Computerprogramms" umfasst nach § 40a Abs 2 *„alle Ausdrucksformen einschließlich des Maschinencodes sowie das Material zur Entwicklung des Computerprogramms"*. Mit den §§ 40a, 40b wurde die Computer-RL im österr Recht umgesetzt.

b) Bühnenwerke

§ 2 Z 2 umfasst **Bühnenwerke**, *„deren Ausdrucksmittel Gebärden und andere Körperbewegungen sind (choreographische und pantomimische Werke)"*. Der Schutz besteht unabhängig davon, ob parallel dazu Musik-/Sprachwerke aufgeführt werden (zB Pantomime, Ballett, Ausdruckstanz, Puppenspiel). OGH: Urheberrechtlich geschützt sind **mimische/choreografische** Bewegungsabläufe, sofern darin Gedanken/Empfindungen zum Ausdruck kommen (*Joey Racino Show*). **Nicht** geschützt dagegen: **Einzelne Tanzschritte/Tanzfiguren** („Handwerk der Tanzkunst").

c) Werke wissenschaftlicher oder belehrender Art

§ 2 Z 3 nennt *„Werke wissenschaftlicher oder belehrender Art, die in bildlichen Darstellungen in der Fläche oder im Raume bestehen, sofern sie nicht zu den Werken der bildenden Künste zählen."* Auch sie müssen das Produkt schöpferischer geistiger Tätigkeit sein.

> *Beispiele: Landkarten, Globen, Reliefdarstellungen (von Gebirgen), Darstellungen anatomischer Art oder der Körperhaltung beim Spielen von Musikinstrumenten etc. Nicht schutzfähig: Bloße Wiedergabe geografischer Tatsachen, schablonenmäßige Darstellungsformen. Ist eine **Landkarte** (zB „Mittelschulatlas") durch Farb-/Formgebung anschaulich, daher charakteristisch gestaltet, ist Unterscheidbarkeit von anderen Kartenwerken gegeben. Solche Karten genießen daher urheberrechtlichen Schutz. UU können auch **Lagepläne** aufgrund der Eigentümlichkeit der Darstellung urheberrechtlich geschützt sein, zB wenn sich an der Stelle des Veranstaltungszentrums ein Porträt des Namen gebenden Dirigenten (Karajan) befindet (individuelle Gestaltungselemente heben sich von üblichen kartografischen Darstellungsformen ab).*

d) Werke der Tonkunst

Werke der **Tonkunst**, neue Formen der Musikproduktion, entstammen einem **variablen Kunstbegriff**. Sie sind im UrhG nicht definiert. Der Eindruck auf das Gehör muss von der Art sein, dass in den beteiligten Verkehrskreisen von **Kunst** gesprochen wird (zB experimentelle Tonschwingungen bei Betreten eines bestimmten Ausstellungsraumes der Documenta in Kassel, **nicht** dagegen rein akustische Signale). § 2: Werke der Literatur (taxativ angeführt)!

4. Werke der bildenden Künste (§ 3)

a) Lichtbildwerke

§ 3 setzt voraus, was unter Werken der bildenden Künste zu verstehen ist, sodass es diesbezüglich auf die Auffassung der beteiligten Verkehrskreise (zB Künstler, Kunsthändler, Kunstsammler, Kunstkritiker) ankommen wird. Nach Abs 1 gehören dazu *„Werke der Lichtbildkunst (Lichtbildwerke), der Baukunst und der angewandten Kunst (des Kunstgewerbes)."* Werke der Lichtbildkunst (**Lichtbildwerke**) sind nach Abs 2 *„durch ein photographisches oder durch ein der Photographie ähnliches Verfahren hergestellte Werke."*

Um Urheberrechtsschutz zu beanspruchen, muss ein „Lichtbild" (Lichtbild**werk**) eine eigentümliche geistige Schöpfung (wenn auch ohne besonderes Maß an **Originalität**) sein. Die **Persönlichkeit** des Schöpfers muss im Werk zum Ausdruck kommen, seine **Unterscheidbarkeit** bewirken. Auch **alltägliche Porträtfotos** können durch visuelle Gestaltung Lichtbildwerke sein, zB wenn ein anderer Fotograf das Lichtbild möglicherweise anders gestaltet hätte.

> **Beispiel:** Das HG Wien hatte (im Fall Natascha K.) die Vorlagefrage gestellt, ob wirklichkeitsgetreue Fotografien, insb Porträtaufnahmen, nach Art 6 Schutzdauer-RL urheberrechtlich geschützt sein können und ob dieser Schutz wegen der bei solchen Fotografien vermeintlich zu geringen Möglichkeiten der künstlerischen Gestaltung schwächer sei als der Schutz anderer fotografischer Werke.

> **EuGH:** Im Werk müsse nach ErwGr 17 Schutzdauer-RL die **Persönlichkeit** des Urhebers dahin gehend zum Ausdruck kommen, dass dieser bei Herstellung des Werks seine **schöpferischen** Fähigkeiten einsetzt und **freie**, kreative Entscheidungen trifft. Diese persönliche Note könne dem Werk bei **Porträtaufnahmen** durch **Vorbereitungshandlungen**, etwa betreffend Arrangement, Haltung der Person, Auswahl der Beleuchtung und des Blickwinkels, Gestaltung der Atmosphäre, Wahl des Bildausschnitts oder durch die Bildentwicklung, verliehen werden. Der Schutz einer Porträtaufnahme (Art 2 lit a Info-RL) sei **nicht** schwächer als derjenige, der anderen (auch fotografischen) Werken zukommt.

Sonst handelt es sich nicht um Werke, sondern um **Abbilder** (§ 73), die lediglich **Leistungsschutz** gem §§ 73 f genießen. Urheberrechtlicher Schutz als Lichtbildwerk und Leistungsschutz als Lichtbild stehen **parallel** zu.

b) Werke der Baukunst

Werke der **Baukunst** befinden sich an der Grenze von Technik und Kunst. Da sie einen Zweck und damit technische Vorgaben erfüllen müssen, entscheidet das kreative Ausnützen dieser Variationsbreite über ihren Status als Werk der Baukunst. Der Schutz kann sich auch auf Teile des Werkes (zB besondere Fassadengestaltung, spezifischer Treppenaufgang oder Torbogen) beziehen. Nach der Rsp **können** auch **Modelle, Pläne, Zeichnungen** und **Entwürfe** für ein Bauwerk urheberrechtlich geschützt sein, wenn die **individuellen** Züge schon im **Entwurf** erkennbar sind. Ein Gebrauchszweck schadet nicht. Die zweckbezogene **technische Konstruktion für sich**, zB iZm einer **Einreichplanung**, ist aber **nicht** schutzfähig. Die

Zweckmäßigkeit der **Verkehrslösung** für den Entwurf eines Gebäudes ist **ebenso wenig** schützbar wie eine für ländliche Bauten typische Dach- und Fassadengestaltung.

c) Werke des Kunstgewerbes

Werke des Kunstgewerbes (angewandte Kunst) haben neben ihrem ästhetischen auch einen Gebrauchswert. Abgrenzungsprobleme ergeben sich oft zum MuSchG, welches neuen Mustern, die Vorbild für das Aussehen eines gewerblichen Erzeugnisses sind, einen allerdings schwächeren Schutz als das UrhG gewährt.

Als **angewandte** Kunst gelten zB Werke der Schmiedekunst, Juwelen Möbel, Porzellan, Leder etc. Schutzvoraussetzung ist wiederum das Vorliegen einer eigentümlichen geistigen Schöpfung, die sich vom Alltäglichen, Landläufigen abhebt und zu einem individuellen/originellen Ergebnis führt.

So ist zB ein **Tischkalender** mit dem einzig originellen Gestaltungselement der Ringbuch-Mechanik (zum Umschlagen der Kalenderblätter) **nicht** als Werk der bildenden Künste (§ 3) anzusehen.

5. Werke der Filmkunst (§ 4)

§ 4: Werke der Filmkunst (**Filmwerke**) sind *„Laufbildwerke, wodurch die den Gegenstand des Werkes bildenden Vorgänge und Handlungen entweder bloß für das Gesicht oder gleichzeitig für Gesicht und Gehör dargestellt werden, ohne Rücksicht auf die Art des bei der Herstellung oder Aufführung des Werkes verwendeten Verfahrens"* (Abfolge bewegter Bilder mit oder ohne Ton).

Wie das Lichtbildwerk vom bloßen Lichtbild unterscheidet sich das **Filmwerk** vom bloßen **Laufbild**, das als solches weder Handlung besitzt noch vom Filmurheber intentional geformt ist. Wegen der Vielzahl an kreativ Mitwirkenden am Film (Nachspann nennt zahllose Beteiligte) und der Verschmelzung der einzelnen Werkbeiträge zum Gesamtfilmwerk gehört dieses zu den komplexesten aller Werkkategorien.

> *Unterscheide: **Werkcharakter** kommt einem „Mitschnitt" des Neujahrskonzertes der Wiener Philharmoniker zu, da komplexes Zusammenwirken mehrerer Kameras unter einheitlicher Leitung, Verwendung von (Überblendungs-)Techniken etc eine Gestaltungsmöglichkeit für den TV-Regisseur erfordert. Auch eine Naturverfilmung (wie zB die aufwendigen Schaffensprodukte der Sendereihe UNIVERSUM) hat Werkcharakter. Dagegen liegen bloße **Laufbilder** (starre Kamera) bei einfachen Amateurvideoaufnahmen, beim simplen Filmen bloßer Naturszenen, sportlicher oder anderer Ereignisse mit Dokumentationscharakter vor.*
>
> *Auch Sportereignisse (zB ein Fußballspiel) **als solche** sind **keine** Werke iSd Urheberrechts. Dagegen kann die **Übertragung** zB eines Fußballspiels (hier: im Pay-TV) in ihrer konkreten Gestaltung sehr wohl **Werkcharakter** haben, wenn Kameraführung, Bildregie (einschließlich Wiederholungen, Einblenden von Grafiken ua Gestaltungsmittel) oder auch der Kommentar eine individuelle Zuordnung zum jeweiligen Schöpfer (Kameramann, Regisseur, Kommentator) erlauben. Selbst bei fix montierten Kameras kann die jeweilige Auswahl des Bildausschnitts, des gewählten Zoom-Faktors oder das Zeigen einer „Totale" originell sein, was entspr für „Schwenks" auf die Reaktionen von Trainern, Ersatzspielern und des Publikums gilt.*

6. Bearbeitungen (§ 5)

§ 5 Abs 1: **Übersetzungen** und andere **Bearbeitungen** werden, *„soweit sie eine eigentümliche geistige Schöpfung des Bearbeiters sind, unbeschadet des am bearbeiteten Werke bestehenden Urheberrechtes, wie Originalwerke geschützt"*. Zur Verwertung der Bearbeitung benötigt der Bearbeiter die Zustimmung (Bearbeitungs- oder Übersetzungsrecht) des **Urhebers** des Originalwerkes (**abhängiges** UrhR,

§ 14 Abs 2). Da umgekehrt auch der Urheber des Originalwerkes das UrhR des Bearbeiters beachten muss (Verbot unautorisierter Verwertung der Übersetzung des Bearbeiters durch Werkurheber), spricht man vom „**doppelten Gesicht**" der Bearbeitung. Eine Bearbeitung eines **Computerprogramms** liegt bei Anpassung an besondere Gegebenheiten beim Anwender vor. Die Weitergabe/Verwendung des **Quellcodes** eines Computerprogramms greift in Rechte des Nutzungsberechtigten ein (zustimmungsbedürftig).

> **Beispiele:** Musik: Klassisches Musikstück wird „verjazzt", Klavierstück in Orchesterwerk umgewandelt. Literatur: „Dramatisierung" eines Romans; Umwandlung eines Gedichts in Ballett („Vertanzung").

§ 5 Abs 2: Die Benutzung eines Werkes bei der Schaffung eines anderen macht „*dieses nicht zur Bearbeitung, wenn es im Vergleich zum benutzten ein selbständiges neues Werk darstellt*". An das Vorliegen dieser sog **freien Bearbeitung** (Benutzung **ohne** Zustimmung des Urhebers, weil trotz Zusammenhangs mit dem anderen Werk ein von diesem verschiedenes, **neues** Werk vorliegt) stellt die Rsp **strenge** Anforderungen, um die Aushöhlung des urheberischen Schutzes zu vermeiden.

Das **Original** muss **völlig** in den **Hintergrund** treten und im Vergleich zum neuen Werk geradezu **verblassen**. Je **ausgeprägter** die Eigenart der **Vorlage** ist, desto **weniger** wird sie gegenüber dem neu geschaffenen Werk in den Hintergrund treten, und umgekehrt.

> **Beispiel:** Das vor ca 30 Jahren von der Stadt Wien nach den Plänen des Malers Friedensreich Hundertwasser und des Architekten Josef Krawina errichtete Gebäude („**Hundertwasser-Haus**", Bild links oben) besitzt ausgeprägte Individualität. Die Bekl, die Textilien mit Motiven für Werbeagenturen und Museen herstellt, druckte es auf ein Seidentuch, lieferte es an ein Schweizer Unternehmen und stellte es auf ihrer Website als Referenzobjekt dar (Bild links unten).

> Die **Bearbeitung** der Bekl unterscheidet sich vom Original durch die Spiegelung des Hauses, abweichende Farbzuordnung von Bauteilen, Schriftelemente und gepunkteten Hintergrund. Charakteristische Elemente wie Abfall der Terrassen, Türme, hoch aufragender Bauteil und kräftige Farbgebung sind jedoch beinahe identisch. Daher entschied der OGH, dass von einem **Verblassen des Originals keine** Rede sein konnte und **keine freie**, sondern eine **abhängige** Bearbeitung/Benutzung/Nachschöpfung vorliege.

Bei **wissenschaftlichen Sprachwerken** (zB Bearbeitung der Einleitung zu einem Gesetzeskommentar) muss es sich, um als **freie** Bearbeitung (**Freischöpfung**) zu gelten, um eine individuelle Darstellung handeln, deren äußere Form und inhaltliche Gestaltung sich von vergleichbaren Werken **deutlich** abhebt. Das war so im Fall „**Arbeitsverfassungsgesetz**". In einem anderen (die Gestaltung der Motive von mangels Vorliegen eines Sprachgefüges betreffenden) Fall lag iE **keine freie** Bearbeitung vor.

7. Sammelwerke (§ 6)

§ 6 Sammlungen, die infolge der Zusammenstellung einzelner Beiträge zu einem einheitlichen Ganzen eine eigentümliche geistige Schöpfung darstellen, sind „*als Sammelwerke urheberrechtlich geschützt; die an den aufgenommenen Beiträgen etwa bestehenden Urheberrechte bleiben unberührt*".

Nicht ausreichend für die Qualifikation als **Sammelwerk** wäre eine bloße Aneinanderreihung/Einteilung nach äußeren Gesichtspunkten. **Eigentümlichkeit** in Auswahl/Anordnung der Beiträge muss zum Ausdruck kommen. Sammeln, Sichten, Ordnen und Aufeinanderabstimmen haben nach einem bestimmten Leitgedanken/Ordnungsprinzip zu erfolgen. Diesen Schutz kann der **Herausgeber**, unbeschadet der den einzelnen Beiträgern zustehenden Urheberrechte an ihren Werken, geltend machen.

*Beispiel: Urheberrechtsschutz iSd § 6 genießt eine Sammlung dadaistischer Gedichte, ausgewählt nach spezifischen Wertungen einer Epoche/eines Zeitgeistes, **nicht** dagegen etwa die bloße Anein-anderreihung von Schlagern auf einem Tonträger (Sampler-LP „Hit auf Hit": keine Originalität, kein Sammelwerk).*

Die Beiträge ihrerseits müssen **keine** originellen geistigen Werke (iSd § 1) sein, wie die Zusammenstellung von Kochrezepten in einem **Kochbuch** zeigt: Das einzelne Kochrezept benötigt nicht Werkcharakter, um die Zusammenstellung der Rezepte als Sammelwerk nach § 6 schützen zu können. Andererseits genügt für das Vorliegen eines (Sammel-)Werkes das bloße Aneinanderreihen/Einteilen nach äußeren Gesichtspunkten nicht.

*Beispiel: OGH: Für die Qualifikation einer **Tageszeitung** als **Sammelwerk** sind nicht Format und Layout entscheidend sondern ob in der Auswahl/Anordnung der Beiträge eine **eigentümliche geistige Schöpfung** zum Ausdruck kommt. Eine solche **muss** in **jedem** Fall erfüllt sein, auch wenn an die Originalität keine so hohen Anforderungen zu stellen sind, weil auch die „kleine Münze" urheberrechtlich geschützt ist.*

Stammen Idee, Konzeption und Gestaltung einer Broschüre (zB des „Guide 40plus" für Frauen in der besseren Lebenshälfte) vom **Verleger**, ist dieser als **Urheber** des **Sammelwerks** anzusehen. Wer einzelne Beiträge dazu beisteuert (hier: eine Studentin, die Interviews führte und einzelne Texte gestaltete), ist Urheber **dieser Beiträge**, nicht aber Urheber des Sammelwerks (**kein** Anspruch auf Namensnennung in Bezug auf das **Sammelwerk**). Hinsichtlich der einzelnen Beiträge können dem Urheber des Sammelwerks (Verleger) Werknutzungsrechte eingeräumt werden.

8. Freie Werke (§ 7)

Keinen Urheberrechtsschutz (§ 7 Abs 1) genießen Gesetze, Verordnungen, Erlässe, Bekanntmachungen und Entscheidungen sowie zum amtlichen Gebrauch hergestellte Werke gem § 2 Z 1, 3. In diesen Fällen überwiegt das **öffentliche Interesse** das der Werkschöpfer. **Keine** freien Werke sind bestimmte **Landkartenwerke** des Bundesamtes für Eich- und Vermessungswesen (§ 7 Abs 2) sowie (als bloße Beweismittel) Gutachten eines „nichtamtlichen Sachverständigen" (§ 52 Abs 2 AVG), da diese nicht Teil der hoheitlichen Entscheidungsfindung, sondern bloße **Beweismittel** sind.

9. Veröffentlichte Werke (§ 8)

§ 8: Veröffentlicht ist ein Werk, sobald es mit Einwilligung des Berechtigten öffentlich zugänglich gemacht wurde.

Beispiele: Premiere des Films „Der Knochenmann"; Ausstellung des Bildes „Aha" für ein allgemeines Publikum; Aufführung eines über den privaten Bereich hinausgehenden Musikstückes/Sendung desselben.

*Beachte: „Öffentlichkeit" entspricht nach der Rsp „Allgemeinheit". Ein Vortrag in geschlossenem Kreis oder die Vorlesung an der Universität stellen **keine** Veröffentlichung des Werkes dar. Eine Veröffentlichung der Vorlesungsmitschrift ohne Zustimmung des Vortragenden greift daher in dessen Urheberrecht ein.*

10. Erschienene Werke (§ 9)

§ 9 Abs 1: Ein Werk ist „*erschienen, sobald es mit Einwilligung des Berechtigten öffentlich dadurch zugänglich gemacht worden ist, daß Werkstücke in genügender Anzahl feilgehalten oder in Verkehr gebracht worden sind*". Abs 2: Ein Werk, das innerhalb von 30 Tagen im In- **und** Ausland erschienen ist, zählt zu den im **Inland** erschienenen Werken. Kann ein Werk durch einen mündlichen Vortrag bereits veröffentlicht sein, ist es doch erst **erschienen**, wenn es zB als **Buch** auf den Markt kommt. „In Verkehr gebracht" heißt, einem anderen die Verfügungsmacht über ein Werkstück – sei es durch Kauf, Miete, Leihe, Schenkung – zu überlassen. Körperlich festgehalten werden können Werkstücke durch Bücher, Zeitschriften, Tonträger, CDs, CD-ROMs etc. Erst durch Erscheinen des Werkes ist ein intensiver Zugang der Öffentlichkeit, auch gegen den Urheberwillen, möglich (vgl freie Werknutzungen, §§ 41 ff).

II. Urheber

1. Legaldefinition (§ 10)

„(1) Urheber eines Werkes ist, wer es geschaffen hat.

(2) In diesem Gesetz umfaßt der Ausdruck ‚Urheber', wenn sich nicht aus dem Hinweis auf die Bestimmung des Absatzes 1 das Gegenteil ergibt, außer dem Schöpfer des Werkes auch die Personen, auf die das Urheberrecht nach seinem Tode übergegangen ist."

2. Auslegung

Damit steht der GG auf dem Boden des **Schöpferprinzips**: Er stellt für die Qualifikation als Urheber auf die **physische** Person ab, die das Werk tatsächlich geschaffen hat. Dagegen können juristische Personen UrhR originär nicht erwerben. Auch können Auftraggeber/DG kein UrhR an den von Beauftragten/DN geschaffenen Werken erwerben. Nicht die Werbeagentur (hat Werbespruch verwendet) ist Urheber, sondern die natürliche Person, die ihn verfasst hat; sogar entmündigte Personen können Urheber sein: So gelten zB als Urheber die mit dem Namen Prof. Prim. DDr. *Leo Navratil* (1921–2006) verbundenen **Künstler** des *Zentrums für Kunst-Psychotherapie* der Heilanstalt Gugging.

3. Miturheber (§ 11)

Haben mehrere gemeinsam ein Werk geschaffen, bei dem die Ergebnisse ihres Schaffens eine untrennbare Einheit bilden, steht (§ 11 Abs 1) das Urheberrecht allen **Miturhebern gemeinschaftlich** zu (zB Co-Autorenschaft beim ORAC-Rechtsskriptum *Schuhmacher/Haybäck*, Schuldverträge[7], 2012). Fraglich ist, ob und wann Miturheberschaft bei Erbringung unterschiedlicher Beiträge zu einem Werk anzunehmen ist.

> **Beispiel:** *Nach mehreren Verfahren um das sog **Hundertwasser-Haus** wurde die bisher heftig umstrittene Frage der Urheberschaft bzw Miturheberschaft des Architekten am (weltbekannten) Hundertwasser-Haus in Wien geklärt. Im Hinblick auf die eigenschöpferischen Beiträge sowohl des Architekten Josef Krawina als auch des Malers Friedensreich Hundertwasser entschied der OGH, dass das Hundertwasserhaus von **beiden** in **Miturheberschaft** geschaffen wurde. **Jeder** Miturheber ist demnach zur gerichtlichen Rechtsverfolgung von Rechtsverletzungen, auch in Bezug auf solche durch einen Miturheber, legitimiert.*

Wird ein Werk eines anderen als Grundlage für die Schaffung eines neuen Werkes benutzt, ist das Tatbestandsmerkmal des gemeinsamen Schaffens nicht erfüllt. Unter den Voraussetzungen des § 5 (zB bei Verjazzung eines klassischen Musikstückes, s oben B.I.6.) liegt **Bearbeitung** vor. Ebenso wenig wie der Bearbeiter ist derjenige Miturheber, der zu dem Werk (zB Roman) nur die Idee oder Anregung gegeben oder kritisch Stellung bezogen hat.

> **Beachte:** *Der nur mit der Beschaffung des Materials befasste **Gehilfe** hat keinen eigenpersönlichen geistigen Beitrag zur Schaffung des Werkes geleistet. Er erwirbt daher, im Unterschied zum Miturheber, der mit einem anderen etwa eine Ballade verfasst hat, **kein** Urheberrecht.*

Miturheberschaft kann, etwa iZm dem Benutzungsrecht eines Werkes, streitig werden.

> *Beispiel: Wird dem Bekl vorgeworfen, er benutze ein von den Kl entwickeltes Computerprogramm widerrechtlich, so ist seine Antwort, an der Entwicklung des fraglichen Computerprogramms **mitgearbeitet** zu haben, als Inanspruchnahme der (Mit-)Urheberschaft zu verstehen. Die zu Unrecht erfolgte Inanspruchnahme der Urheberschaft kann mit (negativer) Feststellungsklage (§ 228 ZPO) bekämpft werden.*

Für das Verhältnis der Miturheber untereinander bestimmt § 11 Abs 2, dass jeder Miturheber für sich berechtigt ist, Verletzungen des UrhR gerichtlich zu verfolgen. Zu einer Änderung oder Verwertung des Werkes bedarf es des Einverständnisses aller Miturheber. Die Verweigerung der Zustimmung eines Miturhebers kann aus **wirtschaftlichen** oder **ideellen** Gründen erfolgen; ist sie nicht gerechtfertigt, besteht ein **Klagerecht jedes** anderen Miturhebers auf Zustimmung. Im Fall des im Ausland wohnenden Miturhebers ist zur Erleichterung der Rechtsdurchsetzung ein österr Gerichtsstand (**HG Wien**) zuständig. Gem § 11 Abs 3 begründet die Verbindung von Werken verschiedener Art (wie die eines Werkes der Tonkunst mit einem Sprachwerk oder einem Filmwerk) keine Miturheber-, sondern **Teilurheberschaft**. Kennzeichen: Abgesonderte Verwertbarkeit der Beiträge (zB des Textbuches einer Oper). Miturheberschaft setzt jedenfalls einen originellen, meist selbständigen Beitrag zu einem Werk voraus.

> *Beispiel: Ein Bauwerk soll in einem bestimmten Stil („**Hundertwasserstil**") errichtet werden. Der Künstler schreibt dem Architekten jedoch **nicht** die architektonischen Details vor sondern weist ihn bloß an, seine Ideen zu verwirklichen. In diesem Fall ist also die konkrete Ausformung Sache des Architekten: **Dieser** ist Schöpfer der architektonischen Grundstruktur. Ist die architektonische Gestaltung originell, damit eine eigentümliche geistige Schöpfung, ist der **Architekt** als **Miturheber** des Bauwerks anzusehen.*

4. Vermutung der Urheberschaft (§ 12)

§ 12 Abs 1: Wer auf den Vervielfältigungsstücken eines erschienenen Werkes oder auf einem Urstück eines Werkes der bildenden Künste als Urheber **bezeichnet** wird, gilt bis zum Beweis des Gegenteils als **Urheber** (§ 10 Abs 1), wenn die Bezeichnung in der Angabe seines wahren Namens oder eines von ihm bekanntermaßen gebrauchten Decknamens oder – bei Werken der bildenden Künste – in einem solchen Künstlerzeichen besteht.

Gem Abs 2 gilt dasselbe von dem, der bei einem öffentlichen Vortrag, einer öffentlichen Aufführung oder Vorführung oder bei einer Rundfunksendung oder öffentlichen Zurverfügungstellung des Werkes nach Abs 1 als Urheber bezeichnet wird, wenn nicht die dort aufgestellte Vermutung der Urheberschaft für einen anderen spricht (widerlegliche Vermutung der Urheberschaft; **Beweislast** hat der **nicht** als Urheber Aufscheinende; Parallelbestimmung zur Herstellereigenschaft an gewerbsmäßig hergestellten Filmwerken: § 38 Abs 3; beide Paragrafen beruhen auf Art 15 RBÜ).

5. Ungenannte Urheber (§ 13)

Wird der Urheber eines erschienenen Werkes nicht in einer die Vermutung der Urheberschaft (§ 12) begründenden Weise angeführt, gilt der Herausgeber, subsidiär der Verleger, als mit der Verwaltung des UrhR betrauter Bevollmächtigter des Urhebers. Der Herausgeber oder Verleger ist in einem solchen Fall berechtigt, Verletzungen des UrhR im eigenen Namen gerichtlich zu verfolgen (§ 13). Diese auf **Art 15 Abs 3 RBÜ** beruhende Bestimmung gibt dem Urheber die Möglichkeit der Rechtsdurchsetzung auch ohne Offenlegung des wahren Namens, unter dem der Urheber als Kläger auftreten müsste. Damit fallen auch **anonym** (ohne Namensnennung) oder **pseudonym** (unter Nennung eines Künstlernamens) erschienene Werke unter den gesetzlichen Schutz.

III. Urheberrecht

1. Prinzipien des Urheberrechts

a) Prinzip des formlosen Schutzes individueller Leistungen

Das Urheberrecht entsteht durch **Realakte** (mit der Schaffung des Werkes/Erbringung der Leistung). Wegen der Notwendigkeit der Eigentümlichkeit der Leistung kommt ein Erwerb des UrhR durch Stellvertretung nicht infrage (kein UrhR juristischer Personen oder von DG an den Werken ihrer DN). Geschützt werden **individuelle Leistungen,** und zwar **formlos** (keine Notwendigkeit der Registrierung).

b) Prinzip des ausschließlichen Nutzungs- und Verfügungsrechts

Das in § 14 Abs 1 niedergelegte Ausschließlichkeitsprinzip enthält ein **subjektives Ausschlussrecht** des Urhebers. Dieses Recht kann zwar als solches nicht rechtsgeschäftlich unter Lebenden übertragen werden, doch besteht die Möglichkeit, andere mit einem/-er Werknutzungsrecht/Werknutzungsbewilligung auszustatten, das Werk zu nutzen.

c) Prinzip des geistigen Eigentums

Das **Prinzip des geistigen Eigentums** beinhaltet die umfassende individuelle Zuordnung geistiger Güter zu ihrem Schöpfer/Urheber, soweit es sich um abgrenzbare und daher rechtlich beherrschbare Güter handelt, deren Entstehung klar bestimmten Personen zugerechnet werden kann.

Dieses Gut bedarf deshalb besonderer rechtlicher Vorkehrungen, weil es, im Gegensatz zum Sacheigentum, zeitlich und räumlich nicht fixiert ist und nach seiner Veröffentlichung von jedermann genutzt werden kann.

d) Prinzip der Beachtung des Urheberpersönlichkeitsrechts

Das Urheberpersönlichkeitsrecht (*droit moral*) findet sich in den §§ 19 bis 21 unter dem Titel „Schutz geistiger Interessen". Als **Persönlichkeitsrecht** zielt deren Schutzwirkung nicht auf ein Immaterialgut, also vermögensrechtliches Interesse ab, sondern auf die **Person unmittelbar** bezogen auf ein bestimmtes Rechtsgut (Werk, Bild).

e) Prinzip der zeitlichen Befristung des Urheberrechts

Das Befristungsprinzip besagt, dass Immaterialgüterrechte nur für bestimmte differenzierte Fristen bestehen, die entspr den Eigenarten dieses Gutes im Einklang mit Zweckmäßigkeitserwägungen und orientiert am praktischen Bedarf festzulegen sind (**einschränkender** Leitgedanken zugunsten der am freien Gebrauch Interessierten).

2. Verwertungsrechte

a) Allgemeine Voraussetzungen

Der Urheber ist iZw berechtigt, an den finanziellen Erträgen der Verwertung seines Schaffens beteiligt zu werden. Da es oft schwierig ist, sich an den Benutzer des Werkes zu halten, ist für die Wahrung eines effektiven, praktisch vollziehbaren Rechtsschutzes bei der **Werkvermittlung** (Vervielfältigung, Verbreitung usw) anzusetzen. Auf die richtige **Zuordnung** der Verletzungshandlung zu einem der Verwertungstatbestände der **§§ 15 bis 18a** kommt es jedoch **nicht** an. Entscheidend für die Zuerkennung des Unterlassungsanspruchs gem § 81 Abs 1 ist, dass der urheberrechtliche Anspruch materiell-rechtlich (durch Sachvorbringen, Schutzgegenstand, Begehren) **individualisiert** ist.

> *Beispiel: Ein Berufsfotograf wurde mit der Herstellung von Lichtbildern für ein **Schwimmbad** (mit Models) beauftragt. Die bekl Auftraggeberin verwendete aber die Fotos – ohne Werknutzungsvereinbarung – ua auch im **Internet** auf einer eigenen **Homepage**. Dass sich der Kl ausdrücklich auf § 16 (anstatt auf § 18a) berief, schadete ihm nicht, da nach der Rsp bei ausreichend deutlicher Beschreibung der **Verletzungshandlung** die unrichtige rechtliche Qualifikation des als Rechtsgrund geltend gemachten Sachverhalts bedeutungslos ist.*

Voraussetzung für die Zustimmung zu einer urheberrechtlich relevanten **Verwertungshandlung** in Form der Vervielfältigung, Verbreitung oder Zurverfügungstellung ist, dass das Werk in der verwerteten Form **annähernd** den **sinnlichen** Eindruck des **Originalwerks** in seinen wesentlichen schöpferischen Zügen vermittelt.

> *Beispiel: Diese Voraussetzung liegt **nicht** vor, wenn ein Gemälde (Originalgröße 120 cm x 160 cm) auf im Internetauftritt eines Hotels eingestellten Fotografien der Hotelräumlichkeiten als Wandschmuck im Hintergrund der abgebildeten Räume in einer Größe von **nicht einmal einem Hundertstel** der Originalgröße (bei Wiedergabe des Bildschirminhalts im Format A4) sichtbar ist.*

b) Vervielfältigungsrecht

§ 15 Abs 1: Der Urheber hat das ausschließliche Recht, das Werk, gleichviel wie, in welcher Menge, ob vorübergehend oder dauerhaft, zu vervielfältigen. Unter „**Vervielfältigung**" fällt auch das Festhalten eines Vortrages oder die Aufführung eines Werkes auf Bild- oder Schallträgern (Abs 2). Umfasst ist das Festhalten körperlicher Wiedergabe.

> *Beispiele: Anfertigung einer Kopieseite eines Gedichts; Mitschneiden eines Konzertes auf Tonband; Aufzeichnung einer laufenden TV-Sendung auf Videokassette/DVD; Errichten eines Werkes der Baukunst nach Bauplan (rechtlich: Vervielfältigung des Bauplans). Ferner fällt unter Vervielfältigung die Speicherung eines Musikstückes nach Digitalisierung auf PC-Festplatte oder die Speicherung digitalisierter (Wetter-)Standbilder aus einer Bergstation. Die **Benutzung** von **Software** ist Vervielfältigung gem § 15. OGH: Auch die Sichtbarmachung eines urheberrechtlich geschützten Werkes im Internet durch Speicherung auf einem Server („**uploading**") ist Vervielfältigung iSd § 15, weil dadurch ein neues Werkstück erzeugt wird.*

c) Verbreitungsrecht

Nach § 16 Abs 1 hat der Urheber „*das ausschließliche Recht, Werkstücke zu verbreiten. Kraft dieses Rechtes dürfen Werkstücke ohne seine Einwilligung weder feilgehalten noch auf eine Art, die das Werk der Öffentlichkeit zugänglich macht, in Verkehr gebracht werden.*" „Feilhalten" bedeutet **öffentliches Anbieten** von zur Abgabe bereitgehaltenen Werkstücken. „In Verkehr bringen" meint die Einräumung der tatsächlichen oder rechtlichen **Verfügungsmacht** über ein Werkstück. Letztere kann auch etwa durch Verkaufen, Verschenken, Verleihen oder Vermieten geschehen.

> *Beispiel: Werden **Nachbildungen** urheberrechtlich geschützter Möbel in der Hotel-Lobby zur Benutzung durch dessen Gäste aufgestellt, stellt dies eine dem Urheber vorbehaltene **Verbreitungshandlung** dar.*

Gem § 16 Abs 2 umfasst, solange ein Werk nicht veröffentlicht ist, das Verbreitungsrecht „*auch das ausschließliche Recht, das Werk durch öffentliches Anschlagen, Auflegen, Aushängen, Ausstellen oder durch eine ähnliche Verwendung von Werkstücken der Öffentlichkeit zugänglich zu machen".* Nicht mehr dem Verbreitungsrecht unterliegen nach Abs 3 (vorbehaltlich § 16a) Werkstücke, die mit Einwilligung des Berechtigten durch Übertragung des Eigentums in einem MS der EU oder in einem Vertragsstaat des EWR in Verkehr gebracht worden sind (Prinzip der **europaweiten Erschöpfung** des **Verbreitungsrechts**). Wer einem Galeristen eine **Skulptur** während einer Verkaufsausstellung zur Ansicht überlässt, hat ihm damit jedenfalls die **tatsächliche** Verfügungsgewalt eingeräumt und das Werkstück so **in Verkehr gebracht**, dass es der **Öffentlichkeit zugänglich** gemacht wurde.

> *Beispiele: Wenn der Maler Reinhold Brandstätter sein Bild „Aha" an die Galerie Popac verkauft hat, kann er dessen öffentliche Ausstellung wie auch einen eventuellen Weiterverkauf an die Kundin Frau vom Stein nicht mehr verhindern. Dagegen berechtigt das bloße Überlassen des Bildes zum **privaten** Gebrauch, zB an die Kunstfreundin Frau vom Stein, diese **nicht** zur weiteren Verbreitung.*

Bereits vor der UrhG-Nov 2003 entschied der OGH, dass die Weiterverbreitung von **Computerprogrammen,** wenn sie das Ergebnis einer eigenen geistigen Schöpfung sind, im EU-Raum zulässig ist und der Urheber sein Verbreitungsrecht nicht mehr geltend machen kann. Das Verbreitungsrecht an einzelnen Werkexemplaren (zB Werbevideo) **erlischt** durch **Eigentumsübertragung** im In- und Ausland mit Zustimmung des Berechtigten. Nach dem Grundsatz der gemeinschaftsweiten Erschöpfung ist ein **Vorbehalt** von Rechten für einzelne EU-MS **unzulässig**.

> *Beachte: Für die **Verbreitung außerhalb** der **EU** bzw des EWR ist (seit der UrhG-Nov 2003) **keine Erschöpfung** mehr vorgesehen; der Rechtsinhaber ist insoweit in der vertraglichen Disposition über die Vertriebssteuerung getrennt nach Ländern nicht beschränkt.*

Erschöpft kann nur das **Verbreitungsrecht** werden. Das im UrhG nicht gesondert angeführte (aber in den gesetzlichen Verwertungsrechten enthaltene) **Veröffentlichungsrecht** wird durch die Veräußerung von Werkstücken (zB **Fotos** von Models, bestimmt für private Nutzung) **nicht** erschöpft. Der Umfang der vertraglichen Rechteeinräumung reicht iZw **nicht** weiter, als es für den **praktischen Zweck** der ins Auge gefassten Werknutzung erforderlich scheint.

Hervorzuheben ist die Implementierung des **Folgerechts**, welches dogmatisch Ausfluss des Verbreitungsrechts ist. Das zeigt sich ua darin, dass das Folgerecht nur in einem **Vergütungsanspruch** besteht und die **Erschöpfung** des Verbreitungsrechts gem § 16 Abs 3 **unberührt** lässt: Durch die **UrhG-Nov 2005** (BGBl I 2006/22) wurde die RL des EP und des Rates über das **Folgerecht des Urhebers des Originals eines Kunstwerks** vom 27. 9. 2001 (**Folgerecht-RL** 2001/84/EG) im österr Recht umgesetzt.

Gem § 16b Abs **1** gilt für die Weiterveräußerung des Originals eines Werkes der bildenden Künste **nach** der **ersten Veräußerung** durch den Urheber, dass dieser gegen den Veräußerer einen Anspruch auf Folgerechtsvergütung iHv 4 % des Verkaufspreises von den ersten € 50.000,–, 3 % von den weiteren € 150.000,–, 1 % von den weiteren € 150.000,–, 0,5 % von den weiteren € 150.000,– und 0,25 % von allen weiteren Beträgen hat; die Vergütung beträgt insgesamt jedoch höchstens € 12.500,–.

Nach § 16b Abs 2 steht der Anspruch auf Folgerechtsvergütung nur zu, wenn der Verkaufspreis mindestens **€ 2.500,–** (BGBl I **2010/2**; zuvor: € 3.000,–) beträgt und an der Veräußerung ein Vertreter des Kunstmarkts (Auktionshaus, Kunstgalerie, Kunsthändler) als (Ver-)Käufer/Vermittler beteiligt ist. Diese Personen **haften** als Bürge und Zahler, soweit sie nicht selbst zahlungspflichtig sind. Auf den Anspruch kann im Voraus nicht verzichtet werden. Der (**unveräußerliche!**) Anspruch kann auch durch **VerwGes** geltend gemacht werden. § 23 Abs 1 gilt sinngemäß.

§ 16b Abs 3 definiert als **Originale** iSv Abs 1 Werkstücke, die vom Urheber selbst geschaffen oder unter seiner Leitung in begrenzter Auflage hergestellt und idR nummeriert sowie vom Urheber signiert oder sonst autorisiert worden sind. In der Praxis sind solche Originale zB **Bilder, Collagen, Gemälde, Zeichnungen, Stiche, Bilddrucke, Lithos** und **Lichtbildwerke**. Gem § 16b Abs 4 steht **kein** Anspruch auf Folgerechtsvergütung zu, wenn der Verkäufer das Werk vor weniger als drei Jahren vom Urheber erworben hat und der Verkaufspreis € 10.000,– **nicht** übersteigt. Diese Ausnahme soll ankaufenden **Galeristen** (und wegen des Ankaufanreizes auch **Urhebern**) zugutekommen.

Die Beteiligung des **bildenden Künstlers** am **Weiterverkauf** seiner Bilder hat ihren Grund ua darin, dass der **Erst**verkauf idR dem Urheber deutlich weniger bringt, als bei Weiterverkäufen in den folgenden Jahren/Jahrzehnten lukriert werden kann, der Erstverkauf für viele Urheber aber eine **zentrale Einnahmequelle** darstellt. *Ohne* Folgerecht würden allein Weiterverkäufer vom späteren „wahren", also tatsächlichen (ökonomischen) Wert des Kunstwerks profitieren. *Mit* diesem wird der **Urheber selbst** (und wohl zu **Recht!**) am Weiterverkauf seines Werks beteiligt.

Um den Anspruchsberechtigten die Rechtsverfolgung zu erleichtern, wurde eine gesetzliche Auskunftspflicht installiert. IdS normiert § 87b Abs 4, dass Vertreter des Kunstmarkts, die an einer dem Folgerecht unterliegenden Veräußerung iSd § 16b Abs 2 beteiligt waren, dem Berechtigten auf Verlangen richtig und vollständig alle Auskünfte zu geben haben, die für die Sicherung der Zahlung aus dieser Veräußerung erforderlich sein können. Der Anspruch erlischt, wenn die Auskünfte nicht in einem Zeitraum von drei Jahren nach der Weiterveräußerung verlangt werden.

d) Recht des Vermietens und Verleihens

Eine **Ausnahme** vom Erschöpfungsgrundsatz (s oben 2.b) finden wir beim **Vermieten und Verleihen** von Werkstücken (§ 16a). An die Stelle des Verbreitungsrechts tritt grds ein **Vergütungsanspruch**. Die weitere Ausnahme des **Ausstellens** von Werken der bildenden Künste (§ 16b alt) wurde durch die UrhG-Nov 2000 mit der Aufhebung dieser (erst durch die UrhG-Nov 1996 geschaffenen) Bestimmung wieder gestrichen.

e) Senderecht

Nach § 17 Abs 1 und 2 hat der Urheber das ausschließliche Recht, das Werk durch Rundfunk oder auf eine ähnliche Art zu senden oder von einer im In- oder Ausland gelegenen Stelle aus der Öffentlichkeit im Inland mit Hilfe von Leitungen wahrnehmbar zu machen. Die Übermittlung von Rundfunksendungen durch eine **Rundfunkvermittlungsanlage** gilt gem § 17 Abs 3 Z 1 **nicht** als **neue Rundfunksendung**.

> *Beispiel:* Als bloße *Empfangsanlagen* gelten daher Rundfunkvermittlungsanlagen in Hotels oder Spitälern, die das Rundfunkprogramm an die Lautsprecher in den einzelnen Zimmern weiterleiten.

Als neue Rundfunksendung gilt nach § 17 Abs 3 Z 2 **nicht** die Übermittlung von Rundfunksendungen durch eine **Gemeinschaftsantennenanlage**, wenn sich die Standorte aller Empfangsanlagen nur auf zusammenhängenden Grundstücken befinden, kein Teil der Anlage einen öffentlichen Weg benutzt oder kreuzt oder die Antenne vom Standort der am nächsten liegenden Empfangsanlage nicht mehr als 500 m entfernt ist oder wenn an die Anlage nicht mehr als 500 Teilnehmer angeschlossen sind.

§ 17 Abs 3 letzter Satz: Ebenso gilt die Weiterleitung von ORF-Sendungen über **Mobilfunknetze** als Teil der ursprünglichen Rundfunksendung und bedarf deshalb keiner gesonderten Zustimmung des Berechtigten. Gemeint ist die gleichzeitige, vollständige und unveränderte/integrale Übermittlung von Sendungen über ein Mobilfunknetz (**UMTS**) im Wege des **Live-Streamings**, die als **Weiterleitung** anzusehen ist.

§ 17a: Wenn die Programm tragenden Signale verschlüsselt gesendet werden, liegt eine Rundfunksendung vor, wenn die Mittel zur Entschlüsselung der Sendung durch den Rundfunkunternehmer selbst oder mit seiner Zustimmung der Öffentlichkeit zugänglich gemacht worden sind. Dh: Ist ein **verschlüsseltes** Pay-TV-Programm für ein bestimmtes Land ausgenommen und wird für dieses Land auch keine

Entschlüsselung angeboten, erfolgte das Wahrnehmbarmachen in dem **gesperrten Land** durch **Computerhacker** ohne Zustimmung des Rundfunkunternehmers. Dieser braucht sich daher die Sendung in diesem Land nicht als Rundfunksendung zurechnen lassen.

f) Vortrags-, Aufführungs- und Vorführungsrecht

§ 18 Abs 1: Der Urheber hat das ausschließliche Recht, ein Sprachwerk öffentlich vorzutragen oder aufzuführen, Bühnenwerke (§ 2 Z 2), ein Werk der Tonkunst oder ein Filmwerk öffentlich aufzuführen und ein Werk der bildenden Künste durch optische Einrichtungen öffentlich vorzuführen, nach Abs 2 auch dann, wenn dies mit Hilfe von Bild- oder Schallträgern geschieht.

Zu den öffentlichen Vorträgen, Aufführungen und Vorführungen gehören nach § 18 Abs 3 auch die Benutzung einer Rundfunksendung oder öffentlichen Zurverfügungstellung eines Werkes zu einer öffentlichen Wiedergabe des gesendeten oder der Öffentlichkeit zur Verfügung gestellten Werkes durch Lautsprecher und eine solche öffentliche Wiedergabe von Vorträgen, Aufführungen, Vorführungen eines Werkes außerhalb des Ortes (Theater, Saal, Platz, Garten), wo sie stattfinden.

> *Beispiele: **Öffentlichkeit** liegt vor beim Betrieb eines **Musikautomaten** in allgemein zugänglicher **Gaststätte**, bei Rundfunkwiedergabe in einem **Saal** mit über 100 AN, bei der Vorführung von Sexfilmen in **Videokabinen** sowie beim Betrieb einer zentralen **Hotel-Video-Anlage** mit über 600 Videocassetten-Anschlüssen für die Gäste. – **Keine** Öffentlichkeit: Beim Gschnasfest eines Filmkaufmannes in einem **Atelier** mit 150 Gästen, bei Hochzeitsfeier mit Musik mit 120 Personen, beim TV-Empfang in einem Offizierskasino oder bei Übermittlung von Sendungen über **Mobilfunknetze**.*

> *Beachte: Die Wiedergabe von Rundfunksendungen in allgemein zugänglichen Räumen (ohne geschlossenen Personenkreis, zB in Hotelhalle oder TV-Zimmer) ist als **öffentliche** Aufführung und Vorführung anzusehen, damit vergütungspflichtig (durch einen Dritten vermittelter Empfang iSd § 18 Abs 3, wobei nicht der einzelne Hotelgast entscheidet, ob und was er sehen will). Der Rundfunkempfang in den **einzelnen Hotelzimmern** ist dagegen **keine** öffentliche Wiedergabe idS und löst daher als Nutzung in der **Privatsphäre** des Hotelgastes **keine** urheberrechtlichen Ansprüche aus. Es wird nur die TV-Einrichtung zur Verfügung gestellt. Der Hotelgast übt bestimmungsgemäßen Gebrauch aus. Das gilt auch für **Satellitensendungen**, die über eine **Gemeinschaftsantennenanlage** empfangen werden.*

> *2012 bekräftigte der **EuGH** diese Rsp. Danach muss der Betreiber eines Hotels, der in seinen Zimmern Tonträger verbreitet, eine angemessene Vergütung an die Hersteller zahlen und es ist den MS (hier: Irland) nicht erlaubt, diesen Betreiber von der Verpflichtung zur Zahlung einer solchen Vergütung freizustellen. Denn gem Art 8 Abs 2 Vermiet- und Verleih-RL ist der **Hotelbetreiber** ein **Nutzer**, der eine **öffentliche Wiedergabe** eines in einer Rundfunksendung abgespielten Tonträgers vornimmt, auch wenn er ein Gerät anderer Art als TV- und Hörfunkgeräte, also etwa eine HiFi-Anlage und Tonträger, in physischer oder digitaler Form, zur Verfügung stellt. Es liege keine „**private** Benutzung" iSv Art 10 Abs 1 lit a Vermiet- und Verleih-RL vor, sondern die Ausstrahlung diene **Erwerbszwecken**. Der **Hotelbetreiber** richte sich an ein **separates, zusätzliches** Publikum in entspr **großer Zahl**. Indem er seinen Gästen Zugang zum ausgestrahlten Werk verschaffte, zog er **weitere Gäste** an und erbrachte eine **zusätzliche Dienstleistung**, die sich auf den Standard des Hotels und damit auf den **Preis** der Zimmer auswirkte.*

> *Dagegen beurteilte der EuGH den Fall der Wiedergabe von **Hintergrundmusik** in **Zahnarztpraxen anders**, da das Publikum auch **aufnahmebereit** sein muss und nicht bloß **zufällig** erreicht werden darf. Das treffe aber auf **Patienten** eines Zahnarztes **nicht** zu. Diese seien nicht als „Personen allgemein", sondern als eine bestimmte, relativ stabile Gesamtheit potenzieller Leistungsempfänger anzusehen, deren Anzahl **quantitativ unbedeutend** ist. Daher nimmt ein **Zahnarzt**, der **kostenlos** und **ohne** Erwerbszwecke zu verfolgen, Hintergrundmusik auf Tonträgern für seine Patienten wiedergibt, die **unabhängig** von ihrem **Willen** in den Genuss dieser Musik gelangen, **keine öffentliche Wiedergabe** iSd Art 8 Abs 2 Vermiet- und Verleih-RL vor, weshalb dem Tonträgerhersteller in diesem Fall **kein** Vergütungsanspruch zusteht.*

g) Zurverfügungstellungsrecht

Durch die UrhG-Nov 2003 wurde in unmittelbarer Nachbarschaft zum Aufführungsrecht das in Art 3 Info-RL verankerte Ausschließungsrecht der Urheber auf Zugänglichmachung („**making available**") der Werke gegenüber der Öffentlichkeit zum interaktiven Zugriff in § 18a („**Zurverfügungsstellungsrecht**") eingeführt. Diese Bestimmung regelt das interaktive Wiedergaberecht von Urhebern.

§ 18a Abs 1: Der Urheber hat das ausschließliche Recht, das Werk der Öffentlichkeit drahtgebunden oder drahtlos in einer Weise zur Verfügung zu stellen, dass es den Mitgliedern der Öffentlichkeit von Orten und zu Zeiten ihrer Wahl zugänglich ist. „Zu Zeiten ihrer Wahl" bedeutet, dass hier die sog **sukzessive** Öffentlichkeit urheberrechtlich zum Tragen kommt.

§ 18a Abs 2 stellt klar, dass, wenn sich das Gesetz des Ausdrucks *„ein Werk der Öffentlichkeit zur Verfügung stellen"* bedient, darunter nur die dem Urheber nach Abs 1 vorbehaltene Verwertung zu verstehen ist. Angesprochen werden muss die **Öffentlichkeit**. Dies wird im World Wide Web (www) stets, bei innerbetrieblichen Netzen (Intranet) nur idR gegeben sein. Das Recht des *„making available"* erschöpft sich nicht mit der erstmaligen Zurverfügungstellung. Dh, selbst wenn ein Werk zB auf einer Website veröffentlicht wurde, bedeutet dies noch nicht, dass sich der Urheber damit seiner Rechte entledigt hat. So stellen etwa das Anbieten von **Privatkopien** sowie das Herunterladen von Werken in **Internet-Tauschbörsen** eine Urheberrechtsverletzung dar.

> *Beispiel:* Wer **unbefugt** Sprachwerke, Lichtbilder oder Filmwerke (zB Teile aus dem Film „St. Stephan. Der lebende Dom", der einzigartige Luftaufnahmen vom Stephansdom in Wien über verbautem Gebiet aus niedrigen Höhen enthält) in einen Internet-Auftritt (einer politischen Partei) zum interaktiven Abruf eingliedert, verstößt **gegen** das **Zurverfügungstellungsrecht des § 18a**.

> *OGH:* Wer einen anwaltlichen Schriftsatz (zB Kreditschädigungsklage), dem aufgrund seines geistig-schöpferischen Gehalts **Werkqualität** zukommt, weil er auf eigener persönlicher Konzeption seines Urhebers beruht, im Internet auf (s)einer Website der Öffentlichkeit zum interaktiven Aufruf zur Verfügung stellt, kann sich **nicht** auf das Recht der **freien** Meinungsäußerung berufen, wenn der angestrebte Zweck (Kritik an der Klagsführung einer öffentlichen Anstalt) auch **ohne vollständige Bereitstellung** der Klage im Internet, etwa durch Wiedergabe eines (zulässigen) **Teilzitats**, erreicht werden kann.

Urheberrechtliche Bedeutung von **Pressespiegeln**: (Ausreichend individuelle) Zeitungs- und Zeitschriftenbeiträge in Form von Kommentaren, Analysen, Reportagen, Kritiken oÄ genießen als **Sprachwerke** urheberrechtlichen **Schutz**. Das trifft auf vermischte Nachrichten und Tagesneuigkeiten (iSd § 44 Abs 3) **nicht** zu. Für jene Pressespiegel mit kopierten, in das eigene Medium übernommenen fremden Inhalten (zB ganzen, urheberrechtlich geschützten Zeitungsartikeln) ist der Eingriff in das Verwertungsrecht **unzweifelhaft**. Fraglich ist, ob dies auch auf den **Link-Pressespiegel** zutrifft. Das bloße **Setzen** eines (Deep-)Links stellt **keine** urheberrechtlich relevante Verwertungshandlung dar. Der Linksetzer könnte aber uU als Gehilfe oder Beitragstäter des Nutzers infrage kommen – und dann ist die Nutzungshandlung daraufhin zu prüfen, ob sie durch eine freie Werknutzung gerechtfertigt ist.

3. Schutz geistiger Interessen (Urheberpersönlichkeitsrecht)

Das **Urheberpersönlichkeitsrecht** (Schutz geistiger Interessen, „droit moral") beinhaltet das (eigens im Gesetz nicht angeführte, weil in den gesetzlich geregelten Verwertungsrechten mit enthaltene) Veröffentlichungsrecht, ferner den Schutz der Urheberschaft, der Urheberbezeichnung und den Werkschutz. Die dem Schutz **geistiger** Interessen verpflichteten §§ 19 bis 21 stellen die schöpferische Persönlichkeit des Urhebers in den Vordergrund.

a) Exklusives Veröffentlichungsrecht

Ob und durch wen sein Werk der Öffentlichkeit zugänglich gemacht wird, entscheidet ausschließlich der **Urheber**. Die Verwertungsrechte der §§ 14 bis 18 tragen seinen wirtschaftlichen Interessen Rechnung. Durch die Erteilung einer Sendeerlaubnis verwertet der Urheber zugleich auch sein Veröffentlichungsrecht.

b) Schutz der Urheberschaft

§ 19 Abs 1: Der Urheber/sein Rechtsnachfolger hat das gem Abs 2 unverzichtbare Recht der Inanspruchnahme der Urheberschaft am Werk, wenn diese bestritten oder das Werk einem anderen als dem Schöpfer zugeschrieben wird. Umstritten ist, ob der **Ghostwriter,** der einer Fremdzuschreibung seines Werkes zugunsten eines anderen zugestimmt hat, dennoch unter Berufung auf § 19 Abs 2 die Urheberschaft für sich in Anspruch nehmen kann. ME ist anzunehmen, dass eine Verpflichtung zur ständigen Geheimhaltung gegen ein gesetzliches Verbot (uzw gegen § 19 Abs 2 UrhG) iSd § 879 Abs 1 ABGB verstößt und daher nichtig ist. Deshalb darf sich der wahre Urheber wohl als solcher deklarieren.

c) Schutz der Urheberbezeichnung

§ 20 Abs 1: Der Urheber bestimmt, *„ob und mit welcher Urheberbezeichnung das Werk zu versehen ist"*. Er kann das Werk auch **anonym,** unter einem **Pseudonym** oder einem **Künstlernamen** (bildende Kunst) erscheinen lassen. Der Schutz der Urheberbezeichnung enthält ebenso die Befugnis, ein **Namensnennungsverbot** (auch **nachträglich**) auszusprechen. **Bearbeitungen** dürfen nicht so bezeichnet werden, dass der Anschein eines **Originalwerkes**, **Vervielfältigungsstücke** nicht so, dass der Anschein eines **Urstückes** erweckt wird (§ 20 Abs 2 und 3).

d) Werkschutz

§ 21 regelt mit dem „Werkschutz" das Recht des Urhebers, zu bestimmen, in welcher Form sein Werk der Öffentlichkeit präsentiert wird bzw unter welchen Umständen Änderungen am Werk zulässig sind. Grds darf ein zur Werknutzung Berechtigter am Titel/an der Urheberbezeichnung eines Werkes, das er der Öffentlichkeit zugänglich macht oder vervielfältigt, ohne Einwilligung des Urhebers oder gesetzliche Erlaubnis keine Kürzungen, Zusätze oder Änderungen vornehmen. Zulässig sind Änderungen, die der Urheber dem Werknutzungsberechtigten nach den im redlichen Verkehr geltenden Gewohnheiten und Gebräuchen nicht untersagen kann. Dazu zählen insb Änderungen, die durch die Art oder den Zweck der erlaubten Werknutzung gefordert werden (§ 21 Abs 1).

> *Beispiele: Zulässig ist die Verbesserung von Rechtschreibfehlern/Interpunktionen im Romanmanuskript durch den Verleger, die Kürzung von Leserbriefen durch den Zeitungsherausgeber. Unzulässig wäre hingegen die Veröffentlichung eines verkleinerten Ausschnitts einer Buchtitelzeichnung.*
>
> *Vor Erlass des mit 1. 1. 2012 in Kraft getretenen BG über die neue Textierung der Österreichischen Bundeshymne startete das BMUKK eine Informationskampagne zur Bildungsreform ua mit einem ORF-Kurzfilm, der eine musikalische Untermalung einer Interpretation der Bundeshymne durch den Popstar Christina S. zeigte. Der Film enthielt Kinderfotos „großer Söhne und Töchter Österreichs", der darin gesungene Text war gegenüber der (bis dahin) offiziellen Fassung der Bundeshymne abgewandelt und verkürzt. Der Bekl wurde vorgeworfen, sie habe eigenmächtig den von Paula von Preradović geschaffenen Text der Bundeshymne ohne Zustimmung der Kl für den geschaffenen Kurzfilm geändert und damit das Urheberpersönlichkeitsrecht des Werkschutzes nach § 21 verletzt.*

*OGH: Textautorin Preradović habe 1946 mit ihrer Teilnahme am Preisausschreiben der Republik Österreich **stillschweigend** ein Werknutzungsrecht zur Verwendung für typische Zwecke einer Staatshymne eingeräumt. Die werknutzungsberechtigte Republik habe den Text nicht allgemein, sondern für einen **konkreten** Verwendungszweck (zur Unterstützung der Informationskampagne für junge Menschen iSd Bildungsreform) ua dadurch abgeändert, dass in der ersten Strophe die vierte Zeile „Heimat bist du großer Söhne" durch den Zusatz „und Töchter" ergänzt wurden. Auch die Änderungen des Sprachrhythmus und der Reimfolge seien für die gegenständlichen Nutzungszwecke gerechtfertigt und durch die vertragliche Rechteeinräumung gedeckt.*

Änderungen von Gebrauchsgrafiken wie **Firmenlogos ohne** Zustimmung des Urhebers sind **zulässig**, wenn der wesentliche Kern des Logos erhalten bleibt, die Änderungen behutsam vorgenommen werden und geringfügig sind. Es bedarf einer **Interessenabwägung**, die nicht nur Art und Intensität des Eingriffs und den besonderen Gebrauchszweck, sondern auch den Rang des Werkes in Rechnung zu stellen hat, wobei einfachen Gebrauchsgrafiken, wie Firmenlogos, ein geringerer Stellenwert als Werken der bildenden Kunst, Filmkunst, Musik etc zukommt.

> *Beispiel: Die Bekl (**Tirol**Milch) beauftragte den Kl, für ihren Werbeauftritt eine neue Wortbildmarke zu schaffen. Das neue **Logo** zeigte einen stilisierten Berg vor blauem Himmel mit gelber Sonne, das Firmenschlagwort der Bekl mit blauem Hintergrund. Später verwendete die Bekl ohne kl Zustimmung ein **dunkleres** Hintergrundblau.*
>
> *Die Unterlassungsklage wurde abgewiesen, da nur durch den Nutzungszweck nicht gedeckte willkürliche, von rein ästhetisch-künstlerischen Erwägungen geleitete Eingriffe dem Urheber nicht zumutbar sind. OGH: Bei hier vorliegender **minimaler** Abweichung nur **eines Kriteriums** (Hintergrundfarbe) überwiegen die Interessen des Nutzers, zumal Sinn und Wesen des benutzten Werks nicht tangiert wurden.*

Bei Urstücken von Werken der **bildenden Künste** gilt dies gem § 21 Abs 2 auch dann, wenn sie nicht öffentlichkeitsrelevant benutzt werden (Schutz des Werkes nur gegen Veränderung, nicht gegen Zerstörung).

> *Beispiel: Die Eigentümerin Stein darf ihr Aquarell „Fuchtelschleimer" des Schöpfers Brandstätter nicht einmal in ihrer Privatsphäre verändern, wohl aber vernichten.*

Trotz Erteilung seiner Einwilligung zu nicht näher bezeichneten Änderungen (zB im Voraus in Formularverträgen) kann sich der Urheber gegenüber Entstellungen, Verstümmelungen und anderen Änderungen des Werkes widersetzen, die seine geistigen Interessen am Werke schwer beeinträchtigen (§ 21 Abs 3).

> *Beispiel: Der Melodie eines geistlichen Liedes des Komponisten X, der sich grds mit einer Vertextung einverstanden erklärte, wird durch den Verleger Y ein pornografischer Text des Dichters Müll unterlegt.*

4. Pflichten des Besitzers eines Werkstückes

§ 22: Der Besitzer eines Werkstückes hat dieses dem Urheber auf Verlangen zugänglich zu machen, soweit es notwendig ist, um das Werk vervielfältigen zu können. Dabei hat der Urheber die Interessen des Besitzers entspr zu berücksichtigen (zB muss der Eigentümer eines Gemäldes dessen Fotografie durch den Urheber zulassen).

5. Übertragung des Urheberrechtes

§ 23 Abs 1: Das UrhR ist vererblich; in Erfüllung einer auf den Todesfall getroffenen Anordnung (zB Vermächtnis) kann es auch auf Sondernachfolger übertragen werden. Geht das UrhR auf mehrere Personen über, sind auf sie die für Miturheber (§ 11) geltenden Vorschriften entspr anzuwenden (§ 23 Abs 4).

6. Werknutzungsbewilligung und Werknutzungsrecht

a) Legaldefinition nach § 24

„(1) Der Urheber kann anderen gestatten, das Werk auf einzelne oder alle nach den §§ 14 bis 18a dem Urheber vorbehaltenen Verwertungsarten zu benutzen (Werknutzungsbewilligung). Auch kann er einem anderen das ausschließliche Recht dazu einräumen (Werknutzungsrecht).

(2) Eine Werknutzungsbewilligung, die vor Einräumung oder Übertragung eines Werknutzungsrechts erteilt worden ist, bleibt gegenüber dem Werknutzungsberechtigten wirksam, wenn mit dem Inhaber der Werknutzungsbewilligung nichts anderes vereinbart ist."

b) Auslegung und Abgrenzung

Der Urheber kann jemandem durch ein **Werknutzungsrecht** die Werkbenutzung mit ausschließlicher Wirkung einräumen (absolutes Recht gegenüber jedermann, auch gegen Verwertung durch den Urheber) oder ihm nur eine **Werknutzungsbewilligung** (relatives Recht) überlassen. OGH: Wer anstelle auftragsgemäßer Schaffung eines urheberrechtlich geschützten Werks nur eine bestehende Darstellung aus einem Buch **kopiert**, dem Auftraggeber gleichwohl zusichert, ihm ein ausschließliches Werknutzungsrecht eingeräumt zu haben, ist diesem schadenersatzpflichtig.

Die **Beweislast** für die Einräumung eines absoluten Werknutzungsrechts trifft den, der sich hierauf beruft. Beide Rechte erstrecken sich auf die Verwertungsarten der §§ 14–18a (nicht auf die gem §§ 19–21). Eine Werknutzungsbewilligung besteht auch bei Wechsel des Werknutzungsberechtigten fort.

> **Beispiel:** *Ein Bühnenverleger hat mit einem Theater einen Aufführungsvertrag für bestimmte Zeit geschlossen. Wird dieser vorzeitig durch einen neuen Bühnenverleger abgelöst, muss dieser den Aufführungsvertrag in seiner vereinbarten Dauer wirken lassen.*

7. Exekutionsbeschränkungen

§ 25 Abs 1: **Verwertungsrechte** sind der Exekution wegen Geldforderungen entzogen (Ausnahme: Filmhersteller, § 40 Abs 1). Das gilt (§ 25 Abs 2, 3) auch für nicht mit Zustimmung des Berechtigten verpfändete **Werkstücke**, wenn durch deren Verkauf das Verbreitungsrecht des Urhebers oder eines Werknutzungsberechtigten verletzt würde.

IV. Werknutzungsrechte

1. Vertragsfreiheit

Art und Weise, Umfang, örtliche und zeitliche Grenzen der Nutzung des Werkes durch den Nutzungsberechtigten richten sich gem § 26 nach dem mit dem Urheber geschlossenen Vertrag (Vertragsfreiheit).

Der **Inhaber** eines Werknutzungsrechts erwirbt ein vom Verwertungsrecht unabhängiges (absolutes) Recht, aus welchem sich auch die Enthaltungspflicht des Urhebers selbst ergibt; er ist nicht Rechtsnachfolger, sondern Rechtsnehmer des Urhebers.

> *Beispiele: Ein Schriftsteller, der einen Verlagsvertrag (s unten 2.a) geschlossen hat, ist nicht mehr berechtigt, den Abdruck dieses Werkes (zB in Ausschnitten in Zeitschriften) zu gestatten. Ein Komponist, der mit einer VerwGes einen Wahrnehmungsvertrag (s unten 2.g) geschlossen hat, darf keine Aufführungen seiner Musik mehr gestatten.*

IZw reichen die Befugnisse des Werknutzungsberechtigten **nicht weiter**, als es für den **praktischen Zweck** der ins Auge gefassten Werknutzung erforderlich ist.

> *Beispiele: Werden Werknutzungsrechte an Lichtbildern für einen bestimmten Verwendungszweck (etwa die Herstellung von Katalog und Folder) eingeräumt, scheidet eine Internet-Nutzung auch dann aus, wenn der Vertragszweck eine solche Nutzung erforderte, weil es schon begrifflich zur Erfüllung dieses bestimmten Zweckes nicht notwendig ist, das Werk auch für einen davon unabhängigen Zweck (Verwendung im Internet) zu nutzen.*
>
> *Dass sich der Umfang der Rechtseinräumung iZw nach dem praktischen Zweck der ins Auge gefassten Nutzung richtet, gilt auch für Auftragswerke und über Auftrag hergestellte Lichtbilder. Ist für den Auftraggeber eine **Alleinstellung** erforderlich, ist von der Einräumung eines **ausschließlichen** Nutzungsrechts auszugehen.*

Nach dem Prinzip der **Elastizität** des urheberrechtlichen Verwertungsrechts wachsen die Verwertungsrechte dem Urheber wieder in vollem Umfang zu, sobald der Vertrag (durch Nichtigkeit, Auflösung, Zeitablauf) endet.

2. Arten der Werknutzungsverträge

a) Verlagsvertrag

Die den Verlagsvertrag regelnden §§ 1172 f sind die einzigen spezifisch **urheberrechtlichen Bestimmungen** im ABGB. Dieser Vertragstyp verfügt über eine lange Tradition und muss sich den neuen Techniken und Entwicklungen (zB elektronisches Publizieren in unkörperlicher Form im Internet) stets anpassen. Die Hauptverpflichtung des Urhebers besteht darin, dem Verleger eine reproduktionsfähige Vorlage (Manuskript, Zeichnung, beim Notendruck reprofähiges Transparent, bei Literatur CD-ROM oder noch besser: *zum Versenden per E-Mail taugliche, komprimierte, unveränderbare pdf-Datei* statt Manuskript) zu übermitteln. Wichtig: **Nebenrechte** des Verlegers (zB Rechte an der Sendung, inklusive solcher über Kabel und Satellit), beim Verlagsvertrag über ein Werk der Musik die Anmeldung desselben bei der VerwGes. Buchverlagsverträge enthalten oft bedeutende Bestimmungen über Nebenrechte (zB betr Taschenbuchausgaben, Sammelbände, Übersetzungen).

Die Einräumung von Verlagsrechten erfolgt idR entgeltlich (klassische Buchtantieme: 10 % des Ladenpreises an den Urheber), manchmal, insb bei wissenschaftlichem Schrifttum, hat der Autor für einen Druckkostenbeitrag zu sorgen.

b) Bühnenaufführungsvertrag

Dabei räumt der Autor oder der Bühnenverleger (mit dem der Autor einen Verlagsvertrag geschlossen hat) einem Bühnenunternehmer das Recht ein, ein Sprachwerk/musikdramatisches Werk öffentlich aufzuführen. Wichtig: Nebenbestimmungen, da (zB bei Musicals wie „Cats" oder „Phantom der Oper") Einnahmen aus **Merchandisingrechten** (zB aus Verkauf von T-Shirts, Kappen, Kugelschreibern, Schlüsselanhängern etc) oft über denen aus der Aufführung liegen. Aufführungsentgelt: **Bühnentantieme** (14 % der verkauften Karten). Der Autor/Bühnenverlag kann Aufführungen genehmigen, an Bedingungen knüpfen oder untersagen.

Berühmt ist das Verbot der Aufführung seiner Werke in Österreich durch *Thomas Bernhard,* das erst durch Gründung der *Bernhard-Stiftung* aufgehoben wurde. Die konzertante Aufführung einer Oper ist **keine** bühnenmäßige, wenn sie auf einer **Opernbühne** stattfindet.

Für eine **bühnenmäßige** Aufführung (die ein vom Wahrnehmungsbereich der der VerwGes **nicht** umfasstes, „**großes**", dem **Urheber** zustehendes Aufführungsrecht begründet) sind Bühnendekorationen und Kostüme ebenso wenig entscheidend wie der Ort der Aufführung. Maßgebend ist neben der gesanglichen, mimischen und gestischen Gestaltung eine **szenische** Darstellung des Handlungsablaufs, die den Werkinhalt für Auge und Ohr des Zusehers erkennbar vermittelt (vgl die Aufführung der „Bakchantinnen").

> *Beachte: Das neue VerwGesG 2006 trifft keine Unterscheidung mehr zwischen „kleinen" und „großen" Rechten, sondern überlässt diese Zuständigkeitsregelung dem VerwGesG/den Wahrnehmungsverträgen.*

c) Sendevertrag

In den **Sendeverträgen**, abgeschlossen zwischen Urhebern oder Werknutzungsberechtigten (meist Verlegern) auf der einen und Rundfunkanstalten auf der anderen Seite wird diesen das Recht zur Sendung eines Werkes eingeräumt. Dabei erhält die Rundfunkanstalt meist auch das Recht der Bearbeitung und der Weiterübertragung der Rechte. Ferner werden **Senderechtsverträge** zwischen Rundfunkanstalten und VerwGes geschlossen.

> *Beispiele: Das umfassende Senderechtsvertragsverhältnis im Bereich der **Musik** zwischen AKM (Musikurheber) und LSG (Industrietonträger) einerseits, dem ORF andererseits. Ähnlich (betr die im Sendebetrieb erforderliche **Vervielfältigung**) die Verträge zwischen der VerwGes **austro mechana** für Musik/ der LVG (Literarischen VerwGes) für Literatur einerseits, dem ORF andererseits.*

Senderechtsverträge betreffen auch den Film. Dabei erwirbt eine TV-Anstalt von Filmproduzenten/anderen TV-Anstalten die Sendegenehmigung für Kinofilme, TV-Serien, Dokumentationen, Magazine usw. Solche Filmausstrahlungsrechte werden gegen Pauschalvergütung für mehrmalige Sendungen (oft als Filmstock im Paket) vergeben.

d) Verfilmungsvertrag

Dabei räumt der Urheber/Rechtsnachfolger eines Sprachwerks (zB Roman, Drama, Biografie) dem Filmhersteller das Recht ein, dieses zur Verfilmung zu bearbeiten, dh ein Drehbuch zu erstellen und dieses für den Film zu benutzen (meist inklusive Videoauswertung). Urheberrechtlich betrachtet handelt es sich bei der filmischen Umsetzung vorbestehender Werke um eine **Bearbeitung**.

Die Rechte werden für die Schutzfristdauer/auf bestimmte Zeit erworben (unbeschränkte Wiederverfilmungsrechte sind Ausnahme). Ist diese abgelaufen, kann der Film nicht mehr verwertet werden, es sei denn, die Rechtseinräumung wird verlängert, dh die Autorenrechte werden „**nachgesichert**".

e) Filmlizenzvertrag

Im Filmlizenzvertrag, etwa **Filmleihvertrag** für den **Kinoeinsatz**, wird dem Kinobetreiber vom Filmverleiher die Genehmigung erteilt, einen Film aufzuführen. Entspr den in Österreich verwendeten **AGB**

Filmbezugsbedingungen wird das Recht der Filmvorführung gegen Entrichtung der **Filmmiete** (23–50 % der Karteneinnahmen) an den Verleiher rechtlich näher ausgestaltet. Die für die Kinoaufführung notwendigen Rechte an der Filmmusik (Soundtrack) werden von den VerwGes gegen Bezahlung von 1 % der Karteneinnahmen (2 % bei Musikvideos) erworben.

f) Tonträgervertrag

Um einen Industrietonträger (zB CD) herzustellen, ist für die Vervielfältigung/Verbreitung sowohl das Recht des Musikurhebers als auch das des Interpreten erforderlich. Die die Urheberrechte vertretende **austro mechana** räumt dem Tonträgerproduzenten die Rechte zur Vervielfältigung/Verbreitung ein.

Nach Erscheinen des ersten Tonträgers erhält jeder andere Produzent auf sein Verlangen ebenfalls eine Vervielfältigungsgenehmigung (**Zwangslizenz** nach § 58). Ferner besteht ein **allgemeiner Kontrahierungszwang** der **VerwGes** nach § 11 Abs 1 S 1 VerwGesG 2006. Danach müssen die VerwGes mit den Rechteinhabern auf deren Verlangen zu angemessenen und einheitlichen Bedingungen einen Vertrag über die Wahrnehmung der zu ihrem Tätigkeitsbereich gehörenden Rechte und Ansprüche schließen (Wahrnehmungsverträge, s sogleich unten g).

Beim Vertrag des Tonträgerherstellers mit dem Künstler/Sänger erfolgt die Erteilung der Rechte direkt zwischen Künstler/Agent und Tonträgerhersteller. Beteiligung: Je nach Marktwert des Künstlers 10 bis 50 % am Tonträgerverkauf. Exklusivbindungen vielversprechender Interpreten an den Tonträgerhersteller (drei bis fünf Jahre) sind üblich.

g) Wahrnehmungsvertrag

VerwGes nehmen Rechte der Urheber wahr, die diese wegen der Vielzahl der Verwertenden und geringer individueller Anspruchshöhe einzeln nicht wirksam bzw rentabel geltend machen können. Sie erteilen Lizenzen zur Nutzung von Werken; niemand soll die Werke ihrer Mitglieder ohne Lizenz verwenden. Der **Wahrnehmungsvertrag** ist ein Vertrag eigener Art, der fair, ausgewogen und zu angemessenen Bedingungen ausgestaltet sein soll (§ 11 Abs 1 S 1 VerwGesG 2006). Urheber/Leistungsschutzberechtigte sind gesetzlich **nicht** verpflichtet, VerwGes beizutreten oder ihre Rechte durch solche wahrnehmen zu lassen. Allerdings ist eine **individuelle** Geltendmachung gesetzlicher Vergütungsansprüche grds (Ausnahme: Folgerechtsvergütung, § 16b) **ausgeschlossen** (VerwGes-Pflicht).

In Wahrnehmungsverträgen werden den VerwGes vom Urheber an allen von diesen in der Vergangenheit geschaffenen und in Zukunft noch zu schaffenden Werken **Werknutzungsrechte** eingeräumt. VerwGes verwerten die Rechte nicht selbst; sie erteilen Veranstaltern, DVD-, CD- und Videoproduzenten, Gastwirtschaften, Hörfunk- und TV-Sendern usw Lizenzen zur Nutzung einer Vielzahl urheberrechtlich geschützter Werke. Sie verwalten die Rechte treuhändig im eigenen Namen aber im Interesse der Bezugsberechtigten (§§ 11 f VerwGesG) und besitzen **Monopole** für jede Verwertungsart. Innerhalb einer Werkkategorie ist nur **eine** VerwGes zuständig.

Die VerwGes (zB AKM) verteilt etwa an einen Konzertveranstalter oder an den Betreiber einer Diskothek gegen Einhebung eines entspr Nutzungsentgelts (Inkasso: Lizenzgebühr) Werknutzungsbewilligung. Nach Abzug ihrer Spesen sowie einer allfälligen Zuweisung an soziale/kulturelle Einrichtungen (vgl § 13 VerwGesG) verteilt sie das Entgelt nicht willkürlich, sondern nach festen Regeln (§ 14 VerwGesG) an die Berechtigten (**Tantiemen**) und wahrt auch sonst die Rechte der Urheber, indem sie etwa Urheberrechtsverletzungen verfolgt.

> *Beispiel: Eine ein Tonbandgerät/eine HiFi-Musikanlage betreibende Gastwirtschaft, Diskothek oder Bar muss sich nicht an jeden einzelnen Urheber wenden, sondern erwirbt von der inländischen **Verw-Ges** die Werknutzungsbewilligung praktisch für das Weltrepertoire.*

VerwGes sind **Inkassogesellschaften** für urheberrechtliche Regelungen mit Entgeltansprüchen, in denen die Verwendung eines Werks schon aus organisatorischen Gründen nicht mehr individuell (dh je Fall) mit Urhebern und Nutzern festgestellt und entspr abgerechnet werden kann.

Das betrifft etwa die Reprografievergütung für Vervielfältigungen zum eigenen Gebrauch mittels reprografischer oder ähnlicher Verfahren, die Leerkassettenvergütung für private Überspielungen von Ton- und Bildtonträgern, die Schulbuchantieme für Abdrucke in Schul- und Lehrbüchern oder die Bibliothekantieme für Entlehnungen in öffentlichen Büchereien und Bibliotheken. Zweimal jährlich werden die von der VerwGes verrechneten Entgelte mittels detaillierter Abrechnung verrechnet.

VerwGes in Österreich (Näheres zum VerwGesG 2006 s bereits oben A.III.1.b):

1. **AKM** (gegründet 1897): Staatlich genehmigte Gesellschaft (Genossenschaft) der **A**utoren, **K**omponisten und **M**usikverleger. Sie ist die **wirtschaftlich bedeutendste VerwGes** Österreichs (Sitz wie bei den anderen VerwGes: Wien); zu ihren Gunsten besteht die (seitens der Rsp anerkannte, seit dem **VerwGesG 2006** in **§ 11 Abs 3** niedergelegte) sog **AKM-Vermutung**. Dabei handelt es sich um einen Anscheinsbeweis, wonach ein Veranstalter, der **ohne** Bewilligung der AKM moderne Tanz- und Unterhaltungsmusik aufführt, in die **Rechte** der **AKM eingreift**, da diese über die „kleinen" Aufführungsrechte am nahezu gesamten Weltrepertoire dieses Bereiches verfügt; die AKM vertritt in Österreich die Urheberrechte von ca 20.000 Mitgliedern sowie – über **Gegenseitigkeitsverträge** mit ausländischen Schwestergesellschaften – von über 2 Mio Rechteinhabern aus aller Welt.

2. Die **austro mechana** GmbH ist mit der Verwertung/Auswertung mechanisch-musikalischer Urheberrechte, insb betr die Übertragung von Werken auf Bild- oder Schallträger und deren Verbreitung befasst; so erhalten Komponisten, Textautoren und Musikverleger ihren Anteil am Verkaufserlös von CDs, DVDs etc; ohne deren Clearing-Funktion würden die Künstler kein Geld für ihre kreative Leistung erhalten; wie die anderen VerwGes hat auch die austro mechana eine **Betriebsgenehmigung** nach dem **VerwGesG** und unterliegt **staatlicher Aufsicht**.

3. Die **LITERAR-MECHANA** Wahrnehmungsgesellschaft für Urheberrechte GmbH ist zuständig für die mechanischen Vervielfältigungs- und Verbreitungsrechte an **Sprachwerken** sowie für die Vergütungsansprüche; sie verwaltet die Rechte der Schriftsteller, Drehbuchautoren, Journalisten, der wissenschaftlichen Autoren und der Übersetzer sowie deren Nachfolger und Verleger (über 17.000 Bezugsberechtigte); seit 2006 nimmt die Literar-Mechana auch die Rechte und Vergütungsansprüche an Musiknoten wahr.

4. Die **LSG** Wahrnehmung von Leistungsschutzrechten GmbH verwaltet die Leistungsschutzrechte der Hersteller von Schallträgern und daran mitwirkender ausübender Künstler sowie Vergütungsansprüche; in die LSG wurden die (nicht mehr existierende) **VBT V**erwGes für **B**ild und **T**on (Verein) eingebracht, die sich um die Rechte an Musikvideos bemüht hatte; 50 % der Geschäftsanteile der LSG hält die IFPI Austria (Verband der österreichischen Musikwirtschaft), die anderen 50 % hält die **OESTIG**, die Österreichische Interpretengesellschaft (ein Verein); deren Mitglieder sind idR Bezugsberechtigte der LSG, die deren Rechte iSd VerwGesG wahrnimmt. Somit vertritt die **LSG drei** Gruppen von Rechteinhabern: 1. Interpreten (Musiker, Sänger, Solisten, Ensembles, Orchester, darstellende Künstler), 2. Tonträgerhersteller (Labels), 3. Musikvideoproduzenten (**Lizenzierung** von Senderechten, von Kabel- und Leerkassettenvergütung sowie der öffentlichen Wiedergabe von Musikvideos).

5. Die **VAM**, dh die **V**erwGes für **A**udiovisuelle **M**edien GmbH, nimmt hinsichtlich des Filmherstellers als Berechtigten Rechte an Werken der Filmkunst und an Laufbildern wahr, soweit es sich nicht um Musikvideos handelt; SKE-(= **S**oziale und **K**ulturelle **E**inrichtungen)-Förderung der VAM für die Sichtbarmachung des österr Filmrepertoires auf allen relevanten deutschsprachigen und internationalen Online-Plattformen (Digitalisierungsinitiative); die VAM nimmt insb die im UrhG definierten Vergütungsansprüche für Filmhersteller ua Rechteinhaber wahr und verteilt die vereinnahmten Entgelte an ihre Bezugsberechtigten.

6. Die **Bildrecht**: Gegründet wurde sie 1977, damals noch **VBK** (VerwGes Bildender Künstler, die sich um die Leistungsschutzrechte der Lichtbildhersteller und die Rechte an Werken der bildenden Küns-

te kümmerte); die Bildrecht vertritt **Bildurheber** gegenüber öffentlichen und privaten Stellen, um Einnahmen aus der Nutzung kreativer Leistungen zugunsten der Künstler zu erzielen; die Erträge aus der Lizenzvergabe und kollektiven Rechtewahrnehmung werden, nach Abzug der (im Durchschnitt bei 10 % liegenden) Verwaltungskosten, zur Gänze an die Urheber ausbezahlt; ferner unterstützt die Bildrecht Künstler in finanziellen Notlagen.

7. Die **VDFS**, dh die VerwGes Dachverband der Filmschaffenden Österreichs (reg Gen mbH), nimmt die Rechte an Werken der Filmkunst und an Laufbildern wahr, soweit nicht ein Filmhersteller oder Rundfunkunternehmer Berechtigter ist, sowie gewisse Rechte ausübender Künstler; es geht insb um die Rechte der **Filmschaffenden** (Regisseure, Kameraleute, Cutter, Ausstatter und Schauspieler).

8. Die **VGR** – **V**erw**G**es **R**undfunk GmbH – nimmt die Weitersenderechte sowie damit verbundene Entgelt-, Vergütungs- und Beteiligungsansprüche wahr, soweit die Berechtigten Rundfunkteilnehmer (Rundfunkveranstalter) und Mitglieder oder Bezugsberechtigte der VGR sind.

3. Übertragung der Werknutzungsrechte

§ 27 Abs 1: Werknutzungsrechte sind vererblich und übertragbar. Dieser Grundsatz wird in Abs 2 durch die Bestimmung eingeschränkt, dass die Übertragung auf Sondernachfolger nur mit **Zustimmung** des **Urhebers** möglich ist.

Damit soll zB verhindert werden, dass ein Verleger einzelne Buchtitel an einen anderen Verleger verkauft, mit dem der Urheber freiwillig nie einen Verlagsvertrag geschlossen hätte.

Der Urheber soll nicht *„in der Morgenzeitung lesen müssen, wer gerade sein Verleger ist"*. Die Einwilligung kann vom Urheber nur aus wichtigem Grund verweigert werden (Verhinderung willkürlicher Entscheidungen des Urhebers gegen die Übernahme von Werknutzungsrechten).

> **Beispiel**: *War der Urheber bereits im ursprünglichen Werknutzungsvertrag mit der Übertragung auch auf Sondernachfolger einverstanden, bedarf es keiner weiteren Zustimmung mehr für die Übertragung dieses Werknutzungsrechts auf Sondernachfolger.*

Rsp: Die (schlüssige) Einwilligung des Urhebers des Sprachwerks „**Leistungsbeschreibung**" (für Instandsetzungsarbeiten) in die Übernahme der Leistungsbeschreibung in die **Ausschreibung** schließt die Einwilligung in die Übertragung der Werknutzungsrechte auf den jeweiligen Käufer für den Fall eines (auch mehrmaligen) Verkaufs der Liegenschaft mit ein.

Der in § 27 Abs 2 vorgesehenen Zustimmung bedarf es in derartigen Fällen nicht.

4. Vorzeitige Vertragsauflösung

Neben den allgemeinen Regeln für die Auflösung von Dauerschuldverhältnissen (zB Werknutzungsvertrag), nämlich denen über Zeitablauf, einvernehmliche Auflösung, Unmöglichkeit oder Willensmängeln (§ 30 Abs 2), enthält § 29 die Möglichkeit einer **vorzeitigen Vertragsauflösung**.

Voraussetzung: Von einem Werknutzungsrecht wird kein Gebrauch gemacht, sodass wichtige Interessen des Urhebers beeinträchtigt werden (Abs 1), zB der Verleger druckt trotz vergriffener Auflage und Lesernachfrage keine Neuauflage.

§ 30 Abs 2 regelt die Nachfristsetzung, Abs 3 handelt von der Unverzichtbarkeit der Kündigung des Vertragsverhältnisses im Voraus für eine drei Jahre übersteigende Frist. § 30 Abs 4 enthält eine Fallfrist von 14 Tagen, innerhalb derer iSd Rechtssicherheit und Rechtsklarheit Einwände gegen die vorzeitige Vertragsauflösung vorgebracht werden müssen. Für die Auflösung des Werknutzungsvertrages (Rechterückruf wegen Nichtausübung, § 29) reicht die Erklärung des Urhebers aus.

Beispiel: Ein Komponist hatte mit einer Verlegerin einen Verlagsvertrag geschlossen. Nach zwei Jahren wurden von der fraglichen Produktion weniger als 1.000 Tonträger (ein für den Werkschöpfer enttäuschendes Ergebnis) verkauft. Daraufhin teilte dieser der Verlegerin mit, alle von ihm bei ihr verlegten Werke, insb „Alle Wege führen zu Dir", würden binnen genannter Frist als „verlagsfrei" betrachtet.

Der OGH wertete diese Erklärung als **Rechterückruf**. Da die Verlegerin der Vertragsauflösung nicht fristgerecht entgegengetreten war, hatte sie sich nach § 29 Abs 4 ihres Bestreitungsrechtes **verschwiegen**.

5. Werknutzungsrechte an künftigen Werken

§ 31: Auch über erst zu schaffende Werke kann im Voraus gültig verfügt werden. Verpflichtet sich der Urheber, einem anderen Werknutzungsrechte an allen **künftigen** Werken einzuräumen, die er zeit seines Lebens oder innerhalb einer fünf Jahre **übersteigenden** Frist schaffen wird, können **beide** den Vertrag fünf Jahre nach Abschluss kündigen (**kein** Verzicht auf Kündigungsrecht im Voraus). Kündigungsfrist: drei Monate (außer kürzere Frist wurde vereinbart).

6. Eröffnung des Insolvenzverfahrens

Hat der Urheber einem anderen das **ausschließliche** Recht eingeräumt, ein Werk zu vervielfältigen und zu verbreiten, und wird über das Vermögen des **Werknutzungsberechtigten** ein **Insolvenzverfahren eröffnet**, wird die Anwendung der Vorschriften der IO über noch nicht erfüllte zweiseitige Verträge dadurch nicht ausgeschlossen, dass der Urheber dem Werknutzungsberechtigten das zu vervielfältigende Werkstück schon vor Eröffnung des Insolvenzverfahrens übergeben hat (§ 32 Abs 1).

Ist zur Zeit der Eröffnung des Insolvenzverfahrens mit der **Vervielfältigung** des Werkes noch **nicht** begonnen worden, kann der **Urheber** vom Vertrag **zurücktreten**. Auf Antrag des Schuldners/Insolvenzverwalters hat das Insolvenzgericht eine Frist zu bestimmen, nach deren Ablauf der Urheber den Rücktritt nicht mehr erklären kann.

V. Vorbehalte zugunsten des Urhebers

§§ 33–37: Auslegungsregeln zugunsten des Urhebers im Verhältnis zum Werknutzungsberechtigten. Nach der **Zweckübertragungstheorie** (vgl § 31 Abs 5 dUrhG) bestimmt sich der Umfang des Nutzungsrechts nach dem mit seiner Einräumung verfolgten **Zweck**, wenn die Nutzungsarten, auf die sich das Recht erstrecken soll, nicht einzeln bezeichnet wurden. Auch nach stRsp in Österreich misst sich der Umfang einer Rechtseinräumung nicht weiter aus, als dies durch den **praktischen Vertragszweck** geboten ist. IZw liegt daher bei einer Rechteeinräumung nur eine Werknutzungs**bewilligung**, kein Werknutzungsrecht vor. Bei **Auftrags**werken ist von schlüssiger Rechtseinräumung im Rahmen des Auftragszwecks auszugehen. Im Fall **ergänzender** Vertragsauslegung ist auf die Vorstellungen **vernünftiger** und **redlicher** Vertragsparteien abzustellen und ein **angemessener Interessenausgleich** vorzusehen.

Beispiel: Ist die Nutzung von **Werbematerial** (hier: Broschüren, Folder, Plakate betreffend die **drei** Werke „Gebäudedarstellung", „Illustration Kinder" und „Illustration Lageplan") im Internet in ihrer **Gesamtheit zulässig**, ist auch die Verwendung von **Teilen** desselben (zB nur die „Illustration Lageplan") **zulässig** und durch das bezahlte Honorar **abgegolten**.

§ 33 Abs 2: In der Übertragung des Eigentums an einem Werkstück ist iZw die Einräumung eines Werknutzungsrechtes/die Erteilung einer Werknutzungsbewilligung **nicht** enthalten. § 34 (**zwingend**; entspringt Urheberpersönlichkeitsrecht) behält dem Urheber das Recht vor, sein Werk der **Literatur** und **Tonkunst** in einer **Gesamtausgabe** zu präsentieren. § 35: Der Urheber, der einem anderen das ausschließliche Recht eingeräumt hat, ein Werk der **bildenden Künste** zu vervielfältigen/verbreiten, behält gleichwohl das Recht, es in Aufsätzen über die künstlerische Tätigkeit des Schöpfers des Werkes oder als Probe seines Schaffens zu vervielfältigen/verbreiten. Ohne diese Bestimmung könnte der Künstler keine **Reproduktionen** herstellen, um sie potenziellen Auftraggebern als Proben seines Schaffens zu zeigen. §§ 36 f: Vorbehalte zugunsten des Urhebers betreffend Beiträge zu Sammlungen.

VI. Sondervorschriften

1. Gewerbsmäßig hergestellte Filmwerke

Für die komplexe Werkkategorie des Films, an dem eine große Anzahl von Personen (Regisseur, Kameramann, Cutter, Schauspieler, Kostümbildner usw) kreativ mitwirkt, ist erheblicher Organisationsaufwand und Kapitaleinsatz nötig, weshalb besondere Regeln gelten. Gewerbsmäßig hergestellte Filme zeichnen sich durch ihre **Doppelnatur** als geistige Schöpfungen und kostspielige Industrieerzeugnisse aus. Solche Filme gehen im Rahmen ihrer Auswertung in den wirtschaftlichen Kreislauf ein. Dazu gehören etwa auch vom **ORF** hergestellte Filme, da dieser die Filme jedenfalls grds in der Absicht produziert, damit wirtschaftliche Vorteile zu erlangen.

§§ 38–40: Interessen **Hersteller/Urheber**. § 38 Abs 1: **Verwertungsrechte** an gewerbsmäßig hergestellten **Film**werken stehen ungeachtet der UrhR an den bei der Schaffung des Filmwerks benutzten Werken dem Filmhersteller zu. Diese Regelung ist unionsrechtskonform iS einer **widerleglichen Vermutung** auszulegen. Gesetzliche Vergütungsansprüche des Urhebers stehen so weit nicht unverzichtbar und in Ermangelung anderer Vereinbarung Filmhersteller und Urheber je zur **Hälfte** zu.

§ 38 Abs 2: Filmhersteller hat neben Filmurheber Schutz der **Werkintegrität** (wie Urhebern, § 21). **§ 38 Abs 1a** (UrhG-Nov 2005 BGBl I 2006/22): **Filmurhebern** steht an Erlösen aus integraler Kabelerweiterung von Rundfunksendungen auch für „**Neu**filme" mit Drehbeginn ab 1. 4. 1996 ein Beteiligungsanspruch idH der **Hälfte** zu. Dagegen besteht für **Alt**filme (veröffentlicht vor 1. 1. 1970) **keine** Beteiligung. Für **mittelalte** Filme, veröffentlicht zwischen 1. 1. 1970 und 31. 3. 1996, steht eine **reduzierte** Beteiligung zwischen 3,3 % ansteigend auf **ein Drittel** zu. Für **ganz neue** Filme (Drehbeginn nach 1. 1. 2006) besteht **Drittelbeteiligung**.

§ 38 Abs 3: Widerlegliche Vermutung, dass als Filmhersteller derjenige zu gelten hat, welcher im Film (Vor- oder Nachspann) als solcher bezeichnet ist. **Filmurheber** sind: Regisseur, Kameramann, Cutter, Kostümbildner, Ausstatter, Filmarchitekt; nicht: Tonmeister, Toningenieur (§ 39 Abs 1). Für die **Verwertung** von Bearbeitungen oder Übersetzungen des Filmwerkes ist die Einwilligung von Filmhersteller/Urheber nötig. Ohne Vereinbarung können Übersetzungen/Bearbeitungen sowie die Fertigstellung unvollendet gebliebener Filmwerke bei Üblichkeit und Nicht-Beeinträchtigung der Urheberinteressen auch ohne Einwilligung erfolgen (§ 39 Abs 4).

§ 40 Abs 1: Filmverwertungsrechte sind **vererblich**, **veräußerlich**, exekutionsfähig. Bei Übertragung auf den Erwerber darf sich dieser als Hersteller des Filmwerkes (§ 38 Abs 2) bezeichnen. § 40 Abs 2: Werknutzungsrechte an gewerbsmäßig hergestellten Filmwerken können in Ermangelung anderer Vereinbarung ohne Einwilligung des Herstellers auf einen anderen übertragen werden. Diese Regelung verdeutlicht die wesentliche Eigenschaft des Filmwerkes als **handelbares Gut**.

> *Unterscheide: Während es bei der Übertragung des **Verlagsrechts** der **Bewilligung des Urhebers** bedarf, ist bei der Übertragung des **Filmverleihrechts** die Zustimmung des Filmherstellers **nicht** erforderlich.*

2. Computerprogramme

§§ 40a–40e stellen den urheberrechtlichen Schutz von **Software** sicher, §§ 40a f setzen die **RL** über den Rechtsschutz von **Computerprogrammen** (CP) um. § 40a Abs 1: CP sind Werke (Einordnung als **Werk der Literatur**, § 2 Z 1), wenn sie das Ergebnis der eigenen geistigen Schöpfung ihres Urhebers sind. § 40a Abs 2: „CP" umfasst alle Ausdrucksformen einschließlich des Maschinencodes sowie das Material zur Entwicklung des CP (Rsp: **Quellcode** und **Entwicklungsmaterial** schutzfähig).

> *Beispiel: Zur Frage des **urheberrechtlichen Schutzes der grafischen Benutzeroberfläche** von Computerprogrammen entschied der EuGH, diese sei **keine** urheberrechtlich schutzfähige Ausdrucksform eines Computerprogramms iSd Computer-RL (bzw der §§ 40a ff). Dabei handle es sich um bloße **Interaktionsschnittstellen**. Diese ermöglichen die Kommunikation zwischen Computerprogramm und dem menschlichen Benutzer. Sie erfüllen darüber hinaus aber **keine** maschinensteuernde Funktion. Deshalb kann der Schutz eines Computerprogramms nur mit der (maschinensteuernden) Funktion des **Quellcodes** bzw **Objektcodes** erzielt werden. Damit findet ein Schutz grafischer Benutzeroberflächen bestenfalls als „**sonstiger**" Werksschutz iSd Urheberrechts statt, sofern sie **eigene** geistige Schöpfungen ihres Urhebers verkörpern.*

§ 40b: Wird ein CP von einem DN in Erfüllung dienstlicher Obliegenheiten geschaffen, steht dem **DG** in Ermangelung anderer Vereinbarung mit dem Urheber ein **unbeschränktes Werknutzungsrecht** zu. Diesfalls ist der DG zur Ausübung der in § 20 (Urheberbezeichnung) und § 21 Abs 1 (Werkschutz) bezeichneten Rechte berechtigt. Das Recht des Urhebers, nach § 19 die Urheberschaft für sich in Anspruch zu nehmen, bleibt unberührt. Damit hat der „Starprogrammierer" die Möglichkeit, mit seinem DG eine abweichende, für ihn günstigere Regelung vertraglich zu vereinbaren. Ansonsten ist sichergestellt, dass sich der Urheber stets zu seinem Werk bekennen kann (§ 19).

Wie § 40 Abs 2, 3 für Filmwerke bestimmt **§ 40c**, dass **Werknutzungsrechte** an CP in Ermangelung anderslautender Vereinbarung mit dem Urheber **ohne** dessen Einwilligung auf einen anderen **übertragen** werden können (§ 29 über „vorzeitige Auflösung des Vertragsverhältnisses" gilt nicht). § 40d Abs 1 bestimmt: § 42 (Vervielfältigung zum eigenen Gebrauch) gilt für CP **nicht**. Diese dürfen nur insoweit vervielfältigt/bearbeitet werden, wie es für ihre **bestimmungsgemäße** Benutzung durch den Benutzungsberechtigten notwendig ist. Dazu gehört die Anpassung an dessen Bedürfnisse (§ 42 Abs 2). § 40e („**Dekompilierung**"): Der CP-Code darf uU (insb bei **Interoperabilität** mit anderen Programmen) vervielfältigt und seine Codeform übersetzt werden.

3. Datenbankwerke

§ 40f Abs 1 S 1 (vgl **Datenbank-RL**): Datenbanken iSd UrhG sind Sammlungen von Werken, Daten oder anderen unabhängigen Elementen, die systematisch oder methodisch angeordnet und einzeln mit elektronischen Mitteln oder auf andere Weise zugänglich sind. § 40f Abs 2: Datenbanken werden als **Sammelwerke** (§ 6) urheberrechtlich geschützt, wenn sie infolge der Auswahl oder Anordnung des Stoffes eine eigentümliche geistige Schöpfung sind (Datenbank**werke**). § 40g: Der Urheber hat das ausschließliche Recht, ein Datenbankwerk öffentlich wiederzugeben.

> *Beispiele: OGH zur Frage „Webseiten als Datenbankwerk?": Das Layout einer Website kann als Werk der bildenden Künste (§ 3 Abs 1) geschützt sein. Spätere E: Dem Schutz einer **einzelnen** Website als Datenbankwerk steht **entgegen**, dass ihre Elemente nicht unabhängige, sondern aufeinander bezogene Teile eines **einheitlichen** Werkes sind. Sind mehrere Webseiten bei systematisch angeordnetem **Internetauftritt** zwar miteinander durch Links verbunden, ansonsten aber voneinander **unabhängig** (zB iZm der Werbung für acht Villen auf der Karibikinsel St. Thomas), kann ein Datenbankwerk vorliegen.*

§ 40h Abs 1 („Freie Werknutzungen"): § 42 Abs 1 und 3 ist „*auf Datenbankwerke **nicht** anzuwenden. Jedoch darf jede natürliche Person von einem Datenbankwerk, dessen Elemente nicht einzeln mit Hilfe elektronischer Mittel zugänglich sind, einzelne Vervielfältigungsstücke zum privaten Gebrauch und weder für unmittelbare noch mittelbare kommerzielle Zwecke herstellen.*"

Nach § 40h Abs 2 gilt § 42 Abs 2 für Datenbankwerke mit der Maßgabe, dass die Vervielfältigung „*auch auf Papier oder einem ähnlichen Träger zulässig ist*".

> *Beachte*: Im Gegensatz zum UrhR (§§ 40f ff) stehen §§ 76c bis 76e. Nach § 76c Abs 1 genießt eine Datenbank Schutz, wenn für die Beschaffung, Überprüfung oder Darstellung ihres Inhalts eine nach Art und Umfang **wesentliche Investition** erforderlich war. Dieses Tatbestandsmerkmal gilt auch für die Behandlung einer ihrem Inhalt/Umfang nach wesentlich geänderten **neuen** Datenbank. Dieser Schutz ist unabhängig davon, ob die Datenbank als solche oder ihr Inhalt für den urheberrechtlichen oder anderen Schutz in Betracht kommt („**sui generis**"-Schutz von Datenbanken, die **keine Werke** sind).

VII. Beschränkungen der Verwertungsrechte

Mit Rücksicht auf den „Sozialbindungsgedanken" im Interesse der Allgemeinheit gewährt das UrhG entgegen seiner Grundtendenz (Schutz des Urhebers) in bestimmten Fällen einen **freien** Zugang zu Werken, deren Schutz ansonsten dem Urheber vorbehalten ist. Gewisse Nutzungen („freie Werknutzungen", §§ 41 bis 57) werden der Allgemeinheit freigestellt und bilden daher **Ausnahmen** von den ausschließlichen Verwertungsrechten des Urhebers.

1. Freie Werknutzung im Interesse der Rechtspflege/Verwaltung

Durch § 41 werden freie Werknutzungen im Interesse der Rechtspflege und der Verwaltung, insb zu **Beweiszwecken**, erlaubt (**öffentliches** Interesse **überwiegt** das des Urhebers).

> *Beispiele*: Auch ohne Zustimmung des Urhebers dürfen Schriften iZm einem Gutachten dem Gericht vorgelegt werden. So wird (wie im Fall „Blauensteiner" gegen SN) das Bild eines Verdächtigen zu Informationszwecken der Öffentlichkeit (Ausforschung) preisgegeben. In casu lag zwar kein amtliches Ersuchen um Bildnisveröffentlichung vor; Letztere diente jedoch dem Interesse der Aufklärung von Straftaten, sodass die bekl Salzburger Tageszeitung in letzter Instanz obsiegte.

> Ähnlich ein spektakulärer Fall, nach dem für die Zwecke der öffentlichen Sicherheit die Veröffentlichung auch in der Presse erfolgen kann, **ohne** dass es einer amtlichen Veranlassung bedarf: Liegen Fotos bei den Sicherheitsbehörden auf und wird nach Mittätern gefahndet, erfolgt eine Veröffentlichung im Interesse der **öffentlichen Sicherheit**, wenn auf auffällige Mittäter hingewiesen wird (Natascha K., Bild links).

> Das HG Wien hatte ua die (Vorlage-)Frage gestellt, ob ein aktueller und ausdrücklicher **Aufruf** der **Sicherheitsbehörden** zur Veröffentlichung einer Fotografie zu Fahndungszwecken vorausgesetzt wird und ob, falls eine solche Voraussetzung **nicht** besteht, Medien diese Bestimmung (Art 5 Abs 3 lit e iVm Art 5 Abs 5 Info-RL bzw § 41) auch dann in Anspruch nehmen dürfen, wenn sie ohne Fahndungsersuchen der Behörden entscheiden, eine Fotografie im Interesse der öffentlichen Sicherheit zu veröffentlichen. Dazu der **EuGH**:

> Ein **Presseverlag** darf **nicht** aus **eigener** Initiative unter Berufung auf ein Ziel der **öffentlichen Sicherheit** ein urheberrechtlich geschütztes Werk nutzen. Zwar sei nicht ausgeschlossen, dass im Einzelfall eine solche Fotografie einer gesuchten Person veröffentlicht werden kann. Doch müsse es einen **Zusammenhang** mit einer E oder einem Vorgehen der Behörden geben und habe die Veröffentlichung im **Einvernehmen** und in **Absprache** mit diesen Behörden zu erfolgen. Anderenfalls würde das deren Maßnahmen zuwiderlaufen.

§ 41a („*Flüchtige und begleitende Vervielfältigungen*"):

Die **vorübergehende** Vervielfältigung ist zulässig, wenn sie (Z 1) flüchtig oder begleitend, (Z 2) ein integraler und wesentlicher Teil eines technischen Verfahrens ist, (Z 3) wenn ihr alleiniger Zweck die Übertragung in einem Netz zwischen Dritten durch einen Vermittler oder eine rechtmäßige Nutzung ist und wenn sie (Z 4) keine eigenständige wirtschaftliche Bedeutung hat. Die Bedingungen („**und**") müssen **kumulativ** erfüllt sein. Damit sollen flüchtige Vervielfältigungen durch bestimmte Online-Dienste urheberrechtlich nicht relevant sein (betrifft insb bloße Durchleitung und **Caching**, dh schnelles Zwischen- bzw Pufferspeichern).

2. Vervielfältigung zum eigenen und zum privaten Gebrauch

In Umsetzung der **Info-RL** wurden diverse Anpassungen im Bereich der freien Werknutzungen nötig. So brachte die UrhG-Nov 2003 eine Neuregelung der früheren „Vervielfältigung zum eigenen Gebrauch", überschrieben mit „Vervielfältigung zum eigenen *und privaten* Gebrauch": § 42 Abs 1: **Jedermann** darf von einem Werk einzelne Vervielfältigungsstücke *„auf Papier oder einem ähnlichen Träger"* zum **eigenen Gebrauch** herstellen. Wie bisher dürfen einzelne Papierkopien von geschützten Werken für private oder berufliche Zwecke hergestellt werden, wobei die Kopie nicht dazu dienen darf, das Werk damit der Öffentlichkeit zugänglich zu machen.

Soll das Werk (Foto, Text etc) auf einen **digitalen** Träger kopiert werden, sind die Grenzen seit der UrhG-Nov 2003 enger gezogen: Waren früher Vervielfältigungen zum eigenen (auch beruflichen) Gebrauch auch auf anderen Trägern als Papier, daher auch **in elektronischer Form,** zulässig (eine Unterscheidung zwischen privatem und beruflichem Gebrauch war nicht nötig), dürfen Letztere seither nur mehr für den privaten Gebrauch und weder für unmittelbare noch mittelbare kommerzielle Zwecke angefertigt werden. Der Privatgebrauch steht nur natürlichen – nicht juristischen! – Personen zu. Dh, dass Scans von Fotos oder Texten und deren Abspeicherung auf Datenträger (Festplatte, CD, Server) im beruflichen Umfeld nur mehr mit Zustimmung des Rechteinhabers möglich sind.

> ***Beachte****: Nach alter Rechtslage **zulässig** vervielfältigte/**archivierte** Lichtbilder bleiben auch dann zulässig, wenn sie nach Inkrafttreten der UrhG-Nov 2003 **gespeichert** bleiben – und nicht gelöscht werden.*

§ 42 Abs 2: Jedermann darf von einem Werk einzelne Vervielfältigungstücke auf anderen als den in Abs 1 genannten Trägern zum eigenen Gebrauch zu **Forschungszwecken** herstellen, soweit dies zur Verfolgung nicht kommerzieller Zwecke gerechtfertigt ist (Eigengebrauch für **nicht** kommerzielle Forschungszwecke). § 42 Abs 3: Jedermann darf von Werken, die im Rahmen der Berichterstattung über Tagesereignisse veröffentlicht werden, (bei **analoger**, nicht digitaler[!] Nutzung) einzelne Vervielfältigungsstücke zum eigenen Gebrauch herstellen.

> ***Beachte****: **Keine** freie Werknutzung: **Einscannen** von Zeitungsartikeln zur digitalen Weiterverwertung.*

§ 42 Abs 6: Vervielfältigungen zum eigenen **Schul-** und **Lehrgebrauch. Digitale Vervielfältigungen** dürfen zum Schulgebrauch nur mehr für **nicht** kommerzielle Zwecke vorgenommen werden. Mit Einwilligung des Berechtigten sind gem § 42 Abs 8 zulässig: (Z 1) Vervielfältigung ganzer Bücher/Zeitschriften oder von **Musiknoten**; (Z 2) Ausführung eines Werkes der Baukunst nach Plan/Entwurf/Nachbau eines solchen Werkes.

§ 42a: Auf Bestellung dürfen **unentgeltlich** einzelne Vervielfältigungsstücke auch zum eigenen Gebrauch eines **anderen** hergestellt werden. Erfolgt die Vervielfältigung **reprografisch**, wird ein Werk der Literatur oder Tonkunst durch **Abschreiben** vervielfältigt oder handelt es sich um eine Vervielfältigung gem § 42 Abs 3 (Medienberichterstattung/Pressespiegel), ist sie auch **entgeltlich** zulässig. § 42b enthält zwei Regelungen: 1. Vergütungspflicht für privates Vervielfältigen auf Ton- und Bildtonträgern (Leerkassettenvergütung), 2. Vergütung für die grafische Vervielfältigung (Reprografievergütung).

Zur **Leerkassettenvergütung**: Ist nach § 42b Abs 1 von einem Werk, das durch Rundfunk gesendet, der Öffentlichkeit zur Verfügung gestellt oder auf einem zu Handelszwecken hergestellten Bild- oder Schallträger festgehalten worden ist, seiner Art nach zu erwarten, dass es durch Festhalten auf einem Bild- oder Schallträger (zB durch Druck auf die Aufnahmetaste des privaten Kassetten- oder Videorecorders) nach § 42 Abs 2 bis 6 zum eigenen oder privaten Gebrauch vervielfältigt wird, hat der **Urheber** Anspruch auf angemessene Vergütung (Leerkassettenvergütung).

Voraussetzung: Trägermaterial (unbespielte Bild-/Schallträger, Audio-/Videokassetten) kommt im Inland gewerbsmäßig entgeltlich in Verkehr. Zu **leisten** ist diese Vergütung (Abs 3) von dem, der das Trägermaterial im Inland als Erster gewerbsmäßig entgeltlich in Verkehr bringt. **Geltend** gemacht wird der Anspruch von der VerwGes (**austro mechana**). Diese führt über die Hälfte der Erträge sozialen/ kulturellen Einrichtungen zu, der Rest wird als Tantieme entspr der Nutzungswahrscheinlichkeit verteilt. Wichtig – **§ 42b Abs 1, 3** idFd UrhG-Nov **2005** (BGBl I 2006/22): **Jedes** Trägermaterial, das im Inland gewerbsmäßig entgeltlich in Verkehr kommt, unterliegt **Leerkassettenvergütung**, auch solches, das im Wege des (**Online-)Versandhandels** vom Ausland aus nach Österreich verkauft wird.

Der Begriff „**Trägermaterial**" ist bewusst **offen** formuliert (umfasst analoge **und** digitale Speichermedien). Dazu zählen klassisch analoge Magnetbänder, sämtliche Musik-/Videokassetten, digitales Trägermaterial wie Audio-CDs, Computer-CD-R/RWs, Mini-Disks, DAT-Bänder, DVDs usw. Ein „Einfrieren" auf einem bestimmten Stand der Speichertechnik ist **nicht** geboten. Auch formatierte Träger sind idS „unbespieltes" Speichermaterial, das der Leerkassettenvergütung unterliegt. Das gilt auch für digitale (auch integrierte) Speicherchips für MP3-Player. Dagegen hatte sich der OGH noch in der *Gericom*-E (2005) wegen ihrer Multifunktionalität, dh wegen der Einsetzbarkeit auch für andere Zwecke als für die Vervielfältigung zur Verwendung im eigenen oder privaten Gebrauch, **gegen** die Vergütungspflicht von **Computer-Festplatten** ausgesprochen.

Eine Rsp-Wende erfolgte Ende 2013 mit der *Hewlett-Packard*-E, in der der OGH eine Vergütungspflicht für Computer-Festplatten im Hinblick auf den seither erfolgten **technischen Wandel** grds bejahte (ihm folgend bejahte das OLG Wien in der *Nokia*-E auch die grundsätzliche Vergütungspflicht von Smartphone-Datenspeichern). Den **VerwGes** stellt das Höchstgericht die Erbringung des **Beweises** frei, dass **urheberrechtlich geschütztes Material** tatsächlich im vorgebrachten Umfang auf Festplatten gespeichert wird. Schließlich wird in beiden E der ersten Instanz aufgetragen, **Feststellungen** zu treffen, die iSd **EuGH-E** *austro mechana/Amazon* (vom Juli 2013) für die Beurteilung der **Unionsrechtskonformität** des Systems der **Leerkassettenvergütung** erforderlich sind.

Zwar erachtete der EuGH in der E *austro mechana/Amazon* dieses System der Anknüpfung der Regelung der **Leerkassettenvergütung** an das erste entgeltliche und gewerbsmäßige Inverkehrbringen vergütungspflichtigen Trägermaterials ohne Differenzierung nach dem endgültigen Verwendungszweck des privaten bzw eigenen Gebrauchs bei gleichzeitiger Installierung eines Rückerstattungsanspruchs für den Fall, dass das Trägermaterial nicht für derartige Zwecke verwendet wird, für **grds unionsrechtlich zulässig**, doch knüpfte er daran die Bedingung, dass die österr Gerichte weitere diesbezügliche **Feststellungen** zu treffen haben.

Zur **Reprografievergütung**: Anspruch des **Urhebers**, wenn von einem Werk seiner Art nach zu erwarten ist, dass es mit Hilfe reprografischer Verfahren zum eigenen Gebrauch vervielfältigt wird – uzw in Form
1. der **Gerätevergütung** (einmalig für Geräteimport von zB Kopier-, Faxgeräten, Scannern, Druckern und Multifunktionsgeräten), wenn ein Vervielfältigungsgerät (Fotokopiergerät) im Inland gewerbsmäßig entgeltlich in Verkehr kommt (Rsp: **PCs** unterliegen **nicht** der Gerätevergütung, da diese

Geräte „ihrer Art nach" **nicht** zur reprografischen/nach **ähnlichen** Verfahren ausgeführten Vervielfältigung bestimmt sind),

2. der **Betreibervergütung** (gestaffelte jährliche Beiträge für Kopiergeräte), wenn so ein Gerät in öffentlichen Einrichtungen (zB Schulen/Hochschulen, Bibliotheken) oder in Einrichtungen, die Vervielfältigungsgeräte entgeltlich bereithalten (zB Copy-Shops bei Bahnhöfen, in Studentenheimen oder in Kaufhäusern) betrieben wird. Zahlungen sind nach dem Umfang der Vervielfältigungstätigkeit zu entrichten (geltend machen die Vergütungsansprüche die VerwGes). Die Rechtsbeziehungen zwischen diesen und den Nutzern sind durch **Gesamtverträge** („Betreibervergütung") zu regeln.

Weil im Bereich der Reprografie- – im Unterschied zur Leerkassettenvergütung – **kein Trägermaterial** existiert, an das sinnvoll angeknüpft werden könnte, greift nach innerstaatlichem Recht (§ 42b Abs 2 UrhG) die (angemessene!) **Reprografievergütung** nur dann, wenn von einem Werk seiner Art nach zu erwarten ist, dass es mithilfe reprografischer oä Verfahren zum **eigenen** Gebrauch vervielfältigt wird. Mit „den der Reprografie ähnlichen Verfahren" sind alle Verfahren gemeint, die zu einer Vervielfältigung auf Papier (oder einem vergleichbaren Material) führen. Dazu wurde der EuGH (ua) mit der Vorlagefrage nach der **Reichweite** des Art 5 Abs 2 lit a Info-RL konfrontiert bzw konkret danach gefragt, ob die MS auch eine Reprografievergütung auf **Teile** einer „**Gerätekette**" vorsehen können.

Der EuGH betonte (in der E *Kyocera/VG Wort*) zunächst, **digitale** Trägermedien könnten **nie** Gegenstand der Reprografievergütung sein. Repromechanische Verfahren seien aber **weit** zu verstehen. Es reiche aus, wenn ein entspr Ergebnis, dh die Vervielfältigung auf Papier oä analogen Trägermedien, erreicht werde. Auch Geräte mit „digitaler Zweckbestimmung" (zB PC und Scanner) könnten grds Gegenstand einer Reprografievergütung sein, sofern die Schritte dieses einheitlichen Verfahrens (Scan, Druckauftrag, Druck) unter der **Kontrolle derselben Person** stattfinden und alle auf eine **reprografische Vervielfältigung** abzielen.

Ob unter der Formulierung in § 42b Abs 2 Z 1 ausschließlich Drucker oder auch PCs und Scanner zu verstehen sind, ist strittig. Den MS steht in dieser Frage ein weiter Ermessensspielraum zur Verfügung. Der **OGH** hat sich 2009 jedenfalls **gegen** eine Vergütungspflicht von PC ausgesprochen.

3. Berichterstattung über Tagesereignisse

Zur Berichterstattung über Tagesereignisse dürfen Werke, die bei Vorgängen, über die berichtet wird, öffentlich wahrnehmbar werden, in einem durch den Informationszweck gerechtfertigten Umfang vervielfältigt, verbreitet, gesendet, der Öffentlichkeit zur Verfügung gestellt und zu öffentlichen Vorträgen, Aufführungen und Vorführungen benutzt werden (§ 42c). „*Tagesereignis*" ist ein tatsächlicher Vorgang, der wegen seiner **Aktualität** Interesse findet, nicht aber zB die (kritisch beleuchtete) Berichterstattung einer **anderen** Zeitung. Die Rsp legt § 42c eher **eng** aus.

> *Beispiel: In einem weltweit bekannten Entführungsfall war* **Tagesereignis** *das* **Wiederauftauchen** *des (nunmehr über acht Jahre älteren) Opfers,* **nicht** *aber der* **darüber** *in den Medien der Bekl* **veröffentlichte Bericht**, *selbst wenn er auch Umstände ihres Verschwindens enthalten hätte. Die Wiedergabe der im Kindesalter aufgenommenen Lichtbilder der Entführten verschaffte dem Leser zwar eine zusätzliche Information über das Aussehen des Kindes vor seinem Verschwinden, war aber – entgegen der Bekl – für eine klare und verständliche Berichterstattung über das Tagesereignis keinesfalls erforderlich und daher auch vom Zweck der Information über dieses Tagesereignis* **nicht** *gedeckt (Natascha K.).*

Bemerkenswert ist die Rsp, soweit sie von freier Werknutzung zugunsten der Berichterstattung über Tagesereignisse auch in Bezug auf Nutzungen ausgeht, die ihrerseits **rechtswidrig** sind.

Beispiel: *Wird ein für Wahlkampfzwecke aufgenommenes Lichtbild eines Politikers vom politischen Gegner (mit Begleittext) für eine Postwurfsendung verwendet, stellt dies ein Tagesereignis dar. Für die freie Werknutzung ist es irrelevant, ob für die Postwurfsendung eine ungenehmigte Bearbeitung erstellt wurde.*

Unter ein **Tagesereignis** fallen auch berichtenswerte **kulturelle** Geschehnisse. Eingeschränkt wird der Umfang der Berichterstattung durch den **Informationszweck.** Einerseits muss sich die Berichterstattung aber nicht auf die trockene Aufzählung von Künstlern und Werk beschränken, andererseits dürfen auch nicht ganze Akte einer Operette gesendet werden. Die Begebenheiten müssen sich aber **tatsächlich ereignet** haben.

Beispiele: *Zulässig ist ein Kurzbericht mit einem Zeitungsbild, das einen Politiker bei der **Eröffnung** einer Ausstellung zeigt, wobei im Hintergrund eines der ausgestellten **Bilder** zu erkennen ist.*

*Dagegen ist die Vorschau über eine **bevorstehende** Kunstauktion mit **Bildern** aus dieser Auktion durch die Freiheit der Tagesberichterstattung **nicht** gedeckt. **Nicht** vom Informationszweck gedeckt ist ferner die Veröffentlichung eines Lichtbilds in einem Pressebericht über die Klagsführung eines als Briefbombenattentäter Verdächtigen wegen Verletzung seiner Bildnisschutzrechte.*

§ 42d (**behindertenfreundliche** Nutzungsregelung): **Frei** ist die nicht kommerzielle Nutzung durch Vervielfältigung, Verbreitung in einer für Behinderte geeigneten Form, wenn sinnliche Wahrnehmung nicht möglich/erschwert ist.

4. Freie Werknutzungen an Werken der Literatur

§§ 43–50: **Öffentliche Reden** (zB vor Gericht, Parlament) dürfen zum Zweck der Berichterstattung vervielfältigt, verbreitet, öffentlich vorgetragen, durch Rundfunk gesendet und der Öffentlichkeit zugänglich gemacht werden (§ 43 Abs 1). Erschienene Sprachwerke dürfen ohne Erwerbsabsicht bzw für wohltätige Zwecke öffentlich **vorgetragen** werden (§ 50). Einzelne in einer Zeitung/Zeitschrift enthaltene **Aufsätze** über wirtschaftliche, politische, religiöse Tagesfragen dürfen, außer bei ausdrücklichem Verbot, in anderen Medien vervielfältigt und verbreitet werden (§ 44).

§ 45 Abs 1: Zur Verfolgung **nicht** kommerzieller Zwecke dürfen einzelne **Sprachwerke** sowie Werke wissenschaftlicher oder belehrender Art (§ 2 Z 3) nach ihrem Erscheinen in einem durch den Zweck gerechtfertigten Umfang vervielfältigt, verbreitet und der Öffentlichkeit zur Verfügung gestellt werden. Zur Verfolgung **nicht** kommerzieller Zwecke dürfen Sprachwerke zu Rundfunksendungen im Rahmen des **Schulfunks** verwendet werden.

Für Vervielfältigung, Verbreitung, öffentliche Zurverfügungstellung (§ 45 Abs 1) und für die Rundfunksendung (Abs 2) steht dem Urheber (zB Schulbuchautor) ein Anspruch auf **angemessene Vergütung** zu. Solche Ansprüche können nur von VerwGes (hier: Literar-Mechana) geltend gemacht werden (§ 45 Abs 3). Unter freie Werknutzungen an Werken der Literatur fallen auch einzelne Stellen eines veröffentlichten Sprachwerkes („**kleines Zitat**", § 46 Z 1).

Beispiel: *Ein **Zitat** iSd **§ 46 Z 1** liegt nur dann vor, wenn ein urheberrechtlich geschütztes Werk (ganz oder teilweise) in ein anderes Werk übernommen wird, also auch das **zitierte Werk** urheberrechtlich schutzfähig ist, wenn das Zitat weggedacht wird.*

Voraussetzung für Anwendung des Zitatrechts: Beim aufnehmenden Werk handelt es sich um ein urheberrechtlich schutzfähiges Werk. **Kleines** Zitat: Eine **wissenschaftliche** Qualität des aufnehmenden Werks ist **nicht** erforderlich. Es dürfen nur **einzelne** Stellen eines veröffentlichten Sprachwerks angeführt werden. Der **wirtschaftliche** Wert des zitierten Werkes darf **nicht** in einer ins Gewicht fallenden Weise ausgehöhlt, dessen Verwertungsmöglichkeit darf nicht beeinträchtigt werden. Im **Einzelfall** kann (Rsp) auch die Wiedergabe **zahlreicher** (!) Stellen zulässig sein.

Zu den freien Werknutzungen zählen ferner erschienene Sprachwerke oder Werke wissenschaftlicher oder belehrender Art zur Erläuterung in anderen wissenschaftlichen Werken („**großes Zitat**", § 46 Z 2) sowie **kleinere** erschienene **Sprachwerke**, die nicht zur Vertonung bestimmt sind. Diese dürfen **vertont**, vervielfältigt, verbreitet, vorgetragen, gesendet und (seit der UrhG-Nov 2003) der Öffentlichkeit zur Verfügung gestellt werden (§ 47 f).

> *Beispiel: Beim* ***großen Zitat*** *dürfen einzelne Sprachwerke nach ihrem Erscheinen in einem durch den Zweck gerechtfertigten Umfang auch in ein die* ***Hauptsache*** *bildendes wissenschaftliches Werk aufge-nommen werden. Auch eine* ***kritische*** *Auseinandersetzung mit dem Zitierten oder* ***abfällige Bemer-kungen*** *hindern die Anwendung des Zitatrechts nicht.*

5. Freie Werknutzungen an Werken der Tonkunst

§§ 51–53: Die UrhG-Nov 2003 brachte zur Zulässigkeit der Vervielfältigung, Verbreitung usw die **öffentliche Zurverfügungstellung**. Der freien Werknutzung zur Verfolgung nicht kommerzieller Zwecke unterliegen einzelne Werke der Tonkunst, die dem **Schulgebrauch** dienen (für den Gesangsunterricht bestimmte **Sammlungen**, § 51); **einzelne Stellen** eines erschienenen Werkes, angeführt in einem selbständigen **neuen** Werk der Tonkunst, in einer **literarischen** Arbeit/einem bildenden **wissenschaftlichen** Werk (§ 52); erschienene Werke der Tonkunst, die mit Drehorgeln oÄ oder bei Anlässen (zB kirchlichen oder militärischen Festivitäten) oder ohne Entgelt und Erwerbsabsicht für wohltätige Zwecke oder schließlich zur Brauchtumspflege (Musikkapellen) aufgeführt werden (§ 53).

6. Freie Werknutzungen an Werken der bildenden Künste

Diese sind in den §§ 54 f geregelt. Die sog **Katalogfreiheit** ist in § 54 Abs 1 (Z 1 und 2) enthalten, uzw in zwei Formen, in der des Sammlungskatalogs und der des Versteigerungs- und Verkaufskatalogs. In all diesen Formen begegnen wir freien Werknutzungen an Werken der bildenden Künste. Gem § 54 Z 3**a** ist es zulässig, einzelne erschienene Werke der bildenden Künste in einem die Hauptsache bildenden wissenschaftlichen Werk zu vervielfältigen/verbreiten/der Öffentlichkeit zur Verfügung zu stellen (**wissenschaftliches Bildzitat**). Die Rsp wendet dieses **große Bildzitat** (Zitierung ganzer Bilder) für Veröffentlichungen in Zeitungen/Zeitschriften analog an. Dies setzt eine geistige Auseinandersetzung mit dem **zitierten** Werk und das Vorliegen einer Zitat- und Belegfunktion voraus. Dh, das **zitierende** Werk muss **selbst** schutzfähig sein. Ferner muss das Zitat vom Zweck her geboten sein und darf den wirtschaftlichen Wert des zitierten Werks nicht aushöhlen.

Gem § 54 Abs 1 Z 4 ist es zulässig, veröffentlichte Werke der bildenden Künste bei einem die Hauptsache bildenden **wissenschaftlichen** oder belehrenden **Vortrag** bloß zur **Erläuterung** des **Inhaltes** durch optische Einrichtungen öffentlich vorzuführen und die dazu notwendigen Vervielfältigungsstücke herzustellen. Erfasst sind Live-Vorträge, die anhand von **Bildmaterial** erläutert werden, nicht jedoch reine Dia-Abende (fokussiert auf **Kunstgenuss**).

Schließlich unterliegen der **Freiheit** des Straßenbildes gem § 54 Abs 1 Z 5 Werke der Baukunst **nach** einem ausgeführten Bau oder andere Werke der bildenden Künste, die dazu angefertigt wurden, sich bleibend an einem öffentlichen Ort zu befinden, zu vervielfältigen, zu verbreiten, durch optische Einrichtungen öffentlich vorzuführen, durch Rundfunk zu senden und der Öffentlichkeit zur Verfügung zu stellen; ausgenommen sind das Nachbauen von Werken der Baukunst, die Vervielfältigung eines Werkes der Malkunst oder der grafischen Künste zur bleibenden Anbringung an einem Orte der genannten Art sowie die Vervielfältigung von Werken der Plastik durch die Plastik.

*Beispiele: Die natürliche, unverfremdete Wiedergabe des **Hundertwasser-Hauses** in Wien, eines **kulturell einmaligen** Werks der Baukunst, ist von der **freien** Werknutzung der **Freiheit des Straßenbildes** (§ 54 Abs 1 Z 5) umfasst. Schon in seiner ersten Hundertwasserhaus-E hatte der OGH festgestellt, dass eine substanziell veränderte und daher **unzulässige** Wiedergabe vorliegt, wenn das abgebildete Bauwerk „freigestellt", dh aus seiner Verbindung mit anderen Häusern der Straßenfronten „herausgelöst" oder gegen einen abstrakten Hintergrund dargestellt wird. Dasselbe gilt, wenn das Haus mit anderen Werken (eines Miturhebers) „verschnitten" und damit der ursprüngliche **Charakter** des Werkes **verfremdet** wird. Dh ferner: Die Freiheit des Straßenbildes erstreckt sich **nicht** auf **Bearbeitungen** von Werken der Baukunst (hier: Zurverfügungstellung eines Bildes auf einer Website im Internet, auf der ein **Seidentuch** abgebildet ist, auf welchem das Motiv des Hundertwasser-Hauses erkennbar ist, welches als **nicht freie** Bearbeitung qualifiziert wurde).*

*Der Kl, Verwalterin des Schlosses **Schönbrunn** und der **Gloriette** für die Republik Österreich, beantragte, der Bekl (Anbieterin der Kreditkarte Diners Club) ua Fotografien der von ihr betriebenen Kulturgüter für Werbezwecke zu untersagen, insb in deren Newsletter iVm dem Werbeslogan „Es lebe der feine Unterschied". Im Hinblick auf – hier allein relevante – **urheberrechtliche Ansprüche** entschied der OGH, dass diese, selbst bei noch **nicht** abgelaufener Schutzdauer, was bei farblicher oder baulicher Umgestaltung einzelner Gebäudeteile denkbar wäre, wegen der **freien Werknutzung** gem § 54 Abs 1 Z 5 **ausgeschlossen** sind.*

7. Sonstige freie Werknutzungen

Zu diesen gehören die in § 56 geregelte „*Benutzung von Bild- oder Schallträgern und Rundfunksendungen in bestimmten Geschäftsbetrieben*". Diese Betriebe benötigen keine Zustimmung der Urheber für die mit ihrer Verkaufs- und Reparaturtätigkeit verbundene Aufführung, damit sich Kunden mit den Bild- und Schallträgern bzw mit den entspr Geräten vertraut machen können.

*Beispiele: Vorführung eines Stereogerätes in einem Elektrogeschäft; Abspielen von CDs oder Audiokassetten in einer Ludothek. Aber: Freie Werknutzung (§ 56) kann nur zur Förderung des Absatzes von Abspielgeräten (Radios, Tonträgern) durch konkrete Kundenvorführung/-beratung in Anspruch genommen werden. **Musikberieselung** für Zwecke der allgemeinen Kundenwerbung (zB Autohaus) ist **unzulässig**.*

§ 56a: Bild- oder Schallträger dürfen durch Überlassung an „*wissenschaftliche Anstalten des öffentlichen Rechts des Bundes, die die Sammlung, Bewahrung und Erschließung von audiovisuellen Medien zur Aufgabe haben und keine kommerziellen Zwecke verfolgen*", verbreitet werden. Sinn: Überlassung von Werkstücken, insb von Produktionen des ORF, an die **Österreichische Phonothek**. § 56b: „*Benutzung von Bild- oder Schallträgern in Bibliotheken*".

§ 56c Abs 1: (Hoch-)**Schulen** dürfen für Zwecke des Unterrichts (der Lehre) im gerechtfertigten Umfang Werke der Filmkunst und damit verbundene Werke der Tonkunst öffentlich aufführen. Abs 2: Dem Urheber steht für die öffentliche Aufführung ein von den VerwGes geltend zu machender Anspruch auf angemessene Vergütung zu.

§ 56d: Recht der **Gastwirte**, Werke der **Film**kunst uU (dh erst zwei Jahre nach Erstaufführung, keine Konkurrenz zu Kinos, keine Entgeltlichkeit für Zuschauer) **öffentlich** aufzuführen. Damit werden für Beherbergungsbetriebe die Videovorführrechte gesichert (gesetzliche Lizenz). Kollektive Rechtsvergabe: VerwGes.

Auch bei einer freien Werknutzung gilt der Werkschutz nach § 21. Insb bei **Zitaten** und **Vertonungen** besteht die Verpflichtung zur **Quellenangabe** (§ 57). **Übersetzungen** und andere Bearbeitungen, soweit sie eine eigentümliche geistige Schöpfung des Bearbeiters sind, werden gem § 5 Abs 1 wie Originalwerke geschützt. IdR ist **jede** Übersetzung eine Bearbeitung (praktisch ist immer eine **individuelle** Leistung des Übersetzers erforderlich).

Fraglich könnte sein, ob Rundfunkunternehmen, die Zitate aus urheberrechtlich geschützten Werken vortragen (lassen), wenn sie sich dabei (veröffentlichter) Übersetzungen bedienen, zur **Nennung** des **Namens** des **Übersetzers verpflichtet** sind. Gem § 20 Abs 1 bestimmt **allein** der **Urheber**, ob und mit welcher Urheberbezeichnung das Werk zu versehen ist.

§ 57 Abs 4: Für bestimmte Fälle der freien Werknutzung (ua Rundfunksendung einzelner Stellen eines veröffentlichten Sprachwerkes, § 46 Z 1) ist die Zulässigkeit der Unterlassung einer Quellenangabe (zB Nennung des Urhebers) nach den im redlichen Verkehr geltenden Gewohnheiten/Gebräuchen zu beurteilen. Muss nun das Rundfunkunternehmen bei Zitaten aus übersetzten Werken den Übersetzer namentlich nennen? Antwort:

> *Beispiel: Der kl Übersetzer hatte von T.C. Boyle verfasste Werke („Riven Rock" und „America") ins Deutsche übertragen. Die Bekl (**ORF**) hatte im Hörfunkprogramm Ö 1 in einer insgesamt 45 Minuten dauernden Sendung über ca elf Minuten Zitate aus diesen Werken in der kl Übersetzung vorgetragen, ohne den Übersetzer der Werke namentlich zu nennen. Der **Kl obsiegte** mit seinem Begehren auf **Unterlassung** und **Schadenersatz**. OGH: Die Bekl habe kein einziges Argument vorgebracht, warum ihr die – nur wenige Sekunden in Anspruch nehmende – Namensnennung des Übersetzers **unzumutbar** wäre.*

Die in § 58 geregelte **Zwangslizenz zugunsten von Tonträgerherstellern** bezieht sich auf das Vervielfältigungs- und Verbreitungsrecht eines Werkes auf Schallträgern. Ferner dürfen nach § 59 Rundfunksendungen von Sprachwerken sowie von Werken der Tonkunst zu öffentlichen Vorträgen und Aufführungen der gesendeten Werke mit Hilfe von Lautsprechern benutzt werden, wenn der Veranstalter einer solchen öffentlichen Wiedergabe die **Bewilligung** dazu von der zuständigen **VerwGes** erhalten hat. Damit wird demjenigen, der Rundfunksendungen öffentlich wiedergibt, die Erlangung der entspr Berechtigung erleichtert.

> *Beispiele: Ein Gastwirt betreibt in einem Gastraum ein Radiogerät; ein Fitness-Center hat ein TV-Gerät öffentlich aufgestellt und in Betrieb.*

§§ 59a und 59b (Kabel-TV): § 59a sieht die VerwGes-Pflicht bei der vertraglichen Einräumung von **Kabelweitersenderechten** vor. Kommt ein Vertrag über die Bewilligung der Weitersendung nicht zustande, kann nach § 59b jeder der Beteiligten bei einer **Schiedsstelle,** die entspr Vorschläge zu unterbreiten hat, **Vertragshilfe** beantragen.

VIII. Dauer des Urheberrechts

Eigentum an körperlichen Sachen kennt keine zeitliche Schranke. Dagegen wird das Band, welches den **Urheber** mit seinem **Werk** verbindet, irgendwann einmal getrennt. Ab einem gewissen Zeitpunkt stehen dem Urheber weder Verwertungs- noch Persönlichkeitsrechte zu.

Die **Strahlkraft** des Urhebers besteht jedenfalls zu seinen Lebzeiten und zu denen seiner nahen Angehörigen (Versorgungsgedanke), die ihn noch persönlich kannten (Gedanke des Urheberpersönlichkeitsrechts).

Gem § 60 Abs 1 endet das Urheberrecht an Werken der Literatur, der Tonkunst und der bildenden Künste, deren Urheber (§ 10 Abs 1) auf eine Art bezeichnet worden ist, die gem § 12 die **Vermutung der Urheberschaft** begründet, **70** Jahre nach dem Tod des Urhebers. Bei Miturheberschaft (§ 11) endet das Urheberrecht 70 Jahre nach dem Tod des letztlebenden Miturhebers.

Neu ist seit der Urheberrechts-Novelle 2013 (BGBl I 2013/150) § 60 **Abs 2**: Ist ein Werk der Tonkunst mit einem Sprachwerk **verbunden** (Musikkomposition mit Text) und wurden **beide** Werke eigens für diese Werkverbindung (verbundenen Werke) geschaffen (zB bei Oper, Jazz, Rock und Pop), endet das Urheberrecht an beiden Werken **70** Jahre nach dem Tod des letztlebenden (Mit-)Urhebers des Werkes der Tonkunst oder des Sprachwerks.

§ 61: Das UrhR an **anonymen/pseudonymen** Werken endet 70 Jahre nach ihrer Schaffung. Wird das Werk vor Ablauf dieser Frist veröffentlicht, endet das UrhR 70 Jahre **nach Veröffentlichung**. Die Vereinheitlichung der Schutzfristen für Werke auf 70/für verwandte Schutzrechte auf 50 Jahre geht auf die **Schutzfristen-RL** zurück. Die §§ 61a–61c betreffend das beim BMJ geführte **Urheberregister** handeln von der Anmeldung, den Eintragungserfordernissen und -modalitäten, der (Schrift-)Form, der öffentlichen Bekanntmachung usw.

Betr **Filmwerke** bestimmt § 62, dass das Urheberrecht an solchen siebzig Jahre nach dem Tode des **Letztlebenden** der folgenden Personen endet, uzw des Hauptregisseurs sowie des Urhebers des Drehbuchs, der Dialoge und des für das Filmwerk besonders geschaffenen Werkes der Tonkunst.

§ 63 – **Lieferungswerke:** Bei Werken, die in mehreren Bänden, Teilen, Lieferungen, Nummern oder Episoden veröffentlicht werden und bei denen die Veröffentlichung die für den Beginn der Schutzfrist maßgebende Tatsache darstellt, wird die Schutzfrist von der Veröffentlichung **jedes einzelnen Bestandteils** berechnet. Dabei geht es allerdings nur um die Schutzfristberechnung nach § 61 (anonyme/pseudonymen Werke).

§ 64: Bei Berechnung der Schutzfristen ist das Kalenderjahr, in dem die für den Beginn der Frist maßgebende Tatsache eingetreten ist, nicht mitzuzählen.

> *Beispiel: Gustav Klimt verstarb 1918. Der Schutz seiner Bilder endete daher am 31. 12. 1988.*

§ 65: Der Schöpfer eines Werkes kann die ihm gem §§ 19 (Schutz der Urheberschaft), 21 Abs 3 (Werkschutz) zustehenden Rechte zeit seines Lebens geltend machen, wenngleich die Schutzfrist schon abgelaufen ist.

> *Beispiel: Der Urheber Wagenheber hat das Gedicht „Sonnensegen" im Alter von 18 Jahren verfasst, es aber anonym erscheinen lassen. Erst nach Ablauf von mehr als siebzig Jahren, also etwa als 89-Jähriger, tritt er aus seiner Anonymität heraus. Er kann die Urheberschaft (§ 19) in Anspruch nehmen und sich gegen (seine geistigen Interessen am Werk schwer beeinträchtigende) Eingriffe anderer an seinem Gedicht (§ 21 Abs 3) wehren. In diesem Fall erfolgt eine Trennung des Persönlichkeits- von den Verwertungsrechten.*

C. Verwandte Schutzrechte

Während dem Urheber als Schöpfer der eigentlichen geistigen Leistung des Werkes voller urheberrechtlicher Schutz zukommt, gewährt das Leistungsschutzrecht der §§ 66 bis 80 denen, die das Werk bloß **vermitteln**, Leistungsschutzrechte. Dabei enthält der III. Abschnitt auch **persönlichkeitsrechtliche** (Brief- und Bildnisschutz der §§ 77 f) und **wettbewerbsrechtliche** (Nachrichten- und Titelschutz, §§ 79 f) **Bestimmungen**.

Als Werkvermittler kommen zB Interpreten (wie Schauspieler, Sänger, Musiker und Tänzer) infrage. Weil diese wie auch andere Personengruppen (zB Veranstalter, Hersteller von CDs, Lichtbildern) ebenfalls schutzwürdige (**nachschöpferische**) Leistungen erbringen oder wie Datenbank-, Tonträgerhersteller und Rundfunkunternehmer bedeutende **Vermarktungstätigkeiten** ausführen, kommt ihnen zwar nicht umfassender Urheberrechtsschutz, aber immerhin **Leistungsschutz** zu.

I. Schutz der Vorträge und Aufführungen

Der erste Abschnitt des II. Hauptstückes des UrhG handelt vom *„Schutz der Vorträge und Aufführungen von Werken der Literatur und der Tonkunst"* (§§ 66 ff). Wer (iSd § 66 Abs 1 S 1) ein Werk der Literatur oder Tonkunst vorträgt oder aufführt, hat das ausschließliche Recht, den Vortrag oder die Aufführung auf einem Bild- oder Schallträger festzuhalten, zu vervielfältigen und zu verbreiten. Da es sich um Werke der **Literatur** oder **Tonkunst** handeln muss, sind von diesem (nicht vom wettbewerbs- oder zivilrechtlichen) Schutz die Leistungen von Varietee- und Zirkuskünstlern, wie Jongleur- oder Trapezartisten, Zauberern und Feuerschluckern ebenso wenig erfasst wie sportliche Darbietungen (Grenzfall: choreografisch untermaltes Eistanzen).

§ 66 Abs 2: Kommen Vorträge und Aufführungen (Schauspiel, Chor- oder Orchesterwerk) durch Zusammenwirken mehrerer Personen unter einheitlicher Leitung zustande, können die Verwertungsrechte der bloß mitwirkenden Personen nur durch einen gemeinsamen Vertreter wahrgenommen werden. Auf Anordnung eines **Veranstalters** stattfindende Vorträge oder Aufführungen dürfen grds nur mit dessen Einwilligung auf Bild- oder Schallträgern festgehalten werden.

Gem § 67 Abs 1 erlöschen die Verwertungsrechte der im § 66 Abs 1 bezeichneten 50 Jahre nach dem Vortrag oder der Aufführung (Darbietung), wenn aber vor dem Ablauf dieser Frist eine Aufzeichnung der Darbietung erscheint oder öffentlich wiedergegeben (§§ 17, 18 und 18a) wird, 50 Jahre nach dem Erscheinen oder der öffentlichen Wiedergabe, je nachdem, welches Ereignis zuerst stattgefunden hat. Erscheint vor dem Ablauf derselben Frist eine Aufzeichnung der Darbietung auf einem Schallträger oder wird sie auf diesem öffentlich wiedergegeben, erlöschen die Verwertungsrechte erst **70** Jahre nach dem Erscheinen oder der öffentlichen Wiedergabe, je nachdem, welches Ereignis zuerst stattgefunden hat. Die Fristen sind nach § 64 zu berechnen.

Die Verwertungsrechte der im § 66 Abs 5 bezeichneten Person erlöschen 50 Jahre nach der Darbietung, wenn aber vor dem Ablauf dieser Frist eine Aufzeichnung der Darbietung veröffentlicht wird, 50 Jahre nach der Veröffentlichung. Die Fristen sind nach § 64 zu berechnen (§ 67 Abs 1 a).

Gem § 71a darf der Vortrag oder die Aufführung eines Werkes der Literatur oder Tonkunst nur mit Einwilligung der Personen, deren Einwilligung nach § 66 Abs 1 und 5 zur Festhaltung auf Bild- oder Schallträgern erforderlich ist, der Öffentlichkeit zur Verfügung gestellt werden. §§ 66 bis 71 gelten auch dann, wenn die vorgetragenen/aufgeführten Werke der Literatur oder Tonkunst keinen urheberrechtlichen Schutz genießen (§ 72 Abs 1). Denn die verwandten Schutzrechte des Interpreten bestehen unabhängig davon, ob er ein geschütztes oder ungeschütztes Werk wiedergibt.

> *Beispiel: Deshalb genießt etwa eine Folkloregruppe oder ein Ensemble für alte Musik Leistungsschutz.*

Die Verwertungsrechte der im § 66 Abs 1 und 5 bezeichneten Personen erlöschen fünfzig Jahre nach dem Vortrag oder der Aufführung; wurde davon aber vor Ablauf dieser Frist ein Bild- oder Schallträger hergestellt und veröffentlicht, fünfzig Jahre nach der Veröffentlichung (§ 67 Abs 1 S 1).

§ 68: Auf Verlangen eines nach § 66 Abs 1 **Verwertungsberechtigten** ist sein Name (**Deckname**) auf den Bild- oder Schallträgern anzugeben. Ohne seine **Einwilligung** darf das **nicht** geschehen. Die Einwilligung kann zurückgenommen werden, wenn ein Bild- oder Schallträger den Vortrag oder die Aufführung mit solchen Änderungen oder so mangelhaft wiedergibt, dass seine Benutzung geeignet ist, den künstlerischen Ruf des Verwertungsberechtigten zu beeinträchtigen.

II. Schutz von Lichtbildern

§ 73 Abs 1: **Lichtbilder** sind durch ein **fotografisches** oä Verfahren (zB **Videoaufnahme**) hergestellte Abbildungen. Voraussetzung: Eigentümliche geistige Schöpfung (Kunstfotografie), wodurch als Ergebnis der Abstimmung von Beleuchtung, Perspektive, Bildausschnitt etc ein Werk der **Lichtbildkunst** (im Gegensatz zum Schnappschuss, der nur eine mit technischen Mitteln bewirkte bildliche Festlegung eines Ausschnitts der Außenwelt darstellt) entsteht.

Dazu gehören auch mittels Digitalkamera aufgenommene, auf PC-Festplatte gespeicherte **Standbilder**. Diese geben in der Natur Vorgegebenes zwar nicht mit den Mitteln der Fotografie unkörperlich wieder, erzielen jedoch dasselbe Ergebnis. So hergestellte Laufbilder (kinematografische Erzeugnisse) unterliegen, unbeschadet der urheberrechtlichen Vorschriften zum Schutze von Filmwerken, den für Lichtbilder geltenden Vorschriften (Abs 2).

Früher mussten sich Lichtbildwerke (§ 3 Abs 2) vom Alltäglichen, Landläufigen, üblicherweise Hervorgebrachten durch eine besondere gedankliche Bearbeitung abheben, wogegen es sonst nur „einfache Lichtbilder" waren. Die Anforderungen für das Entstehen des Schutzrechts waren dem gemäß **relativ hoch** angesetzt. In der Folge hat die **Rsp** zur Frage, unter welchen Voraussetzungen einer Fotografie Lichtbildschutz zukommt, eine **Wende** vollzogen und den **reduzierten europäischen Werkbegriff** für **Lichtbildwerke** für anwendbar erklärt:

> *Beispiel: Zu beurteilen waren herkömmliche Aufnahmen von Radfahrern in der Natur. Der OGH stellte in* **Abkehr** *zur einschlägigen* **früheren** *Rsp fest, den Aufnahmen komme* **Urheberrechtsschutz** *zu, da sie die persönliche Wahl der Gestaltungselemente (Motiv, Standpunkt, Bildkomposition) zum Ausdruck bringen, „auch wenn andere Fotografen möglicherweise zu einem ähnlichen Ergebnis gelangt wären".*

§ 74 Abs 1: Wer ein Lichtbild aufnimmt (Hersteller), hat das ausschließliche Recht, das Lichtbild zu vervielfältigen, zu verbreiten, durch optische Einrichtungen öffentlich vorzuführen, durch Rundfunk zu senden und der Öffentlichkeit zur Verfügung zu stellen.

§ 74 Abs 2: Dem Hersteller zustehende Verwertungsrechte sind vererblich und veräußerlich. Hat der Hersteller ein Lichtbild mit seinem **Namen** (Decknamen, Firma) bezeichnet, sind auch die von anderen hergestellten, zur Verbreitung bestimmten Vervielfältigungsstücke mit einem entspr Hinweis auf den Hersteller zu versehen (Abs 3).

OGH: Eine Anbringung (des Namens) auf dem Lichtbild ist nicht erforderlich. Die Bezeichnung in einem Begleitschreiben oder auf einem Paket reicht dagegen **nicht** aus. Entscheidend ist die Möglichkeit der Kenntnisnahme durch den **Nutzer** des Lichtbilds von der Herstellerbezeichnung. Nach § 74 Abs 6 erlischt das Schutzrecht an Lichtbildern **fünfzig** (vor UrhG-Nov 1996: dreißig) **Jahre** nach der Aufnahme, wenn aber das Lichtbild vor Fristablauf veröffentlicht wird, fünfzig Jahre nach der Veröffentlichung.

§ 75 enthält *„Sondervorschriften für Lichtbildnisse von Personen"*. Von einem auf Bestellung aufgenommenen **Lichtbildnis** einer **Person** dürfen in Ermangelung anderer Vereinbarung der Besteller/seine Erben sowie der Abgebildete und nach seinem Tode Verwandte in gerader Linie und sein überlebender Ehegatte **oder Lebensgefährte** einzelne Vervielfältigungsstücke herstellen oder durch einen anderen, auch gegen Entgelt, herstellen lassen, in einem fotografischen Verfahren aber nur dann, wenn sich die so hergestellten Vervielfältigungsstücke von dem Berechtigten überhaupt nicht oder nur mit unverhältnismäßig großen Schwierigkeiten beschaffen lassen (Abs 1). Zulässig hergestellte Vervielfältigungsstücke dürfen unentgeltlich verbreitet werden.

> *Beachte: § 75 ist* **nicht** *auf Zeitungsveröffentlichungen anzuwenden, da weder das Tatbestandsmerkmal der „einzelnen Vervielfältigungsstücke" noch das der „unentgeltlichen Verbreitung" erfüllt sind.*

III. Schutz von Schallträgern

§ 76 Abs 1: Der Hersteller **akustischer Vorgänge** zur wiederholbaren Wiedergabe auf **Schallträgern** hat das ausschließliche Recht, den Schallträger zu vervielfältigen, zu verbreiten und der Öffentlichkeit zur Verfügung zu stellen. Akustische Vorgänge müssen nicht geschützten Werken oder Interpretenleistungen entspringen. Auch Natur- oder medizinisch-technische Geräusche (zB Herztöne) sind geschützt. Tonträger- bzw Schallträgerhersteller ist jene nP/jP, die die organisatorischen, wirtschaftlichen und technischen Leistungen erbringt. Das **Leistungsschutzrecht** des Tonträgerherstellers wird für dessen **technisch-organisatorische** und **wirtschaftliche** Leistung gewährt.

Für das Senden und die öffentliche Wiedergabe von zu Handelszwecken hergestellten oder der Öffentlichkeit zur Verfügung gestellten Schallträgern hat der Benutzer dem Hersteller eine **angemessene Vergütung** zu entrichten, an der der ausübende Künstler (iZw mit der Hälfte) zu beteiligen ist. Wiederum sind die Ansprüche von der VerwGes (**LSG**) geltend zu machen (§ 76 Abs 3). So wird bei der öffentlichen Wiedergabe von Industrietonträgern (zB in Diskotheken) die Vergütung von der LSG in Form eines Zuschlages von der von der **AKM** kassierten urheberrechtlichen Vergütung berechnet und von der AKM im Auftrag der LSG kassiert.

Nach § 76 Abs 5 erlischt das Schutzrecht an Schallträgern **70 Jahre** (**BGBl I 2013/150**; früher: 50 Jahre) nach dem Erscheinen des Schallträgers. Ist dieser innerhalb von 50 Jahren nach der Aufnahme nicht erschienen, aber rechtmäßig zur öffentlichen Wiedergabe (§§ 17, 18 und 18a) benutzt worden, so erlischt das Schutzrecht **70 Jahre** nach dieser. Ist der Schallträger innerhalb dieser Frist weder erschienen noch rechtmäßig zur öffentlichen Wiedergabe benutzt worden, so erlischt das Schutzrecht 50 Jahre nach der Aufnahme. Die Fristen sind nach § 64 zu berechnen. Neu sind auch die Absätze 7 bis 9 des § 76.

Hervorzuheben ist das (neue) **Rückrufrecht** („**use it or loose it**") gem § 76 Abs 7: Falls der Hersteller nach Ablauf von 50 Jahren nach Beginn des Laufs der Schutzfrist den Tonträger nicht in ausreichender Menge zum Verkauf anbietet, hat der **ausübende Künstler** das unverzichtbare Recht, den Vertrag, mit dem er dem **Hersteller** der Tonträger ausschließliche Rechte an der Aufzeichnung seiner Darbietung eingeräumt hat, **vorzeitig** zu **lösen**. Die Auflösung wird wirksam, wenn der Hersteller nicht binnen eines Jahres ab Zugang der Auflösungserklärung den Schallträger in ausreichender Menge zum Verkauf anbietet und der Öffentlichkeit zur Verfügung stellt.

Ab dem 51. Jahr nach Beginn des Laufs der Schutzfrist erhalten jene **ausübenden Künstler**, die ihre Rechte gegen ein **Pauschalentgelt** abgetreten haben, einen **unverzichtbaren** (nur durch eine VerwGes geltend zu machenden) Anspruch auf eine **jährliche** Vergütung iHv insgesamt **20 %** der (Brutto-)Einnahmen aus der Vervielfältigung, Verbreitung und interaktiven öffentlichen Wiedergabe der Tonträger. Näheres va zur **Durchsetzung** dieses Vergütungsanspruchs (bzw zum **Auskunftsrecht**) s § 76 Abs 8.

IV. Schutz von Rundfunksendungen

§ 76a: Dem **Rundfunkunternehmer** steht das ausschließliche Recht zu, die Sendung gleichzeitig über eine andere Sendeanlage zu senden und zu einer öffentlichen Wiedergabe iSd § 18 Abs 3 an Orten zu benutzen, die der Öffentlichkeit gegen Zahlung eines Eintrittsgelds zugänglich sind; der Rundfunkunternehmer hat weiter das ausschließliche Recht, die Sendung auf einem Bild- oder Schallträger (insb auch in Form eines Lichtbildes) festzuhalten, diesen zu vervielfältigen, zu verbreiten und zur öffentlichen Zurverfügungstellung zu benutzen (§ 76a Abs 1).

Entgegen dieser Bestimmung vervielfältigte oder verbreitete Bild- oder Schallträger dürfen zu einer **Rundfunksendung** oder zu einer **öffentlichen Wiedergabe** nicht benutzt werden (§ 76a Abs 2). Zum **privaten** Gebrauch und weder für unmittelbare noch mittelbare kommerzielle Zwecke darf gem § 76a

Abs 3 S 1 jede **nP** eine Rundfunksendung auf einem Bild- oder Schallträger festhalten und von diesem einzelne Vervielfältigungsstücke herstellen.

Das Schutzrecht an Rundfunksendungen erlischt 50 Jahre nach der Sendung (§ 76a Abs 4). Zu den in § 76a Abs 5 aufgezählten freien Werknutzungsrechten gehört **nicht** auch das **Zitatrecht**. Ohne Zustimmung des Rundfunkunternehmers dürfen daher auch **nicht kleine** Teile einer Rundfunksendung verwendet werden.

> *Beispiele: Der ORF berichtete über eine Auseinandersetzung des Oberndorfer Turnlehrers H. mit einem Schüler, wonach „H. diesen am Hals gepackt, ihm einen Schlag versetzt, die Stiege hinunterge-stoßen, ihm nachgelaufen und ihm noch einen Schlag gegen den Hals versetzt habe. Im Strafverfahren wurde H. freigesprochen. Um sich öffentlich zu rehabilitieren, verfasste H. das Lied „Turnlehrer H.", welches ua die Berichterstattung des ORF über den Vorfall wiedergab.*
>
> *Von diesem Lied ließ H. 972 Schallplatten (Titel „Oberndorfer Gschichtn") herstellen, wovon ca 100 an Privatpersonen unentgeltlich verteilt wurden. Der ORF klagte H. auf Unterlassung des über den eigenen Gebrauch hinausgehenden Festhaltens obiger Passage, ihrer Verwendung, Vervielfältigung und des Verbreitens und obsiegte in letzter Instanz.*
>
> *OGH: Der Bekl habe in das **vermögensrechtliche** Leistungsschutzrecht des Kl eingegriffen. Der **Signalschutz** nach **§ 76a** erstrecke sich nicht bloß auf ganze Sendungen, sondern auch auf relativ kleine (nicht unwesentliche!) Teile davon. Geschützt sei jede Sendung, unabhängig von eigenschöpferischer Gestaltung und wettbewerblicher Höhe der Leistung. Es komme auch **nicht** auf die Motivation des Bekl (kein Erwerbszweck, Absicht der Abwehr der für H nachteiligen Folgen einer Rundfunksendung) an. Eine Berufung auf ein **Zitatrecht** scheitere an dessen **Nichterwähnung** als freie Werknutzung in § 76a **Abs 5**.*
>
> *Folge-Rsp: Auch relativ kleine Teile von Rundfunksendungen genießen **Signalschutz** nach § 76a. Dies gilt zB für ein in einer Sendung gezeigtes **Lichtbild** (Standbild der TV-Sendung „Konflikte"), welches keineswegs einen völlig unwesentlichen Teil der Sendung festhielt. Nicht auf die Dauer (des entnom-menen Sendeteils) im Verhältnis zur Länge der Gesamtsendung, sondern auf den **Inhalt** komme es an.*

V. Schutz nachgelassener Werke

In Umsetzung der Schutzfristen-RL (dazu oben A.III.2.e) wurde durch die UrhG-Nov 1996 § 76b („*Nachgelassene Werke*") dem UrhG eingefügt. Wer danach ein nichtveröffentlichtes Werk, für das die Schutzfrist abgelaufen ist, erlaubterweise veröffentlicht, dem stehen die Verwertungsrechte am Werk wie einem Urheber zu.

VI. Geschützte Datenbanken

Der **Hersteller**, der die **Investition** iSd § 76c vornahm, hat nach § 76d Abs 1 S 1 das **ausschließliche** Recht, die ganze Datenbank oder einen nach Art und Umfang wesentlichen Teil derselben zu vervielfältigen, zu verbreiten, durch Rundfunk zu senden, öffentlich wiederzugeben und der Öffentlichkeit zur Verfügung zu stellen. **Verleihen** ist **nicht** umfasst (§ 76d Abs 2).

Zulässig ist die Vervielfältigung eines wesentlichen Teils einer veröffentlichten Datenbank uU für private, wissenschaftliche oder Unterrichtszwecke (§ 76d Abs 3).

Das Schutzrecht an Datenbanken erlischt 15 Jahre nach Abschluss ihrer Herstellung; bei Veröffentlichung vor Ablauf dieser Frist 15 Jahre ab diesem Zeitpunkt (Abs 4).

Beachte: Datenbanken werden als Sammelwerk iSd § 6 geschützt. Sie können aber auch dann geschützt werden, wenn sie keine eigentümliche geistige Schöpfung und daher **kein** Datenbank**werk** sind. In diesem Fall bestimmt sich ihr Schutz nach **§ 76c.** Danach muss für die Beschaffung, Überprüfung und Darstellung ihres Inhalts eine **wesentliche Investition** erforderlich gewesen sein.

OGH: Um eine wesentliche Investition (iSd § 76c Abs 1) handelt es sich zB beim Aufwand für die **Aktualisierung** des EDV-Firmenbuchs.

„Einfache" Datenbanken sind 15 Jahre lang geschützt. Dagegen verliert eine „**lebende**" („upgedatete") Datenbank nie ihren Schutz. § 76e schützt den rechtmäßigen Benutzer einer Datenbank so, dass diesem nicht untersagt werden kann, **unwesentliche** Teile der Datenbank zu entnehmen oder weiterzuverwenden. Solche Vertragsbestimmungen sind **unwirksam,** außer es wird gravierend in die Interessen des Datenbankherstellers eingegriffen.

VII. Brief- und Bildnisschutz

Briefe, Tagebücher und ähnliche vertrauliche Aufzeichnungen dürfen nach § 77 Abs 1 weder öffentlich vorgelesen noch auf eine andere Art, wodurch sie der Öffentlichkeit zugänglich gemacht werden, verbreitet werden, wenn dadurch **berechtigte Interessen** des Verfassers oder – falls er gestorben ist, ohne die Veröffentlichung gestattet oder angeordnet zu haben – eines nahen Angehörigen (ds gem Abs 2 Verwandte in absteigender Linie, der überlebende Ehegatte oder Lebensgefährte) verletzt würden.

Gem § 77 Abs 2 S 2 genießen die mit dem Verfasser im ersten Grade Verwandten und der überlebende Ehegatte oder Lebensgefährte diesen Schutz Zeit ihres Lebens, andere Angehörige nur, wenn seit dem Ablauf des Todesjahres des Verfassers zehn Jahre noch nicht verstrichen sind. Die hier angesprochenen „berechtigten Interessen" betreffen den Schutz der Privatsphäre.

Beispiele: Familiäre Tatsachen (Ehebruch, außereheliches Kind), (Geschlechts-)Krankheit, sexuelle Orientierung (Homosexualität), wenn man sich dazu etwa nicht öffentlich bekannt hat usw.

§ 78: **Bildnisschutz** soll verhindern, dass Personen aus ihrem persönlichen Kreis herausgehoben und unter Verletzung ihrer berechtigten Interessen durch die Medien „an den Pranger gestellt" werden. Schutz der Privatsphäre: Spannungsverhältnis zum Recht/Interesse der Öffentlichkeit an Berichterstattung: **Bildnisse** von **Personen** dürfen weder öffentlich ausgestellt noch verbreitet bzw der Öffentlichkeit zugänglich gemacht werden, wenn dadurch berechtigte Interessen des Abgebildeten (nach seinem Tod: der nahen Angehörigen) verletzt würden.

Bildnis einer Person ist jede Abbildung, aus der diese kenntlich wird (zB Gemälde, Fotos, Grafiken, Zeichnungen, Karikaturen, Schattenrisse, Filme). Auch wer einmal der Veröffentlichung eines Fotos zugestimmt hat, kann sich gegen **weitere** Veröffentlichungen, insb zu **Werbezwecken**, zur Wehr setzen.

Eine Verletzung des **Rechts am eigenen Bild** liegt vor, wenn iZm der Veröffentlichung eines Bildes **ehrenrührige** (uU **wahre**) Tatsachen erwähnt werden. **Politiker** müssen sich der besonderen Kritik der Öffentlichkeit stellen (weitere Grenze als bei Privatpersonen; doch müssen sie nicht jede Kritik iZm mit der Abbildung ihrer Person erdulden). Die Rsp liefert dafür zahlreiche Beispiele:

Beispiel: Die **Abbildung** *eines prominenten „rechten" (mittlerweile verstorbenen) Politikers auf der* **Umschlagseite** *am „Handbuch des österreichischen Rechtsextremismus" vor deutsch-nationalem Hintergrund, der ihn mit* **NS**-*Gedankengut in Verbindung bringt, verletzt jedenfalls seine berechtigten Interessen.*

*Auch in anderen Fällen steht die „reißerische" Aufmachung im Vordergrund, dh auf der **Titel**seite:*

Beispiele: Die bekl Zeitschrift F. brachte auf dem Titelblatt das Foto des Kl (Halbprofil, starrer Blick, Seitenscheitel, s nachstehendes Bild), groß den Schriftzug „Meinls Kampf" und Untertitel wie „Offensive", „Attacke" und „Konter". Der Kl begehrte die Unterlassung der Abbildung, weil zwischen ihm und Adolf Hitlers Buch „Mein Kampf" iVm dem Begleittext (va des Wortspiels „Meinls Kampf") ein fälschlicher Bezug erweckt werde. Der Kl obsiegte im Verfahren. Bei Veröffentlichung eines Bildes auf der Titelseite ist grds die Gestaltung derselben maßgebend; hier besteht nämlich erhöhte Gefahr von Persönlichkeitsrechtsverletzungen.

*OGH: Der Nationalsozialismus und seine Führungsgestalten sind ausschließlich negativ und diskreditierend besetzt, weil sie untrennbar mit Verfolgung und Vernichtung politischer Gegner, rassisch begründeten Massenmorden, Führung von Angriffskriegen und Kriegsverbrechen verbunden sind. Es sei **herabwürdigend, ehrenrührig, das Persönlichkeitsrecht** sowie berechtigte Interessen iSd **§ 78** verletzend, wenn der Kl, der sich an **keiner** öffentlichen politischen Diskussion beteiligt hat, **ohne** jeden sachlichen **Anknüpfungspunkt** in einen **assoziativen NS-Zusammenhang** gestellt wird. Den Medien stehe es frei, die Aufmerksamkeit ihrer Leser durch „reißerische und satirische" Gestaltung auf ihre Produkte zu lenken. Doch sind auch diesen Stilmitteln **Grenzen** gesetzt, die die Bekl im gegebenen Fall **deutlich überschritten** hatte.*

*Auch **solche** Personen, für die sich breite Bevölkerungskreise interessieren und die immer wieder Gegenstand von Medienberichten sind, haben Anspruch darauf, dass die Allgemeinheit Rücksicht auf ihre Persönlichkeit nimmt und ihre Privatsphäre respektiert (Pinkelprinz). Das trifft auch auf den **postmortalen** Persönlichkeitsschutz zu: So gehört die **Trauer** am Grab verstorbener **naher Angehöriger** (**auch** bei **Prominenten**) zum geschützten innerfamiliären Lebensbereich (das ist ein Teil des Rechts auf Respektierung der **Privatsphäre**).*

*Auch die **Intimsphäre bekannter** Persönlichkeiten ist geschützt. Der **höchstpersönliche** Lebensbereich (**Kernbereich** der geschützten Privatsphäre) umfasst jedenfalls die Gesundheit, das Sexualleben und das Leben in und mit der Familie. Die **Verbreitung** von **Bildern**, die **entstellend** wirken oder den Abgebildeten iZm Bildunterschrift oder Begleittext der Neugier oder Sensationslust der Öffentlichkeit preisgeben oder ihn mit Vorgängen in Verbindung bringen, mit denen er **nichts zu tun** hat, ist **unzulässig** (Fiona G.). Ferner ist auch das Interesse eines Rechtsanwalts an der Geheimhaltung seiner Privatsphäre als grds schutzwürdig anzusehen.*

*Im Einzelfall kann etwa die Darstellung von **Wohnverhältnissen** wegen des dadurch möglichen Rückschlusses auf die Persönlichkeit des Bewohners den höchstpersönlichen Lebensbereich berühren. Das trifft aber **nicht** zu, wenn eine Zeitung ohne Abbildung des Wohnungsinneren oder einer privaten Szene und in **nicht** reißerischer oder bloßstellender Weise über Tatsachen berichtet, deren Richtigkeit unbestritten ist.*

*Andererseits kann bereits die **Herstellung** eines Bildnisses (hier Fotos des Kl und anderer Personen vor Beginn der Befundaufnahme in einem Wohnhaus anlässlich der Begutachtung von Bauwerkleistungen) **ohne** Einwilligung des Abgebildeten einen **unzulässigen Eingriff** in dessen Bildnisschutzrecht gem **§ 78** iVm seinem **allgemeinen Persönlichkeitsrecht** (§ 16 ABGB) darstellen. Dieses wird nicht nur verletzt, wenn Abbildungen einer Person im privaten Bereich angefertigt werden, um diese der*

*Öffentlichkeit zugänglich zu machen, sondern kann auch in **öffentlich** zugänglichen Bereichen und **ohne** Verbreitungsabsicht **unzulässig** sein.*

*In derartigen Fällen bedarf es regelmäßig einer umfassenden Güter- und Interessenabwägung im Einzelfall, wobei es ua darauf ankommt, ob der Abgebildete auf der Aufnahme zu **identifizieren** ist, was bei Verneinung (zB iZm Urlaubsfotos, auf denen zufällig fremde Personen aufgenommen werden) dazu führt, dass eine Persönlichkeitsrechtsverletzung idR ausscheidet, außer der Abgebildete wird **gezielt** fotografiert.*

*__Kein__ Verstoß gegen § 78 liegt vor, wenn der Abgebildete einer Veröffentlichung ausdrücklich oder stillschweigend **zugestimmt** hat. Doch ist zu berücksichtigen, für welchen **Zweck** die Zustimmung erteilt wurde.*

*Eine Zustimmung zur Veröffentlichung von Porträtfotos iZm einem (massiv medial verbreiteten) Bericht über die Geltendmachung von Schadenersatzansprüchen aus Anlass des Einsatzes uU gesundheitsgefährdender Brustimplantate (hier: durch die Tageszeitung Ö.) deckt **nicht** die Veröffentlichung dieser Fotos, weil gleichzeitig darunter die Veröffentlichung eines **fremden**, weiblichen **nackten** Oberkörpers erfolgt, va wenn dadurch der Eindruck entsteht, es würde sich dabei um die Brüste der oben Abgebildeten handeln.*

VIII. Nachrichten- und Titelschutz

§ 79 Abs 1 (**Nachrichtenschutz**): Einfache **Presseberichte** (wie **vermischte Nachrichten** und in Zeitungskorrespondenzen enthaltene, **keinen** urheberrechtlichen Schutz genießende **Tagesneuigkeiten**) dürfen in Zeitungen oder Zeitschriften erst dann wiedergegeben werden, wenn seit ihrer Verlautbarung in einer vom Nachrichtensammler dazu ermächtigten Zeitung/Zeitschrift mindestens zwölf Stunden (**Karenzfrist**) verstrichen sind.

Entsprechendes gilt für andere Einrichtungen (Rundfunk, TV), die die periodische Verbreitung von Nachrichten an jedermann besorgen (§ 79 Abs 2).

§ 80 Abs 1 (**Titelschutz**): Danach darf im geschäftlichen Verkehr weder der Titel oder die sonstige Bezeichnung des Werkes der Literatur und der Kunst noch die äußere Ausstattung von Werkstücken für ein anderes Werk auf eine Weise verwendet werden, die geeignet ist, **Verwechslungen** hervorzurufen. Gem § 80 Abs 2 gilt dies auch für Werke der Literatur und Kunst, die keinen urheberrechtlichen Schutz genießen. Der **Titel** wird seiner Individualisierungsfunktion gerecht, wenn er **selbst** Kennzeichnungs- **und** Unterscheidungskraft besitzt.

> *__Beispiele__: So der Titel „Wiener Spaziergänge", der Liedtitel „Der Papa wird's schon richten" und der Buchtitel „Kopfsalat". Nicht unterscheidungskräftig dagegen sind die Titel „TV-Woche" und „Festspiel Illustrierte".*

Bei Titeln von Tageszeitungen und Zeitschriften schließen schon geringfügige Abweichungen die Verwechslungsgefahr aus. Hieran ändern ähnliche grafische Gestaltung, Format, Inhalt und entspr Leserkreis nichts.

> *__Beispiel__: Die Zeitschriftentitel „tvmedia" und „tvDIGITAL" sind **nicht** verwechslungsfähig.*

D. Rechtsdurchsetzung

I. Zivilrechtliche Vorschriften

Sachliche Zuständigkeit – § 51 Abs 2 Z 10 JN: Vor die Handelsgerichte (**Eigenzuständigkeit**) gehören ohne Rücksicht auf den Wert des Streitgegenstands Streitigkeiten nach UrhG insb die in §§ 81 bis 87b geregelten Ansprüche. Nicht darunter fallen Ansprüche aus Urheberrechtsverträgen (zB Verlagsvertrag, Bühnenaufführungsvertrag etc).

Örtliche Zuständigkeit: § 83c JN (*„Streitigkeiten aus gewerblichem Rechtsschutz und UrhR und Verbandsklagen"*).

1. Unterlassungsanspruch

Das wichtigste Rechtsschutzinstrument im Bereich des Urheberrechts ist der dem Urheber oder Inhaber des verwandten Schutzrechtes oder Werknutzungsrechtes zustehende **Unterlassungsanspruch**. Dieser richtet sich gegen jeden, der das Werk oder die Leistung in einer dem Urheber oder dem Inhaber verwandter Schutzrechte vorbehaltenen Art verwertet oder in sonstige Rechte, wie Urheberpersönlichkeitsrechte, eingreift (§ 81 Abs 1).

> *Beispiel: Unterlassungsbegehren nach UrhG haben sich am **konkreten Verstoß** (zB unzulässige Verwertungshandlungen im Internet) zu orientieren. Deshalb ist auf das konkret verletzte Verwertungsrecht (hier: Vervielfältigungs- und Zurverfügungstellungsrecht am Filmwerk) abzustellen. Zur Vermeidung von Umgehungen sind vom Unterlassungsgebot aber auch **ähnliche** Fälle (hier: Werbung in anderen Medien, zB einzelne Bilder des Films in Werbeprospekten) zu erfassen.*

§ 81 Abs 1a: Bedient sich derjenige, der eine solche Verletzung begangen hat oder von dem eine solche Verletzung droht, der Dienste eines Vermittlers (**Providers**), kann auch dieser auf Unterlassung nach (§ 81 Abs 1) geklagt werden. Der Unternehmensinhaber kann hierauf auch dann geklagt werden, wenn eine solche Verletzung im Betrieb seines Unternehmens von einem Bediensteten oder Beauftragten begangen worden ist oder droht (**Gehilfenhaftung**). Gehilfe ist, wer den Täter **bewusst fördert**, nicht wer bloß ein Foto an eine Zeitung weitergegeben, ansonsten an der Veröffentlichung aber nicht mitgewirkt hat.

> *Beispiel: Ein Speditionsunternehmen, welches die Zollanmeldung für über 15.000 CDs (Raubpressungen) im Auftrag eines tschechischen Unternehmens vornimmt, somit gegenüber den Zollorganen als „Anmelder" auftritt, der „den Empfänger indirekt vertritt", **haftet** deshalb **nicht** als (mittelbarer) Täter.*

2. Beseitigungsanspruch

Mit der Gewährung des **Beseitigungsanspruches** soll der rechtswidrige Zustand (zB Verbreitung eines ohne Zustimmung des Urhebers gedruckten Buches, Verbreitung von Zeitungen mit Lichtbildern ohne Herstellerbezeichnung) für immer beendet werden (vgl auch § 148 PatG, § 54 MaSchG, § 15 UWG, § 34 MuSchG und § 41 GMG). Anspruchsberechtigt sind ua der Urheber, der Werknutzungsberechtigte, Lichtbildhersteller (bei Verletzung seines Rechts auf Herstellerbezeichnung). § 82 Abs 1: Wer in einem auf das UrhG gegründeten Ausschließlichkeitsrecht verletzt wird, kann verlangen, dass der dem Gesetz widerstreitende Zustand **beseitigt** wird; § 81 Abs 1a gilt sinngemäß. Insb kann der Verletzte die Vernichtung von Vervielfältigungsstücken verlangen.

3. Urteilsveröffentlichung

§ 85 Abs 1: Wird auf Unterlassung oder Beseitigung oder Feststellung des Bestehens oder Nichtbestehens eines auf das UrhG gegründeten Ausschließungsrechtes oder der Urheberschaft (§ 19) geklagt, hat das Gericht der obsiegenden Partei, wenn diese daran ein **berechtigtes Interesse** hat, auf Antrag die Befugnis zuzusprechen, das Urteil innerhalb bestimmter Frist auf Kosten des Gegners zu veröffentlichen. Der Anspruch auf **Urteilsveröffentlichung** kann nur **iVm** Unterlassungs-, Beseitigungs- und Feststellungsklagen (nicht selbständig!) geltend gemacht werden. Ein „**berechtigtes Interesse**" liegt vor, wenn durch die Veröffentlichung für den Betroffenen ein durch Aufklärung beseitigbarer Nachteil entstanden ist.

> *Beispiele: Der Abgebildete wird mit strafbaren Handlungen (etwa gegen Leib und Leben) in Verbindung gebracht wird, obgleich er in Wahrheit in Notwehr gehandelt hat.*
>
> *Wurde ein Foto entgegen § 78 (hier: oberhalb eines fremden weiblichen nackten Oberkörpers, sodass die Platzierung den Eindruck erweckt, er sei der Abgebildeten zuzuordnen) und auf der **Titelseite** der bekl Zeitung (Ö.) veröffentlicht, reicht es aus, dass die zulasten dieser angeordnete Urteilsveröffentlichung im **Blattinneren** erfolgt, sofern es sich dabei auf der Titelseite **nicht** um eine rechtswidrige wettbewerbliche, die Interessen der Kl verletzende **Ankündigung** handelt und auch so das Ziel erreichbar ist, die Öffentlichkeit über den **Urheberrechtsverstoß aufzuklären** bzw über die **wahre** Sachlage zu **informieren**.*

Die **Urteilsveröffentlichung** dient dazu, falsche Eindrücke zu beseitigen, die durch die Veröffentlichung entstanden sind. Sie muss demnach **geeignet** sein, bisherige oder künftige **Nachteile** für den Verletzten zu beseitigen. Dies ist vom Kl zu behaupten und zu beweisen. **Liegen** diese Nachteile infolge des behaupteten und festgestellten Ausmaßes einer rechtswidrigen Nutzung **auf der Hand**, trifft die Behauptungs- und Beweislast aber den **Bekl**.

4. Anspruch auf angemessenes Entgelt

Unter den in § 86 Abs 1 Z 1–6 genannten Umständen (Verletzungen des UrhR) hat der Verletzte gegen den Verletzer, der die urheberrechtswidrigen Handlungen ohne Einwilligung des Verletzten gesetzt hat, einen verschulden**un**abhängigen Anspruch auf **angemessenes** (dh übliches, dem Marktpreis entspr) **Entgelt**. Wer einen **Pressebericht** dem § 79 zuwider benutzt hat, hat, auch wenn ihn kein Verschulden trifft, dem Nachrichtensammler ein angemessenes Entgelt zu bezahlen. Dogmatisch gehört § 86 zu den Bereicherungsansprüchen.

> *Beispiel: Die Republik Österreich klagte auf Zahlung eines angemessenen Entgelts für einen Zeitraum von vier Jahren für die Übernahme von Änderungsdaten aus dem Firmenbuch. OGH: Das **angemessene Entgelt** für die Nutzung von **Firmenbuchdaten** des Bundes in einer **eigenen Datenbank** besteht – bei Vorliegen des Problems des fehlendem Marktpreises – zumindest in jenem Betrag, den der Datenbankbetreiber für die zu diesem Zweck erforderlichen Abfragen aus der Firmenbuch-Datenbank zu zahlen gehabt **hätte** (sog „**Gebührenäquivalent**", in casu iHv € 1,5 Mio).*

5. Anspruch auf Schadenersatz und Herausgabe des Gewinns

§ 87 Abs 1: Wer (entgegen UrhG) einen anderen schuldhaft schädigt, hat dem Verletzten ohne Rücksicht auf den Verschuldensgrad auch den **entgangenen Gewinn** zu ersetzen: Ausnahmebestimmung gegenüber allgemeiner Regel des § 1324 ABGB, wonach grds nur ein Anspruch auf die „eigentliche Schadloshaltung" und nur bei Vorsatz oder grober Fahrlässigkeit auch der auf Herausgabe des entgangenen Gewinns („volle Genugtuung") besteht.

§ 87 Abs 2: Der Verletzte kann eine angemessene Entschädigung für in keinem Vermögensschaden bestehende Nachteile verlangen, die er durch die Handlung erlitten hat (Ersatz des **immateriellen** Schadens, setzt **empfindliche Kränkung** voraus). Das ist so unter „**besonderen Umständen**", dh wenn die verletzte Vorschrift dem Schutz geistiger Interessen dient und die Beeinträchtigung den mit jeder Urheberrechtsverletzung verbundenen Ärger übersteigt.

> *Beispiel: Veröffentlichung einer **unvorteilhaften** Abbildung eines Fotomodels, die Ansehen und berufliches Fortkommen des Models beeinträchtigt. Die besonderen Umstände können auch in der Verletzungshandlung **selbst**, dh der Art und Intensität des Eingriffs, liegen.*

§ 87 Abs 3: Der Verletzte, dessen Einwilligung einzuholen gewesen wäre, kann als Ersatz des ihm **schuldhaft** zugefügten Vermögensschadens (Abs 1), wenn kein höherer Schaden nachgewiesen wird, **das Doppelte** des ihm nach § 86 („Anspruch auf angemessenes Entgelt") gebührenden Entgelts begehren. Diese Regelung der **Schadenspauschalierung** dispensiert den Urheber vom Nachweis der Höhe des Vermögensschadens (Beweiserleichterung).

> *Unterscheide: Für die Schadenspauschalierung nach § 87 Abs 3 ist lediglich **schuldhaftes** Handeln erforderlich. Dagegen setzt **§ 53 Abs 3 MaSchG** Vorsatz oder zumindest grobe Fahrlässigkeit des Verletzers voraus (Näheres dazu oben beim Markenrecht, Erster Abschnitt D.VI.1.c.).*

§ 87 Abs 4: Der Verletzter kann für gewisse Urheberrechtsverletzungen die **Herausgabe des Gewinns** verlangen. Darüber hinaus kann gem Abs 5 Ersatz des **Vermögensschadens** neben angemessenem Entgelt (§ 86) oder Herausgabe des Gewinns (§ 87 Abs 4) nur begehrt werden, soweit er das Entgelt oder den herauszugebenden Gewinn **übersteigt**.

6. Anspruch auf Auskunft

Wer gem § 87b Abs 1 im Inland Werkstücke verbreitet, an denen das Verbreitungsrecht durch Inverkehrbringen in einem EU- oder EWR-MS erloschen ist (§ 16 Abs 3), hat dem Berechtigten auf Verlangen **richtig** und **vollständig Auskunft** über Hersteller, Inhalt, Herkunftsland und Menge der verbreiteten Werkstücke zu geben. Auskunftsanspruch hat, wem das Recht, die Werkstücke im Inland zu verbreiten, im Zeitpunkt des Erlöschens zugestanden ist.

§ 87b Abs 2 regelt die Auskunftspflicht gegenüber dem Verletzten betreffend den **Ursprung** und die **Vertriebswege**, Abs 3 verpflichtet **Vermittler** (iSd § 81a) gegenüber dem Verletzten auf dessen schriftliches, ausreichend begründetes Verlangen zur **Auskunft** über die Identität des Verletzers (Name und Anschrift) bzw die zur Feststellung des Verletzers nötigen Auskünfte.

Der Verletzte hat dem Vermittler die angemessenen Kosten der Auskunftserteilung zu ersetzen. Diese Bestimmung wirft jedoch in praxi **Probleme** auf, insb iZm der **Providerauskunft** beim **Filesharing**.

> *Beachte: Nach der **Rsp** bildet § 87b Abs **keine** EU-rechtliche Grundlage für die Verarbeitung (Speicherung und Beauskunftung) von Verkehrsdaten (hier: dynamische IP-Adressen der Anbieter von Musikdateien in Filesharing-Netzen) durch den Access-Provider (beachte insb das Speicherungsverbot und die Löschungs-/Anonymisierungspflicht unmittelbar nach Beendigung der Verbindung gem § 99 Abs 1 TKG). Auskunftsansprüche gegen Access-Provider scheitern daher am Fehlen einer Ausnahmeregelung iSv Art 15 iVm Art 6 der RL 2002/58/EG (Datenschutz-RL für elektronische Kommunikation) im österr Recht.*

7. Haftung des Inhabers eines Unternehmens

§ 88 Abs 1: Wird der einen Anspruch auf angemessenes Entgelt begründende Eingriff im Betrieb eines Unternehmens von einem Bediensteten oder Beauftragten begangen, trifft die Pflicht zur Zahlung des Entgelts den **Unternehmensinhaber** (der diesfalls **ohne** eigenes Verschulden haftet).

§ 88 Abs 2: Der Unternehmensinhaber haftet, wenn ein Bediensteter oder Beauftragter im Betrieb des Unternehmens urheberrechtswidrig gehandelt hat, unbeschadet einer allfälligen Ersatzpflicht dieser Personen, für den Ersatz des dadurch verursachten Schadens, wenn ihm die Zuwiderhandlung bekannt war oder bekannt sein musste (dh bei **Verschulden**).

8. Haftung mehrerer Verpflichteter

Gem § 89 **haften mehrere Verpflichtete** bei Ansprüchen auf angemessenes Entgelt (§ 86), Schadenersatz (§ 87 Abs 1–3) oder Herausgabe des Gewinns (§ 87 Abs 4) zur **ungeteilten Hand**. Im Gegensatz zur allgemeinen zivilrechtlichen Regel der anteiligen Haftung (nach § 1302 S 1 ABGB) besteht hier **Solidarhaftung**.

9. Verjährung

§ 90 Abs 1: **Verjährung** der Ansprüche auf angemessene(s) Entgelt/Vergütung, Herausgabe des Gewinns und Auskunft nach den Vorschriften für **Entschädigungsklagen** (§ 1489 ABGB).

Dagegen unterliegen die anderen Ansprüche (wie der Unterlassungsanspruch nach § 81, der Anspruch auf Urteilsveröffentlichung nach § 85, der Beseitigungsanspruch nach § 82 sowie Feststellungsklagen) der allgemeinen großen Verjährungsfrist von dreißig Jahren.

10. Mitwirkung der Zollbehörden

Nach § 90a obliegt es den Zollbehörden, den VerwGes Anmeldescheine, mit denen Trägermaterial und Vervielfältigungsstücke iSd § 42b angemeldet werden, zu übersenden.

II. Strafrechtliche Vorschriften

Mit den auf die UrhG-Nov 1989 und 1996 zurückgehenden strafrechtlichen Vorschriften sollen mit Hilfe der Zollbehörden alle für die **Rechtsverfolgung** notwendigen Informationen beschafft und der **zivilrechtliche** Schutz durch Strafdrohungen **verstärkt** werden. Dabei geht es um vorsätzliche Eingriffe (*dolus eventualis* reicht aus).

> *Beispiel: Weiß der Verbreiter von CDs, dass bestimmte Labels einer VerwGes Verbreitungsrechte eingeräumt haben, ist für die Erfüllung der Tatbestandsvoraussetzung des bedingten Vorsatzes die genauere Kenntnis über „gesperrte" Werke oder Interpreten nicht vonnöten.*

1. Eingriff

§ 91 Abs 1 erfasst gewisse **Eingriffe** (§ 86 Abs 1, § 90b, § 90c Abs 1, § 90d Abs 1) bzw alle vorsätzlich begangenen Verletzungen urheber-/leistungsschutzrechtlicher Ausschließungsrechte.

Beispiele: Die vorsätzliche Verwendung von Werken der Literatur/Kunst auf eine nach den §§ 14–18a dem Urheber zustehende Verwertungsart (§ 86 Abs 1 Z 1) oder vorsätzliche Benutzung eines Lichtbildes oder eines Schallträgers auf eine nach den §§ 74, 76 dem Hersteller vorbehaltene Verwertungsart (§ 86 Abs 1 Z 4).

Ebenso erfasst sind die Tatbestände der §§ 90b, 90c, 90d (Freiheitsstrafe bis zu sechs Monaten/Geldstrafe bis zu 360 Tagessätzen).

§ 91 Abs 1 S 2: **Nicht** strafbar ist der Eingriff bei unbefugter/-em Vervielfältigung/Festhalten eines Vortrags oder einer Aufführung jeweils zum **eigenen** Gebrauch.

2. Vernichtung/Unbrauchbarmachung

Als strafrechtliches Gegenstück zum zivilrechtlichen Beseitigungsanspruch des § 82 regelt § 92 die *„Vernichtung und Unbrauchbarmachung von Eingriffsgegenständen und Eingriffsmittel"*, in welcher allerdings der Rechtsposition und den Interessen des Eigentümers weniger intensiv Rechnung getragen wird.

Die Eingriffsgegenstände (zB „Raubpressungen" von CDs) unterliegen daher ohne Rücksicht darauf, wem sie gehören, diesen Maßnahmen.

3. Beschlagnahme

§ 93 Abs 1: Zur Sicherung der aufgrund des § 92 beantragten Maßnahmen (Vernichtung und Unbrauchbarmachung von Eingriffsgegenständen und Eingriffsmitteln) können die ihnen unterliegenden Eingriffsgegenstände und Eingriffsmittel auf Antrag des Privatanklägers vom Strafgericht in Beschlag genommen werden.

E. Anwendungsbereich des Gesetzes

I. Werke der Literatur und Kunst

§ 94: Ein Werk genießt ohne Rücksicht darauf, ob und wo es erschienen ist, urheberrechtlichen Schutz, wenn der Urheber (§ 10 Abs 1) oder ein Miturheber österr Staatsbürger ist (**Staatsbürgerschaftsprinzip**).

Ferner genießen nach § 95 alle nicht schon nach § 94 geschützten Werke urheberrechtlichen Schutz, die im **Inland erschienen** sind, sowie die Werke der bildenden Künste, die Bestandteil oder Zugehör einer **inländischen Liegenschaft** sind (Anknüpfung an den **Erscheinungsort**). Dies entspricht in etwa Art 5 Abs 4 RBÜ.

II. Vorträge und Aufführungen von Werken der Literatur und der Tonkunst

Vorträge und Aufführungen von Werken der Literatur und der Tonkunst, die im **Inland** stattfinden, sind gem §§ 66 bis 72 ohne Rücksicht darauf geschützt, welchem Staat die Personen angehören, deren Einwilligung nach § 66 Abs 1 und 5 zur Festhaltung des Vortrages oder der Aufführung auf einem Bild- oder Schallträger erforderlich ist (§ 97 Abs 1).

Die §§ 66 bis 72 gelten bei Vorträgen und Aufführungen im **Ausland** zugunsten österr Staatsbürger. Ausländer sind wiederum unter der Voraussetzung der **Gegenseitigkeit** geschützt. In diesem Bereich haben internationale bzw multilaterale Abk erhebliche Bedeutung.

III. Lichtbilder

§ 98 sorgt für die Anwendbarkeit der Bestimmungen über inländische Anknüpfungspunkte und Gegenseitigkeit auch im Hinblick auf **Lichtbilder** (mHa §§ 94 bis 96). Ist der Hersteller eine **jP**, ist dem Erfordernis der österr Staatsbürgerschaft entsprochen, wenn die jP ihren **Sitz im Inland** hat (§ 98 Abs 2).

Nach der Rsp sind Staatsangehörige eines MS der **EU** oder eines Vertragsstaats des **EWR** Inländern gleichgestellt. Den Schutz des UrhG genießen auch **im Inland erschienene** Lichtbildwerke oder Lichtbilder (Werbefoto).

IV. Schallträger, Rundfunksendungen und nachgelassene Werke

§ 99 Abs 1: **Schallträger** werden nach § 76 ohne Rücksicht darauf geschützt, ob und wie sie erschienen sind, wenn der Hersteller österr Staatsbürger ist. § 98 Abs 2 gilt entsprechend.

Andere Schallträger werden geschützt, wenn sie **im Inland erschienen** sind. Schallträger **ausländischer Hersteller**, die nicht im Inland erschienen sind, werden unter der Voraussetzung der **Gegenseitigkeit** und in Anknüpfung an entspr **Staatsverträge** geschützt.

Rundfunksendungen, die nicht im Inland ausgestrahlt werden, sind nur nach Maßgabe von Staatsverträgen geschützt (§ 99a).

Für den Schutz **nachgelassener Werke** (§ 76b) gelten die §§ 94 bis 96 entsprechend (§ 99b).

V. Datenbanken

Diese werden nach § 76d geschützt, wenn der **Hersteller österr** Staatsbürger ist oder seinen gewöhnlichen **Aufenthalt** im **Inland** hat. § 98 Abs 2 gilt entsprechend (§ 99c Abs 1).

Nach § 76d Abs 2 werden **andere** Datenbanken geschützt, wenn der Hersteller eine **jP** ist, die nach den Rechtsvorschriften eines EU-MS oder eines Vertragsstaates des EWR gegründet worden ist und
1. ihre Hauptverwaltung oder Hauptniederlassung in einem dieser Staaten hat oder
2. ihren **satzungsmäßigen Sitz** in einem dieser Staaten hat und deren Tätigkeit eine tatsächliche ständige Verbindung zu der Wirtschaft eines dieser Staaten hat.

§ 99c Abs 3: Datenbanken werden nach Maßgabe von **Staatsverträgen** sowie von **Vereinbarungen** geschützt, die der Rat der EG nach Art 1 Abs 3 der **Datenbank-RL** schließt.

VI. Nachrichten- und Titelschutz

Nach § 100 kommt Ausländern, die im Inland keine Hauptniederlassung haben, der Schutz nach den §§ 79 f nur nach Maßgabe von Staatsverträgen oder unter der Voraussetzung der Gegenseitigkeit zu.

Stichwortverzeichnis

Haybäck, Marken- und Immaterialgüterrecht[4], LexisNexis